能源政策传导模型理论与应用

萧伃伶　魏欣旸　盛妮　编著

中国财经出版传媒集团
中国财政经济出版社

图书在版编目（CIP）数据

能源政策传导模型理论与应用／萧伃伶，魏欣旸，盛妮编著．--北京：中国财政经济出版社，2023.6

ISBN 978-7-5223-2221-6

Ⅰ.①能…　Ⅱ.①萧…②魏…③盛…　Ⅲ.①能源政策—研究　Ⅳ.①F416.2

中国国家版本馆 CIP 数据核字（2023）第 092953 号

责任编辑：罗亚洪　　　　责任印制：张　健

封面设计：陈宇琰　　　　责任校对：胡永立

能源政策传导模型理论与应用

NENGYUAN ZHENGCE CHUANDAO MOXING LILUN YU YINGYONG

中国财政经济出版社 出版

URL：http：//www.cfeph.cn

E-mail：cfeph@cfeph.cn

社址：北京市海淀区阜成路甲 28 号　邮政编码：100142

营销中心电话：010-88191522

天猫网店：中国财政经济出版社旗舰店

网址：https：//zgczjjcbs.tmall.com

北京富生印刷厂印刷　各地新华书店经销

成品尺寸：170mm×240mm　16 开　27.25 印张　353 000 字

2023 年 7 月第 1 版　2023 年 7 月北京第 1 次印刷

定价：85.00 元

ISBN 978-7-5223-2221-6

（图书出现印装问题，本社负责调换，电话：010-88190548）

本社质量投诉电话：010-88190744

打击盗版举报热线：010-88191661　QQ：2242791300

前　言

2022年春，俄乌冲突升级引发连锁反应将全球市场卷入充满不确定性的漩涡，冲突激起的第一层巨浪波及全球能源市场，由此引发的能源危机直接破坏了国际能源供给侧结构，导致能源市场价格飙升，迫使部分地区发生能源短缺，经济发展陷入困境，部分主权国家不得不调整能源政策，全球能源格局在短时间内发生急剧变化。2023年，由于地缘冲突及气候变化等不确定性，影响国际能源市场的风险依然在悄悄酝酿。在百年未有之大变局中，不稳定性和不确定性日益凸显，这一趋势在我国能源经济政策研究领域尤为明显。

能源是关系人民福祉与国民经济的基础，因此，一个国家（或地区）的能源政策动向决定了该地区在能源、经济、环境方面的效用平衡。若能源政策实施影响的不确定性增加，会加速风险在金融主体之间的传导性，增加金融系统结构的脆弱性，阻缓国民经济的循环畅通，从而引发系统性金融风险的隐患。本书对能源政策相关传导效应的研究涵盖了对有关政策实施影响不确定性的研究和金融风险关联机制的研究，结合政策不确定性研究深入探究金融风险跨市场、跨行业、跨地区传导的动态路径，有助于明确各国、各地区在不确定性冲击引发的风险传导路径图中所扮演的角色，期望为我国能源经济体系提高对风险信号的捕捉能力，增强风险应对能力以及完善风险化解能力提供新的灵感，进而将对外界不确定性的忧虑转化为确定性的信心。

2013 年习近平总书记提出了“一带一路”倡议，以开放性精神诚邀亚欧非地区及世界各国展开合作对话。在“一带一路”倡议框架下，中国积极参与世界能源治理，深化与其他各国在能源板块的合作，尤其在共建安全高效的亚洲能源市场中发挥重要作用。有鉴于此，本书搭建了能源政策风险传导效应理论和模型框架，全方位观测风险在金融体系中的动态演化过程，并以“一带一路”倡议沿线国家和我国能源经济领域的大量微观数据为实验目标，构建线性与非线性风险关联网络，明确不确定性冲击下的风险传导源头、传导方向、传导渠道及传导强度，从多维度、多角度验证了此风险传导效应理论和模型框架对于捕捉风险特征行之有效。

本书内容共分成三部分，第一部分由第一章至第三章组成，分别介绍金融风险传导模型以及风险传导效应相关文献。其中，第一章介绍风险传导相关概念、文献以及评估方法；第二章介绍单一与多重管道金融风险传导模型，以及探究各个传导模型的尺寸与功率性质；第三章介绍时间序列的传导模型，分别为经典学派的时间序列异方差模型及其政策传导之应用，以及贝叶斯学派马尔可夫链机制转换偏正态模型及其危机与传导渠道。

第二部分由第四章至第九章组成，分别介绍“一带一路”倡议相关政策对葡语国家企业、产业以及经贸之影响。其中，第四章介绍“一带一路”投资政策及中国对葡萄牙相关企业的传导效应。第五章介绍“一带一路”投资政策及中国对巴西相关企业的传导效应。第六章介绍“一带一路”的能源政策下，中国能源政策对巴西行业间的传导效应。第七章介绍在“一带一路”的框架下，中国在葡语国家直接投资对双边贸易之分析。第八章介绍在“一带一路”的框架下，中国与葡语国家科技之合作分析。第九章介绍在“一带一路”倡议下，中国对沿线国家之传导效应分析。

第三部分由第十章至第十二章组成，分别介绍能源政策对产业的传导效应分析。第十章介绍中国风电行业政策风险传导效应分析；第十一章介绍中国新能源汽车政策对相关产业之传导效应分析；第十二章介绍五大核能政策及事件对核能产业之传导效应分析。

本书第一章由萧仔伶、符申泽、欧殷霖编写（萧仔伶：澳门理工大学副教授、博士生导师，符申泽：澳门科技大学博士研究生，欧殷霖：澳门科技大学博士研究生）；第二章由萧仔伶、魏欣旸编写（魏欣旸：澳门科技大学助理教授、博士生导师）；第三章由萧仔伶、魏欣旸编写；第四章由陆星宇、盛妮编写（陆星宇：德国曼海姆大学硕士研究生，盛妮：澳门科技大学商学院院长、教授、博士生导师）；第五章由李轶群、盛妮编写（李轶群：美国哥伦比亚大学硕士研究生）；第六章由胡孟园、杨芮编写（胡孟园：澳门科技大学硕士研究生，杨芮：澳门科技大学博士研究生）；第七章由于泱泱、邱奕宾编写（于泱泱：西南财经大学博士研究生，邱奕宾：西南财经大学教授、博士生导师）；第八章由常曦、盛妮编写（常曦：广东金融学院讲师）；第九章由李轶群、陆星宇编写；第十章由符申泽、萧仔伶编写；第十一章由杨芮、萧伃伶编写；第十二章由欧殷霖、魏欣旸编写。全书由萧伃伶、魏欣旸、盛妮负责总策划、审改、统稿与定稿。

本书得到了澳门特别行政区政府高等教育基金、澳门科技大学商学院、澳门理工大学博彩旅游教学及研究中心的支持与协助，特此致谢！

谨此希望本书能为有意从事能源政策传导研究的相关机构和学者提供参考借鉴，并对中国与葡语国家经贸合作、交流交往作出有益贡献。

萧伃伶　魏欣旸　盛　妮

2023年3月于澳门

目　　录

第一章　能源行业政策风险传导效应研究

第一节　风险传导效应概念介绍

近年来，随着中美贸易摩擦、俄乌冲突以及新冠疫情肆虐等全球事件的冲击，各种不确定性产生于点、蔓延到面直至世界各国，全球各大经济体的发展均无可避免地突遭巨大阻力，世界各国在全球化浪潮的裹挟下难以独善其身。不确定性逐渐成为改变各地经济格局的核心因素，对监管者和投资者而言，关注和研究不确定性冲击对各国金融市场间联动性影响的重要性越加凸显。不确定性即风险，市场经济的运行过程中势必会孕育风险，可以说有金融市场的存在则有金融风险的存在。市场各方参与者看待风险的态度并非零容忍的，而是将其控制在监管者可容忍的区间内与投资者可承受的范围内。从这个维度而言，对风险采取监管和预防手段之前需预先加强对风险特性的了解。本书旨在以风险的传导效应为切入点，立足能源经济研究领域，针对性观察该领域内发生的重大事件及发布的重要政策造成的影响，进而分析总结风险在不同研究对象之间的传导路径以及会形成怎样的关联关系。

在解释何为风险传导效应之前，须先认识风险传导概念的由来与作用机制。在经济学概念中，风险传导现象的存在依托于金融市场间的内在联系机制，金融市场或金融资产之间存在联动性，即金融市场或金融资产的某一参数（例如价格）发生变化，引起其他市场或资产的参数发生变化，进而整个金融市场体系互相影响，互相牵连的过程。在本书的研究中，市场关联性的范畴涵盖了同一地区或国家的市场之间、不同地区或国家的市场之间、同一市场不同行业或不同金融资产之间的内在联系。这种共生的关联性体现在当不确定事件发生或有关行业政策出台时，跨市场、跨行业、跨区域间参数（例如价格）在变化趋势上呈现一定的趋同性。自 20 世纪末以来，国际贸易越加繁荣，国际分工越加细化，经济全球化的趋势迎来了新高潮，国际金融市场间的联系越发紧密，同时由于创新型金融产品或服务在市场间不断出现，使得货币资本能够在全球金融市场间不停流动带动经济循环，引导并优化资源配置，显著增强了跨市场、跨行业、跨区域间的内在关联性。世界金融市场和金融产品关联性的加强带来的直接后果之一便是风险传导现象的孕育和发生，具体而言，当一个金融市场受到不确定性事件的冲击后，风险将由于市场间的联动机制，沿着一体化的金融市场网络传递到其他市场，从而破坏被影响市场的价格形成机制，继而给经济基本面因素埋下隐患。因此，关注并研究跨市场、跨行业、跨区域间的关联性以及风险的传导效应对维护金融体系稳定发展和保障投资者权益的重要性不言而喻。

在本书的文献检索范围内发现，对风险传导效应的有关研究中定量研究占据主要地位，其中，研究风险发生概率和研究关联性与共移性参数是常用的两种实证研究手段。一方面，基于风险发生概率的研究方法在早期有关风险传导效应的文献中多见，部分学者认为当某地区或国家发生金融风险时会显著提高其他地区或国家发生金融风险的概率，这种现象被视为风险传导（Barry et al.，1996）。另一方面，基于关联性和共移性参数的研究方法因对风险的传导机制观察更加细致而具有更强解释力，这一理论指出，若跨市场之间的相关性在金融危机发生之后显著提高，则存在风险传导现象（King and Sushil，1990）。基于此理论，通过测量相关系数在金融危机发生后是否显著性增长成为辨别线性风险传导存在的核心特征（Goldfajn and Baig，1998；Forbes and Rigobon，2002）。随着对风险传导机制认知的逐渐完善和计量方法的不断创新，仅通过关联性变化无法全面捕捉风险传导现象的特征，该理论继而引出通过共移性参数风险传递的非线性相依行为和极值相依行为（Fry，Martin，and Tang，2010；Fry－McKibbin and Hsiao，2018），从而更加准确地判断风险传导现象发生的方向和渠道。

第二节 能源政策相关文献研究

能源作为支撑人类文明进步的物质基础，是现代社会发展不可或缺的基本条件，能源领域作为全球温室气体排放的首要“贡献者”，已成为世界各国推进碳中和行动的重要改革领域（邹才能等，2021）。随着地缘政治冲突频现，石油和天然气价格飙升至新高，突发的新冠疫情阻碍经济复苏，各国能源法案也正在面临挑战。与此同时，人为气候变化的影响在全球范围内日益明显。全球能源系统在近期、中期和长期都面临着巨大的不确定性，迫切需要各国完善能源政策，加强能源安全。

如今脱碳转型已成为全球能源系统改革首要趋势，能源结构中以风能、太阳能等为代表的可再生能源所占比重持续提升，清洁能源技术快速发展累积，电气化、高效化、低碳化和互联化的新一代全球能源体系在逐步形成（金之钧等，2022）。为了应对全球新一轮能源格局的演变，世界各国均采取了不同的应对措施，比较多见的是聚焦完善能源政策框架，本节内容将归纳总结部分能源政策并分析其经济影响。

美国能源信息署（Energy Information Administration，EIA）发布的《2021 年国际能源展望——预测 2050》指出，全球能源消费量在未来 30 年将持续平稳上涨，可再生能源消费总量增速显著，经合组织国家可再生能源电力增长约 5 倍，非经合组织国家可再生能源电力增长约 11 倍。至 2050 年，太阳能和风能的发电比重将大幅增加，增幅分别为 1120.3% 和 292.4%。届时太阳能发电将成为电力生产的主要方式之一，占全球电力生产的 24.2%。太阳能光伏发电被广泛视为维持国家能源独立、防止能源危机发生和缓解气候变化的最重要的可再生资源之一，大量研究文献发现太阳能政策发挥积极作用，如电网回购、直接资本补贴和税收减免或抵免等政策已被发现对商业（McKenna et al.，2018）、电力部门（Algieri et al.，2011；Zhang et al.，2011；Hsu，2012；

Altenburg and Engelmeier, 2013; Jung and Tyner, 2014; Hagerman et al., 2016）和水务行业（Zhao et al., 2011）有积极影响。此外，这些政策还对经济产生积极的影响，包括增加绿色就业机会，促进其他产业增长（Zhi et al., 2014; Myojo et al., 2018; Dong and Wiser, 2013）。

风能得益于其强大的环境正效益，特别是对减少温室气体排放贡献卓越，所以在世界各国都受到重视。多国出台系列政策推动风能产业积极发展，如土耳其通过立法的方式鼓励扩大风力发电装机容量（Yaniktepe et al., 2013）；印度近年来颁布综合能源政策和国家风电混合政策等措施促进风能发展（Sharma and Sinha, 2019）；法国通过《绿色增长能源转型法案》推动了风能发展（Tazi and Bouzidi, 2020）。中国为促进风电产业的可持续发展，政府也提供了强有力的政策支持，这些政策明确了大规模开发风电的目标，提高了风电在电力供应中的所占比重，另外还通过税收、财政补贴、上网电价调整等政策分担风电的运行成本（Wang, 2010; Wang et al., 2012）。De Silva et al.（2016）评估了有关提高风力发电装机容量政策的实施成果，发现得克萨斯州当地人均收入明显提高。同时 Brown et al.（2012）也发现扩大风力发电安装对美国郡级城市经济发展有积极影响，其研究结果表明每增加 1 兆瓦风电装机容量，郡级人均收入和就业岗位分别增加约 1.1 万美元和 0.5 个。

核能得益于电能转化过程中几乎不产生温室气体和氮氧化物、硫氧化物等有害气体的优势，成为不少地区不可或缺的重要能源。目前对核能政策的研究有两大阵营：核淘汰政策和核能扩张政策。许多国家侧重于关注核淘汰政策对电力行业的影响，如比利时（Cachorro et al., 2020）、法国（Malischek et al., 2016; Bianco and Scarpa, 2018）德国（Hoster et al., 1998; Nestle, 2012; Bruninx et al., 2013）、日本（Nakata, 2002）和瑞士（Andersson et al., 1997; Osorio and Ackere, 2016）。根据核能政策研究显示核淘汰政策的影响不仅波及电力行业发展，还涉及整个可再生能源领域发展（Cachorro et al., 2019）。部分学者认为核能扩张会对能源供给（Teräväinen et al.，2011）、电网容量（dos Santos et al.，2013）和经济增长（Cho et al.，2020）产生积极意义，但是也有研究评估核能扩张会对环境和生态造成负面影响（McKie，2020）。

氢能作为一种高度灵活的二次燃料，被视为可以有效解决可再生能源间歇性并网发电问题的手段，对促进提高能量转换效率有一定意义。与其他市场销售的石油基燃料相比，氢能具有最高的热值，且其燃烧产物仅为水，有极高环境友好度。各国都在积极部署能源战略推动氢能发展，拟利用氢能替代国家能源结构中的化石能源，优化能源结构，实现减排目标。2020 年美国能源部发布《氢能战略计划》，为氢能转化及相关技术的研发和验证提供战略指导，解决政策和市场壁垒（Department of Energy，2020）；同年，《欧洲气候中性的氢能战略》出台，宣布成立清洁氢能联盟（Clean Hydrogen Alliance，CHA），其宗旨是提高氢能产量和需求，促进减少碳排放，并强调重视绿色氢能生产及相关技术的逐步积累，此外还需要在中短期内为蓝色氢能“预留空间”（European Commission，2020）。日本政府在 2020 年发布的《2050 年碳中和绿色增长战略》中强调氢能将有利于交通、发电、工业等领域的脱碳，以及国际应进一步加强氢能领域内的合作（Japanese Cabinet Secretariat，2020）。诸多学者针对氢能进行了研究分析，比如罗佐县和曹勇（2020），高慧等（2019）以及武正弯（2021）总结了美国、日本和欧洲的政策，认为中国应该通过制定和完善政策帮助提高氢能生产、储存和运输技术。

第三节　风险传导效应测度相关文献研究

传导性检验测试主要运用在货币政策传导、金融风险波动和能源金融市场传导实证研究当中，传导性检验是能源政策传导研究的核心环节，本节总结了风险传导效应测度相关文献中的研究方法，主要有以下几种。

一、相关系数判断法

传导性检验最早运用于金融风险传导领域，其主要研究以相关性分析为主，通过比较金融危机发生前后传导源市场与被传导源市场之间的相关系数，若危机发生后市场间相关系数显著提高则存在传导效应。King and Wadhwani（1990）测度了美国、英国和日本股票市场间的相关系数，发现受1987年美国股市暴跌的影响，各地区股票市场的相关系数较平稳时期有显著上升，说明市场之间存在传导。Baig and Goldfajn（1999）测度了泰国、马来西亚、印度尼西亚、韩国、菲律宾金融市场间的相关系数，发现货币汇率和利差的市场间相关系数在亚洲金融危机期间显著提高了，从而验证传导效应的发生。Mico and Willian（2000）发现墨西哥金融危机发生以后，多个国家股票、债券和汇率之间的相关系数明显比危机前有所增加，验证了传导现象的存在。

二、GARCH模型波动分析法

Tai（2004）选取了泰国银行、股票及外汇三个市场，利用非对称多元一般自回归条件均值异方差模型（MGARCH－M）检测1997年亚洲危机期间市场间是否存在传导迹象，结果发现泰国三个资本市场通过均值渠道相互传导，在波动性传导效应中银行市场的负回报冲击最显著。Billio and Caporin（2005）构建了多元马尔科夫机制转换动态条件相关（Dynamic Conditional Correlation，DCC－GARCH）模型来对传导效应进行分析，Cho and Parhizgari（2009）运用DCC－GARCH对1997年东亚金融危机中8个国家或地区的股票市场进行分析，以泰国和中国香港为传导源国家（地区），采用动态条件相关均值和中位数差异性检验得出市场间存在传导效应的结论。Celik（2012）运用 DCC - GARCH 模型，研究了 2005—2009 年期间美国次贷危机外汇市场金融传导效应，选取 10 个新兴市场和 9 个发达市场进行分析，发现大多数发达国家和新兴国家在美国次贷危机期间具有传导迹象。Ghorbel and Boujelbene（2013）在研究石油市场对美国金融市场的传导性检验时就应用一系列 GARCH 模型（GARCH - class models，其中包括 GARCH，IGARCH，CGARCH）证实了美国原油价格波动对海湾公司委员会（Gulf Corporation Council，GCC）及金砖四国（Brazil，Russia，India and China，BRIC）股票市场的传导性影响。Nazlioglu et al.（2013）使用 GARCH 模型探究了 2006 年大宗商品危机前后能源和农业市场之间的波动性传导。Gardebroek and Hernandez（2013）运用了 GARCH 模型来分析 1997—2011 年间美国石油、乙醇和玉米价格之间的相互依赖程度和波动性情况。Ghorbel et al.（2014）使用 BEKK - GARCH 模型捕捉到了 2008 年美国金融危机期间石油市场和股票市场之间纯粹传导效应并分析了预期收益误差和股票指数之间的动态相关性，从而得出在石油危机期间和 2008 年美国金融危机期间，石油市场和股票市场的时变相关系数急剧增加（即存在传导效应）的结论。Dungey et al.（2015）运用结构性 GARCH 模型发现了 2001—2010 年期间四个危机时刻中美国股票市场、债券市场和房地产市场间存在传导效应。

三、Copula 模型法

金融市场研究中的变量通常呈现服从不同分布的特征，传统的联合分布解释变量受到限制，Sklar（1959）首次提出 Copula 理论，该理论采用不同的分布函数解决不同的变量特征，为揭示变量之间的非线性依存关系提供了路径。Rodriguez（2007）首次将 Copula 函数运用于金融危机研究当中，文中使用转换 Copula 模型调查亚洲危机期间五个东亚股票指数以及墨西哥危机期间四个拉丁美洲股票指数的每日回报率，发现亚洲国家股票指数数据尾部呈现依赖性增加和不对称性，拉丁美洲股票指数数据尾部呈现对称性和尾部独立性，并认为尾部依赖性的结构性断裂是传导的迹象。Wen（2012）运用时变 Copula 模型选取了 WTI 石油现货价格、标准普尔 500 指数、上海股市综合指数和深圳股市成分股指数回报率等数据，最终发现金融危机期间原油市场与股市间的依赖性显著增加。同时 Aloui et al.（2013）运用时变 Copula 模型调查中欧和东欧转型经济体布伦特原油价格与股票市场之间有条件依赖情况，研究结果表明，无论油价或中东欧股票指数如何变化，中东欧六国的石油和股票市场之间存在积极依赖性，这表明市场间存在传导性。Zhu et al.（2021）运用改良的 Copula 极值边际预测理论（Copula－EVT－MES）捕获了 2005—2020 年期间能源与农业部门系统性风险溢出效应，并发现其溢出效应主要呈现为双向且不对称形式，同时检测出金融危机发生后行业间引起的风险传导效应比危机发生前更为强烈。

四、基于相关系数的异方差偏差检验法

Forbes and Rigobon（2002）发现国家间市场相关性是存在偏差的，通过利用调整后的相关系数重新对 1987 年美国股市危机、1994 年的墨西哥比绍危机和 1997 年亚洲金融危机进行传导性检验，发现三次危机期间市场之间只是存在协同运动而并不是传导现象。Collins and Biekpe（2003）也使用调整后的相关系数发现大部分非洲国家都没有受到 1997 年亚洲金融危机的传导效应影响。

五、基于相关系数的协偏度、协波动率、协峰度、联合传导性检验和联合偏度传导性检验等

Fry－McKibbin et al.（2014）在 Forbes and Rigobon（2002）的基

础上提出了调整后的线性相关变化检验（Correlation Change Test，CR）、协偏度变化检验（Co－skewness Change Tests，CS），检测1997年亚洲危机、1998年美国长期资本管理危机（Long term capital management，LTCM）、1999年巴西危机、2000年美国互联网危机、2001—2002年阿根廷危机，2008年次贷危机、2008—2009年经济大萧条以及2010—2013年欧洲债务危机共九次金融危机，为全球金融危机的研究及传导效应提供了证据。Fry－McKibbin and Hsiao（2018）又在之前的研究上加入了协波动变化检验（Co－volatility Change Test，CV）和协峰度变化检验（Co－kurtosis Change Test，CK），通过对2008—2009年金融危机期间股票市场和银行部门进行传导测试发现美国银行部门对全球股票和银行部门市场的传导效应显著，同时也发现极端依赖性测试比不对称依赖性测试捕获更多的市场协同运动。随后Fry－McKibbin et al.（2019）又在协偏度检验、协波动率检验、协峰度检验的基础上提出联合协偏度与协峰度传导性检验（Joint Co－skewness，Co－kurtosis and Co－volatility Change Test，JOINT）和联合偏度传导性检验（Joint Co－skewness Change Test，COSK）并对2005—2014年欧元区股票的日回报率进行回归分析，得出在全球金融危机和欧债危机期间存在传导效应。Mahadeoa et al.（2019）使用基于相关系数的协偏度、协波动率、协峰度传导性检验对美国和特立尼达及托巴哥（中美洲国家）两个国家原油以及汇率市场进行分析，发现两个金融体系中存在多种传导途径。

第四节　能源政策传导效应评估方法

能源政策传导主要运用了协偏度检验、协波动率检验、协峰度检验、联合协偏度与协峰度传导性检验和联合偏度传导性检验等传导性检验方法。

Fry et al.（2010）在 Forbes and Rigobon（2002）的基础上，提出了改良后的线性相关变化测试（Correlation Change Test，CR）。CR 检验是通过调整系数和事件发生前的相关系数的比较，检测传导源市场对其他市场是否具有传导性。

协偏度变化测试（Co－skewness Change Tests，CS）是 Fry et al.（2010）提出的。协偏度变化检测是通过比较政策前与政策后传导源市场与被传导源市场之间的协偏度系数是否发生显著变化来判断市场之间的传导效应。协偏度变化检测主要分为CS_{12}和CS_{21}两种形式，CS_{12}衡量传导源市场的平均回报率对被传导源市场回报波动率之间的冲击，而CS_{21}则衡量传导源市场回报波动率对被传导源市场平均回报率之间的冲击。

协峰度变化测试（Co－kurtosis Change Tests，CK）是由 Fry－McKibbin and Hsiao（2018）提出，协峰度变化检测是通过比较政策前与政策后传导源市场与被传导源市场之间的协峰度系数是否发生显著变化来判断市场之间的传导效应。在统计学上，协峰度共有两种形态，分别为CK_{13}和CK_{31}，CK_{13}衡量传导源市场的平均回报率对被传导源市场回报偏度的冲击，CK_{31}衡量传导源市场回报偏度对被传导源市场平均回报率的冲击。

Fry－McKibbin and Hsiao（2018）提出协波动率变化测试（Co－volatility Change Test，CV），以CV_{22}表示。协波动率变化测试通过检测事件发生后传导源市场回报波动率对被传导源市场回报波动率的冲击是否显著变化。

Hsiao and Chen（2018）运用 CS、CK、CV 传导测试研究了 2005—2020 年期间在中国沿海核电站恢复建设政策背景下，中国、日本和美国九个主要经济部门股票价格的影响，结果发现政策传导的三大渠道：第一，通过核电部门的回报波动率传导到其他部门；第二，通过核能部门的平均回报率向被传导部门回报偏度传导；第三，通过核能部门的回报偏度向被传导部门平均回报率传导。蒙特卡罗实验表明五种传导测试效果良好，其中协峰度测试比协波动率测试表现更好，结果显示中国的核扩张政策对中国部门的影响最大，对日本、美国的影响有限。

Hsiao et al.（2021e）基于指数广义自回归条件异方差模型（EGARCH），通过均值和波动率通道进行传导测试，研究了中国2009—2020年太阳能政策（自由竞争、上网电价、补贴和溢价政策）对不同部门经济绩效的影响，选取了中国九个主要经济部门的每日股价波动进行分析，传导测试结果表明太阳能政策方案通过平均值和波动性渠道，对中国九个选定行业中的大部分行业（非必需消费品、消费主食、能源、金融、工业、信息技术、材料、电信和公用事业）产生了显著影响。在这几类政策中，上网电价和太阳能补贴被认为是改善部门绩效的最有效工具，而市场工具的效果最弱。九大行业的风险溢价效应证据较少，说明更利于投资者支持太阳能发电项目。

Hsiao et al.（2021b）基于相关性及高阶矩传导测试（CR、CS、CV 和 CK 传导测试），调查了2007—2017年五次地域性的核事故、核扩张政策和核淘汰政策背景下对全球核能股票市场的传导效应，实证结果表明，福岛核事故对全球核能市场的影响最大，其次是朝鲜的核扩张政策，而德国、韩国和法国的核淘汰政策则传导性有限。同时还发现非线性依赖性检验比线性依赖性检验检测出更多传导证据，表明不对称和极值依赖性都是衡量核能市场风险传导的重要维度。

Hsiao et al.（2021d）研究了中国2005—2020年太阳能政策对中国、日本、德国和美国九个经济部门股票表现的影响，运用了跨市场平均回报率和回报波动率（共同偏态）、跨市场平均收益率和回报偏态（共同峰度）以及跨市场回报率波动率（共波动率），将政策传导定义为与公告前相比，公告后期间三阶和四阶协方差的显著变化。结果表明，中国的太阳能发电政策不仅对国内市场产生了重大影响，而且通过协偏度、协峰度和协波动通道对日本、德国和美国的国际市场产生了显著影响，在太阳能政策中，政策支持工具计划（如三个国家五年计划）比经济工具计划（上网电价和补贴）证明太阳能行业向国际市场蔓延迹象最明显。根据公告敏感性指数的结果，中国的太阳能发电扩张对中国的行业影响最大，其次是德国和美国，对日本的影响最小。

Hsiao et al.（2021c）使用基于线性相关性和高阶协矩统计的传导测试，如协偏态、协波动率和协峰度等，同时还进行了传导效应的动态分析，以探索政策传导在各种平台上的演变和持续时间，避免政策后阶段的选择，检查市场对中国风电公告和政策的敏感性。结果表明，中国的风电通告和政策通过相关性或协偏度、协峰度和协波动率渠道对十大经济部门产生了显著影响，其中尾部风险（高阶协变量）比正态分布风险（相关性）在推动政策传导方面更为重要，风电公告比国家能源政策提供了更多的政策传导证据。通过对传导效应的动态分析发现金融部门是受风电公告冲击影响最大的行业，其次是与风电密切相关的工业和公用事业部门。

本章参考文献

［1］高慧，杨艳，赵旭，饶利波，刘雨虹．国内外氢能产业发展现状与思考［J］．国际石油经济，2019，27（4）：9—17.

［2］姜淇川．多时间尺度视角下能源金融市场的风险传染及预警机制研究［D］．东北财经大学，2020.

［3］金之钧，白振瑞，杨雷．能源发展趋势与能源科技发展方向的几点思考［J］．中国科学院院刊，2020，5：576—582.

［4］罗佐县，曹勇．氢能产业发展前景及其在中国的发展路径研究［J］．中外能源，2020，25（2）：9—15.

［5］武正弯．德澳加日四国氢能战略比较研究［J］．国际石油经济，2021，29（4）：60—66.

［6］邹才能，薛华庆，熊波，张国生，潘松圻，贾成业，王影，马锋，孙

倩，关春晓，林敏捷．“碳中和”的内涵、创新与愿景［J］．天然气工业，2021，41（8）：46—57.

［7］Algieri，B.，Aquino，A.，Succurro，M. Going“Green”trade specialization dynamics in the solar photovoltaic sector［J］. Energy Policy，2021，39：7275－7283.

［8］Aloui，R.，Hammoudeh，S.，Nguyen，D. K. A time－varying copula approach to oil and stock market dependence：The case of transition economies［J］. Energy Economics，2013，39：208－221.

［9］Altenburg，T.，Engelmeier，T. Boosting solar investment with limited subsidies：rent management and policy learning in India［J］. Energy Policy，2013，59：886－874.

［10］Andersson，B.，Hådén，E. Power production and the price of electricity：an analysis of a phase－out of Swedish nuclear power［J］. Energy Policy，1997，25（13）：1051－1064.

［11］Baig，T.，Goldfajn，I. Financial Market Contagion in the Asian Crisis［J］. IMF Staff Papers，1999，46（2）：167－195.

［12］Barry E，Rose A K，Wyplosz C. Contagious currency crisis：first tests［J］. Scandinavian Journal of Economics，1996，98（4）：463－484.

［13］Bianco，V.，Scarpa，F. Impact of the phase out of French nuclear reactors on the Italian power sector［J］. Energy，2018，150：722－734.

［14］Billio，M.，Caporin，M. Multivariate Markov switching dynamic conditional correlation GARCH representations for contagion analysis［J］. Statistical methods and applications，2005，14（2）：145－161.

［15］Boyer，B. H.，Kumagai，T.，Yuan，K. How do crises spread? Evidence from accessible and inaccessible stock indices［J］. Journal of Finance，2006，61（2）：957－1003.

［16］Brown，J. P.，Pender，J.，Wiser，R.，Lantz，E.，Hoen，B. Expost analysis of economic impacts from wind power development in US counties［J］. Energy Economic，2012，34（6）：1743－1754.

［17］Bruninx，K.，Madzharov，D.，Delarue，E.，D'haeseleer，W. Impact of the German nuclear phase－out on Europe's electricity generation－a comprehensive study［J］. Energy Policy，2013，60：251－261.

［18］ Cachorro, J. D. , Willeghems, G. , Buysse, J. Strategic investment decisions under the nuclear power debate in Belgium ［J］. Resource and Energy Economics, 2019, 57: 156 - 184.

［19］ Cachorro, J. D. , Willeghems, G. , Buysse, J. Exploring investment potential in a context of nuclear phase - out uncertainty: Perfect vs. imperfect electricity markets ［J］. Energy Policy, 2020, 144.

［20］ Celik, S. The more contagion effect on emerging markets: The evidence of DCC - GARCH model ［J］. Economic Modelling, 2012, 29 (5): 1946 - 1959.

［21］ Cho, I. , Oh, S. , Kim, S. , Ardin, F. , Heo, E. Determinants of nuclear power expansion in Indonesia ［J］. Nuclear Engineering and Technology, 2020, 53 (1): 314 - 321.

［22］ Cho, J. , Parhizgari, A. East Asian financial contagion under DCC - GARCH ［J］. The International Journal of Banking and Finance, 2008, 6 (1): 17 - 30.

［23］ Collins, D. , Biekpe, N. Contagion and interdependence in African stock markets ［J］. South African Journal of Economics, 2003, 71 (1): 181 - 194.

［24］ De Silva, D. G. , McComb, R. P. , Schiller, A. R. What blows in with the wind? ［J］. South Economic Journal, 2016, 82 (3): 826 - 858.

［25］ DOE. Department of Energy Hydrogen Program Plan U. S. https: //www.hydrogen. energy. gov/pdfs/hydrogen - program - plan - 2020. pdf.

［26］ Dong, C. , Wiser, R. The impact of city - level permitting processes on residential photovoltaic installation prices and development times: an empirical analysis of solar systems in California cities ［J］. Energy Policy, 2013, 63: 531 - 542.

［27］ Dos Santos, R. L. P, Rosa, L. P. , Arouca, M. C. , Ribeiro, A. E. D. The importance of nuclear energy for the expansion of Brazil's electricity grid ［J］. Energy Policy, 2013, 60: 284 - 289.

［28］ Dungey, M. , Milunovich, G. , Thorp, S. , Yang, M. X. Endogenous crisis dating and contagion using smooth transition structural GARCH ［J］. Journal of Banking and Finance, 2015, 58: 71 - 79.

［29］ European Commission. A hydrogen strategy for a climate - neutral Europe, 2020.

［30］ Forbes, K. J. , Rigobon, R. Contagion in Latin America: Definitions, measurement, and policy implications [J]. Economía, 2001, 1 (2): 1 –46.

[31] Forbes, K. J. , Rigobon, R. No contagion, only interdependence: Measuring stock market comovements [J]. The Journal of Finance, 2002, 57 (5): 2223 – 2261.

[32] Fry, R. , Hsiao, C. Y. L. , Martin, V. L. Joint tests of contagion with applications [J]. Quantitative Finance, 2019, 19 (3): 473 –490.

[33] Fry, R. , Martin, V. L. , Tang, C. M. A new class of tests of contagion with applications [J]. Journal of Business and Economic Statistics, 2010, 28 (3): 423 – 437.

[34] Fry – McKibbin, R. , Hsiao, C. Y. L. Extremal dependence and contagion [J]. Economic Reviews, 2018, 37 (6): 626 –649.

[35] Fry – Mckibbin, R. , Hsiao, C. Y. L. , Tang, C. Contagion and global financial crises: Lessons from nine crisis episodes [J]. Open Economies Review, 2014, 25 (3): 521 –570.

[36] Gardebroek, C. , Hernandez, M. A. Do energy prices stimulate food price volatility? Examining volatility transmission between US oil, ethanol and corn markets [J]. Energy Economics, 2013, 40: 119 –129.

[37] Ghorbel, A. , Boujelbene, M. A. , Boujelbene, Y. Behavioral explanation of contagion between oil and stock markets [J]. International Journal of Energy Sector Management, 2014, 8 (1): 121 –144.

[38] Hagerman, S. , Jaramillo, P. , Morgan, M. G. Is rooftop solar PV at socket parity without subsidies? [J]. Energy Policy, 2016, 89: 84 –94.

[39] Hoster, F. Impact of a nuclear phase – out in Germany: results from a simulation model of the European power systems [J]. Energy Policy, 1998, 26 (6): 507 – 518.

[40] Hsiao, C. Y. L, Chen, H. H. The contagious effects on economic development after resuming construction policy for nuclear power plants in Coastal China [J]. Energy, 2018, 152: 291 –302.

[41] Hsiao, C. Y. L. , Morley, J. Debt and financial market contagion [J]. Empirical Economics, 2021a, 62 (4): 1599 –1648.

[42] Hsiao, C. Y. L. , Ou, Y. L. , Sheng, N. , Wei, X. Y. Measuring contagion

effects of nuclear energy policies and events [J]. International Journal of Energy Research, 2021b, 45 (8): 11510 - 11525.

[43] Hsiao, C. Y. L., Sheng, N., Fu, S. Z., Wei, X. Y. Evaluation of contagious effects of China's wind power industrial policies, Energy, 2021c, 238.

[44] Hsiao, C. Y. L., Wei, X. Y., Sheng, N., Shao, C. W. A joint test of policy contagion with application to the solar sector [J]. Renewable and Sustainable Energy Reviews, 2021d, 141.

[45] Hsiao, C. Y. L., Ai, D., Wei, X. Y., Sheng, N. The contagious effect of China's energy policy on stock markets: The case of the solar photovoltaic industry [J]. Renewable Energy, 2021e, 164: 74 - 86.

[46] Hsu, C - W. Using a system dynamics model to assess the effects of capital subsidies and feed - in tariffs on solar PV installations [J]. Applied Energy, 2012, 100: 205 - 217.

[47] Japan's Prime Minister. Japanese Cabinet Secretariat 2050 Carbon Neutral Green Growth Strategy (2020) https://www.meti.go.jp/policy/energy_environment/global_warming/ggs/pdf/green_honbun.pdf, Accessed 28th Jul 2021.

[48] Jung, J, Tyner, W. Economic and policy analysis for solar PV systems in Indiana [J]. Energy Policy, 2014, 74: 123 - 133.

[49] King, M. A., Wadhwani, S. Transmission of volatility between stock markets [J]. Review of Financial Studies, 1990, 3 (1): 5 - 33.

[50] Mahadeoa, S. M. R., Heinlein, R., Legrenzi, G. D. Energy contagion analysis: A new perspective with application to a small petroleum economy [J]. Energy Economic, 2019, 80: 890 - 903.

[51] Malischek, R., Trüby, J. The future of nuclear power in France: an analysis of the costs of phasing - out [J]. Energy, 2016, 116: 908 - 921.

[52] McKie, R. E.. An environmental harm perspective to examine our understanding of UK nuclear energy expansion [J]. The Extractive Industries and Society, 2020, 7 (2): 556 - 564.

[53] Mico, L., Willian, B. E. Evaluating correlation breakdowns during periods of market volatility [J]. International Finance Discussion Papers, 2000, 3 (658): 214 - 231.

[54] Myojo, S., Ohashi, H. Effects of consumer subsidies for renewable energy on industry growth and social welfare: the case of solar photovoltaic systems in Japan [J]. Journal of the Japanese and International Economies, 2018, 48: 55-67.

[55] Nakata, T. Analysis of the impacts of nuclear phase-out on energy systems in Japan [J]. Energy, 2002, 27 (4): 363-377.

[56] Nazlioglu, S., Erdem, C., Soytas, U. Volatility spillover between oil and agricultural commodity markets [J]. Energy Economics, 2013, 36: 658-665.

[57] Nestle, U. Does the use of nuclear power lead to lower electricity prices? An analysis of the debate in Germany with an international perspective [J]. Energy Policy, 2012, 41: 152-160.

[58] Osorio, S., van Ackere, A. From nuclear phase-out to renewable energies in the Swiss electricity market [J]. Energy Policy, 2016, 93: 8-22.

[59] Pericoli, M., Sbracia, M. A primer on financial contagion [J]. Journal of Economic Surveys. 2003, 17 (4): 571-608.

[60] Rodriguez, J. C. Measuring financial contagion: A copula approach [J]. Journal of Empirical Finance, 2007, 14: 401-423.

[61] Sharma, S., Sinha, S. Indian wind energy & its development-policies-barriers: An overview [J]. Environmental and Sustainability Indicators, 2019: 1-2.

[62] Sklar, A. Fonctions de répartition à n dimensions etleursmarges [J]. Publications de l'Institut de Statistique de Paris, 1959, 8: 229-231.

[63] Tai, C. S. Can bank be a source of contagion during the 1997 Asian crisis? [J]. Journal of Banking and Finance, 2004, 28 (2): 399-421.

[64] Tazi, N., Bouzidi, Y. Evolution of wind energy pricing policies in France: Opportunities and new challenges [J]. Energy Reports, 2020, 6: 687-692.

[65] Teräväinen, T., Lehtonen, M., Martiskainen, M. Climate change, energy security, and risk—debating nuclear new build in Finland, France and the UK [J]. Energy Policy, 2011, 39 (6): 3434-3442.

[66] Wang Q. Effective policies for renewable energy-the example of China's wind power-lessons for China's photovoltaic power [J]. Renewable and Sustainable Energy Reviews, 2010, 14 (2): 702-712.

[67] Wang, Z. Y., Qin, H. Y., Lewis, J. I. China's wind power industry: poli-

cy support, technological achievements, and emerging challenges [J]. Energy Policy, 2012, 51: 80 - 88.

[68] Wen, X. Q., Wei, Y., Huang, D. S. Measuring contagion between energy market and stock market during financial crisis: A copula approach [J]. Energy Economics, 2012, 34 (5): 1435 - 1446.

[69] Yaniktepe, B., Savrun, M. M., Koroglu, T. Current status of wind energy and wind energy policy in Turkey [J]. Energy Conversion and Management, 2013, 72: 103 - 110.

[70] Zhang, Y., Song, J., Hamori, S. Impact of subsidy policies on diffusion of photovoltaic power generation [J]. Energy Policy, 2011, 39: 1985 - 1964.

[71] Zhao, Z. - Y., Zuo, J., Fan, L. - L., Zillante, G. Impacts of renewable energy regulations on the structure of power generation in China — a critical analysis [J]. Energy, 2011, 36: 24 - 30.

[72] Zhi, Q., Sun, H., Li, Y., Xu, Y., Su, J. China's solar photovoltaic policy: an analysis based on policy instruments [J]. Applied Energy, 2014, 129: 308 - 319.

[73] Zhu, B., Lin, R. D., Deng, Y. Y., Chen, P. S., Chevallier, J. Intersectoral systemic risk spillovers between energy and agriculture under the financial and COVID - 19 crises [J]. Economic Modelling, 2021, 105.

第二章 单一与多重管道传导模型介绍

第一节 单一管道传导模型

单一管道传导模型共有五个种类，分别是线性相关变化测试、调整后线性相关变化测试、协偏度变化测试、协峰度变化测试和协波动率变化测试。

以下数学符号适用于五种传导模型的公式定义。首先，我们将整个样本时期（T）划分为政策发生前（T_{pre}）和政策发生后（T_{post}）两个时期。其中，政策发生前阶段为 pre，政策发生后阶段为 $post$，而传导源市场为 i，被传导源市场为 j。政策发生前传导源和被传导源之间的相关系数为ρ_{pre}，政策发生后传导源和被传导源之间的相关系数为ρ_{post}。传导源与被传导源市场的样本平均报酬率在政策发生前分别为 $\hat{\mu}_{i,pre}$和 $\hat{\mu}_{j,pre}$，而在政策发生后分别为 $\hat{\mu}_{i,post}$和 $\hat{\mu}_{j,post}$。传导源与被传导源市场的样本标准差在政策发生前分别为 $\hat{\sigma}_{i,pre}$和 $\hat{\sigma}_{j,pre}$，而在政策发生后分别为 $\hat{\sigma}_{i,post}$和 $\hat{\sigma}_{j,post}$。

一、线性相关变化测试

在经济学中，Forbes and Rigobon（2002）首先提出金融危机传导模型，其检测称为线性相关变化测试（Correlation change test，简称 FR 检验）。FR 检验是通过比较政策后的传导源与被传导源市场的调整后相关系数（$\hat{v}_{post \mid pre_i}$）与政策前的两个市场相关系数（$\hat{\rho}_{pre}$），检测能源市场政策是否存在传导效应，由传导源市场 i 传导到被传导源市场 j。其原假设与备择假设为：

$$H_0: v_{post \mid pre_i} = \rho_{pre}$$

$$H_1: v_{post \mid pre_i} \neq \rho_{pre}$$

而线性相关变化测试统计量 FR 为：

$$FR(i \to j) = \frac{\hat{v}_{post|pre_i} - \hat{\rho}_{pre}}{\sqrt{\frac{1}{T_{post}} + \frac{1}{T_{pre}}}} \tag{2-1}$$

由于 Forbes and Rigobon（2002）发现市场相关系数在政策后有向上偏误（upward biased）现象，因此推导调整后相关系数（$\hat{v}_{post|pre_i}$）如下：

$$\hat{v}_{post|pre_i} = \frac{\hat{\rho}_{post}}{\sqrt{1 + \delta(1 - \hat{\rho}_{post}^2)}} \tag{2-2}$$

$$\delta = \frac{\hat{\sigma}_{i,post}^2 - \hat{\sigma}_{i,pre}^2}{\hat{\sigma}_{i,pre}^2} \tag{2-3}$$

方程式（2－3）代表传导源市场 i 在政策后与政策前的样本方差变化比率。此时，统计量 FR 服从 t 分布：$FR(i \to j) \sim t(+\infty)$。

二、调整后线性相关变化测试

Fry et al.（2010）发现传统线性相关变化测试（FR 检验）在小样本时，其统计量会产生偏误现象。因此，在 FR 检验的基础上进行改良优化，新的线性相关变化测试简称为调整后线性相关变化测试（Adjusted Correlation Change Test，简称 CR 检验）。CR 检验是通过比较政策后的传导源与被传导源市场的调整后相关系数（$\hat{v}_{post|pre_i}$）与政策前的两个市场相关系数（$\hat{\rho}_{pre}$），检测能源市场政策是否存在传导效应，由传导源市场 i 传导到被传导源市场 j。其原假设与备择假设为：

$H_0: v_{post|pre_i} = \rho_{pre}$

$H_1: v_{post|pre_i} \neq \rho_{pre}$

调整后线性变化测试统计量 CR 的公式为：

$$CR(i \to j) = \left(\frac{\hat{v}_{post|pre_i} - \hat{\rho}_{pre}}{\sqrt{Var(\hat{v}_{post|pre_i} - \hat{\rho}_{pre})}} \right)^2 \tag{2-4}$$

统计量的分母为：

$$Var(\hat{v}_{post|pre_i} - \hat{\rho}_{pre}) = Var(\hat{v}_{post|pre_i}) + Var(\hat{\rho}_{pre}) - 2Cov(\hat{v}_{post|pre_i}, \hat{\rho}_{pre}) \tag{2-5}$$

其中：

$$Var(\hat{v}_{post|pre_i}) = \left[\frac{1}{2}\frac{(1+\delta)^2}{[1+\delta(1-\hat{\rho}_{post}^2)]^3} \times \left(\frac{(2-\hat{\rho}_{post}^2)(1-\hat{\rho}_{post}^2)^2}{T_{post}} + \frac{\hat{\rho}_{post}^2(1-\hat{\rho}_{post}^2)^2}{T_{pre}}\right)\right] \tag{2-6}$$

$$Var(\hat{\rho}_{pre}) = \frac{(1-\hat{\rho}_{pre}^2)^2}{T_{pre}} \tag{2-7}$$

$$Cov(\hat{v}_{post|pre_i}, \hat{\rho}_{pre}) = \frac{1}{2}\frac{1}{T_{pre}}\frac{\hat{\rho}_{post}\hat{\rho}_{pre}(1-\hat{\rho}_{post}^2)(1-\hat{\rho}_{pre}^2)(1+\delta)}{\sqrt{[1+\delta(1-\hat{\rho}_{post}^2)]^3}} \tag{2-8}$$

方程式（2－4）中的统计量 CR 服从自由度为 1 的卡方分布：$CR(i \to j) \sim \chi_1^2$。在 95% 的显著性水平下，如果统计量 CR 大于 3.84，则可以拒绝原假设，其结论表明两个市场之间存在着线性关系的政策传导效应。

三、协偏度变化测试

协偏度变化测试（Co－skewness Change Tests，简称 CS 检验）是 Fry et al.（2010）提出的。CS 检验是通过比较政策前与政策后传导源市场与被传导源市场之间的协偏度系数是否发生显著变化来判断市场之间的传导效应。在统计学中，协偏度共有两种形态，分别为：

$$\hat{\psi}(r_i^1, r_j^2) = \frac{1}{T}\sum_{t=1}^{T}\left(\frac{r_{i,t} - \hat{\mu}_i}{\hat{\sigma}_i}\right)^1\left(\frac{r_{j,t} - \hat{\mu}_j}{\hat{\sigma}_j}\right)^2 \tag{2-9}$$

$$\hat{\psi}(r_i^2, r_j^1) = \frac{1}{T}\sum_{t=1}^{T}\left(\frac{r_{i,t} - \hat{\mu}_i}{\hat{\sigma}_i}\right)^2\left(\frac{r_{j,t} - \hat{\mu}_j}{\hat{\sigma}_j}\right)^1 \tag{2-10}$$

方程式（2－9）和（2－10）分别为第一形态与第二形态的协偏

度系数。在统计学中，协偏度是衡量一个随机变量相对于另一个随机变量概率分布的相对偏态的统计量。第一形态的协偏度系数是描述传导源市场 i 标准化后的均值与被传导源市场 j 标准化后的方差关系，而第二形态的协偏度系数是描述传导源市场 i 标准化后的方差与被传导源市场 j 标准化后的均值关系。

CS 检验是通过比较政策后的传导源与被传导源市场的协偏度系数 $[\hat{\psi}_{post}(r_i^1, r_j^2)$ 与 $\hat{\psi}_{post}(r_i^2, r_j^1)]$ 与政策前的协偏度系数 $[\hat{\psi}_{pre}(r_i^1, r_j^2)$ 与 $\hat{\psi}_{pre}(r_i^2, r_j^1)]$，检测能源市场政策是否存在传导效应，由传导源市场 i 传导到被传导源市场 j。其原假设与备择假设为：

$H_0: \psi_{post}(r_i^m, r_j^n) = \psi_{pre}(r_i^m, r_j^n)$

$H_1: \psi_{post}(r_i^m, r_j^n) \neq \psi_{pre}(r_i^m, r_j^n)$

如果是测试第一形态的协偏度变化测试，其中 $m=1$，$n=2$；如果是测试第二形态的协偏度变化测试，其中 $m=2$，$n=1$。由于协偏度有两种形态，因此，协偏度统计量也有两种形态，第一与第二形态协偏度测试统计量分别为：

$$CS_{12}(i \to j) = \left(\frac{\hat{\psi}_{post}(r_i^1, r_j^2) - \hat{\psi}_{pre}(r_i^1, r_j^2)}{\sqrt{\dfrac{4\hat{v}_{post|pre_i} + 2}{T_{post}} + \dfrac{4\hat{\rho}_{pre}^2 + 2}{T_{pre}}}} \right)^2 \quad (2-11)$$

$$CS_{21}(i \to j) = \left(\frac{\hat{\psi}_{post}(r_i^2, r_j^1) - \hat{\psi}_{pre}(r_i^2, r_j^1)}{\sqrt{\dfrac{4\hat{v}_{post|pre_i} + 2}{T_{post}} + \dfrac{4\hat{\rho}_{pre}^2 + 2}{T_{pre}}}} \right)^2 \quad (2-12)$$

其中，标准化后的协偏度系数在政策前和政策后分别为：

$$\hat{\psi}_{pre}(r_i^m, r_j^n) = \frac{1}{T_{pre}} \sum_{t=1}^{T_{pre}} \left(\frac{r_{i,t} - \hat{\mu}_{i,pre}}{\hat{\sigma}_{i,pre}} \right)^m \left(\frac{r_{j,t} - \hat{\mu}_{j,pre}}{\hat{\sigma}_{j,pre}} \right)^n \quad (2-13)$$

$$\hat{\psi}_{post}(r_i^m, r_j^n) = \frac{1}{T_{post}} \sum_{t=1}^{T_{post}} \left(\frac{r_{i,t} - \hat{\mu}_{i,post}}{\hat{\sigma}_{i,post}} \right)^m \left(\frac{r_{j,t} - \hat{\mu}_{j,post}}{\hat{\sigma}_{j,post}} \right)^n \quad (2-14)$$

$\hat{v}_{post \mid pre_i}$为调整后的相关系数，列于方程式（2－2）。如果 $m=1$，$n=2$ 或 $m=2$，$n=1$ 可以分别计算第一形态统计量（CS_{12}）与第二形态统计量（CS_{21}）。其中，第一形态统计量（CS_{12}）可检测当能源政策发生时，传导源市场 i 的期望报酬率发生改变时，是否会被传导源市场 j 的波动率造成影响；而第二形态统计量（CS_{21}）可检测当能源政策发生时，传导源市场 i 的波动发生改变时，是否对其他被传导源市场 j 的期望回报率造成影响。而协偏度统计量 CS_{12} 和 CS_{21} 均服从自由度为 1 的卡方分布：$CS_{12}(i \to j) \to \chi_1^2$，$CS_{21}(i \to j) \to \chi_1^2$。在 95% 的显著性水平下，如果统计量 CS_{12} 和 CS_{21} 大于 3.84，则可以拒绝原假设，其结论表明两个市场之间存在着斜偏度关系的政策传导效应。

四、协峰度变化测试

协峰度变化测试（Co－kurtosis Change Test，简称 CK 检验）是由 Fry－McKibbin and Hsiao（2018）提出，CK 检验是通过比较政策前与政策后传导源市场与被传导源市场之间的协峰度系数是否发生显著变化来判断市场之间的传导效应。在统计学中，协峰度共有两种形态，分别为：

$$\hat{\psi}(r_i^1, r_j^3) = \frac{1}{T}\sum_{t=1}^{T}\left(\frac{r_{i,t}-\hat{\mu}_i}{\hat{\sigma}_i}\right)^1\left(\frac{r_{j,t}-\hat{\mu}_j}{\hat{\sigma}_j}\right)^3 \quad (2-15)$$

$$\hat{\psi}(r_i^3, r_j^1) = \frac{1}{T}\sum_{t=1}^{T}\left(\frac{r_{i,t}-\hat{\mu}_i}{\hat{\sigma}_i}\right)^3\left(\frac{r_{j,t}-\hat{\mu}_j}{\hat{\sigma}_j}\right)^1 \quad (2-16)$$

方程式（2－15）和（2－16）分别为第一形态与第二形态的协峰度系数。在统计学中，协偏峰度是衡量一个随机变量相对于另一个随机变量概率分布的相对峰态的统计量。第一形态的协峰度是描述传导源市场 i 标准化后的期望值与被传导源市场 j 标准化后的偏度关系，而第二形态的协峰度是描述传导源市场 i 标准化后的偏度与被传导源市场 j 标准化后的期望值关系。

CK 检验是通过比较政策后的传导源与被传导源市场的协峰度统计量［$\hat{\xi}_{post}(r_i^1, r_j^3)$ 与$\hat{\xi}_{post}(r_i^3, r_j^1)$］与政策前的协峰度统计量［$\hat{\xi}_{pre}(r_i^1, r_j^3)$ 与$\hat{\xi}_{pre}(r_i^3, r_j^1)$］，检测能源市场政策是否存在传导效应，由传导源市场 i 传导到被传导源市场 j。其原假设与备择假设为：

$H_0: \xi_{post}(r_i^m, r_j^n) = \xi_{pre}(r_i^m, r_j^n)$

$H_1: \xi_{post}(r_i^m, r_j^n) \neq \xi_{pre}(r_i^m, r_j^n)$

如果是测试第一种形态的协峰度变化测试，其中 $m=1$，$n=3$；如果是测试第二种形态的协峰度变化测试，其中 $m=3$，$n=1$。由于协峰度有两种形态，因此，协峰度统计量也有两种形态，第一与第二形态协峰度测试统计量分别为：

$$CK_{13}(i \to j) = \left(\frac{\hat{\xi}_{post}(r_i^1, r_j^3) - \hat{\xi}_{pre}(r_i^1, r_j^3)}{\sqrt{\dfrac{18\hat{v}_{post|pre_i}^2 + 6}{T_{post}} + \dfrac{18\hat{\rho}_{pre}^2 + 6}{T_{pre}}}} \right)^2 \quad (2-17)$$

$$CK_{31}(i \to j) = \left(\frac{\hat{\xi}_{post}(r_i^3, r_j^1) - \hat{\xi}_{pre}(r_i^3, r_j^1)}{\sqrt{\dfrac{18\hat{v}_{post|pre_i}^2 + 6}{T_{post}} + \dfrac{18\hat{\rho}_{pre}^2 + 6}{T_{pre}}}} \right)^2 \quad (2-18)$$

其中：标准化后的协偏度系数在政策前和政策后分别为：

$$\hat{\xi}_{pre}(r_i^m, r_j^n) = \frac{1}{T_{pre}} \sum_{t=1}^{T_{pre}} \left(\frac{r_{i,t} - \hat{\mu}_{i,pre}}{\hat{\sigma}_{i,pre}} \right)^m \left(\frac{r_{j,t} - \hat{\mu}_{j,pre}}{\hat{\sigma}_{j,pre}} \right)^n - 3\hat{\rho}_{pre} \quad (2-19)$$

$$\hat{\xi}_{post}(r_i^m, r_j^n) = \frac{1}{T_{post}} \sum_{t=1}^{T_{post}} \left(\frac{r_{i,t} - \hat{\mu}_{i,post}}{\hat{\sigma}_{i,post}} \right)^m \left(\frac{r_{j,t} - \hat{\mu}_{j,post}}{\hat{\sigma}_{j,post}} \right)^n - 3\hat{v}_{post|pre_i} \quad (2-20)$$

$\hat{v}_{post|pre_i}$为调整后的相关系数，列于方程式（2－2）。如果 $m=1$，$n=3$ 或 $m=3$，$n=1$ 可以分别计算统计量 CK_{13} 和 CK_{31}。其中，第一形态的协峰度可检测当能源政策发生时，传导源市场 i 的期望报酬率

发生改变时，是否会对被传导源市场 j 的偏度造成影响；而第二形态的协峰度可检测当能源政策发生时，传导源市场 i 的偏度发生改变时，是否对被传导源市场 j 的期望回报率造成影响。而两种形态的协偏度统计量 CK_{13} 和 CK_{31} 均服从自由度为 1 的卡方分布：$CK_{13}(i \to j) \to \chi_1^2$，$CK_{31}(i \to j) \to \chi_1^2$。在 95% 的显著性水平下，如果统计量 CK_{13} 和 CK_{31} 大于 3. 84，则可以拒绝原假设，其结论表明两个市场之间存在着斜峰度关系的政策传导效应。

五、协波动率变化测试

协波动率变化测试（Co – volatility Change Test，简称 CV 检验）同样是由 Fry – McKibbin and Hsiao（2018）提出，CV 检验是通过比较政策前［$\hat{\xi}_{pre}(r_i^2, r_j^2)$］与政策后传导源市场与被传导源市场之间的协波动率［$\hat{\xi}_{post}(r_i^2, r_j^2)$］是否发生显著变化来判断市场之间的传导效应。协波动率系数为：

$$\hat{\psi}(r_i^2, r_j^2) = \frac{1}{T}\sum_{t=1}^{T}\left(\frac{r_{i,t} - \hat{\mu}_i}{\hat{\sigma}_i}\right)^2\left(\frac{r_{j,t} - \hat{\mu}_j}{\hat{\sigma}_j}\right)^2 \tag{2-21}$$

方程式（2 – 21）是协波动率系数，是衡量一个随机变量相对于另一个随机变量概率分布的相对峰态的统计量，其描述传导源市场 i 标准化后的波动率与被传导源市场 j 标准化后的波动率之间关系。

CV 检验是通过比较政策后的传导源与被传导源市场的协波动率系数［$\hat{\xi}_{post}(r_i^2, r_j^2)$］与政策前的协波动率系数［$\hat{\xi}_{pre}(r_i^2, r_j^2)$］，检测能源市场政策是否存在传导效应，由传导源市场 i 传导到被传导源市场 j。其原假设与备择假设为：

$H_0: \xi_{post}(r_i^2, r_j^2) = \xi_{pre}(r_i^2, r_j^2)$

$H_1: \xi_{post}(r_i^2, r_j^2) \neq \xi_{pre}(r_i^2, r_j^2)$

协波动率统计量 CV 的公式为：

$$CV(i\to j)=\left(\frac{\hat{\xi}_{post}(r_i^2,r_j^2)-\hat{\xi}_{pre}(r_i^2,r_j^2)}{\sqrt{\frac{4\hat{v}_{post|pre_i}^4+16\hat{v}_{post|pre_i}^2+4}{T_{post}}+\frac{4\hat{\rho}_{pre}^4+16\hat{\rho}_{pre}^2+4}{T_{pre}}}}\right)^2$$

(2-22)

其中，标准化后的协波动率系数在政策前和政策后分别为：

$$\hat{\xi}_{pre}(r_i^2,r_j^2)=\frac{1}{T_{pre}}\sum_{t=1}^{T_{pre}}\left(\frac{r_{i,t}-\hat{\mu}_{i,pre}}{\hat{\sigma}_{i,pre}}\right)^2\left(\frac{r_{j,t}-\hat{\mu}_{j,pre}}{\hat{\sigma}_{j,pre}}\right)^2-(1+2\hat{\rho}_{pre}^2)$$

(2-23)

$$\hat{\xi}_{post}(r_i^2,r_j^2)=\frac{1}{T_{post}}\sum_{t=1}^{T_{post}}\left(\frac{r_{i,t}-\hat{\mu}_{i,post}}{\hat{\sigma}_{i,post}}\right)^2\left(\frac{r_{j,t}-\hat{\mu}_{j,post}}{\hat{\sigma}_{j,post}}\right)^2-(1+2\hat{v}_{post|pre_i}^2)$$

(2-24)

$\hat{v}_{post|pre_i}$为调整后的相关系数，列于方程式（2-2）。CV 检验是为了检验当能源政策发生时，传导源市场 i 的波动率发生改变时，是否会对被传导源市场 j 的波动率造成影响。而协波动率统计量 CV 均服从自由度为 1 的卡方分布：$CV(i\to j)\to\chi_1^2$。在 95% 的显著性水平下，如果统计量 CV 大于 3.84，则可以拒绝原假设，其结论表明两个市场之间存在着斜波动关系的政策传导效应。

第二节　多重管道传导模型

根据 Fry-McKibbin, Hsiao and Martin（2019），Hsiao et al.（2021）和 Hsiao and Morley（2022）的研究，多重管道传导模型共有三个种类，分别是联合协偏度变化测试，联合协偏度、协峰度与协波动率变化测试和联合线性、协偏度与协波动率变化测试。

一、联合协偏度变化测试

Fry-McKibbin, Hsiao and Martin（2019）首先提出金融危机传导

模型基于联合协偏度管道传导，其检测称为联合协偏度变化测试（Joint Co - skewness Contagion Test，简称 COSK 检验）。COSK 检验是通过比较政策后的传导源与被传导源市场的所有形态的协偏度系数与政策前的协偏度系数，检测能源市场政策是否存在传导效应，由传导源市场 i 传导到被传导源市场 j。协偏度共有两个形态，分别列于方程式（2 - 9）和（2 - 10）。其原假设与备择假设为：

$$H_0:\psi_{post}(r_i^1,r_j^2)=\psi_{pre}(r_i^1,r_j^2),\psi_{post}(r_i^2,r_j^1)=\psi_{pre}(r_i^2,r_j^1)$$

$$H_1:\psi_{post}(r_i^1,r_j^2)\neq\psi_{pre}(r_i^1,r_j^2),\psi_{post}(r_i^2,r_j^1)\neq\psi_{pre}(r_i^2,r_j^1)$$

而联合协偏度统计量 $COSK$ 为：

$$COSK(i\to j)=COS_{12}+COS_{21}-COS_I \tag{2-25}$$

其中，方程式（2 - 25）前两项为第一与第二形态的超额协偏度统计量。

$$COS_{12}=\left(\frac{\hat{\psi}_{post}(r_i^1,r_j^2)-\hat{\psi}_{pre}(r_i^1,r_j^2)}{\sqrt{\frac{2(1-\hat{v}_{post|pre_i}^6)}{T_{post}(2\hat{v}_{post|pre_i}^2+1)}+\frac{2(1-\hat{\rho}_{pre}^6)}{T_{pre}(2\hat{\rho}_{pre}^2+1)}}}\right)^2 \tag{2-26}$$

$$COS_{21}=\left(\frac{\hat{\psi}_{post}(r_i^2,r_j^1)-\hat{\psi}_{pre}(r_i^2,r_j^1)}{\sqrt{\frac{2(1-\hat{v}_{post|pre_i}^6)}{T_{post}(2\hat{v}_{post|pre_i}^2+1)}+\frac{2(1-\hat{\rho}_{pre}^6)}{T_{pre}(2\hat{\rho}_{pre}^2+1)}}}\right)^2 \tag{2-27}$$

而方程式（2 - 25）最后一项为两个协偏度的交互项统计量：

$$COS_I=\left(\frac{\hat{\psi}_{post}(r_i^1,r_j^2)-\hat{\psi}_{pre}(r_i^1,r_j^2)}{\sqrt{\frac{(1-\hat{v}_{post|pre_i}^6)}{T_{post}(\hat{v}_{post|pre_i}^3+2\hat{v}_{post|pre_i})}+\frac{(1-\hat{\rho}_{pre}^6)}{T_{pre}(\hat{\rho}_{pre}^3+2\hat{\rho}_{pre})}}}\right)\times\left(\frac{\hat{\psi}_{post}(r_i^2,r_j^1)-\hat{\psi}_{pre}(r_i^2,r_j^1)}{\sqrt{\frac{(1-\hat{v}_{post|pre_i}^6)}{T_{post}(\hat{v}_{post|pre_i}^3+2\hat{v}_{post|pre_i})}+\frac{(1-\hat{\rho}_{pre}^6)}{T_{pre}(\hat{\rho}_{pre}^3+2\hat{\rho}_{pre})}}}\right) \tag{2-28}$$

其中，标准化后的协偏度系数在政策前和政策后分别为：

$$\hat{\psi}_{pre}(r_i^m, r_j^n) = \frac{1}{T_{pre}} \sum_{t=1}^{T_{pre}} \left(\frac{r_{i,t} - \hat{\mu}_{i,pre}}{\hat{\sigma}_{i,pre}} \right)^m \left(\frac{r_{j,t} - \hat{\mu}_{j,pre}}{\hat{\sigma}_{j,pre}} \right)^n \quad (2-29)$$

$$\hat{\psi}_{post}(r_i^m, r_j^n) = \frac{1}{T_{post}} \sum_{t=1}^{T_{post}} \left(\frac{r_{i,t} - \hat{\mu}_{i,post}}{\hat{\sigma}_{i,post}} \right)^m \left(\frac{r_{j,t} - \hat{\mu}_{j,post}}{\hat{\sigma}_{j,post}} \right)^n \quad (2-30)$$

$\hat{v}_{post \mid pre_i}$为调整后的相关系数，列于方程式（2－2）。方程式中（2－29）和（2－30），如果 $m=1$，$n=2$ 为第一形态斜偏度系数，则 $m=2$，$n=1$ 为第二形态斜偏度系数。联合斜偏度态统计量 $COSK$ 可检测两个传导管道，分别为当能源政策发生时，传导源市场 i 的期望报酬率发生改变时，是否会对被传导源市场 j 的波动率造成影响，以及传导源市场 i 的波动发生改变时，是否对其他被传导源市场 j 的期望回报率造成影响。联合协偏度统计量 $COSK$ 均服从自由度为 2 的卡方分布：$COSK(i \to j) \to \chi_2^2$。在95%的显著性水平下，如果统计量 $COSK$ 大于 5.99，则可以拒绝原假设，其结论表明两个市场之间存在着联合斜偏度关系的政策传导效应。

二、联合协偏度、协峰度与协波动率变化测试

联合协偏度、协峰度与波动率变化测试（Joint Co－skewness, Co－kurtosis and Co－volatility Contagion Test，简称 JT 检验）是由 Hsiao et al.（2021）提出，JT 检验是通过比较政策前与政策后传导源市场与被传导源市场之间的协偏度、协峰度与协波动率系数是否发生显著变化来判断市场之间的传导效应。其原假设与备择假设为：

$$\begin{aligned} H_0: \psi_{post}(r_i^1, r_j^2) &= \psi_{pre}(r_i^1, r_j^2), \psi_{post}(r_i^2, r_j^1) = \psi_{pre}(r_i^2, r_j^1), \xi_{post}(r_i^1, r_j^3) \\ &= \xi_{pre}(r_i^1, r_j^3), \xi_{post}(r_i^3, r_j^1) = \xi_{pre}(r_i^3, r_j^1), \xi_{post}(r_i^2, r_j^2) \\ &= \xi_{pre}(r_i^2, r_j^2) \end{aligned}$$

$$\begin{aligned} H_1: \psi_{post}(r_i^1, r_j^2) &\neq \psi_{pre}(r_i^1, r_j^2), \psi_{post}(r_i^2, r_j^1) \neq \psi_{pre}(r_i^2, r_j^1), \xi_{post}(r_i^1, r_j^3) \\ &\neq \xi_{pre}(r_i^1, r_j^3), \xi_{post}(r_i^3, r_j^1) \neq \xi_{pre}(r_i^3, r_j^1), \xi_{post}(r_i^2, r_j^2) \end{aligned}$$

$$\neq \xi_{pre}(r_i^2, r_j^2)$$

联合协偏度、协峰度与协波动率统计量 JT 为：

$$JT(i \to j) = JT_{12} + JT_{21} + JT_{13} + JT_{31} + JT_{22} + JT_I \tag{2-31}$$

其中，方程式（2-31）前两项为第一与第二形态的超额协偏度统计量。

$$JT_{12} = \left(\frac{\hat{\psi}_{post}(r_i^1, r_j^2) - \hat{\psi}_{pre}(r_i^1, r_j^2)}{\sqrt{\dfrac{2(1-\hat{v}_{post|pre_i}^6)}{T_{post}(2\hat{v}_{post|pre_i}^2+1)} + \dfrac{2(1-\hat{\rho}_{pre}^6)}{T_{pre}(2\hat{\rho}_{pre}^2+1)}}} \right)^2 \tag{2-32}$$

$$JT_{21} = \left(\frac{\hat{\psi}_{post}(r_i^2, r_j^1) - \hat{\psi}_{pre}(r_i^2, r_j^1)}{\sqrt{\dfrac{2(1-\hat{v}_{post|pre_i}^6)}{T_{post}(2\hat{v}_{post|pre_i}^2+1)} + \dfrac{2(1-\hat{\rho}_{pre}^6)}{T_{pre}(2\hat{\rho}_{pre}^2+1)}}} \right)^2 \tag{2-33}$$

而方程式（2-31）第三项与第四项为第一形态与第二形态的超额协峰度统计量。

$$JT_{13} = \left(\frac{\hat{\xi}_{post}(r_i^1, r_j^3) - \hat{\xi}_{pre}(r_i^1, r_j^3)}{\sqrt{\dfrac{6(\hat{v}_{post|pre_i}^{10} - \hat{v}_{post|pre_i}^8 - \hat{v}_{post|pre_i}^2 + 1)}{T_{post}(3\hat{v}_{post|pre_i}^4 + 2\hat{v}_{post|pre_i}^2 + 1)} + \dfrac{6(\hat{\rho}_{pre}^{10} - \hat{\rho}_{pre}^8 - \hat{\rho}_{pre}^2 + 1)}{T_{pre}(3\hat{\rho}_{pre}^4 + 2\hat{\rho}_{pre}^2 + 1)}}} \right)^2 \tag{2-34}$$

$$JT_{31} = \left(\frac{\hat{\xi}_{post}(r_i^3, r_j^1) - \hat{\xi}_{pre}(r_i^3, r_j^1)}{\sqrt{\dfrac{6(\hat{v}_{post|pre_i}^{10} - \hat{v}_{post|pre_i}^8 - \hat{v}_{post|pre_i}^2 + 1)}{T_{post}(3\hat{v}_{post|pre_i}^4 + 2\hat{v}_{post|pre_i}^2 + 1)} + \dfrac{6(\hat{\rho}_{pre}^{10} - \hat{\rho}_{pre}^8 - \hat{\rho}_{pre}^2 + 1)}{T_{pre}(3\hat{\rho}_{pre}^4 + 2\hat{\rho}_{pre}^2 + 1)}}} \right)^2 \tag{2-35}$$

其中，

$$\hat{\xi}_{post}(r_i^m, r_j^n) = \hat{\psi}_{post}(r_i^m, r_j^n) - 3\hat{v}_{post|pre_i} \tag{2-36}$$

$$\hat{\xi}_{pre}(r_i^m, r_j^n) = \hat{\psi}_{post}(r_i^m, r_j^n) - 3\hat{\rho}_{pre} \tag{2-37}$$

$\hat{\psi}_{post}(r_i^m,r_j^n)$ 和 $\hat{\psi}_{post}(r_i^m,r_j^n)$ 分别列于方程式（2－29）和（2－30），如果 $m=1$，$n=3$ 为第一形态斜峰度系数，则 $m=3$，$n=1$ 为第二形态斜峰度系数。而方程式（2－31）第五项为超额协波动率：

$$JT_{22}(i\to j)=\left(\frac{\hat{\xi}_{post}(r_i^2,r_j^2)-\hat{\xi}_{pre}(r_i^2,r_j^2)}{\sqrt{\frac{4(\hat{v}_{post|pre_i}^2-1)^2(\hat{v}_{post|pre_i}^4+1)}{T_{post}(\hat{v}_{post|pre_i}^4+6\hat{v}_{post|pre_i}^2+1)}+\frac{4(\hat{\rho}_{pre}^2-1)^2(\hat{\rho}_{pre}^4+1)}{T_{pre}(\hat{\rho}_{pre}^4+6\hat{\rho}_{pre}^2+1)}}}\right)^2 \tag{2-38}$$

其中，

$$\hat{\xi}_{post}(r_i^2,r_j^2)=\hat{\psi}_{post}(r_i^2,r_j^2)-(1+2\hat{v}_{post|pre_i}^2) \tag{2-39}$$

$$\hat{\xi}_{pre}(r_i^2,r_j^2)=\hat{\psi}_{post}(r_i^2,r_j^2)-(1+2\hat{\rho}_{pre}^2) \tag{2-40}$$

而方程式（2－31）最后一项为共动差的交互项：

$$\begin{aligned}JT_I=&-\frac{[\hat{\psi}_{post}(r_i^1,r_j^2)-\hat{\psi}_{pre}(r_i^1,r_j^2)][\hat{\psi}_{post}(r_i^2,r_j^1)-\hat{\psi}_{pre}(r_i^2,r_j^1)]}{\frac{(1-\hat{v}_{post|pre_i}^6)}{T_{post}(\hat{v}_{post|pre_i}^3+2\hat{v}_{post|pre_i})}+\frac{(1-\hat{\rho}_{pre}^6)}{T_{pre}(\hat{\rho}_{pre}^3+2\hat{\rho}_{pre})}}\\&+\frac{[\hat{\xi}_{post}(r_i^1,r_j^3)-\hat{\xi}_{pre}(r_i^1,r_j^3)][\hat{\xi}_{post}(r_i^3,r_j^1)-\hat{\xi}_{pre}(r_i^3,r_j^1)]}{\frac{3(\hat{v}_{post|pre_i}^{10}-\hat{v}_{post|pre_i}^8-\hat{v}_{post|pre_i}^2+1)}{T_{post}(\hat{v}_{post|pre_i}^6+4\hat{v}_{post|pre_i}^4+3\hat{v}_{post|pre_i}^2)}+\frac{3(\hat{\rho}_{pre}^{10}-\hat{\rho}_{pre}^8-\hat{\rho}_{pre}^2+1)}{T_{pre}(\hat{\rho}_{pre}^6+2\hat{\rho}_{pre}^4+3\hat{\rho}_{pre}^2)}}\\&-\frac{[\hat{\xi}_{post}(r_i^1,r_j^3)-\hat{\xi}_{pre}(r_i^1,r_j^3)][\hat{\xi}_{post}(r_i^2,r_j^2)-\hat{\xi}_{pre}(r_i^2,r_j^2)]}{\frac{(\hat{v}_{post|pre_i}^2-1)^2(\hat{v}_{post|pre_i}^4+1)}{T_{post}(\hat{v}_{post|pre_i}^3+\hat{v}_{post|pre_i})}+\frac{(\hat{\rho}_{pre}^2-1)^2(\hat{\rho}_{pre}^4+1)}{T_{pre}(\hat{\rho}_{pre}^3+\hat{\rho}_{pre})}}\\&-\frac{[\hat{\xi}_{post}(r_i^3,r_j^1)-\hat{\xi}_{pre}(r_i^3,r_j^1)][\hat{\xi}_{post}(r_i^2,r_j^2)-\hat{\xi}_{pre}(r_i^2,r_j^2)]}{\frac{(\hat{v}_{post|pre_i}^2-1)^2(\hat{v}_{post|pre_i}^4+1)}{T_{post}(\hat{v}_{post|pre_i}^3+\hat{v}_{post|pre_i})}+\frac{(\hat{\rho}_{pre}^2-1)^2(\hat{\rho}_{pre}^4+1)}{T_{pre}(\hat{\rho}_{pre}^3+\hat{\rho}_{pre})}}\end{aligned} \tag{2-41}$$

其中，$\hat{v}_{post|pre_i}$ 为调整后的相关系数，列于方程式（2－2）。联合斜偏度、斜峰度、斜波动率统计量 JT 可检测五个传导管道，当能源

政策发生时，可检测：①传导源市场 i 的期望报酬率发生改变时，是否对被传导源市场 j 的波动率造成影响；②传导源市场 i 的波动发生改变时，是否对其他被传导源市场 j 的期望回报率造成影响；③传导源市场 i 的期望报酬率发生改变时，是否对被传导源市场 j 的偏度造成影响；④传导源市场 i 的偏度发生改变时，是否对其他被传导源市场 j 的期望回报率造成影响；⑤传导源市场 i 的波动发生改变时，是否对其他被传导源市场 j 的波动率造成影响。而联合协偏度、协峰度以及协波动率的统计量 JT 均服从自由度为 5 的卡方分布：$JT(i \rightarrow j) \rightarrow \chi_5^2$。在 95% 的显著性水平下，如果统计量 JT 大于 11.07，则可以拒绝原假设，其结论表明两个市场之间存在着联合斜偏度、斜峰度与斜波动关系的政策传导效应。

三、联合线性、协偏度与协波动率变化测试

联合线性、协偏度与协波动率变化测试（Joint Correlation, Co－skewness and Co－volatility Contagion Test，简称 MT 检验）是由 Hsiao and Morley（2022）提出，MT 检验是通过比较政策前与政策后传导源市场与被传导源市场之间的线性相关系数、协偏度与协波动率系数是否发生显著变化来判断市场之间的传导效应。其原假设与备择假设为：

$$H_0: v_{post|pre_i} = \rho_{pre}, \psi_{post}(r_i^1, r_j^2) = \psi_{pre}(r_i^1, r_j^2), \psi_{post}(r_i^2, r_j^1) = \psi_{pre}(r_i^2, r_j^1), \xi_{post}(r_i^2, r_j^2) = \xi_{pre}(r_i^2, r_j^2)$$

$$H_1: v_{post|pre_i} \neq \rho_{pre}, \psi_{post}(r_i^1, r_j^2) \neq \psi_{pre}(r_i^1, r_j^2), \psi_{post}(r_i^2, r_j^1) \neq \psi_{pre}(r_i^2, r_j^1), \xi_{post}(r_i^2, r_j^2) \neq \xi_{pre}(r_i^2, r_j^2)$$

而联合线性、协偏度与协波动率统计量 MT 为：

$$MT(i\to j)=\left(\frac{\hat{v}_{post|pre_i}-\hat{\rho}_{pre}}{\sqrt{\dfrac{1}{T_{pre}}+\dfrac{1}{T_{post}}}}\right)^2+\left(\frac{\hat{\psi}_{post}(r_i^1,r_j^2)-\hat{\psi}_{pre}(r_i^1,r_j^2)}{\sqrt{\dfrac{2}{T_{pre}}+\dfrac{2}{T_{post}}}}\right)^2$$
$$+\left(\frac{\hat{\psi}_{post}(r_i^2,r_j^1)-\hat{\psi}_{pre}(r_i^2,r_j^1)}{\sqrt{\dfrac{2}{T_{pre}}+\dfrac{2}{T_{post}}}}\right)^2$$
$$+\left(\frac{\hat{\psi}_{post}(r_i^2,r_j^2)-\hat{\psi}_{pre}(r_i^2,r_j^2)}{\sqrt{\dfrac{4}{T_{pre}}+\dfrac{4}{T_{post}}}}\right)^2 \qquad (2-42)$$

其中，$\hat{v}_{post|pre_i}$为调整后的相关系数，列于方程式（2－2）。而$\hat{\psi}_{post}(r_i^m,r_j^n)$和$\hat{\psi}_{post}(r_i^m,r_j^n)$为政策前与政策后的协偏度（当$m=1$，$n=2$为第一形态，$m=2$，$n=1$为第二形态）与协波动率系数（$m=2$，$n=2$）列于方程式（3－29）和（3－30）。联合线性、斜偏度与斜波动率统计量MT可检测四个传导管道，当能源政策发生时，可检测：①传导源市场i的期望报酬率发生改变时，是否对被传导源市场j的期望报酬率造成影响；②传导源市场i的期望报酬率发生改变时，是否对被传导源市场j的波动率造成影响；③传导源市场i的波动发生改变时，是否对其他被传导源市场j的期望回报率造成影响；④传导源市场i的波动发生改变时，是否对其他被传导源市场j的波动率造成影响。联合线性、协偏度与协波动率的统计量MT均服从自由度为4的卡方分布：$MT(i\to j)\to\chi_4^2$。在95%的显著性水平下，如果统计量MT大于9.49，则可以拒绝原假设，其结论表明两个市场之间存在着联合线性、斜偏度与协波动率关系的政策传导效应。单一与双重传导管道模型对比如表2－1所示。

表 2 – 1 单一与双重管道传导检验模型

传导模型	方程式	传导管道
单一管道传导模型		
线性相关变化测试（*FR*）	2 – 1	传导源市场的均值管道到被传导源市场的均值管道
调整后线性相关变化测试（*CR*）	2 – 4	传导源市场的均值管道到被传导源市场的均值管道
协偏度变化测试（CS_{12}）	2 – 11	传导源市场的均值管道到被传导源市场的波动率管道
协偏度变化测试（CS_{21}）	2 – 12	传导源市场的波动率管道到被传导源市场的均值管道
协峰度变化测试（CK_{13}）	2 – 17	传导源市场的均值管道到被传导源市场的偏度管道
协峰度变化测试（CK_{31}）	2 – 18	传导源市场的偏度管道到被传导源市场的均值管道
协波动变化测试（*CV*）	2 – 22	传导源市场的波动率管道到被传导源市场的波动率管道
双重管道传导模型		
联合协偏度变化测试（*COSK*）	2 – 25	传导源市场的均值管道到被传导源市场的波动率管道、传导源市场的波动率管道到被传导源市场的均值管道
联合协偏度、协峰度与协波动率变化测试（*JT*）	2 – 31	传导源市场的均值管道到被传导源市场的波动率管道、传导源市场的波动率管道到被传导源市场的均值管道、传导源市场的均值管道到被传导源市场的偏度管道、传导源市场的偏度管道到被传导源市场的均值管道、传导源市场的波动率管道到被传导源市场的波动率管道
联合线性、协偏度与协波动率变化测试（*MT*）	2 – 42	传导源市场的均值管道到被传导源市场的波动率管道、传导源市场的波动率管道到被传导源市场的均值管道、传导源市场的波动率管道到被传导源市场的波动率管道

数据来源：作者自行整理。

第三节 传导测试的尺寸与功率性质

为了研究传导模型测试的尺寸和功率性质，使用基于二元广义正态分布的数据生成过程进行了一系列蒙特卡罗实验（Monte Carlo Experiments），考虑两个随机变量r_i和r_j，而变量的标准化总体均值为0，方差为1，得出联合概率密度函数为（Fry - McKibbin et al., 2019）：

$$f(r_i, r_j) = exp\left[-\left(\frac{r_i^2 + r_j^2 - 2\rho r_i r_j}{2(1-\rho^2)} \right) + \theta_4 r_i r_j^2 + \theta_5 r_i r_j^3 + \theta_6 r_i^2 r_j^2 - \eta \right] \tag{2-43}$$

其中 η 是常数项。

一、尺寸性质

为了研究传导模型测试的尺寸属性，蒙特卡罗实验基于无传导效应的零假设进行设置。

$H_0: \rho = 0, \theta_4 = 0, \theta_5 = 0, \theta_6 = 0$

然后，方程（2-43）在事件发生前和发生后的时间段内，简化为独立的二元正态分布：

$$f(r_i, r_j) = exp\left[-\left(\frac{r_i^2 + r_j^2}{2} \right) - \eta \right] \tag{2-44}$$

二、功率性质

为了研究传导模型测试的功率性质，蒙特卡罗实验基于有传导效应的备择假设进行了四个实验。其中，实验Ⅰ为通过相关性 $H_1: \rho > 0$ 的通道给出，其简化的二元正态分布为：

$$f(r_i, r_j) = exp\left[-\left(\frac{r_i^2 + r_j^2 - 2\rho\, r_i r_j}{2(1-\rho^2)}\right) - \eta\right] \tag{2-45}$$

实验Ⅱ为通过协偏度 $H_1: \theta_4 > 0$ 的通道给出，其简化的二元正态分布为：

$$f(r_i, r_j) = exp\left[-\left(\frac{r_i^2 + r_j^2}{2}\right) + \theta_4 r_i^1 r_j^2 - 0.5\, r_i^2 r_j^2 - \eta\right] \tag{2-46}$$

实验Ⅲ为通过协峰度 $H_1: \theta_5 > 0$ 的通道给出，其简化的二元正态分布为：

$$f(r_i, r_j) = exp\left[-\left(\frac{r_i^2 + r_j^2}{2}\right) - \theta_5 r_i^1 r_j^3 - \eta\right] \tag{2-47}$$

而实验Ⅳ为通过协波动率 $H_1: \theta_6 > 0$ 的通道给出，其简化的二元正态分布为：

$$f(r_i, r_j) = exp\left[-\left(\frac{r_i^2 + r_j^2}{2}\right) - \theta_6 r_i^2 r_j^2 - \eta\right] \tag{2-48}$$

其实验结果如下。

表 2-2 及表 2-3 分别显示了四种单一传导模型测试（线性相关系数测试、协偏度测试、协峰度测试以及协波动测试）的尺寸和功率性质的结果。

表 2-2 显示四种单一传导模型测试的尺寸性质结果。其结果显示，基于尺寸大小结果表明，假设事件发生前后样本大小为 T_{pre} = 363，T_{post} = 365 以及 T_{pre} = 298，T_{post} = 365，模拟结果表明，四个检验（CR、CS_{12}、CK_{13} 和 CV）都与名义 5% 水平上的经验大小接近一致。

表 2-2　基于不同样本事件的四大传导模型测试的尺寸

模型及事件发生前的样本	T_{pre}	
	363	298
CR	0.059	0.058
CS_{12}	0.047	0.046
CK_{13}	0.042	0.042
CV	0.039	0.040

表 2-3 显示四类单一传导模型测试的功率性质结果。基于功率性质结果表明，假设事件发生前后样本大小为 $T_{pre}=298$，$T_{post}=365$，实验Ⅰ的结果表明，当相关性（ρ_y）的传导强度从 0 增加到 0.4 时，相关性测试检测到 100% 的传导能力。对于实验Ⅱ，当协偏度（$\theta_{4,y}$）的传导强度为 0.9 时，协偏度测试检测到 100% 的传导能力。对于实验Ⅲ，当协峰度（$\theta_{5,y}$）的传导强度为 0.9，协峰度测试检测到 100% 的传导能力。而对于实验Ⅳ，当协波动率（$\theta_{6,y}$）的传导强度为 0.4 时，协波动率测试检测到 100% 的传导能力。总之，在这四种测试中，协波动率测试在发现传导效应方面的能力最强，其次是相关性和协峰度率测试，而协偏度测试在检测传导效应方面的能力最弱。

表 2-3　　四大传导模型测试的功率

参数及模型	传导力				
功率测试	基于方程式（2-45）的实验Ⅰ				
ρ_y	0	0.1	0.4	0.7	0.9
CR	0.050	0.221	1.000	1.000	1.000
功率测试	基于方程式（2-46）的实验Ⅱ				
$\theta_{4,y}$	0	0.1	0.4	0.7	0.9
CS_{12}	0.050	0.082	0.381	0.856	0.995
功率测试	基于方程式（2-47）的实验Ⅲ				
$\theta_{5,y}$	0	0.1	0.4	0.7	0.9
CK_{13}	0.050	0.208	0.732	0.915	0.967
功率测试	基于方程式（2-48）的实验Ⅳ				
$\theta_{6,y}$	0	0.1	0.4	0.7	0.9
CV	0.050	0.999	1.000	1.000	1.000

本章参考文献

[1] Forbes, K. J., Rigobon, R. No contagion, only interdependence: measuring

stock market comovements [J]. The Journal of Finance, 2002, 57 (5): 2223-2261.

[2] Fry, R., Martin, V. L., and Tang, C. A new class of tests of contagion with applications [J]. Journal of Business and Economic Statistics, 2010, 28 (3): 423-437.

[3] Fry-McKibbin, R., & Hsiao, C. Y. L. Extremal dependence tests for contagion [J]. Econometric Reviews, 2018, 37 (6): 626-649.

[4] Fry-McKibbin, R., Hsiao, C. Y. L., and Martin, V. L. Joint tests of contagion with applications [J]. Quantitative Finance, 2019, 19 (3): 473-490.

[5] Hsiao, C. Y. L., and Morley, J. Debt and financial market contagion [J]. Empirical Economics, 2022, 62 (4): 1599-1648.

[6] Hsiao, C. Y. L., Wei, X., Sheng, N., and Shao, C. A joint test of policy contagion with application to the solar sector [J]. Renewable and Sustainable Energy Reviews, 2021, 141: 110762.

第三章　时间序列传导模型介绍

第一节 经典学派的时间序列之异方差模型

一、ARCH模型

ARCH 模型（Autoregressive Conditional Heteroskedasticity Model）全称“自回归条件异方差模型”，由 Engle（1982）首次提出，该模型用于解决方差恒定所引起的问题。最基本的 ARCH(1) 模型如下：

$$r_t = \alpha + \beta x_t + u_t, u_t \mid I_{t-1} \sim N(0, \sigma_t^2) \tag{3-1}$$

$$\sigma_t^2 = \alpha_0 + \alpha_1 u_{t-1}^2 \tag{3-2}$$

其中，在均值方程（3-1）中，r_t是资产在 t 期的报酬率，x_t是解释变量，u_t是误差项且服从白噪声（white noise），其均值为 0，σ_t^2为第 t 期的条件异方差。α 和 β 为均值方程中的参数值。为了确保条件异方差为正值，方差方程（3-2）中的所待估计的参数须限制为非负数$\alpha_0>0$，$\alpha_1>0$，以及σ_t^2满足条件异方差稳定的条件为$0\leqslant\alpha_1<1$。σ_t^2由目前的已知信息集合I_{t-1}观察得出。

所谓检验序列的 ARCH 效应，就是检验α_1是否为 0。原假设 H_0：$\alpha_1=0$，意味着序列不存在 ARCH 效应；反之，备择假设为 $H_1: \alpha_1\neq0$，如果系数α_1显著不为 0，则认为序列存在 ARCH 效应。

二、GARCH模型

在实际应用中，为了使 ARCH 模型获得拟合度较好的回归估计，一般需要运用高阶的 ARCH 模型。但当模型的滞后阶数过大时，需要估计过多的参数，在样本有限的情况下，参数估计的效率就会降低，有时甚至会出现估计参数为负数的情况。为了弥补这一缺陷，Bollerslev（1986）对 ARCH 模型进行了拓展，建立了广义自回归条件异方差（Generalized Autoregressive Conditional Heteroskedasticity，GARCH）模型。应用最广泛的是标准的 GARCH(1,1) 模型，其公式如下：

$$r_t = \alpha + \beta x_t + u_t, u_t \mid I_{t-1} \sim N(0, \sigma_t^2) \tag{3-3}$$

$$\sigma_t^2 = \alpha_0 + \alpha_1 u_{t-1}^2 + \alpha_2 \sigma_{t-1}^2 \tag{3-4}$$

方差方程（3-4）中的条件方差 σ_t^2 不仅是滞后残差平方 u_{t-1}^2 的线性函数，而且还是滞后条件方差 σ_{t-1}^2 的线性函数。为了确保条件异方差为正值，方差方程（3-4）中的所待估计的参数须限制为非负数 $\alpha_0 > 0$，$\alpha_1 > 0$，$\alpha_2 > 0$，以及 σ_t^2 满足条件异方差稳定的条件为 $0 \leqslant \alpha_1 + \alpha_2 < 1$。与高阶的 ARCH 模型相比，GARCH 模型的结构更为简洁，此外，GARCH(1,1) 模型可以反复迭代转化为 ARCH(∞)，从而使得模型具有更大的适用性。

三、不对称 GARCH 族群模型

在股票市场或外汇市场中，“利空”信息往往比“利好”信息带来更高的波动，这种现象称为“非对称效应”或“杠杆效应”。EGARCH 和 TGARCH 模型可用于衡量市场中的“非对称效应”或“杠杆效应”的波动率模型。

（一）EGARCH 模型

Nelson（1991）提出了指数广义自回归条件异方差（Exponential Generalized Autoregressive Conditional Heteroscedastic，EGARCH）模型，该模型最大的特点之一就是模型中参数没有任何约束。EGARCH 模型可以写成：

$$r_t = \alpha + \beta x_t + u_t, u_t \mid I_{t-1} \sim N(0, \sigma_t^2) \tag{3-5}$$

$$\ln(\sigma_t^2) = \alpha_0 + \alpha_1 \left| v_{t-1} \right| + \alpha_2 v_{t-1} + \alpha_3 \ln(\sigma_{t-1}^2) \tag{3-6}$$

其中，u_t 服从正态分布，且 $v_{t-1} = u_{t-1} / \sigma_{t-1}$ 是标准化误差项。为了确保条件异方差为正值，方差方程（3-6）中的所待估计的参数

须限制为 $-1 < \alpha_3 < 1$。与 GARCH 模型相比，EGARCH 模型有两个优点。首先，即使其他参数为负，方差 σ_t^2 始终为正。其次，只有当参数 $\alpha_2 < 0$ 时，它才能检验非对称效应。

由下式可见方差方程的分布是非对称的：

$$\ln(\sigma_t^2) = \alpha_0 + (\alpha_1 + \alpha_2) v_{t-1} + \alpha_3 \ln(\sigma_{t-1}^2), u_t \geqslant 0 \quad (3-7)$$

$$\ln(\sigma_t^2) = \alpha_0 + (\alpha_1 - \alpha_2) v_{t-1} + \alpha_3 \ln(\sigma_{t-1}^2), u_t < 0 \quad (3-8)$$

当负面冲击比正面冲击更容易引起波动时，负参数α_2可以被视为非对称效应。原假设 $H_0: \alpha_2 \geqslant 0$，意味着序列不存在非对称效应；反之，备择假设为 $H_1: \alpha_2 < 0$，如果系数α_2显著小于0，则认为存在非对称效应。

（二）TGARCH 模型

Glosten, Jagannathan and Runkle（1993）和 Zakoian（1994）提出了门限广义自回归条件异方差（GJR－GARCH 或 TGARCH）模型，该模型有效区分了正负冲击所带来的影响。其基本方程如下：

$$r_t = \alpha + \beta x_t + u_t, u_t | I_{t-1} \sim N(0, \sigma_t^2) \quad (3-9)$$

$$\sigma_t^2 = \alpha_0 + \alpha_1 u_{t-1}^2 + \alpha_2 u_{t-1}^2 D_{t-1} + \alpha_3 \sigma_{t-1}^2 \quad (3-10)$$

其中，D_{t-1}是表示$u_{t-1} < 0$ 的示性函数，即：

$$D_{t-1} = \begin{cases} 1, u_{t-1} < 0 \\ 0, u_{t-1} \geqslant 0 \end{cases} \quad (3-11)$$

其中，α_0，α_1，α_3为非负参数，满足 GARCH 模型类似的参数条件。当市场上出现正面消息（$u_{t-1} > 0$，$D_{t-1} = 0$）时，对条件方差的影响是α_1；当市场上出现负面消息（$u_{t-1} < 0$，$D_{t-1} = 1$）时，对条件方差的影响是$\alpha_1 + \alpha_2$。所以当$\alpha_2 > 0$ 时，就可以说明信息不对称并且具有杠杆效应。原假设 $H_0: \alpha_2 \leqslant 0$，意味着序列不存在非对称效应；反之，备择假设为 $H_1: \alpha_2 > 0$，如果系数α_2显著大于0，则认为存在非对称效应。

第二节　经典学派的时间序列异方差模型与政策传导的应用

Baur（2003）和 Hsiao et al.（2021）将时间序列异方差模型进行改良，开展了基于均值与波动率的能源政策的传导模型。考虑两个市场的单因素模型如下：

$$r_{i,t}=\alpha_1+\beta_1 f_t+u_{i,t} \tag{3-12}$$

$$r_{j,t}=\alpha_2+\beta_2 f_t+u_{j,t} \tag{3-13}$$

其中，$r_{i,t}$和 $r_{j,t}$分别是市场 i 和 j 的回报，f_t是影响两个市场的共同因素，$u_{i,t}$和 $u_{j,t}$是市场 i 和 j 的误差项，α_1，α_2，β_1 和β_2是待估计参数。在这组模型中，冲击不会从一个市场传递到另一个市场，只有两个市场之间的联动性才能对共同因素作出反应。

考虑单因素模型并加入虚拟变量来模拟能源政策或金融危机事件，分析一个市场对另一个市场的影响。此传导模型的特点是在发生未预期事件（如政策公告、地震或金融危机）后，特定国家的冲击会变成区域性或全球性的。在这种情况下，冲击从一个市场传递到另一个市场。单因素模型加入未预期事件或政策的方程如下：

$$r_{i,t}=\alpha_1+\beta_1 f_t+u_{i,t} \tag{3-14}$$

$$r_{j,t}=\alpha_2+\beta_2 f_t+\beta_3 u_{i,t}D_{Policy}+u_{j,t} \tag{3-15}$$

在单因素模型（3－12）和（3－13）的基础上加入了 $\beta_3 u_{i,t}D_{Policy}$ 项得到等式（3－15）。在政策公告后，误差项$u_{i,t}$由 i 市场传导到其他 j 市场，其参数 β_3 捕获到由未预期因素或政策导致的额外传导效应。虚拟变量D_{Policy}是表示已公布的政策，即：

$$D_{Policy}=\begin{cases}1,\text{政策公告后}\\0,\quad\text{其他}\end{cases} \tag{3-16}$$

在正常时期，市场之间存在普遍的联动效应，而在政策公告后，

市场 i 向市场 j 传递异质性冲击。如果 β_3 显著异于 0，则该模型发生传导效应。原假设 H_0：$\beta_3=0$，意味着序列不存在传导效应；反之，备择假设为H_1：$\beta_3 \neq 0$，则认为存在传导效应。

一、均值传导

继 Baur（2003）的研究之后，对上述因素模型进行了修改。与正常时期相比，在政策公布后传输机制发生变化。该模型如下：

$$r_{i,t}=u_{i,t} \tag{3-17}$$

$$r_{j,t}=\mu_j+\beta_1 r_{i,t}+\beta_2 r_{i,t} D_{policy,t}+u_{j,t} \tag{3-18}$$

其中，参数 μ_j 是资产回报 j 的平均值，参数 β_1 捕获从市场 i 到市场 j 的正常传导效应（即两个部门之间的联动性），参数 β_2 控制在政策公告后是否存在额外效应（即政策冲击或金融危机），$D_{policy,t}$ 是虚拟变量（在政策公告后等于 1，否则等于 0）。在均值传导检验中，原假设 $H_0:\beta_2 \leqslant 0$，意味着在政策公告后，冲击不会从一个市场向另一个市场增量传递，与备择假设 $H_1:\beta_2>0$ 结论相反。因此，均值传导被定义为政策公告后两个市场之间的相关性相较于正常时期显著增加。

二、波动性传导

波动性传导被定义为在政策公告后回报率波动性相较于正常时期显著增加。根据 Edwards（1998）和 Baur（2003）的研究，波动性传导模型构建如下：

$$r_{j,t}=u_{j,t},\ u_{j,t} \sim N(0,\sigma_{j,t}^2) \tag{3-19}$$

$$\sigma_{j,t}^2=\alpha_0+\alpha_1 u_{j,t-1}^2+\alpha_2 \sigma_{j,t-1}^2+\alpha_3 r_{i,t-1}^2+\alpha_4 r_{i,t-1}^2 D_{policy,t-1} \tag{3-20}$$

其中，方程式（3-20）的条件异方差 $\sigma_{j,t}^2$ 是具有两个外生变量（$r_{i,t-1}^2$和$r_{i,t-1}^2 D_{policy,t-1}$）的广义自回归条件异方差 GARCH(1,1) 模型。GARCH 模型将当前拟合方差（$\sigma_{j,t}^2$）分解为长期均值（α_0）、前一期波动性信息（α_1）和前一期拟合方差（α_2）的加权函数，其平稳性条件

为 $\alpha_0>0$，$\alpha_1\geqslant0$，$\alpha_2\geqslant0$，$\alpha_1+\alpha_2<1$。参数 α_3 捕获了从部门 i 到部门 j 的正常波动性溢出，参数 α_4 测量了政策冲击引起的额外波动性溢出。

一般来说，正面消息冲击后波动性不会显著增加，因为正面消息通常会给市场带来较少的波动性。因此，在 GARCH 模型的估计过程中，方程式（3－20）中的参数 α_4 被设置为负值。然而，GARCH 模型中的参数不能为负，因为方程式（3－20）中的方差 $\sigma_{j,t}^2$ 始终为正。为了解决这个问题，我们使用 Nelson（1991）提出的指数广义自回归条件异方差（EGARCH）模型，该模型不限制参数为非负①。EGARCH 模型可以写成：

$$r_{j,t}=u_{j,t},\ u_{j,t}\sim N(0,\sigma_{j,t}^2) \tag{3-21}$$

$$\ln(\sigma_{j,t}^2)=\alpha_0+\alpha_1\left|v_{j,t-1}\right|+\alpha_2 v_{j,t-1}+\alpha_3\ln(\sigma_{j,t-1}^2)+\alpha_4 r_{i,t-1}^2+\alpha_5 r_{i,t-1}^2 D_{policy,t-1} \tag{3-22}$$

其中，$v_{j,t-1}=u_{j,t-1}/\sigma_{j,t-1}$ 是市场 j 的标准化误差项，方程式（3－22）中的参数 α_0、α_1、α_2、α_3、α_4 和 α_5 通过使用极大似然法估计得到。与 GARCH 模型相比，EGARCH 模型有两个优点。首先，即使参数为负，方差 $\sigma_{j,t}^2$ 始终为正。其次，只有当参数 $\alpha_2<0$ 时，它才能检验非对称效应。当负面冲击比正面冲击更容易引起波动时，负参数 α_2 可以被视为非对称效应。在测试波动性传导时，原假设为 $H_0:\alpha_5=0$，表示没有波动性传导，而备择假设 $H_1:\alpha_5\neq0$，表示存在波动性传导。

三、均值与波动性传导

鉴于政策冲击从一个市场传递到另一个市场可能对回报均值（一阶动差，first moment）和该回报的方差（二阶动差，second moment）产生传导效应，我们同时对均值和波动的传导效应进行了建模（Hsiao et al.，2021），完整模型如下：

① 有各种类型的 GARCH 模型，包括正常创新和 t 分布创新。为了简化模型，本书考虑了具有正常创新的 EGARCH 模型来模拟传导。

$$r_{j,t}=\mu_j+\beta_0\sigma_{j,t}^2+\beta_1 r_{i,t}+\beta_2 r_{i,t}D_{policy,t}+u_{j,t},\ u_{j,t}\sim N(0,\sigma_{j,t}^2) \tag{3-23}$$

$$\ln(\sigma_{j,t}^2)=\alpha_0+\alpha_1|v_{j,t-1}|+\alpha_2 v_{j,t-1}+\alpha_3\ln(\sigma_{j,t-1}^2)+\alpha_4 r_{i,t-1}^2+\alpha_5 r_{i,t-1}^2 D_{policy,t-1} \tag{3-24}$$

该模型不同于等式（3－21）和（3－22）。具体而言，方程式（3－23）对风险溢价效应、正常传导效应（即两个市场在正常期的联动性）以及从一个市场（r_i）到另一个市场（r_j）的其他政策冲击进行了建模。正向参数 β_0 可视为风险溢价效应，而投资风险较高的资产应获得较高的预期回报。此方程式可检测两种效应。第一，风险溢价效应，即当投资人要求较高的收益，投资者将同时面临更大的风险。在检验风险溢价效应时，原假设为 $H_0:\beta_0\leqslant 0$，表明不存在风险溢价效应，与备择假设 $H_1:\beta_0>0$ 结论相反。第二，均值传导效应。在均值传导检验中，原假设 $H_0:\beta_2\leqslant 0$，意味着在政策公告后，冲击不会从一个市场向另一个市场增量传递，与备择假设 $H_1:\beta_2>0$ 结论相反。因此，均值传导被定义为政策公告后两个市场之间的相关性相较于正常时期显著增加。

方程式（3－24）可检测两种效应。第一，非对称效应或杠杆效应。非对称效应被定义为负面信息往往比正面信息造成更大的波动性。在检验非对称效应时，原假设为 $H_0:\alpha_2\geqslant 0$，而备择假设为 $H_1:\alpha_2<0$。第二，波动性传导效应。在测试波动性传导时，原假设为 $H_0:\alpha_5=0$，表示没有波动性传导，而备择假设 $H_1:\alpha_5\neq 0$，表示存在波动性传导。

第三节　贝叶斯学派马尔可夫链机制转换偏正态模型

本节构建基于 Chan et al.（2019）的贝叶斯学派的马尔可夫链机制转换偏正态模型，以分析危机或特定事件的传播渠道和传导效应的框架。从以下五个方面来介绍此模型。

一、偏正态分布

根据 Sahu et al.（2003）的研究，考虑偏正态分布（skew - normal distribution）如下：

$$y_t = \mu + \Delta Z_t + \varepsilon_t \tag{3-25}$$

$$\varepsilon_t \overset{iid}{\sim} N\left(0, \sum\right) \tag{3-26}$$

$$Z_t \overset{iid}{\sim} N(c1_m, I_m)1(Z_{jt} > c, j = 1, \cdots, m) \tag{3-27}$$

其中，方程式（3 - 25）中的y_t为一个 m 维随机矢量，且 $t = 1, \cdots, T$，$y_t = (y_{1t}, \cdots, y_{mt})'$，$\varepsilon_t$是误差项且服从正态分布，其均值为 0，协方差矩阵为 $\sum$。而方程式（3.27）中，$Z_t = (Z_{1t}, \cdots, Z_{mt})'$是一个 m 维随机矢量，1_m是一个 $m \times 1$ 的列矢量，I_m是 $m \times m$ 的单位矩阵，$1(\cdot)$ 是示性函数，当Z_{jt}大于 c 时为 1，否则为 0。此示性函数会让Z_t分布的偏度不为 0，从而丰富y_t组成部分之间的线性与非线性的依赖结构。Sahu et al.（2003）假设 Δ 是一个对角矩阵。然而，这一假设在事件传导建模的背景下具有限制性，因为对角矩阵的假设不允许y_t组成部分之间存在非线性关系。因此，通过放宽 Δ 是非对角矩阵的假设，引入y_t的非对称相依结构。具体而言，$\Delta = (\delta_{ij})$ 是一个完整的 $m \times m$ 协偏度矩阵，其中 $i, j = 1, \cdots, m$。Δ 的非对角元素是用于控制y_t组成部分之间的非对称依赖结构的协偏度参数的。

给定y_t的条件下，z_t的边际概率密度函数为：

$$f_{SN}\left(y_t; \mu, \sum, \Delta\right) = \frac{2^m}{\det\left(\sum + \Delta^2\right)^{\frac{1}{2}}} f_N\left(\left(\sum + \Delta^2\right)^{-\frac{1}{2}}(y_t - \mu)\right) Pr(V > 0) \tag{3-28}$$

$$V \sim N\left(\Delta\left(\sum + \Delta^2\right)^{-1}(y_t - \mu), I_m - \Delta\left(\sum + \Delta^2\right)^{-1}\Delta\right) \tag{3-29}$$

其中，$f_N(y_t)$ 是标准多元正态分布的密度函数，如果 $\Delta=0$，则方程（3－25）至（3－27）中的偏正态分布表示为通常的多元正态分布，密度函数由下式给出：

$$f_N\left(y_t;\mu,\sum\right)=\frac{1}{\det\left(\sum\right)^{\frac{1}{2}}}f_N\left(\sum^{-\frac{1}{2}}(y_t-\mu)\right) \tag{3－30}$$

方程式（3－30）中控制偏正态分布中参数的不同值，y_t的依赖结构如图 3－1 所示。该图绘制了方程（3－28）中具有零均值（$\mu=0$）、单位标度矩阵（$\sum=I_2$）和各种非对称依赖模式［$\Delta=(\delta_{ij})$，i，$j=1$，2］的双变量偏正态密度的轮廓。图 3－1 中的中间面板说明了对称双变量正态分布的情况，其中$\delta_{11}=\delta_{22}=\delta_{12}=\delta_{21}=0$。其余面板说明了参数$\delta_{ij}$如何影响$y_t$的依赖结构，可联想高频金融市场数据中预期的关系。

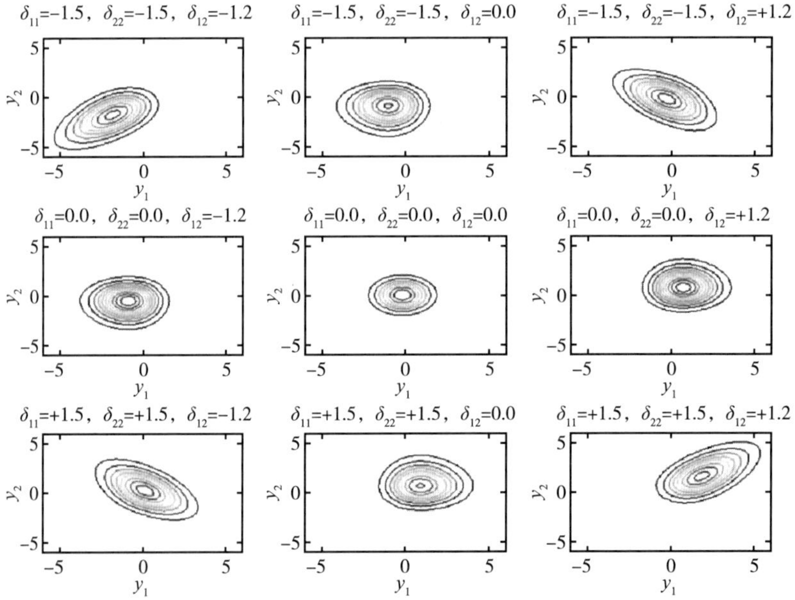

图 3－1　双变量偏正态密度等高线图

图 3－1 的第二列说明了改变y_1和y_2中的偏度水平（δ_{11}和δ_{22}）的

效果。与中心的双变量正态分布相比，顶部面板中的负偏度值（$\delta_{11}=\delta_{22}=-1.5$）产生左偏。底部面板中的正偏度值（$\delta_{11}=\delta_{22}=1.5$）产生右偏。当允许协偏度矩阵$\delta_{12}$和$\delta_{21}$的非对角线元素的值变化时，第一列和第三列呈现等高线图。这些参数控制y_1和y_2之间的不对称程度。第一列显示了协偏度负值（$\delta_{12}=-1.2$）的三种分布。顶部面板显示了两种资产中协偏度与负偏度的相互作用（$\delta_{ii}<0$）。第二个面板显示了无偏度（$\delta_{ii}=0$）的情况，而底部面板显示了协偏度和正偏度的情况。第三列显示了协偏度为正时的对称等高线图。图中的非中心面板强调了与中心面板中的双变量分布相比产生的偏度和肥尾，因为分布中的偏度结构和协偏度结构相互作用。

二、马尔可夫链机制转换偏正态模型

Chan et al.（2019）构建马尔可夫链机制转换偏正态模型（Regime Switching Skew – normal Model，RSSN），此模型建立在 Hamilton（1989）的机制转换模型的基础上。该模型有助于分析金融时间序列数据，因为其捕获了资产回报的程序化行为，包括资本市场之间的不对称性、肥尾、异方差性、时变线性和非线性共矩，控制参数允许在不同机制之间有所不同。

考虑一组资产收益y_t的多元偏正态分布，但允许模型参数受状态转变而改变（s_t），如下所示：

$$y_t=\mu_{s_t}+\Delta_{s_t}Z_t+\varepsilon_t \tag{3-31}$$

$$\varepsilon_t \overset{iid}{\sim} N\left(0,\sum\nolimits_{s_t}\right) \tag{3-32}$$

$$Z_t \overset{iid}{\sim} N(c\,1_m,I_m)1(Z_{jt}>c,j=1,\cdots,m) \tag{3-33}$$

其中，马尔可夫转换模型假设受一随机不可观察的状态变量s_t影响，$s_t\in\{0,1\}$，该变量是借由间断时间、间断状态的马尔可夫随机过程。且状态变量s_t是借由 RSSN 模型的转换机率而定义，其可表示如下式：

$$Pr(s_t = 1 \mid s_{t-1} = 0) = Pr(s_t = 1 \mid s_{t-1} = 1) = p_t \tag{3-34}$$

其中概率p_t是随时间变化的固定常数。为了集中讨论危机前和危机后的建模，$s_t=0$ 称为危机前时期，$s_t=1$ 称为危机后时期。换言之，有两组状态相关参数为 $\left(\mu_0, \Delta_0, \sum_0\right)$ 和 $\left(\mu_1, \Delta_1, \sum_1\right)$。为了强调这种状态，参数集 $\left(\mu_l, \Delta_l, \sum_l\right)$ 有时被写为 $l=0$，1 时的 $\left(\mu_{s_t=l}, \Delta_{s_t=l}, \sum_{s_t=l}\right)$。

该模型的参数包括均值μ_{s_t}，协偏度Δ_{s_t}和协方差 $\sum_{s_t}$，受制于 RSSN 模型所对应的不同状态的变化。方程式（3－31）至（3－33）表明，在状态 0 下（危机前时期），其模型参数为$\mu_{s_t=0}$，$\Delta_{s_t=0}$和 $\sum_{s_t=0}$，而在状态 1 下（危机后时期），参数为$\mu_{s_t=1}$，$\Delta_{s_t=1}$和 $\sum_{s_t=1}$。

出于估算目的，方程式（3－31）至（3－33）可改写为：

$$y_t = X_t\beta_{s_t} + \varepsilon_t \tag{3-35}$$

$$\varepsilon_t \overset{iid}{\sim} N\left(0, \sum_{s_t}\right) \tag{3-36}$$

其中：

$X_t =$ （I_m，$I_m \otimes Z_t'$），$\beta_{s_t} = (\mu_{s_t}', \delta_{s_t}')'$，$\delta_{s_t} = vec$ （Δ_{s_t}'）

而$y_t = (y_{1t}, \cdots, y_{mt})'$是一个 m 维随机矢量，$t=1, \cdots, T$，取决于潜在变量 $Z_t = (Z_{1t}, \cdots, Z_{mt})'$，误差项$\varepsilon_t$和状态过程$s_t$。注意$\mu_{s_t}$，$\delta_{s_t}$和$\beta_{s_t}$的维数分别为 m，k 和（$m+k$），且 $k=m^2$。RSSN 模型的参数为：

$$\Theta = \left(\beta_0, \beta_1, \sum_0, \sum_1\right) \tag{3-37}$$

三、马尔可夫链机制转换偏正态模型的危机与传导渠道

马尔可夫链机制转换偏正态模型的灵活性允许是通过金融危机时期（$s_t=1$）与非危机时期（$s_t=0$）模型各参数的变化，识别五个潜在的重要危机和传导渠道。危机渠道如下：均值危机渠道（mean－

shift crisis)；方差危机渠道（variance - shift crisis)；偏度危机渠道(skewness - shift crisis)；协方差传导渠道（contagion through the co-variance channel)；协偏度传导渠道（contagion through the co - skewness channel)。“危机”和“传导”之间的区别在于，与非危机机制相比，危机是通过危机机制中自身资产内的参数变化发生的，而传导通过跨资本市场联系捕捉参数变化。这些类型的危机和传导渠道已在文献中定义和分析，但通常被孤立地考虑。因此，Chan et al.（2019）开发了一个同时分析五个渠道的框架。每个渠道定义如下：

（一）均值危机渠道

均值危机渠道表现为危机时期（$s_t=1$）与非危机时期（$s_t=0$）相比，资本市场 i 的平均回报率的变化，如下所示：

$$\mu_{i,s_t=1} \neq \mu_{i,s_t=0} \tag{3-38}$$

这类似于 Baur（2003）提出的均值传导渠道（mean contagion)。他使用均值参数，在控制了特定资本市场特定危机时期的共同全球冲击和特定国家冲击后，捕捉危机的额外影响。本均值危机管道与 Baur（2003）相比，我们将该渠道定义为危机而非传导，因为受该参数控制的市场之间不存在危机联系。

（二）方差危机渠道

方差危机渠道表现为危机时期（$s_t=1$）与非危机时期（$s_t=0$）相比，资本市场 i 的收益波动率的变化，如下所示：

$$\sum_{ii,s_t=1} \neq \sum_{ii,s_t=0} \tag{3-39}$$

方差危机渠道不同于现有文献中的波动溢出（Edwards，1998）和波动传导（Baur，2003；King and Wadhwani，1990；Diebold and Yilmaz，2009；Chiang and Wang，2011），这些文献以某种形式研究了跨市场的波动溢出。

（三）偏度危机渠道

偏度危机渠道表现为非危机时期（$s_t=0$）与危机时期（$s_t=1$）相比，资本市场收益的尾部行为发生了显著变化，从而表明了偏度转移危机。Yuan（2005）和 Fry - McKibbin and Hsiao（2018）关注偏度的变化，前者发现资产价格分布的偏度随着借款约束而增加，后者发现偏度的变化归因于波动性偏度和微笑效应。其公式如下所示：

$$\delta_{ii,s_t=0} \neq \delta_{ii,s_t=1} \tag{3-40}$$

（四）协方差传导渠道

协方差传导渠道表现为与非危机时期（$s_t=0$）相比，危机时期（$s_t=1$）市场 i 和市场 j 之间的资本收益线性联动发生了显著变化，如下所示：

$$\sum_{ij,s_t=1} \neq \sum_{ij,s_t=0}, i \neq j \tag{3-41}$$

此传导渠道为文献上最热门的讨论话题。这种类型的传导与 Forbes and Rigobon（2002）以及 Corsetti, Pericoli and Sbracia（2005）一致，他们将传导定义为金融动荡期间与市场基本面变化无关的相关性的重大变化。

（五）协偏度传导渠道

协偏度传导渠道表现为在$s_t=0$ 和$s_t=1$ 之间资本市场 i 和 j 之间收益的协偏度的显著变化，如下所示：

$$\delta_{ij,s_t=0} \neq \delta_{ij,s_t=1}, i \neq j \tag{3-42}$$

Fry, Martin and Tang（2010）以及 Fry, Hsiao and Tang（2011）同时研究了这种类型的传导渠道。

四、马尔可夫机制转换偏正态模型的贝叶斯估计

贝叶斯分析方法是一种计算假设概率的方法，此方法是基于假设的先验概率、给定假设下观察到不同数据的概率以及观察到的数据本身而得出的。其方法的过程是将关于未知参数的先验信息与样本信息综合，再根据贝叶斯公式，得出后验信息，然后根据后验信息去推出未知参数的方法。计算后验分布期望的传统数值计算方法是用数学积分以及蒙特卡罗（Monte Carlo）重要性抽样。目前，马尔可夫链－蒙特卡罗（Markov Chain Monte Carlo，MCMC）方法是其中一个主流的贝叶斯计算方法。此方法有两项优势。第一，其能处理非常复杂问题的效率；第二，其编程方法相对容易。本节使用贝叶斯分析方法来估计马尔可夫链机制转换偏正态模型。

（一）先验分布与概似函数

考虑马尔可夫机制转换偏正态模型的先验分布（Prior distribution）为：

$$\beta_{s_t} \sim N(\underline{\beta}, \underline{V}_\beta) \tag{3-43}$$

$$\sum\nolimits_{s_t} \sim IW(\underline{\tau}_\Sigma, \underline{S}_\Sigma) \tag{3-44}$$

$$Pr(s_t = 1) = p_t, Pr(s_t = 0) = 1 - p_t \tag{3-45}$$

其中，β_{s_t}服从正态分布，其均值为$\underline{\beta}$，方差矩阵为$\underline{V}_\beta$。$\sum_{s_t}$服从逆威沙特分布（inverse Wishart distribution），其自由度为$\underline{\tau}_\Sigma$，尺度矩阵为$\underline{S}_\Sigma$。其中，β_{s_t}的先验平均值设置为$\underline{\beta} = (\underline{\mu}', \underline{\delta}')'$，$\beta_{s_t}$的先验协方差矩阵设置为$\underline{V}_\beta = \begin{bmatrix} \varphi_\mu I_m & 0 \\ 0 & \varphi_\delta I_k \end{bmatrix}$且$k = m^2$。

根据方程式（3－35）及（3－36），推论马尔可夫机制转换偏正态模型（RSSN）的概似函数（likelihood function）为：

$$f(y\mid Z,\Theta,s) = (2\pi)^{-\frac{mT}{2}}\prod_{t=1}^{T}\left|\sum_{s_t}\right|^{-\frac{1}{2}}exp\left\{-\frac{1}{2}\sum_{t=1}^{T}[y_t - X_t\beta_{s_t}]'\sum_{s_t}^{-1}[y_t - X_t\beta_{s_t}]\right\} \tag{3-46}$$

其中 $\Theta = \left(\beta_0,\beta_1,\sum_0,\sum_1\right), s_t \in \{0,1\}$。

（二）后验分布

本节描述了用于估计马尔可夫链机制转换偏正态模型（RSSN）的吉布斯采样器（Gibbs sampler）。根据贝叶斯规则，联合后验分布（posterior distribution）、联合先验密度（完整数据）和概似函数的乘积成比例，如下所示：

$$\pi(\Theta,Z,s\mid y) \propto f(y\mid Z,\Theta,s)f(Z)f(s\mid\Theta)\pi(\Theta) \tag{3-47}$$

其中 $f(Z)$ 和 $f(s\mid\Theta)$ 分别在等式（3－33）和（3－45）中给出。注意符号表示先验和后验分布的密度函数。概似函数 $f(y\mid Z,\Theta,s)$ 在等式（3－46）中给出。通过假设和 $\sum$ 之间的先验独立性，联合先验密度由下式给出：

$$\pi(\Theta) = \pi(\beta_0)\pi(\beta_1)\pi\left(\sum_0\right)\pi\left(\sum_1\right) \tag{3-48}$$

可通过吉布斯采样器获得联合后验分布如下：

步骤 1：指定起始值 $\Theta^{(0)} = \left(\beta_0^{(0)},\beta_1^{(0)},\sum_0^{(0)},\sum_1^{(0)}\right)$ 和 $Z^{(0)}$，其中 $\beta_l^{(0)} = (\mu_l^{(0)\prime},\delta_l^{(0)\prime})'$，$l=0$，1。设置 =1，…，$n$。

步骤 2：从 $\pi(s\mid y,Z^{(loop-1)},\Theta^{(loop-1)})$ 中生成 $s^{(loop)}$。

步骤 3：从 $\pi(\beta_l\mid y,Z^{(loop-1)},\sum_l^{(loop-1)},s^{(loop)})$ 中生成 $\beta_l^{(loop)}$。

步骤 4：从 $\pi\left(\sum_l\mid y,Z^{(loop-1)},\beta_l^{(loop)},s^{(loop)}\right)$ 中生成 $\sum_l^{(loop)}$。

步骤 5：从 $\pi(Z\mid y,\Theta^{(loop)},s^{(loop)})$ 中生成 $Z^{(loop)}$。

步骤 6：设置 $=loop+1$ 并转至步骤 2。

为步骤 2 至步骤 5 设置的迭代次数为 n。其中的 n_0 将作为“定型”

次数需要被丢弃，剩下的n_1被保留以计算参数估计，其中 $= n_0 + n_1$。

完整的条件分布如下所示，其完整推导详见 Chan et al.（2019）。

首先，β_l的后验分布（$l=0$，1）是以 y，Z，$\sum_0$，$\sum_1$，s 为条件的 m 维变量正态分布，如下所示：

$$\left(\beta_l \mid y, Z, \sum{}_l, s\right) \sim N_m(\hat{\beta}_l, D_{\beta_l}), l = 0,1 \tag{3-49}$$

其中：

$$D_{\beta_l} = \left(\underline{V}_\beta^{-1} + \sum_{t=1}^{T} 1(s_t = l) X_t' \sum{}_{s_t}^{-1} X_t\right)^{-1}$$

$$\hat{\beta}_l = D_{\beta_l}\left[\underline{V}_\beta^{-1}\underline{\beta} + \sum_{t=1}^{T} 1(s_t = l) X_t' \sum{}_{s_t}^{-1} y_t\right]$$

其次，$\sum_l$ 的后验分布（$l=0$，1）是以 y，Z，$\sum_0$，$\sum_1$，s 为条件的逆威沙特分布：

$$\left(\sum{}_l \mid y, Z, \beta_l, s\right) \sim IW\left(\tau_{\sum_l}, S_{\sum_l}\right) \tag{3-50}$$

其中：

$$\tau_{\sum_l} = \underline{\tau}_{\sum} + \sum_{t=1}^{T} 1(s_t = l)$$

$$S_{\sum_l} = \underline{S}_{\sum} + \sum_{t=1}^{T} 1(s_t = l)(y_t - X_t\beta_{s_t})(y_t - X_t\beta_{s_t})'$$

接下来，潜在变量$Z_1, \cdots, Z_T$在给定β_0，β_1，$\sum_0$，$\sum_1$ 和 s 时是条件独立的。事实上，每个Z_t都有一个独立的截断多元正态分布。

$$(Z_t \mid y, \Theta, s) \overset{ind}{\sim} N(\hat{Z}_t, D_{Z_t}) 1(Z_{jt} > c, j = 1, \cdots, m) \tag{3-51}$$

其中：

$$D_{Z_t} = \left(I_m + \delta_{s_t}' \sum{}_{s_t}^{-1} \delta_{s_t}\right)^{-1}, \hat{Z}_t = D_{Z_t}\left(c\,1_m + \delta_{s_t}' \sum{}_{s_t}^{-1}(y_t - \mu_{s_t})\right)$$

从上述截断多元正态分布中提取的一种可行的抽样方法是逐分量提取Z_t，其中每个分量遵循给定所有其他分量的截断单变量正态分布。通过使用逆变换法，可以从运行的单变量正态分布中提取数据

(Kroese et al., 2013)。

最后，为了生成状态变量s_t，使用多步骤吉布斯采样方法。由于状态变量s_t独立于其自身的过去值而演化，因此在给定数据和其他参数，状态$s_1, \cdots, s_T$有条件地相互独立：

$$\pi(s \mid y, Z, \Theta) = \prod_{t=1}^{T} \pi(s_t \mid y, Z, \Theta) \tag{3-52}$$

其中，成功概率可表示为：

$$Pr(s_t = 1 \mid y, Z, \Theta) = \frac{\pi(s_t = 1 \mid y, Z, \Theta)}{\pi(s_t = 0 \mid y, Z, \Theta) + \pi(s_t = 1 \mid y, Z, \Theta)} \tag{3-53}$$

一旦计算出上述概率，则生成 0 和 1 之间的均匀分布的随机数，与计算出的 $Pr(s_t = 1 \mid y, Z, \Theta)$ 值进行比较。如果概率（$s_t = 1 \mid y, Z, \Theta$）大于生成的数，则状态变量$s_t$被设置为 1；否则，$s_t$设置为 0。

五、贝叶斯模型比较

贝叶斯模型比较提供了一种比较非嵌套模型的统一方法，可作为经典假设检验（Classical hypothesis testing）的替代方法。考虑比较两个模型，即M_r和M_u。支持模型M_r的证据可以通过贝叶斯因子（Bayes factor）来衡量，定义为：

$$BF_{ru} = \frac{p(y \mid M_r)}{p(y \mid M_u)} \tag{3-54}$$

其中 $p(y \mid M_r)$ 和 $p(y \mid M_u)$ 分别是模型M_r和M_u下数据的边际似然比。直观地说，边际似然比 $p(y \mid M_r)$ 只是模型M_r在实际数据上评估的可观测值的边际分布。如果数据在模型M_r下是不可能的，则边际似然比将是很小的，反之亦然。因此，贝叶斯因子F_{ru}是两种模型下的边际似然比，用于评估哪种模型可以更好地预测数据。

此外，M_r模型与M_u模型的后验优势比与其贝叶斯因子有关，如下所示：

$$PO_{ru}=\frac{\pi(M_r)}{\pi(M_u)}BF_{ru} \tag{3-55}$$

其中，$\pi(M_r)$ 和 $\pi(M_u)$ 是模型M_r和M_u的先验概率。显然，如果两个模型在先验上的可能性相等，那么贝叶斯因子也是两个模型的后验优势比。

获取贝叶斯因子通常涉及边际概似的计算，这通常是一项困难的任务。文献中计算边际概似的两种常用方法是关于 Gelfand and Dey（1994）和 Chib（1995）所使用的方法。然而，如果所比较的两个模型是嵌套的，即如果一个模型是另一个模型的受限版本，则可以使用 Savage - Dickey 密度比（Verdinelli and Wasserman，1995）计算它们的贝叶斯因子。

为了比较两个模型，如果贝叶斯因子足够大，则选择模型M_r而不是模型M_u。做出这一决定的阈值选择基于 Jeffreys（1961）提出的模型选择的证据尺度，如表 3 - 1 所示。表 3 - 1 显示了贝叶斯因子 ln（BF_{ru}）的自然对数比例，用于确定选择模型M_r而非模型M_u的证据强度。

表 3 - 1　　贝叶斯因子对数的证据类别

$\ln(BF_{ru})$	反对原假设的证据
$(0,\infty)$	支持模型M_r的证据
$(-1.15,0)$	非常轻微的证据支持模型M_u
$(-2.30,-1.15)$	轻微证据支持模型M_u
$(-4.60,-2.30)$	强有力的证据支持模型M_u
$(-\infty,-4.60)$	决定性证据支持模型M_u

注：$\ln(BF_{ru})=\ln[p(y|M_r)]-\ln[p(y|M_u)]$，基于 Jeffreys 规则（Jeffreys，1961）用于模型选择的贝叶斯因子对数的证据类别。

本章参考文献

[1] Baur, D. Testing for contagion - mean and volatility contagion [J]. Journal

of Multinational Financial Management, 2003, 13: 405 -422.

[2] Bollerslev, T. Generalized autoregressive conditional heteroskedasticity [J]. Journal of Econometrics, 1986, 31 (3): 307 -327.

[3] Chan, J. C. , Fry - McKibbin, R. A. , Hsiao, C. Y. L. A regime switching skew - normal model of contagion [J]. Studies in Nonlinear Dynamics and Econometrics, 2019, 23 (1).

[4] Chiang, M. H. , Wang, L. M. Volatility contagion: a range - based volatility approach [J]. Journal of Econometrics, 2011, 165 (2): 175 - 189.

[5] Chib, S. Marginal likelihood from the Gibbs output [J]. Journal of the American Statistical Association, 1995, 90 (432): 1313 - 1321.

[6] Corsetti, G. , Pericoli, M. , Sbracia, M. Some contagion, some interdependence: More pitfalls in tests of financial contagion [J]. Journal of International Money and Finance, 2005, 24 (8): 1177 - 1199.

[7] Diebold, F. X. , Yilmaz, K. Measuring financial asset return and volatility spillovers, with application to global equity markets [J]. The Economic Journal, 2009, 119 (534): 158 - 171.

[8] Edwards, S. Interest rate volatility, contagion and convergence: an empirical investigation of the case of Argentina, Chile and Mexico [J]. Journal of Applied Economics, 1998, 1: 55 -86.

[9] Engle, R. F. Autoregressive conditional heteroscedasticity with estimates of the variance of United Kingdom inflation [J]. Econometrica: Journal of the Econometric Society, 1982: 987 - 1007.

[10] Forbes, K. J. , Rigobon, R. No contagion, only interdependence: measuring stock market comovements [J]. The Journal of Finance, 2002, 57 (5): 2223 - 2261.

[11] Fry, R. A, Martin, V. L. , Tang, C. A new class of tests of contagion with applications [J]. Journal of Business and Economic Statistics, 2010, 28 (3): 423 -437.

[12] Fry, R. , Hsiao, C. Y. L. , Tang, C. Actually this time is different [J]. Centre for Applied Microeconomic Analysis (CAMA) Working Paper, 2011, (12).

[13] Fry - McKibbin, R. , Hsiao, C. Y. L. Extremal dependence tests for contagion [J]. Econometric Reviews, 2018, 37 (6): 626 -649.

［14］ Gelfand, A. E., Dey, D. K. Bayesian model choice: asymptotics and exact calculations［J］. Journal of the Royal Statistical Society: Series B (Methodological), 1994, 56 (3): 501-514.

［15］ Glosten, L. R., Jagannathan, R., Runkle, D. E. On the relation between the expected value and the volatility of the nominal excess return on stocks［J］. The Journal of Finance, 1993, 48 (5): 1779-1801.

［16］ Hamilton, J. D. A new approach to the economic analysis of nonstationary time series and the business cycle［J］. Econometrica: Journal of the Econometric Society, 1989: 357-384.

［17］ Hsiao, C. Y. L., Ai, D., Wei, X., Sheng, N. The contagious effect of China's energy policy on stock markets: The case of the solar photovoltaic industry［J］. Renewable Energy, 2021, 164: 74-86.

［18］ Jeffrey, H. Theory of Probability［M］. Clarendon Press, Oxford, Third Edition, 1961.

［19］ King, M. A., Wadhwani, S. Transmission of volatility between stock markets［J］. The Review of Financial Studies, 1990, 3 (1): 5-33.

［20］ Kroese, D. P., Taimre, T., Botev, Z. I. Handbook of Monte Carlo Methods［M］. John Wiley and Sons, 2011.

［21］ Nelson, D. B. Conditional heteroskedasticity in asset returns: A new approach［J］. Econometrica: Journal of the Econometric Society, 1991, 59 (2): 347-370.

［22］ Sahu, S. K., Dey, D. K., Branco, M. D. A new class of multivariate skew distributions with applications to Bayesian regression models［J］. Canadian Journal of Statistics, 2003, 31 (2): 129-150.

［23］ Verdinelli, I., Wasserman, L. Computing Bayes factors using a generalization of the Savage-Dickey density ratio［J］. Journal of the American Statistical Association, 1995, 90 (430): 614-618.

［24］ Yuan, K. Asymmetric price movements and borrowing constraints: A rational expectations equilibrium model of crises, contagion, and confusion［J］. The Journal of Finance, 2005, 60 (1): 379-411.

［25］ Zakoian, J. M. Threshold heteroskedastic models［J］. Journal of Economic Dynamics and control, 1994, 18 (5): 931-955.

第四章　中国对葡萄牙投资政策的传导效应研究

第一节 概 述

一、中国对葡萄牙"一带一路"倡议背景

中国和葡萄牙的贸易关系由来已久。1513 年，葡萄牙人首次登陆屯门（今广州市），开启了中葡贸易关系。在随后的数百年，中葡贸易一直延续至今。

1979 年 2 月 8 日，中国和葡萄牙建交，标示着中葡关系迈入新的阶段。两国互派大使，官员频繁互访，并不断发展各领域的合作关系。1987 年 4 月 13 日，《中华人民共和国政府和葡萄牙共和国政府关于澳门问题的联合声明》发布。该声明指出，中葡两国对澳门的历史遗留问题达成共识，并在 1999 年 12 月 20 日恢复中华人民共和国政府对澳门的主权行使权力。2003 年 10 月，中国与葡萄牙等葡语国家在澳门设立"中国—葡语国家经贸合作论坛"（简称"中葡论坛"），加强了中国与世界葡语国家之间的贸易合作，更发挥了澳门在中国—葡语国家关系中的桥梁和平台角色，深化中葡关系和商贸往来。2005 年时任国家总理的温家宝访葡期间，中葡建立全面战略合作伙伴关系，中葡之间合作不断深入。经济外交行为与双边经济关系发展之间存在正向关系（José Leandro et al.，2020），葡萄牙已经成为中国在欧洲的主要投资目的地国，截至 2020 年底，中国对葡萄牙直接投资存量为 27 亿欧元（商务部，2022）。

葡萄牙位于欧洲伊比利亚半岛的西南部，东面、北面接壤西班牙，西面和南面濒临大西洋，有着良好的地理位置和天然的贸易优势。巴尔托洛美岛·迪亚士（Bartolomeu Dias）、瓦斯科·达·迦马（Vasco da Gama）、费迪南德·麦哲伦（Fernão de Magalhães）等人从这里出发，开创了世界航海史上的多个壮举。探险家们不仅使得人类

对世界版图得到了进一步认知，更将葡萄牙的货物带向全球、将全球的商品带入葡萄牙，大大巩固了葡萄牙的贸易地位。葡萄牙是海运连接的重要枢纽，中葡开展“一带一路”合作具有天然优势。“丝绸之路经济带和21世纪海上丝绸之路”（简称“一带一路”），是中华人民共和国主席习近平在2013年9月访问哈萨克斯坦和10月在印度尼西亚国会发表演讲时提出的。并在同年的11月将“一带一路”政策升级成国家战略。2014年，葡萄牙已成为中国对欧洲对外投资的第四大国（Pareja - Alcaraz，2017）。2018年12月，葡萄牙于习近平主席访问期间加入“一带一路”经济带，双方共同签署共建“一带一路”合作谅解备忘录，进一步拓展合作空间。据商务部公开信息（2022），在“一带一路”的框架下，中国对葡萄牙进行了多方面投资，充分利用中葡合作发展基金、亚洲基础设施银行、丝路基金、“一带一路”专项贷款等金融资源，为中葡能源、通信、医疗、保险银行业的投资合作提供融资支持。2019年5月，葡萄牙成为第一个在中国人民币市场发行公共债务—“熊猫债”的欧元区国家。

二、中国对葡萄牙政策传导研究目的

在葡萄牙加入“一带一路”倡议的前后约十年中，中国国有企业不断的注资到葡萄牙大型企业，为两国经贸往来发展作出贡献。本书对中国各行业对葡萄牙各行业的投资进行研究，重点将放在能源、金融、工程、基础建设等行业。股票市场反映了投资者对行业未来的预期，股票市场的表现能够很好地被用来研究行业发展潜力。在“一带一路”各项政策的框架之下，政策的提出及改变导致其他地区股票市场受到冲击的现象被称为“政策传导”现象。本书将用Forbes and Rigobon（2002）、Fry et al.（2010）和Fry - McKibbin and Hsiao（2018）的六种传导模型对“政策传导”现象进行研究。通过“一带一路”实施前后中国公司股票收益与行业指数及其他市场行业指数的六项指标，如相关系数、两种形式的斜偏差、两种形式的斜峰度和波动率相关性，探讨中国与“一带一路”沿线国家的传导效应。由于政策传导效应存在短期和长期，在本书中，我们将实证研究只进行政策的短期效应研究，即探究在政策实施后 90 天，“一带一路”相关投资政策对被投资股票市场及行业是否有直接传导与间接传导效应。

本书的主要实证结果如下：

（1）自 2012 年起至 2022 年，在中国上市企业对葡萄牙上市企业的投资中，从我们提出的多渠道传导测试来看，检测到普遍性的传导效应。在直接传导效应与跨行业的间接传导效应的检测中，我们都能够检测到显著的传导效应。这表明，“一带一路”相关投资政策对葡萄牙对应行业的股票市场具有冲击作用。

（2）在“合作框架协议”与“收购项目”中，合作框架协议类项目具有更显著的传导效应。这说明中葡全方位的合作协议的签订相较于单纯的收购并购葡国企业更能够冲击葡萄牙的股票市场，对投资者的未来预期有更加明显的提升作用。

第二节　中国对葡萄牙的经贸文献研究

近年来，中国对葡萄牙的一系列研究也逐渐增多。在现有研究中，Sauvant and Chen（2014）指出中国政府对外投资制度的自由化在扩大对外投资方面发挥了重要作用。过去十年（到 2014 年），中国政府为推广可再生能源所做的努力增加了中国国有企业在国内外绿色领域的投资数量，截至 2013 年已经达到 378 兆千瓦时，其中仅中国长江三峡集团有限公司在风能及太阳能发展上便投入 9.4 万亿元人民币（Mathews and Tan，2014）。

中国对葡萄牙的投资并不仅局限于能源产业，复星国际有限公司、海通证券等公司将其拓展到金融行业（Díaz Romero，2017）。2014年，复星国际有限公司已经成为葡萄牙最大的金融投资者，买下葡萄牙忠诚保险（Fidelidade）。同年，复星国际有限公司又购入葡萄牙光明保险（Luz Saude）51%的股东权益。2016年，葡萄牙千禧银行（BCP Millennium）16.7%的股份被复星国际有限公司收购。中国的另一大企业，海通证券在2015年9月收购了葡萄牙圣灵银行（Novo Banco）。除了金融行业以外，北控水务集团有限公司及中国交建集团有限公司等公司，也进军葡萄牙水务、基础设施等行业，收购其国有企业，中葡贸易合作不断扩大。在"一带一路"倡议之后，2014年中国总体出口数量明显增加，和2012年相比较，对"一带一路"倡议国的投资增长率为45%，而对非"一带一路"倡议国的投资增长率仅为17%（Görg and Mao，2022）。

Wu et al.（2022）已经对中葡大型国际能源公司之间的复杂风险传导进行了多层网络分析，但并未对其他行业进行进一步的探讨。学者们的现有研究也大多停留在关于中国的直接对外投资（FDI）对目标国家所产生的潜在影响（Corre，2018；Silva，2015）。Corre（2015）对中国国有企业在"一带一路"背景下对葡萄牙的直接对外投资进行了分析；Silva（2015）指出中国对葡萄牙在2011—2013年的对外直接投资并未有效地改善葡萄牙的产业转型及国际影响力。然而，在"一带一路"各相关政策的实施下，中国对葡萄牙的直接投资是否具有影响力，是否积极影响了葡萄牙的国内市场，是否对市场有促进作用的研究仍然是一片空白。本书的创新之处在于：运用第二章Forbes and Rigobon（2002）、Fry et al.（2010）和Fry－McKibbin and Hsiao（2018）的单一传导模型，用每日股票回报率侦测在"一带一路"各项政策下，中国对葡萄牙的各项投资是否表现出传导效应，从而分析"一带一路"相关政策对中葡两国市场的促进作用。

第三节 传导效应研究方法

传导检验常常被用于检测在金融危机中特定的股票市场是否受到其他股票市场的影响，是否冲击其他市场。本书我们将传导检验用于政策效应的检验当中，通过对应行业的股票价格及政策发生的时间，运用传导检验检测股票价格是否在政策前后受到冲击。

测试在“一带一路”背景下，中国及葡萄牙的股票市场之间在政策颁布的前后是否有着显著的传导效应。行业 i 为传导源市场，行业 j 为被传导源市场。T_x 为政策颁布前的时间段，T_y 为政策颁布之后的时间段。ρ_x 及 ρ_y 为政策颁布前后投资者及被投资者股票指数之间的相关系数。政策颁布之后企业指数间的修正相关系数为 $v_{y|x_i}$。

本书我们将运用 6 种管道的传导检验来判断在“一带一路”政策颁布的前后是否具有显著的传导及冲击效应。

一、调整的线性相关变化测试（CR 检验）

Forbes and Rigobon（2002）将在金融危机期间市场之间的波动现象及波动之后对其他市场造成影响的现象定义为“传导效应”，这意味着市场与市场之间的相关性在危机发生之后显著增加。相关性检验（FR）被定义为测试两个市场在危机前后的收益率的相关性尤其是相关系数是否发生变化。Fry et al.（2010）在 2010 年提出相关性检验，检验政策颁布前后传导源市场 i 与被传导源市场 j 的相关系数 $\hat{\rho}_x$ 及 $\hat{v}_{y|x_i}$ 是否发生显著变化。公式如（4－1）所示：

$$CR(i \to j) = \frac{(\hat{v}_{y|x_i} - \hat{\rho}_x)^2}{Var(\hat{v}_{y|x_i} - \hat{\rho}_x)} \tag{4-1}$$

其中，$\hat{\rho}_x$ 为政策实施之前传导源市场与被传导源市场之间的收益率的相关系数。

Forbes and Rigobon（2002）对相关系数 $\hat{\rho}_x$ 进行修正，得到无偏误公式（4-2）：

$$\hat{v}_{y|x_i} = \frac{\hat{\rho}_y}{\sqrt{1+\delta(1-\hat{\rho}_y)}} \tag{4-2}$$

$$\delta = \frac{S_{y,i}^2 - S_{x,i}^2}{S_{x,i}^2} \tag{4-3}$$

其中，$S_{y,i}^2$ 及 $S_{x,i}^2$ 分别表示政策实施前后传导源 i 的方差，δ 表示传导源 i 在政策实施前后收益率方差的变化率。

相关系数 $\hat{\rho}_x$ 与修正后相关系数 $\hat{v}_{y|x_i}$ 的方差 $Var(\hat{v}_{y|x_i} - \hat{\rho}_x)$，计算公式如下：

$$Var(\hat{v}_{y|x_i} - \hat{\rho}_x) = Var(\hat{v}_{y|x_i}) + Var(\hat{\rho}_x) - 2Cov[Var(\hat{v}_{y|x_i}, \hat{\rho}_x)] \tag{4-4}$$

$$Var(\hat{v}_{y|x_i}) = \frac{(1+\delta)^2}{2[1+\delta(1-\rho_y^2)]^3} \times \left[\frac{(2-\rho_y^2)(1-\rho_y^2)^2}{T_y} + \frac{\rho_y^2(1-\rho_y^2)^2}{T_x}\right] \tag{4-5}$$

$$Var(\hat{\rho}_x) = \frac{(1-\rho_x^2)^2}{T_x} \tag{4-6}$$

$$Cov(\hat{v}_{y|x_i}, \hat{\rho}_x) = \frac{\rho_y \rho_x (1-\rho_y^2)(1-\rho_x^2)(1+\delta)}{2T_x[1+\delta(1-\rho_y^2)]^{\frac{3}{2}}} \tag{4-7}$$

二、斜偏度变化测试（CS 检验）

Fry et al.（2010）提出测试非线性传导效应的统计值 CS_{12} 与 CS_{21}，斜偏度统计量用于测试在危机前后两个市场的收益率与收益波动率相关系数。斜偏度检验包括两种形式——$CS_{12}(i \to j)$ 和 $CS_{21}(i \to j)$，$CS_{12}(i \to j)$ 检测的是在政策发布前后，传导源市场 i 的收益率和被传

导源市场 j 的收益波动率之间的斜偏度 $\hat{\psi}_{x,y}(r_i, r_j^2)$ 是否发生显著的变化。$CS_{21}(i \rightarrow j)$ 则检测的是斜偏度 $\hat{\psi}_{x,y}(r_i^2, r_j)$ 是否发生显著的变化。公式如下：

$$CS_{12}(i \rightarrow j) = \frac{[\hat{\psi}_y(r_i, r_j^2) - \hat{\psi}_x(r_i, r_j^2)]^2}{\dfrac{(4\hat{v}_{y|x_i}^2 + 2)}{T_y} + \dfrac{(4\hat{\rho}_x^2 + 2)}{T_x}} \tag{4-8}$$

$$CS_{21}(i \rightarrow j) = \frac{[\hat{\psi}_y(r_i^2, r_j) - \hat{\psi}_x(r_i^2, r_j)]^2}{\dfrac{(4\hat{v}_{y|x_i}^2 + 2)}{T_y} + \dfrac{(4\hat{\rho}_x^2 + 2)}{T_x}} \tag{4-9}$$

其中，斜偏度系数 $\hat{\psi}_{x,y}(r_i^2, r_j)$ 和 $\hat{\psi}_{x,y}(r_i, r_j^2)$ 计算过程如下：

$$\hat{\psi}_y(r_i^a, r_j^b) = \frac{1}{T_y}\sum_{t=1}^{T_y}\left(\frac{y_{i,t} - \hat{\mu}_{yi}}{\hat{\sigma}_{yi}}\right)^a\left(\frac{y_{j,t} - \hat{\mu}_{yj}}{\hat{\sigma}_{yj}}\right)^b \tag{4-10}$$

$$\hat{\psi}_x(r_i^a, r_j^b) = \frac{1}{T_x}\sum_{t=1}^{T_x}\left(\frac{x_{i,t} - \hat{\mu}_{xi}}{\hat{\sigma}_{xi}}\right)^a\left(\frac{x_{j,t} - \hat{\mu}_{xj}}{\hat{\sigma}_{xj}}\right)^b \tag{4-11}$$

其中，$\hat{\mu}$表示股票指数的回报率期望值且$\hat{\sigma}$表示股票指数的标准差。

三、斜峰度变化测试（CK 检验）

Fry - Mckibbin and Hsiao（2018）两位学者认为，传导效应更容易在极端事件发生之后被检测出，因此提出测试传导源市场的收益率与被传导源市场的偏度系数的相关系数的统计值 CK_{13}，用于测试传导源市场的偏度系数与被传导对象的收益率的统计值 CK_{31}，称之为斜峰度检测。

斜峰度测试分为两个部分：$CK_{13}(i \rightarrow j)$ 以及 $CK_{31}(i \rightarrow j)$。前者检测政策实施前后，传导源市场 i 的回报率以及被传导源市场 j 的收益偏度之间的斜峰度 $\hat{\psi}_{x,y}(r_i, r_j^3)$ 是否发生显著的变化，公式如下：

$$CK_{13}(i\rightarrow j)=\frac{[\hat{\psi}_y(r_i,r_j^3)-\hat{\psi}_x(r_i,r_j^3)]^2}{\frac{(18\hat{v}_{y|x_i}^2+6)}{T_y}+\frac{(18\hat{\rho}_x^2+6)}{T_x}} \tag{4-12}$$

$CK_{31}(i\rightarrow j)$ 检测政策实施前后，传导源市场 i 的回报偏度以及被传导源市场 j 的收益率之间的斜峰度 $\hat{\psi}_{x,y}(r_i^{\ 3},r_j)$ 是否发生显著的变化，公式如下：

$$CK_{31}(i\rightarrow j)=\frac{[\hat{\psi}_y(r_i^3,r_j)-\hat{\psi}_x(r_i^3,r_j)]^2}{\frac{(18\hat{v}_{y|x_i}^2+6)}{T_y}+\frac{(18\hat{\rho}_x^2+6)}{T_x}} \tag{4-13}$$

斜峰度 $\hat{\psi}_x(r_i^a,r_j^b)$ 和 $\hat{\psi}_y(r_i^a,r_j^b)$ 的公式如下：

$$\hat{\psi}_y(r_i^a,r_j^b)=\frac{1}{T_y}\sum_{t=1}^{T_y}\left(\frac{y_{i,t}-\hat{\mu}_{yi}}{\hat{\sigma}_{yi}}\right)^a\left(\frac{y_{j,t}-\hat{\mu}_{yj}}{\hat{\sigma}_{yj}}\right)^b-3\hat{v}_{y|x_i}^2 \tag{4-14}$$

$$\hat{\psi}_x(r_i^a,r_j^b)=\frac{1}{T_x}\sum_{t=1}^{T_x}\left(\frac{y_{i,t}-\hat{\mu}_{xi}}{\hat{\sigma}_{xi}}\right)^a\left(\frac{y_{j,t}-\hat{\mu}_{xj}}{\hat{\sigma}_{xj}}\right)^b-3\hat{\rho}_x^2 \tag{4-15}$$

四、斜波动率变化测试（CV 检验）

Fry – Mckibbin and Hsiao（2018）完善了非线性的传导效应检测。此检测应用于传导源市场与被传导源市场之间的收益波动率。公式如下：

$$CV(i\rightarrow j)=\frac{[\hat{\psi}_y(r_i^2,r_j^2)-\hat{\psi}_x(r_i^2,r_j^2)]^2}{\frac{(4\hat{v}_{y|x_i}^4+16\hat{v}_{y|x_i}^2+4)}{T_y}+\frac{(4\hat{\rho}_x^4+16\hat{\rho}_x^2+4)}{T_x}} \tag{4-16}$$

其中，$\hat{\psi}_y(r_i^2,r_j^2)$ 和 $\hat{\psi}_x(r_i^2,r_j^2)$ 分别表示政策颁布前后，两个市场间收益波动率的相关系数，公式如（4 – 17）、（4 – 18）所示：

$$\hat{\psi}_y(r_i^2,r_j^2)=\frac{1}{T_y}\sum_{t=1}^{T_y}\left(\frac{y_{i,t}-\hat{\mu}_{yi}}{\hat{\sigma}_{yi}}\right)^2\left(\frac{y_{j,t}-\hat{\mu}_{yj}}{\hat{\sigma}_{yj}}\right)^2-(1+2\hat{v}_{y|x_i}^2) \tag{4-17}$$

$$\hat{\psi}_x(r_i^2, r_j^2) = \frac{1}{T_x}\sum_{t=1}^{T_x}\left(\frac{y_{i,t} - \hat{\mu}_{xi}}{\hat{\sigma}_{xi}}\right)^2\left(\frac{y_{j,t} - \hat{\mu}_{xj}}{\hat{\sigma}_{xj}}\right)^2 - (1 + 2\hat{\rho}_x^2) \tag{4-18}$$

五、假设检定

CR 检验的零假设及备择假设分别是：

$H_0: \rho_x = v_{y|x_i}$

$H_1: \rho_x \neq v_{y|x_i}$

而斜偏度，斜峰度，以及斜波动性检验的零假设及备择假设分别是：

$H_0: \psi_x(r_i^a, r_j^b) = \psi_y(r_i^a, r_j^b)$

$H_1: \psi_x(r_i^a, r_j^b) \neq \psi_y(r_i^a, r_j^b)$

统计量 CR、CS、CK、CV 均服从自由度为 1 的卡方分布。在 95% 的显著性水平下，如果结果显著，则可以拒绝零假设而选择备择假设。

第四节　中国对葡萄牙的投资政策介绍

一、中国与葡萄牙“一带一路”合作企业

为了研究中国各行业对葡萄牙“一带一路”各项政策实施的影响，本书从 Bloomberg（彭博）数据库中获取中国 6 个行业对葡萄牙 6 个行业的日股票数据。我们选取 6 家中国直接对葡萄牙投资的公司作为行业代表，收集其各子公司股票数据，并编成行业股票指数。这 6 家公司分别为中国长江三峡集团有限公司（以下简称三峡集团）、中国国家电网有限公司（以下简称国家电网集团）、中国石油化工集团有限公司（以下简称中石化集团）、复星国际有限公司（以下简称

复星集团）、北控水务集团有限公司（以下简称北控水务集团）和中国交通建设集团有限公司（以下简称中国交建集团）。因上述部分公司母公司非上市公司，因此我们选取其旗下各家子公司的日股票数据，并用价值加权法（Value - weighted Method）编成行业指数。

三峡集团股票指数由旗下三家子公司组成：长江电力（600900 CH）、湖北能源（000883 CH）及三峡水利（600116 CH）；国家电网集团股票指数由旗下6家子公司组成：国电南自（600268 CH）、国电南瑞（600406 CH）、平高电气（600312 CH）、许继电气（000400 CH）、汕电力（000534 CH）及粤电力（000539 CH）；中石化集团股票指数由旗下3家子公司数据组成：中国石化（600028 CH）、上海石化（600688 CH）及石化油服（600871 CH）；复星集团股票指数即由复星国际（FOSUF US）代表；北控水务集团股票指数由北京控股（392 HK）代表；中国交建集团股票指数由旗下4家子公司股票数据表示：中国交建（1800 HK）、绿城中国（3900 HK）、振华重工（600320 CH）及中交地产（000736 CH），汇总如表4 - 1所示。

葡萄牙6个行业指数也分别由中国公司对应投资的6家葡萄牙公司的日股票指数代表，分别为葡萄牙电力公司（EDP PL）、葡萄牙国家能源网公司（RENE PL）、葡萄牙高浦石油公司（GALP PL，以下简称葡萄牙石油公司）、葡萄牙千禧银行（BCP PL）、葡萄牙水务公司（实际控股上市公司为北控水务集团（371 HK）及葡萄牙莫塔·恩吉尔公司（EGL PL）。

本书选取的样本公司皆为中国国有大型企业或者中国行业内的领军公司，在各行业都有较高的市占率。这些大型企业可以有效的分析行业总体的情况及各行业的风险传导机制效应。

本书选取的样本时间段为2010年1月3日至2022年3月29日（共3193个观测值）。选取的各行业的每日股票指数变化如图4 - 1所示。

日股票收益率百分比$R_{i,t}$计算公式如下：

$$R_{i,t} = 100 \times (\ln P_{i,t} - \ln P_{i,t-1})$$

其中 $P_{i,t}$ 代表行业 i 在 t 时期的价格指数。经过对股票价格到股票收益率的调整，传导源及被传导源共 12 个行业的股票回报率如图 4－2 所示。

表 4－1　中国与葡萄牙公司行业分类及股票代码汇总

企业及其子公司名称	股票代码	
中国企业		
三峡集团	长江电力	600900 CH Equity
	湖北能源	000883 CH Equity
	三峡水利	600116 CH Equity
国家电网集团	国电南自	600268 CH Equity
	国电南瑞	600406 CH Equity
	平高电气	600312 CH Equity
	许继电气	000400 CH Equity
	汕电力	000534 CH Equity
	粤电力	000539 CH Equity
中石化集团	中国石化	600028 CH Equity
	上海石化	600688 CH Equity
	石化油服	600871 CH Equity
复星集团	复星国际	FOSUF US Equity
北控水务集团	北京控股	392 HK Equity
中国交建集团	中国交建	1800 HK Equity
	绿城中国	3900 HK Equity
	振华重工	600320 CH Equity
	中交地产	000736 CH Equity
葡萄牙企业		
葡萄牙电力公司		EDP PL Equity
葡萄牙国家能源网公司		RENE PL Equity
葡萄牙石油公司		GALP PL Equity
葡萄牙千禧银行		BCP PL Equity
葡萄牙水务公司		371 HK Equity
葡萄牙莫塔·恩吉尔公司		EGL PL Equity

数据来源：Bloomberg（彭博）数据终端。

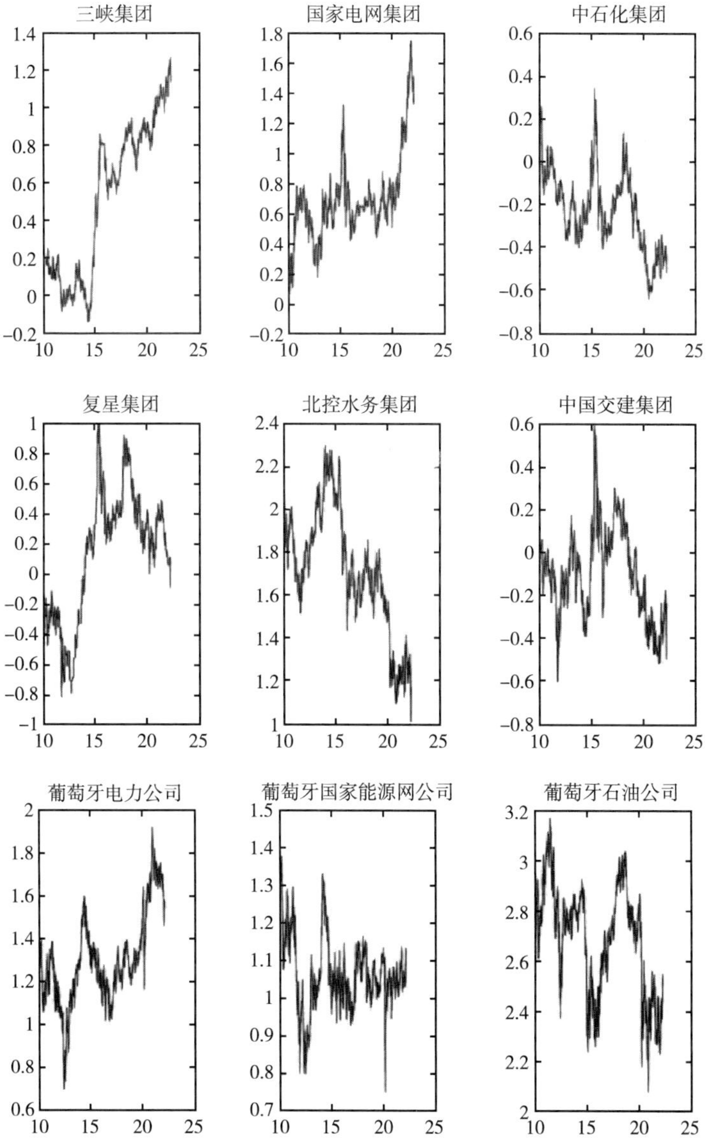
三峡集团
1.4
1.2
1
0.8
0.6
0.4
0.2
0
−0.2
10
15
20
25
国家电网集团
1.8
1.6
1.4
1.2
1
0.8
0.6
0.4
0.2
0
−0.2
10
15
20
25
中石化集团
0.6
0.4
0.2
0
−0.2
−0.4
−0.6
−0.8
10
15
20
25
复星集团
1
0.8
0.6
0.4
0.2
0
−0.2
−0.4
−0.6
−0.8
−1
10
15
20
25
北控水务集团
2.4
2.2
2
1.8
1.6
1.4
1.2
1
10
15
20
25
中国交建集团
0.6
0.4
0.2
0
−0.2
−0.4
−0.6
−0.8
10
15
20
25
葡萄牙电力公司
2
1.8
1.6
1.4
1.2
1
0.8
0.6
10
15
20
25
葡萄牙国家能源网公司
1.5
1.4
1.3
1.2
1.1
1
0.9
0.8
0.7
10
15
20
25
葡萄牙石油公司
3.2
3
2.8
2.6
2.4
2.2
2
10
15
20
25

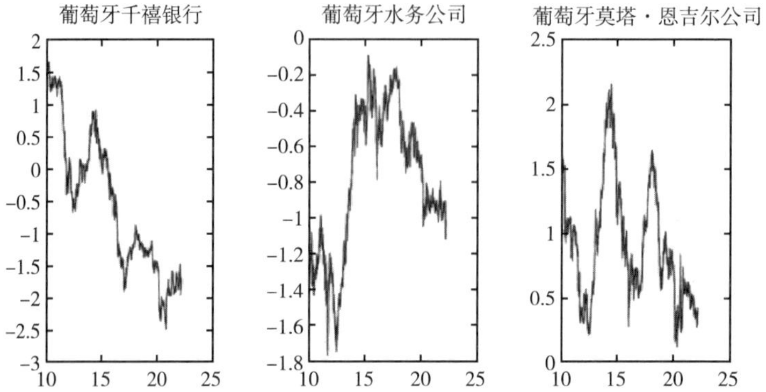

图 4－1　2010 年 1 月 3 日至 2022 年 3 月 29 日各行业每日股票指数

数据来源：根据 Bloomberg（彭博）数据终端自行整理。

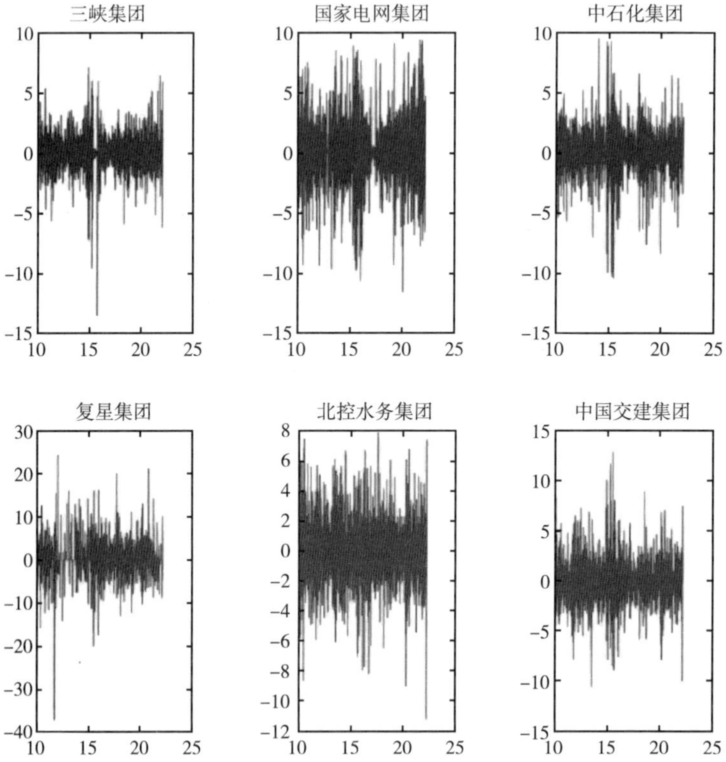

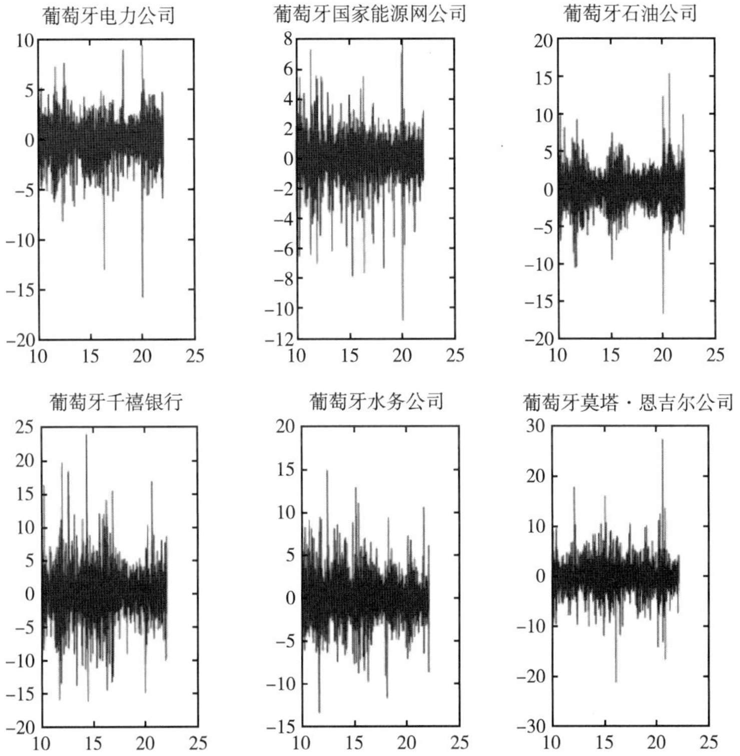

图 4-2　2010 年 1 月 3 日至 2022 年 3 月 29 日各行业每日股指回报率

数据来源：根据 Bloomberg（彭博）数据终端自行整理。

二、中国与葡萄牙“一带一路”投资政策

表 4-2 所示为各政策选择的政策前及政策后时间段及样本数量统计。表 4-3 所示为 2010 年至 2021 年间各投资政策及“一带一路”重要政策的时间点及主要内容。

表 4-2　　　　各政策时间段样本统计

主要政策	政策前	样本量	政策后	样本量
2012 年国家电网集团对葡萄牙电力公司收购项目	2010 年 1 月 3 日—2012 年 2 月 1 日	544	2012 年 2 月 2 日—2012 年 3 月 29 日	41

续表

主要政策	政策前	样本量	政策后	样本量
2012年中石化集团对葡萄牙石油公司收购项目	2010年1月3日—2012年2月1日	544	2012年3月30日—2012年8月2日	90
2012年三峡集团对葡萄牙电力公司收购项目	2012年8月3日—2012年12月21日	101	2012年12月22日—2013年3月20日	63
2013年北控水务集团对威立雅葡萄牙水务公司收购项目	2012年8月3日—2012年12月21日	101	2013年3月21日—2013年7月24日	90
2013年“一带一路”政策	2013年7月25日—2013年10月2日	50	2013年10月3日—2014年2月4日	90
2015三峡集团对葡萄牙电力公司收购项目	2014年2月5日—2015年6月18日	473	2015年5月19日—2015年9月21日	90
2016年复星集团对葡萄牙千禧银行收购项目	2015年9月22日—2016年11月18日	304	2016年11月21日—2017年3月24日	90
2017年三峡集团发行葡萄牙电力集团绿色债券项目	2017年3月27日—2017年6月13日	57	2017年6月14日—2017年9月12日	65
2017年复星集团对葡萄牙千禧银行收购项目	2017年3月27日—2017年6月13日	57	2017年9月13日—2018年1月16日	90
2018年复星集团对葡萄牙千禧银行收购项目	2018年1月17日—2018年3月27日	50	2018年3月28日—2018年5月11日	33
2018年国家电网与葡萄牙国家能源网公司合作项目	2018年1月17日—2018年3月27日	50	2018年5月12日—2019年9月14日	90
2018年北控水务与里斯本国际水务公司合作项目	2018年9月17日—2018年12月6日	59	2018年12月7日—2019年4月11日	90
2020年中国交建集团对葡萄牙莫塔·恩吉尔公司收购项目	2019年4月12日—2020年11月27日	426	2020年11月28日—2021年4月2日	90
2021年中国交建集团对葡萄牙莫塔·恩吉尔公司收购项目	2021年4月5日—2021年4月30日	20	2021年5月2日—2021年9月3日	90

数据来源：各企业官网、年报。

表4-3　2012年至2021年中国公司在“一带一路”背景下对葡萄牙公司主要投资

时间	政策	主要内容
2012年2月2日	2012年国家电网集团对葡萄牙国家能源网公司收购项目	国家电网集团成功收购葡萄牙国家能源网公司25%股份。此投资为中国企业首次在欧洲收购国家级能源网公司。
2012年3月30日	2012年中石化集团对葡萄牙石油公司收购项目	中国石油化工集团旗下国际石油勘探开发公司收购葡萄牙高浦能源公司（GALP）巴西分公司的30%股权。
2012年12月22日	2012年三峡集团对葡萄牙电力公司收购项目	三峡集团首次参加国际并购市场交易，并成功收购葡萄牙电力公司（EDP）21.35%股份，成为其第一大股东。这是中国大型国有企业首次成为国际大型上市公司的第一大股东。
2013年3月21日	2013年北控水务对威立雅葡萄牙水务公司收购项目	北控水务集团成功收购威立雅葡萄牙水务公司全部股本连同有关资本注资及股东贷款。自东欧债危机以来，这是中资背景企业成功并购海外水务资产的唯一成功案例（除李嘉诚旗下产业收购英国水务资产）。
2013年10月3日	2013年“一带一路”政策	习近平主席在印度尼西亚国会发表题为《携手建设中国—东盟命运共同体》的演讲，提出共同建设“21世纪海上丝绸之路”。“丝绸之路经济带”和“21世纪海上丝绸之路”简称“一带一路”倡议。
2015年5月19日	2015三峡集团对葡萄牙电力公司收购项目	三峡集团董事长卢纯与葡萄牙电力（EDP）集团首席执行官在巴西总统府签订了32.1万千瓦巴西风电项目股权交割协议，此举标志着三峡集团成为首个间接在巴西投资风电的中国企业。
2016年11月21日	2016年复星集团对葡萄牙千禧银行收购项目	复星集团同意以1.746亿欧元（约合1.85亿美元）作价，收购葡萄牙千禧银行（Millennium bcp）的16.7%股权。此次交易后，复星集团将成为千禧银行的最大股东。
2017年6月14日	2017年三峡集团发行葡萄牙电力公司绿色债券项目	三峡集团首次在国际市场上发行绿色债券，也是中国实体企业首次发行绿色欧元债券。此债券主要用于葡萄牙ENEOP陆上风电项目。

续表

时间	政策	主要内容
2017 年 9 月 13 日	2017 年复星集团对葡萄牙千禧银行收购项目	中国复星集团加大持有葡萄牙千禧银行的股权，由 23.93% 加大至 25.16%。
2018 年 3 月 28 日	2018 年复星集团对葡萄牙千禧银行收购项目	中国复星集团增持了葡萄牙千禧银行股权，由 25% 上升至 27%。此次增持股权后，复星集团巩固了其在千禧银行最大股东的地位。
2018 年 5 月 12 日	2018 年国家电网集团与葡萄牙国家能源网公司合作项目	中国国家电网有限公司总经理寇伟与葡萄牙国家能源网公司董事长兼首席执行官罗德里格在里斯本克鲁斯宫签署合作框架协议，深化双方能源领域合作发展。
2018 年 12 月 7 日	2018 年北控水务集团与里斯本国际水务公司合作项目	在葡萄牙能源部和外交部的倡议及推动下，北控水务集团和里斯本国际水务公司及葡萄牙土木工程国家实验室签署了战略合作备忘录。
2020 年 11 月 28 日	2020 年交建集团对葡萄牙莫塔·恩吉尔公司收购项目	中国交建集团与葡萄牙莫塔·恩吉尔公司（Motal·Engil）签署参股协议。
2021 年 5 月 2 日	2021 年交建集团对葡萄牙莫塔·恩吉尔公司收购项目	中国交建行使葡萄牙莫塔·恩吉尔公司（Motal·Engil）5500 万股的认购权以及转让的 20.66% 股本的认购权，认购至少 44426974 股新股。

数据来源：各企业官网、年报。

三、描述性统计

“21 世纪海上丝绸之路”政策是习近平总书记 2013 年 10 月在东盟访问时提出的战略构想。这条经济之路从长三角出发，一直延伸至欧亚大陆的终端——葡萄牙。“21 世纪海上丝绸之路”政策是“一带一路”各相关政策中的影响范围最广，各项目实施成果最多的政策之一，因此，我们选取“21 世纪海上丝绸之路”政策提出的时间点 2013 年 10 月 3 日作为时间节点，来衡量中葡各行业在“一带一路”

政策前后行业指数回报率的相关系数。其中ρ_x代表政策前的相关系数，ρ_y代表政策后的相关系数。i代表冲击的源头市场，j代表冲击的接收市场。各行业的指数回报率在政策前后的相关系数如表 4－4 所示：

表 4－4　　各行业指数回报率在政策前后的相关系数

政策	行业 i	行业 j	政策前ρ_x	政策后ρ_y
2013 年“一带一路”政策	三峡集团	葡萄牙电力公司	0.06	0.08
	国家电网集团	葡萄牙国家能源网公司	0.06	0.06
	中石化集团	葡萄牙石油公司	0.19	0.14
	复星集团	葡萄牙千禧银行	0.04	0.12
	北控水务集团	葡萄牙水务公司	0.23	0.46
	中国交建集团	葡萄牙莫塔·恩吉尔公司	0.23	0.18

注：ρ_x，ρ_y根据公式$\rho_x = corr(x_{i,t}, y_{i,t})$，$\rho_y = corr(x_{i,t}, y_{i,t})$ 计算得出。2013 年“一带一路”政策前时间段为 2013 年 7 月 25 日至 2013 年 10 月 2 日，政策后时间段为 2013 年 10 月 3 日至 2014 年 2 月 4 日。

数据来源：作者自行整理。

由表 4－4 可知，单从相关系数对比而言，在 2013 年“一带一路”政策的前后，三峡集团——葡萄牙电力公司、复星集团——葡萄牙千禧银行、北控水务集团——葡萄牙水务公司这三个行业的指数回报率的相关系数在政策后相对政策前出现了明显的增长，预期可能会出现传导效应；而其余行业并未出现上升，未检测出明显的传导效应。

表 4－5 展示了各行业在“一带一路”政策实施前后的股票回报率的描述性统计。

表 4－5　　各行业政策前后的股票回报率均值、标准差、偏度和峰度值

		政策前				政策后			
		均值	标准差	偏度	峰度	均值	标准差	偏度	峰度
中国	三峡集团	－0.02	1.11	－0.04	5.53	0.05	1.27	－0.56	14.21
	国家电网集团	0.08	2.13	－0.17	5.35	0.03	2.35	－0.11	6.28

续表

		政策前				政策后			
		均值	标准差	偏度	峰度	均值	标准差	偏度	峰度
中国	中石化集团	-0.08	1.37	-0.35	5.53	-0.00	1.67	-0.52	10.22
	复星集团	0.02	2.80	-1.57	47.57	0.01	2.84	0.38	12.80
	北控水务集团	0.01	1.87	0.12	4.38	-0.04	1.76	-0.12	5.88
	中国交建集团	-0.01	1.95	0.02	5.24	-0.01	1.87	0.45	8.35
葡萄牙	葡萄牙电力公司	-0.02	1.87	-0.33	4.85	0.01	1.62	-0.82	11.65
	葡萄牙国家能源网公司	-0.04	1.41	-0.06	6.83	0.00	1.18	-0.87	12.77
	葡萄牙石油公司	-0.00	2.13	-0.10	5.71	-0.01	1.94	0.05	9.78
	葡萄牙千禧银行	-0.18	3.32	0.30	7.42	-0.08	3.09	0.19	7.68
	葡萄牙水务公司	0.05	2.50	0.47	6.09	-0.01	2.07	0.13	7.02
	葡萄牙莫塔·恩吉尔公司	-0.03	2.40	0.32	8.10	-0.05	2.77	0.36	11.92

注：政策前时间段为 2010 年 1 月 3 日至 2013 年 10 月 2 日，政策后时间段为 2013 年 10 月 3 日至 2022 年 3 月 29 日。

数据来源：作者自行整理。

由表 4-5 可以看出，各行业间并未出现明显的一致趋势。部分行业如三峡集团、葡萄牙电力公司的均值、标准差在政策后均出现明显下降，而另外如北控水务集团、葡萄牙水务公司等行业的均值、标准差在政策后出现上升。偏度和峰度值也未出现一致趋势，表明行业间回报率的波动趋势并无一致性。

我们可以看到，绝大多数行业在政策实施后回报率和标准差均出现了上升。说明在政策实施后，各行业的市场预期及行业表现出现改善。所有行业的峰度值在政策实施后均出现明显上升，并显著大于 3，存在尖峰肥尾的现象，这说明投资者面临极端收益出现的可能性较大。

表 4-6 所示为各行业政策前后的斜偏度系数统计。

表 4-7 所示为各行业政策前后斜峰度及斜波动率系数统计。

表 4 – 6　各行业政策前后斜偏度系数统计

行业 i	行业 j	政策前		政策后	
		$\psi_x(r_i^1, r_j^2)$	$\psi_x(r_i^2, r_j^1)$	$\psi_y(r_i^1, r_j^2)$	$\psi_y(r_i^2, r_j^1)$
三峡集团	葡萄牙电力公司	-0.05	-0.11	-0.13	-0.05
国家电网集团	葡萄牙国家能源网公司	-0.08	0.04	-0.09	0.01
中石化集团	葡萄牙石油公司	-0.20	-0.21	0.02	-0.09
复星集团	葡萄牙千禧银行	-0.04	-0.29	-0.13	-0.04
北控水务集团	葡萄牙水务公司	0.09	0.06	-0.00	-0.10
中国交建集团	葡萄牙莫塔·恩吉尔公司	-0.18	-0.17	-0.05	0.01

注：政策前时间段为 2010 年 1 月 3 日至 2013 年 10 月 2 日，政策后时间段为 2013 年 10 月 3 日至 2022 年 3 月 29 日。斜偏度由公式 $\hat{\psi}_k(r_i^m, r_j^n) = \frac{1}{T_k}\sum_{t=1}^{T_k}\left(\frac{r_{i,t} - \hat{\mu}_{k,i}}{\hat{\sigma}_{k,i}}\right)^m\left(\frac{r_{j,t} - \hat{\mu}_{k,j}}{\hat{\sigma}_{k,j}}\right)^n$ 计算得出。

数据来源：作者自行整理。

表 4 – 7　各行业政策前后斜峰度及斜波动率系数统计

行业 i	行业 j	政策前			政策后		
		$\xi_x(r_i^2, r_j^2)$	$\xi_x(r_i^2, r_j^2)$	$\xi_x(r_i^2, r_j^2)$	$\xi_y(r_i^2, r_j^2)$	$\xi_y(r_i^2, r_j^2)$	$\xi_y(r_i^2, r_j^2)$
三峡集团	葡萄牙电力公司	1.28	0.04	0.32	1.26	1.58	0.30
国家电网集团	葡萄牙国家能源网公司	1.31	-0.20	-3.46	1.34	0.74	0.39
中石化集团	葡萄牙石油公司	1.21	0.78	0.84	1.54	0.52	0.65
复星集团	葡萄牙千禧银行	1.97	-0.17	5.77	1.59	0.71	1.97
北控水务集团	葡萄牙水务公司	1.32	1.20	0.89	2.50	2.86	2.58
中国交建集团	葡萄牙莫塔·恩吉尔公司	1.76	1.43	1.23	1.55	0.37	1.33

注：政策前时间为 2010 年 1 月 3 日至 2013 年 10 月 2 日，政策后时间段为 2013 年 10 月 3 日至 2022 年 3 月 29 日。斜波动率由公式 $\hat{\xi}_x(r_i^2, r_j^2) = \hat{\psi}_x(r_i^2, r_j^2)$ 和 $\hat{\xi}_y(r_i^2, r_j^2) = \hat{\psi}_y(r_i^2, r_j^2)$ 计算得出，斜峰度由公式 $\hat{\xi}_x(r_i^m, r_j^n) = \hat{\psi}_x(r_i^m, r_j^n)$ 和 $\hat{\xi}_y(r_i^m, r_j^n) = \hat{\psi}_y(r_i^m, r_j^n)$ 计算得出。

数据来源：作者自行整理。

由表 4 -6、表 4 -7 可以看出，在 2013 年“一带一路”政策前后，各行业斜偏度系数大多出现了下降但仍为负值，且大部分数值较政策前相比变化不大，因此并未看出明显的预期传导效应。斜波动率系数均为正值，且并未出现明显变化和一致趋势。政策前后的斜峰度系数在大多数行业出现上升，未显示出传导效应。仅国家电网集团对葡萄牙国家能源网公司及复星集团对葡萄牙千禧银行的投资在政策后的斜峰度统计结果中出现了由负转正的结果，且上升幅度较大，检测出传导效应。综上所述，在斜偏度系数、斜波动率系数及斜峰度系数的检验中，我们并未检测到明显的传导效应，因此，我们将通过更为严谨及详细的传导模型进行深一步探讨。

第五节　中国与葡萄牙的政策传导测试

本节将用前文所介绍的方法对中葡“一带一路”背景下的相关政策做传导效应检测。

一、直接传导检测

直接传导检测即观察投资行业与被投资行业的直接传导结果，测试是否存在显著的传导效应。

我们将表 4 -3 中所提到的 13 个政策按传导源行业及传导接收行业分为 6 组：复星集团——葡萄牙千禧银行、北控水务集团——葡萄牙水务公司、三峡集团——葡萄牙电力集团、中石化集团——葡萄牙石油公司、中国交建集团——葡萄牙莫塔·恩吉尔公司以及国家电网集团——葡萄牙能源网公司，分别对这 6 组行业所涉及的相关政策进行对应的基于相关系数检测（CR）、两种形式的斜偏差检测（CS）、两种形式的斜峰度检测（CK）和波动率检测（CV）的相关性传导检测。

表4－8所示为对“一带一路”政策以来这6组行业所涉及的相关政策进行的对应的基于CR、CS、CK以及CV的相关性传导测试。

从表4－8可知，传导源行业i皆为中国投资企业，接受源行业j为中国对外投资的对应葡萄牙企业，政策一栏为中葡企业所涉及的相关政策，其政策时间作为传导测试的时间节点。CR、CS_{12}、CS_{21}、CK_{13}、CK_{31}和CV为传导结果。对各行业的传导结果，将分行业进行讨论。

（一）复星集团——葡萄牙千禧银行的传导效应

复星集团是一家在美国上市的全球性跨国公司。其业务遍布全球，涉猎于健康、娱乐、财富、智慧科技等行业。在中国、葡萄牙特殊的纽带及“一带一路”的背景下，复星集团更是将投资目光放在葡萄牙的各行业上。截至2021年6月，复星集团持有葡萄牙光明医疗（Luz Saúde）99.85%的股份、葡萄牙忠诚保险（Fidelidade）84.99%的股份、葡萄牙千禧银行（BCP）29.93%的股份以及持有葡萄牙储蓄总行（Caixa Geral de Depósitos）100%的保险业务。

因光明医疗、忠诚保险、葡萄牙储蓄总行并未上市，本节仅选取葡萄牙千禧银行（BCP）的相关投资政策作为分析。自“一带一路”政策实施以来，复星集团共进行了3次对葡萄牙千禧银行的收购项目，分别在2016年、2017年和2018年。

2016年复星集团首次收购葡萄牙千禧银行，以1.746亿欧元收购其16.7%股权。2017年，复星集团又追加投增，将股权增到27%，据报道，当年千禧银行的业绩也有所提高。2017年，千禧银行首次财务状况由负转正，盈利1.86亿欧元。2018年，复星集团又增持其对葡萄牙千禧银行的股权，巩固了其在千禧银行最大的股东地位。千禧银行核心业务也有显著增长。

基于表4－8，我们可以看到复星集团在2017年对葡萄牙千禧银行的投资政策中，传导效应最为显著。除CS_{12}以外，其余相关性传导测试都在1%显著性水平下显著，且有逐渐增强的效应。

表 4-8 “一带一路”倡议以来 6 组行业——基于 *CR*、*CS*、*CK* 以及 *CV* 的相关性传导测试

传导源行业 i	接收源行业 j	政策	CR	CS_{12}	CS_{21}	CK_{13}	CK_{31}	CV	整体显著率（%）
复星集团	葡萄牙千禧银行	2016 年复星集团对葡萄牙千禧银行收购项目	2.18	0.05	0.31	0.38	37.03***	4.36**	44.44
		2017 年复星集团对葡萄牙千禧银行收购项目	14.98***	4.03**	16.83***	27.33***	35.20***	29.14***	
		2018 年复星集团对葡萄牙千禧银行收购项目	0.15	0.23	2.38	0.05	2.45	2.25	
北控水务集团	葡萄牙水务公司	2013 年北控水务集团对威立雅葡萄牙水务公司收购项目	0.29	0.45	3.03*	1.64	4.44**	5.70**	50.00
		2018 年北控水务集团与里斯本国际水务公司合作项目	6.59**	3.82*	7.63***	5.95**	2.69	14.66***	
三峡集团	葡萄牙电力集团	2012 年三峡集团对葡萄牙电力公司收购项目	0.34	0.79	3.33*	0.20	0.55	4.72**	50.00
		2015 年三峡集团对葡萄牙电力公司收购项目	6.23**	3.50*	0.78	0.03	0.09	0.79	
		2017 年三峡集团发行葡萄牙电力公司绿色债券项目	15.74***	0.02	0.00	15.20***	30.48***	3.93**	

续表

传导源行业 i	接收源行业 j	政策	CR	CS_{12}	CS_{21}	CK_{13}	CK_{31}	CV	整体显著率（%）
中石化集团	葡萄牙石油公司	2012 年中石化集团对葡萄牙石油公司收购项目	1.13	0.81	0.36	4.48**	0.18	1.54	16.67
中国交建集团	葡萄牙莫塔・恩吉尔公司	2020 年中国交建集团对葡萄牙莫塔・恩吉尔公司收购项目	1.18	0.89	1.14	2.83*	0.34	2.00	
		2021 年中国交建集团对葡萄牙莫塔・恩吉尔公司收购项目	1.55	1.69	0.14	0.34	0.17	0.03	8.33
国家电网集团	葡萄牙国家能源网公司	2012 年国家电网对葡萄牙国家能源网收购项目	1.94	0.38	0.97	0.00	0.22	0.54	
		2018 年国家电网与葡萄牙国家能源网公司合作项目	0.71	5.64**	2.33	43.53***	1.12	10.68***	25.00
整体显著率（%）			30.77	30.77	30.77	42.86	30.77	50.00	34.52

注：CR、CS、CK 以及 CV 统计量的计算公式分别见公式（4-1）、公式（4-8）、公式（4-9）、公式（4-12）、公式（4-13）及公式（4-16），该统计量服从自由度为 1 的卡方分布，“*”、“**”、“***”分别代表在 10%、5%、1% 的显著性水平下显著。显著率计算公式为（在 90% 置信水平下显著的统计量个数/统计量总个数）×100%，整体显著率为六个显著率的算术平均值。

数据来源：作者自行整理。

复星集团对葡萄牙千禧银行3次收购政策的整体显著率为44.44%。并未超过半数，主要是由于2018年的第3次投资并未呈现出任何显著效应。而2017年的收购项目则在6个管道的传导效应中全部呈显著的传导效应。根据上文图1的股票指数我们可以看到，葡萄牙千禧银行的股票于2015年后有小幅度的反弹，2017年是千禧银行首次由负收益扭转为正收益。但在2017年之后呈下降趋势，这说明了复星集团对葡萄牙千禧银行的投资并未明显改善该银行长期的效益。

（二）北控水务集团——葡萄牙水务公司的传导效应

北控水务集团共与葡萄牙水务公司产生两次合作收购项目。2013年，北控水务集团收购威立雅葡萄牙水务公司全部股本连同其全部资本注资及股东贷款，总价高达9500万欧元。该项目涵盖20座污水处理厂和4000公里的管道设施，服务67万人口，是中国企业首次在葡萄牙收购水务类资产。北控水务集团致力于践行国家“一带一路”倡议，不断地深化水务行业的世界范围内合作。2018年，在葡萄牙能源部和外交部的倡议和推动下，北控水务集团和里斯本国际水务中心及葡萄牙土木工程实验室签署了战略合作备忘录。在表4-8中，可以看到2013年和2018年的投资合作项目均出现明显的传导效应。其中，2013年的收购项目中，行业在高阶矩中的斜峰度传导性检测（CK_{31}）及斜波动率传导检测（CV）中出现了显著的传导效应。更加明显的是2018年的合作政策，四阶矩中的斜峰度传导性检测（CK_{31}），低阶矩的传导性检测均出现了显著的传导效应，而高阶矩比低阶矩的传导性强。这说明了相较于2013年的收购项目，与葡萄牙里斯本国际水务中心的合作协议有着更大的传导效应，中方对葡合作在行业中有显著影响。

北控水务集团对葡萄牙国际水务公司的投资项目的总体显著率为50%，半数检测都呈现显著的传导效应。

（三）三峡集团——葡萄牙电力公司的传导效应

2012年，三峡集团首次参加国际并购市场交易，并成功收购葡萄牙电力公司（EDP）21.35%股份，成为其第一大股东。葡萄牙电力公司是葡萄牙最大的能源公司，是世界第四大风能运营商，这是中国大型国有企业首次成为国际大型上市公司的第一大股东。随后，2015年，三峡集团继续收购葡萄牙电力公司股份，并成功进军欧洲新能源和巴西的风电、水电市场。2017年6月14日，三峡集团完成6.5亿欧元7年期绿色债券的定价，本次发行或超3.1倍认购金额。绿色债券所募得资金将用于葡萄牙ENEOP风电公司的陆上风电项目。本次项目将大量减少二氧化碳排放量，为可持续发展作出贡献。在三项相关投资政策中，所有政策都显示出传导效应，尤其是2017年的绿色债券发行项目在斜峰度传导性检测（CK_{31} and CK_{13}）中，在1%的显著性水平下显著，并且相关系数也较大，说明了此政策的颁布，葡萄牙电力公司的股票回报率受到了较大冲击，存在传导性。总体显著率为50%，且绿色债券项目的显著率显著高于前两者，说明绿色债券这一首次海外发行的项目有着明显的促进效应。

（四）中石化集团——葡萄牙石油公司的传导效应

中石化集团2012年3月宣布，中石化51.56亿美元收购葡萄牙石油公司巴西资产30%权益项目已在巴西和荷兰两地同时完成交割。中石化通过旗下国际石油勘探开发公司注入51.56亿美元资金，以认购增发股份和债权置换的方式，获得葡萄牙石油公司巴西公司及对应的荷兰服务公司30%的股权。在此投资政策下，有且仅有斜峰度传导性检测（CK_{13}）显著，呈现出传导效应。中石化集团对葡萄牙石油公司的投资总体显著率仅为16.67%。在6个管道中，只有CK管道在5%的显著性水平下呈现显著效应。从股票数据我们可以看出，葡萄牙石油公司的股票在2012年时期大幅度下跌，因此投资者可能并不看好这一投资。2012 年之后有了明显提升，但波动较大。

（五）中国交建集团——葡萄牙莫塔·恩吉尔公司的传导效应

基础建设发展是“一带一路”建设布局中重要的一部分。距离“一带一路”倡议提出快 10 年时，中国交建集团分别在 2020 年及 2021 年对葡萄牙建筑公司莫塔·恩吉尔公司进行收购。在 2021 年收购后，中国交建集团将持有 30% 的股份。然而，在传导性检测中，我们并未发现中国交建集团对葡萄牙莫塔·恩吉尔公司的投资有明显的传导性效应，仅斜峰度传导性检测（CK_{13}）在 10% 的显著水平下显著。总体显著率为 8.33%，有且仅有一个管道呈显著的传导效应。

（六）国家电网集团——葡萄牙国家能源网公司的传导效应

在国家电网集团对葡萄牙国家能源网公司的 2 项投资政策中，2012 年的收购项目并未检测到存在传导效应。而在 2018 年的合作项目中，在斜峰度传导性检测（CK_{13}）和斜波动率传导检测（CV）中检测到了显著的传导效应。说明合作项目对葡萄牙国家能源网公司的发展的冲击力很大。整体显著率为 25%。

（七）直接传导检测小结

从六个管道的显著率结果来看，我们可以发现基于 CS 和 CV 三阶矩与四阶矩的四种传导途径显著率明显高于低阶矩的 CR 传导途径。这说明在市场中，股票回报率的极端现象出现的概率及极端损失的幅度也是投资者主要考察的手段。在“一带一路”倡议下，我们发现，三峡集团及北控水务集团对葡萄牙公司投资的显著率更高，达到了 50%，这说明，在电力和水务市场中，中国投资者能够更多地影响葡萄牙市场。葡萄牙的电力与水务市场也不仅局限于本国市场，葡萄牙电力公司与葡萄牙水务公司都在南美拥有庞大的业务范围，这也说明这些行业受到葡萄牙政府更多的关注与投资，与实证结果吻合。而所有投资项目的总体显著率为34.52%，并未超过50%，在金融、水务和电力三个行业的传导效应远高于其他行业，说明政府应当在此三个行业加大投资力度（见表4－8）。

二、间接传导检测

间接传导检测即在直接传导检测的基础上，增加投资行业对其他“一带一路”政策下的相关被投资行业（非直接被投资行业）进行的传导检测，试图检测“一带一路”背景下的相关投资与政策是否会对相关行业产生间接的传导效应。

本节间接传导检测也将根据前文中所提到的中国的6个行业与葡萄牙的6个被投资行业作为检测对象，将以中国行业的各项投资时间为节点，6家企业分别为：复星集团、北控水务集团、三峡集团、中石化集团、中国交建集团以及国家电网集团。6家葡萄牙企业为葡萄牙千禧银行、葡萄牙水务公司、葡萄牙电力公司、葡萄牙石油公司、葡萄牙莫塔·恩吉尔公司和葡萄牙国家能源网公司。本节将以中国公司作为投资源分类，分公司分析各行业间的间接传导效果。

（一）复星集团

表4－9所示为复星集团对葡萄牙投资政策下对其他行业的间接传导效应检测。

根据表4－9可知，我们发现复星集团在2016年、2017年、2018年对葡萄牙千禧银行的收购项目对其他行业也产生了间接的传导效应。其中，2016年收购项目的传导效应最为显著，总体显著率为41.67%。不仅对其他绝大多数行业产生传导效应，且效用最大。其中*CK*及*CV*两个四阶传导途径效应最为明显，显示了2016年复星集团对葡萄牙千禧银行的首次收购项目深远地影响了中国对葡萄牙投资。2017年复星集团对葡萄牙千禧银行的收购项目也对中葡各行业产生了强烈的传导

表 4-9 复星集团对葡萄牙投资政策下对其他行业的间接传导效应检测

接收源行业 j	CR	CS_{12}	CS_{21}	CK_{13}	CK_{31}	CV	显著率（%）
2016 年复星集团对葡萄牙千禧银行收购项目							
三峡集团	1.21	1.03	0.03	0.08	79.35***	13.02***	
国家电网集团	0.00	5.05**	1.93	9.06***	0.88	33.45***	
中石化集团	0.50	1.55	13.75***	0.32	65.52***	3.65*	
北控水务集团	1.23	5.49**	0.86	3.30*	46.37***	46.21***	
中国交建集团	0.30	7.70***	0.10	14.28***	99.32***	0.02	
对中显著率（%）	**00.00**	**60.00**	**20.00**	**60.00**	**80.00**	**80.00**	**50.00**
葡萄牙电力公司	0.15	0.19	1.65	0.61	0.01	0.58	
葡萄牙国家能源网公司	0.28	0.75	1.58	0.00	0.02	5.65**	
葡萄牙石油公司	2.24	1.26	4.54**	8.68***	55.97***	23.70***	
葡萄牙水务公司	2.20	11.74***	0.03	1.86	131.37***	0.45	
葡萄牙莫塔·恩吉尔公司	0.06	0.10	3.20*	0.83	13.57***	7.13***	
对葡显著率（%）	**00.00**	**20.00**	**40.00**	**20.00**	**60.00**	**60.00**	**33.33**
整体显著率（%）	**00.00**	**40.00**	**30.00**	**40.00**	**70.00**	**70.00**	**41.67**

续表

接收源行业 j	CR	CS_{12}	CS_{21}	CK_{13}	CK_{31}	CV	显著率（%）
2017 年复星集团对葡萄牙千禧银行收购项目							
三峡集团	0.05	0.33	0.26	4.20**	0.53	0.16	
国家电网集团	0.80	0.07	0.47	0.00	0.03	1.38	
中石化集团	1.12	0.15	9.38***	1.50	23.09***	0.87	
北控水务集团	6.07**	0.14	0.14	0.02	38.30***	8.23***	
中国交建集团	0.98	7.92***	5.87**	13.47***	3.88**	16.92***	
对中显著率	20.00	20.00	40.00	40.00	60.00	40.00	36.67
葡萄牙电力公司	3.33*	1.21	0.35	0.21	18.46***	9.65***	
葡萄牙国家能源网公司	0.00	0.46	1.81	0.12	0.88	2.64	
葡萄牙石油公司	1.42	1.50	0.02	0.00	7.24***	2.90*	
葡萄牙水务公司	8.70***	0.34	0.80	21.27***	7.42***	30.96***	
葡萄牙莫塔·恩吉尔公司	7.02***	0.57	3.41*	5.42**	40.13***	14.65***	
对葡显著率（%）	**60.00**	**00.00**	**20.00**	**40.00**	**80.00**	**80.00**	**46.67**
整体显著率（%）	**40.00**	**10.00**	**30.00**	**40.00**	**70.00**	**60.00**	**41.67**

续表

接收源行业 j	CR	CS_{12}	CS_{21}	CK_{13}	CK_{31}	CV	显著率（%）
2018 年复星集团对葡萄牙千禧银行收购项目							
三峡集团	0.13	0.49	0.36	0.64	0.00	0.00	
国家电网集团	0.14	0.23	0.03	1.16	0.98	0.88	
中石化集团	0.04	0.28	1.24	0.21	0.37	1.89	
北控水务集团	1.11	5.66**	7.17***	0.09	0.19	1.04	
中国交建集团	0.33	3.01*	3.08*	0.15	0.00	2.78*	
对中显著率（%）	**00.00**	**40.00**	**40.00**	**00.00**	**00.00**	**20.00**	**16.67**
葡萄牙电力公司	0.00	3.19*	0.63	1.71	2.57	0.14	
葡萄牙国家能源网公司	0.28	5.64**	6.27**	12.93***	2.84*	11.88***	
葡萄牙石油公司	0.18	0.48	0.01	0.48	0.44	0.53	
葡萄牙水务公司	1.28	0.24	1.05	0.07	0.29	0.89	
葡萄牙莫塔·恩吉尔公司	0.66	0.33	2.47	0.11	1.33	0.54	
对葡显著率（%）	**00.00**	**40.00**	**20.00**	**20.00**	**20.00**	**20.00**	**20.00**
整体显著率（%）	**00.00**	**40.00**	**30.00**	**10.00**	**10.00**	**20.00**	**18.33**

注：CR、CS、CK 以及 CV 统计量的计算公式分别见公式（4-1）、公式（4-8）、公式（4-9）、公式（4-12）、公式（4-13）、公式（4-16），该统计量服从自由度为 1 的卡方分布，“*”、“**”、“***”分别代表在 10%、5%、1% 的显著性水平下显著。显著计算公式为（在 90% 置信水平下显著的统计量个数/统计量总个数）×100%，整体显著率为六个显著率的算术平均值。

效应，总体显著率为 41.67%，*CK* 及 *CV* 两个途径尤其在葡萄牙公司产生更强于中方投资者的传导效应。2018 年的收购项目则出现较为弱的传导效应，总体显著率仅为 18.33%，仅在对葡萄牙国家能源网公司的传导效应检测中检测出一致的显著效应。从复星集团对中方投资者及葡方被投资的角度来看，复星集团的 3 次投资项目对葡萄牙公司的传导效应更为显著，总体显著率大于中方投资者。总体来看，复星集团的对葡投资不仅对葡萄牙被投资公司产生了直接传导或间接传导效应，也对中方的投资源产生了显著效应，传导效应呈现逐年递减的现象。

（二）北控水务集团

表 4－10 所示为北控水务集团对葡萄牙投资政策下对其他行业的间接传导效应检测。

从表 4－10 可以看出，2013 年及 2018 年的投资合作项目也均产生了效果不均的传导效应。其中，2013 年的收购项目中，在 *CK* 及 *CV* 两个高阶级检测中，中方公司产生了更强大且显著的传导效应。尤其是三峡集团、中石化集团和国家电网集团，这几个能源行业显示显著的传导效应，说明相关行业间的相关性更大，传导性更强。而对葡萄牙公司所产生的间接效应则并不明显，仅有葡萄牙国家能源网公司及葡萄牙电力公司的传导效应最为显著。在 2018 年的里斯本国际水务公司合作项目中，则有与 2013 年项目不同之处。复星集团在 CV 检验中显示出最为显著的结果，对葡萄牙公司的传导效应也明显较 2013 年项目增加。而从总体显著率可以看出，2013 年的收购项目传导效应的总体显著率为 35%，要显著高于 2018 年的合作项目，说明在间接作用下，合作项目的传导效应弱于收购项目。

分别对中方及葡方的传导效应进行显著率分析，我们发现两项和所收购项目并无明显的一致效应。2013 年的项目中对中方投资者的传导效应略大于葡方被投资者，而 2018 年的合作项目则恰恰相反。

表 4-10　北控水务集团对葡萄牙投资政策下对其他行业的间接传导效应检测

接收源行业 j	CR	CS_{12}	CS_{21}	CK_{13}	CK_{31}	CV	显著率（%）
2013 年北控水务集团对威立雅葡萄牙水务公司收购项目							
三峡集团	0.08	0.51	5.79**	3.31*	8.99***	12.08***	
国家电网集团	0.47	0.53	2.55	8.35***	0.10	1.13	
中石化集团	0.17	1.22	5.74**	0.30	6.39**	4.52**	
复星集团	0.03	0.75	0.59	4.12**	0.00	0.74	
中国交建集团	0.30	0.00	1.43	4.34**	3.89**	2.29	
对中显著率（%）	00.00	00.00	40.00	80.00	60.00	40.00	36.67
葡萄牙电力公司	8.22***	0.75	4.64**	0.30	9.88***	3.14*	
葡萄牙国家能源网公司	6.31**	0.67	2.03	0.84	15.68***	5.68**	
葡萄牙石油公司	1.08	0.35	5.50**	0.14	0.09	0.34	
葡萄牙千禧银行	11.61***	0.83	2.69	0.05	0.71	0.00	
葡萄牙莫塔·恩吉尔公司	4.29**	0.80	1.52	0.22	2.47	0.92	
对葡显著率（%）	80.00	00.00	40.00	00.00	40.00	40.00	33.33
整体显著率（%）	40.00	00.00	40.00	40.00	50.00	40.00	35.00

续表

接收源行业 j	CR	CS_{12}	CS_{21}	CK_{13}	CK_{31}	CV	显著率（%）
2018 年北控水务集团与里斯本国际水务公司合作项目							
三峡集团	0.03	0.46	0.14	5.34**	2.93*	0.94	
国家电网集团	0.09	0.06	0.00	0.20	7.77***	1.48	
中石化集团	0.09	0.25	0.86	0.01	0.03	0.01	
复星集团	0.05	1.44	0.06	8.55***	0.15	17.49***	
中国交建集团	0.04	0.04	0.60	0.02	2.39	0.79	
对中显著率（%）	00.00	00.00	00.00	40.00	40.00	20.00	16.67
葡萄牙电力公司	1.02	7.55***	8.14***	0.09	16.89***	4.65**	
葡萄牙国家能源网公司	0.28	1.53	14.84***	0.33	0.14	12.65***	
葡萄牙石油公司	1.23	0.07	0.10	0.02	6.80***	0.24	
葡萄牙千禧银行	0.17	0.43	0.02	30.68***	0.30	2.94*	
葡萄牙莫塔·恩吉尔公司	0.70	1.28	4.98**	2.45	3.14*	1.71	
对葡显著率（%）	00.00	20.00	60.00	20.00	60.00	60.00	36.67
整体显著率（%）	00.00	10.00	30.00	30.00	50.00	40.00	26.67

注：CR、CS、CK 以及 CV 统计量的计算公式分别见公式（4－1）、公式（4－8）、公式（4－9）、公式（4－12）、公式（4－13）、公式（4－16），该统计量服从自由度为 1 的卡方分布，“*”、“**”、“***”分别代表在 10%、5%、1% 的显著性水平下显著。显著率计算公式为（在 90% 置信水平下显著的统计量个数/统计量总个数）×100%，整体显著率为六个显著率的算术平均值。

（三）三峡集团

表 4－11 所示为三峡集团对葡萄牙投资政策下对其他行业的间接传导效应检测。

三峡集团在 2012 年、2015 年、2017 年三次对葡萄牙电力公司进行收购和金融项目。第二次收购出现了高于第一次收购的传导效应。在 2015 年的收购中，根据表 4－11，仅只有葡萄牙千禧银行这一金融行业并未受到以 *CK* 方式检测的传导效应，其他行业均在 5% 及以上显著性水平下显著。而在 2012 年的收购中，受到影响的行业则低于 2015 年的收购项目。2015 年的收购项目标志着中国成为第一个在巴西投资风电项目的企业，可见其影响之深。相比而言，绿色债券项目的发行则并未出现显著高于前两者收购项目的效应，受到影响最深的依然是复星集团。2012 年、2015 年、2017 年的三次投资项目的显著率分别为 26.67%、43.44% 和 18.33%。在三峡集团的三次投资中，2012 年及 2015 年的投资项目，三峡集团的投资政策对中葡两国的公司均具有相同的总体显著率，而在 2017 年的债券项目中，对中方投资者的影响较大。由此可以推断，绿色债券项目的发行，有助于建立中国投资者的国际形象，并在行业间产生显著的效用。

（四）中石化集团

表 4－12 所示为中石化集团对葡萄牙投资政策下对其他行业的间接传导效应检测。

根据表 4－12 的传导效应检测结果可知，复星集团在 *CK* 及 *CV* 两个检测中都有着显著的结果。三峡集团在检测中也显示出了显著的被传导效应，但稍弱于复星集团。其中有两家葡萄牙公司受到了传导，葡萄牙国家能源网公司及葡萄牙千禧银行。复星集团作为葡萄牙千禧银行的股东，自然受到连带效应。而葡萄牙国家能源网公司的主要业务也与中石化的石油、能源等业务存在交叉之处，故呈现出显著

表 4-11　　三峡集团对葡萄牙投资政策下对其他行业的间接传导效应检测

接收源行业 j	CR	CS_{12}	CS_{21}	CK_{13}	CK_{31}	CV	显著率（%）
2012 年三峡集团对葡萄牙电力公司收购项目							
国家电网集团	0.07	1.52	1.49	0.05	1.87	0.70	
中石化集团	0.03	0.00	0.16	6.55**	16.45***	3.32*	
复星集团	0.09	0.31	1.70	3.99**	0.00	0.78	
北控水务集团	1.96	0.81	0.23	8.05***	2.95*	4.22**	
中国交建集团	2.53	0.97	0.55	0.03	6.00**	0.62	
对中显著率（%）	00.00	00.00	00.00	60.00	60.00	40.00	26.67
葡萄牙国家能源网公司	0.00	0.07	1.21	0.37	0.79	1.95	
葡萄牙石油公司	0.00	0.01	0.77	1.73	0.06	0.00	
葡萄牙千禧银行	1.11	1.59	4.86**	17.70***	6.54**	0.08	
葡萄牙水务公司	0.87	3.34*	0.96	20.12***	0.61	0.08	
葡萄牙莫塔·恩吉尔公司	0.02	2.59	4.21**	0.02	8.87***	6.90***	
对葡显著率（%）	00.00	20.00	40.00	40.00	40.00	20.00	26.67
整体显著率（%）	00.00	10.00	20.00	50.00	50.00	30.00	26.67

续表

接收源行业 j	CR	CS_{12}	CS_{21}	CK_{13}	CK_{31}	CV	显著率（%）
2015 年三峡集团对葡萄牙电力公司收购项目							
国家电网集团	23.97***	0.98	0.87	0.18	5.42**	0.79	
中石化集团	27.22***	0.58	0.01	0.05	6.16**	0.91	
复星集团	18.74***	0.60	0.00	6.97***	19.09***	0.80	
北控水务集团	30.06***	3.91**	0.69	5.61**	15.31***	1.91	
中国交建集团	29.30***	0.20	0.00	0.31	8.60***	0.82	
对中显著率（%）	100.00	20.00	00.00	20.00	100.00	00.00	43.33
葡萄牙国家能源网公司	11.32***	1.29	2.11	4.16**	17.80***	2.13	
葡萄牙石油公司	44.78***	0.25	0.41	7.70***	5.38**	3.64*	
葡萄牙千禧银行	0.78	0.10	0.11	1.93	0.63	1.39	
葡萄牙水务公司	35.84***	1.13	0.21	8.53***	16.28***	2.63	
葡萄牙莫塔·恩吉尔公司	7.93***	0.68	0.31	13.45***	13.82***	1.15	
对葡显著率（%）	80.00	00.00	00.00	80.00	80.00	20.00	43.33
整体显著率（%）	90.00	10.00	00.00	60.00	90.00	10.00	43.33

续表

接收源行业 j	CR	CS_{12}	CS_{21}	CK_{13}	CK_{31}	CV	显著率（%）
2017 年三峡集团发行葡萄牙电力公司绿色债券项目							
国家电网集团	0.91	2.20	4.56**	1.05	0.68	0.89	
中石化集团	11.29***	3.39*	2.59	0.02	0.12	0.02	
复星集团	0.74	4.83**	0.05	164.29***	0.72	0.56	
北控水务集团	0.07	1.33	0.35	3.68*	2.70	0.72	
中国交建集团	3.48*	0.04	0.71	1.44	0.48	0.13	
对中显著率（%）	40.00	40.00	20.00	40.00	00.00	00.00	23.33
葡萄牙国家能源网公司	4.07**	0.89	0.46	0.11	0.18	1.13	
葡萄牙石油公司	1.01	0.42	1.55	4.37**	0.22	0.02	
葡萄牙千禧银行	0.62	3.40*	2.11	31.88***	2.39	1.72	
葡萄牙水务公司	0.21	0.13	0.04	2.64	1.97	0.65	
葡萄牙莫塔·恩吉尔公司	1.19	0.13	1.69	0.07	0.00	1.42	
对葡显著率（%）	20.00	20.00	00.00	40.00	00.00	00.00	13.33
整体显著率（%）	30.00	30.00	10.00	40.00	00.00	00.00	18.33

注：*CR*、*CS*、*CK* 以及 *CV* 统计量的计算公式分别见公式（4－1）、公式（4－8）、公式（4－9）、公式（4－12）、公式（4－13）、公式（4－16），该统计量服从自由度为 1 的卡方分布，“*”、“**”、“***”分别代表在 10%、5%、1% 的显著性水平下显著。显著率计算公式为（在 90% 置信水平下显著的统计量个数/统计量总个数）×100%，整体显著率为六个显著率的算术平均值。

表 4-12　中石化集团对葡萄牙投资政策下对其他行业的间接传导效应检测

接收源行业 j	CR	CS_{12}	CS_{21}	CK_{13}	CK_{31}	CV	显著率（%）
2012 年中石化集团对葡萄牙石油公司收购项目							
三峡集团	9.22***	0.01	0.03	4.40**	0.75	4.37**	
国家电网集团	2.52	1.90	0.62	1.80	0.00	0.12	
复星集团	0.30	10.46***	0.56	102.35***	0.21	6.83***	
北控水务集团	0.78	0.16	2.08	0.48	2.59	0.60	
中国交建集团	0.48	2.00	0.19	10.14***	0.00	0.18	
对中显著率（%）	20.00	20.00	00.00	60.00	00.00	40.00	23.33
葡萄牙电力公司	0.01	2.18	0.00	1.69	0.00	0.05	
葡萄牙国家能源网公司	5.32**	0.25	0.00	11.68***	0.11	0.51	
葡萄牙千禧银行	0.20	2.57	0.11	26.40***	0.90	0.10	
葡萄牙水务公司	1.09	0.80	0.40	2.45	1.67	0.87	
葡萄牙莫塔·恩吉尔公司	0.51	1.38	0.13	2.58	0.23	0.19	
对葡显著率（%）	20.00	00.00	00.00	40.00	00.00	00.00	10.00
整体显著率（%）	20.00	10.00	00.00	50.00	00.00	20.00	16.67

注：CR、CS、CK 以及 CV 统计量的计算公式分别见公式（4-1）、公式（4-8）、公式（4-9）、公式（4-12）、公式（4-13）、公式（4-16），该统计量服从自由度为 1 的卡方分布，“*”、“**”、“***”分别代表在 10%、5%、1% 的显著性水平下显著。显著率计算公式为（在 90% 置信水平下显著的统计量个数/统计量总个数）×100%，整体显著率为六个显著率的算术平均值。

的传导效应，总体显著率为 16.67%，投资项目在 CK 管道呈现了更为显著的传导效应，说明投资者在极端市场的影响下，更容易做出相关投资。

（五）中国交建集团

表 4－13 所示为中国交建集团对葡萄牙投资政策下对其他行业的间接传导效应检测。

在 2020 年及 2021 年中国交建集团对葡萄牙莫塔·恩吉尔公司的两项收购项目中，复星集团依然呈现了非常显著的传导效应，明显受到比其他行业更强的传导效应。同时，中方公司所受的传导效应与葡方被投资公司比重相当，并未出现以传导源或接收源不同所出现的差别。2020 年的传导效应显著高于 2021 年的传导效应。总体显著率为 2020 年 33.33%，2021 年 15%。在中国交建集团对葡萄牙投资的两个项目下，对中方投资公司的传导效应均大于对葡萄牙公司的传导效应。从显著率来看，对中方投资者的显著率也更加大。说明 2020 年及 2021 年投资者对中国市场有着更好的前景预测，在中国交建集团对外投资后，投资者更加看好国内市场。

（六）国家电网集团

表 4－14 所示为国家电网集团对葡萄牙投资政策下对其他行业的间接传导效应检测。

根据表 4－14 的传导效应检测结果可知，复星集团依然作为中方在海外投资的巨头企业受到其他行业的投资影响最为显著。其下属的葡萄牙千禧银行，也因此受到相应的传导效应。2018 年的合作项目则受到了更为显著的影响，相关行业的葡萄牙电力公司、葡萄牙莫塔·恩吉尔公司都受到了显著且强烈的传导效应。国家电网集团对葡萄牙在 2012 年及 2018 年的两项投资中，2018 年的投资项目的总体显著率显著大于 2012 年的投资项目，分别为 36.67%、8.33%。由此

表 4-13　中国交建集团对葡萄牙投资政策下对其他行业的间接传导效应检测

接收源行业 j	CR	CS_{12}	CS_{21}	CK_{13}	CK_{31}	CV	显著率（%）
2020 年中国交建集团对葡萄牙莫塔·恩吉尔公司收购项目							
三峡集团	6.00**	4.12**	2.55	1.27	18.82***	0.13	
国家电网集团	4.26**	0.16	1.24	0.01	2.08	2.92*	
中石化集团	2.94*	0.15	2.45	0.46	1.20	0.11	
复星集团	0.92	1.19	9.07***	66.73***	17.97***	42.58***	
北控水务集团	0.36	12.08***	19.04***	0.32	0.71	0.02	
对中显著率（%）	60.00	40.00	40.00	20.00	40.00	40.00	40.00
葡萄牙电力公司	0.60	0.81	1.53	1.38	2.51	0.46	
葡萄牙国家能源网公司	0.02	1.40	2.76*	0.03	2.12	0.33	
葡萄牙石油公司	0.58	0.06	2.31	3.92**	0.07	7.89***	
葡萄牙千禧银行	0.06	0.33	10.96***	0.03	0.48	0.84	
葡萄牙水务公司	0.19	5.98**	2.50	43.28***	36.78***	43.78***	
对葡显著率（%）	00.00	20.00	40.00	40.00	20.00	40.00	26.67
整体显著率（%）	30.00	30.00	40.00	30.00	30.00	40.00	33.33

续表

接收源行业 j	CR	CS_{12}	CS_{21}	CK_{13}	CK_{31}	CV	显著率（%）
2021 年中国交建集团对葡萄牙莫塔·恩吉尔公司收购项目							
三峡集团	13.70***	0.29	0.34	0.03	0.04	0.07	
国家电网集团	0.09	0.01	0.00	5.65**	0.92	0.28	
中石化集团	1.22	0.63	0.67	0.01	0.02	0.22	
复星集团	0.90	11.40***	9.90***	5.82**	0.53	0.01	
北控水务集团	1.22	0.59	1.40	0.10	0.55	0.09	
对中显著率（%）	20.00	20.00	20.00	40.00	00.00	00.00	16.67
葡萄牙电力公司	0.55	0.52	0.42	0.42	0.04	0.01	
葡萄牙国家能源网公司	6.79***	0.50	0.39	0.83	0.17	0.14	
葡萄牙石油公司	6.75***	1.64	0.01	1.67	0.21	0.01	
葡萄牙千禧银行	15.52***	1.53	1.67	0.11	0.33	0.02	
葡萄牙水务公司	0.67	2.92*	2.24	0.13	0.40	0.00	
对葡显著率（%）	60.00	20.00	00.00	00.00	00.00	00.00	13.33
整体显著率（%）	40.00	20.00	10.00	20.00	00.00	00.00	15.00

注：CR、CS、CK 以及 CV 统计量的计算公式分别见公式（4－1）、公式（4－8）、公式（4－9）、公式（4－12）、公式（4－13）、公式（4－16），该统计量服从自由度为 1 的卡方分布，“*”、“**”、“***”分别代表在 10%、5%、1% 的显著性水平下显著。显著率计算公式为（在 90% 置信水平下显著的统计量个数/统计量总个数）×100%，整体显著率为六个显著率的算术平均值。

表 4－14　国家电网集团对葡萄牙投资政策下对其他行业的间接传导效应检测

接收源行业 j	CR	CS_{12}	CS_{21}	CK_{13}	CK_{31}	CV	显著率（%）
2012 年国家电网集团对葡萄牙国家能源网公司收购项目							
三峡集团	0.96	0.02	0.18	0.06	2.61	0.01	
中石化集团	2.44	0.15	0.06	1.52	2.05	0.69	
复星集团	0.01	0.18	0.04	4.17**	0.12	0.00	
北控水务集团	0.08	0.28	0.11	0.02	0.00	1.18	
中国交建集团	2.66	0.11	0.57	0.37	0.84	1.51	
对中显著率（%）	00.00	00.00	00.00	20.00	00.00	00.00	3.33
葡萄牙电力公司	0.13	0.02	0.66	0.37	0.10	0.01	
葡萄牙石油公司	2.05	0.30	0.00	0.04	0.03	1.08	
葡萄牙千禧银行	0.32	1.51	0.07	13.80***	4.03**	0.56	
葡萄牙水务公司	1.32	0.60	0.03	1.41	0.05	0.21	
葡萄牙莫塔·恩吉尔公司	0.20	0.18	0.93	25.02***	2.25	11.21***	
对葡显著率（%）	00.00	00.00	00.00	40.00	20.00	20.00	13.33
整体显著率（%）	00.00	00.00	00.00	30.00	10.00	10.00	8.33

续表

接收源行业 j	CR	CS_{12}	CS_{21}	CK_{13}	CK_{31}	CV	显著率（%）
2018 年国家电网集团与葡萄牙国家能源网公司合作项目							
三峡集团	0.72	4.41**	6.37**	11.39***	6.23**	9.29***	
中石化集团	0.74	0.11	0.11	0.75	2.66	0.16	
复星集团	0.82	10.87***	0.58	2.17	6.43**	27.15***	
北控水务集团	0.03	0.03	0.08	1.05	0.45	0.03	
中国交建集团	0.61	0.84	1.75	0.18	4.39**	0.34	
对中显著率（%）	00.00	40.00	20.00	20.00	60.00	40.00	30.00
葡萄牙电力公司	8.67***	16.68***	11.68***	68.80***	3.63*	5.20**	
葡萄牙石油公司	0.28	2.87*	0.78	0.66	1.94	1.56	
葡萄牙千禧银行	6.91***	1.32	3.90**	1.17	4.36**	0.44	
葡萄牙水务公司	0.17	0.07	0.05	0.45	0.92	0.36	
葡萄牙莫塔・恩吉尔公司	0.47	4.83**	1.15	9.79***	0.23	4.36**	
对葡显著率（%）	40.00	60.00	40.00	40.00	40.00	40.00	43.33
整体显著率（%）	20.00	50.00	30.00	30.00	50.00	40.00	36.67

注：*CR*、*CS*、*CK* 以及 *CV* 统计量的计算公式分别见公式（4－1）、公式（4－8）、公式（4－9）、公式（4－12）、公式（4－13）、公式（4－16），该统计量服从自由度为 1 的卡方分布，“*”、“**”、“***”分别代表在 10%、5%、1% 的显著性水平下显著。显著率计算公式为（在 90% 置信水平下显著的统计量个数/统计量总个数）×100%，整体显著率为六个显著率的算术平均值。

得出，合作项目因长久的合作关系及更好的前景预测而导致传导效应强于收购项目。

（七）间接传导检测小结

在本节中，我们探究了间接传导效应。所有的投资项目，在6个管道的传导效应检测中均检测到了显著的传导效应，证明了“一带一路”相关投资政策的积极作用。从显著率来看，我们可以看到中国投资者对中国公司股票回报率的传导效应更大、更显著，中国股票市场中各公司之间的相关性也更大。从根据股票回报率得出的传导结果，我们可以看出，在中国股票市场，往往牵一发而动全身。“一带一路”背景下的相关政策加强了投资者对中国市场的信心，也说明了“一带一路”相关政策的出台不仅增加了中国在国际社会的影响力，而且为国内的投资市场注入了活力。

三、直接与间接传导检测小结

在本书中，我们运用了六种传导测试方法，来确定中国对葡萄牙的投资合作在“一带一路”相关政策背景下是否对葡萄牙股票市场产生冲击和传导作用。

在12家企业、共6个行业中，13个重要投资合作政策中，在直接传导检测中，绝大部分政策都检测到了传导效应。这表明，中国企业的投资对葡萄牙的股票市场具有冲击作用，投资者及市场预期发生改变。其中，以“合作框架协议”类政策传导效应更为显著，冲击作用更大，显示了投资者及市场往往对此类合作政策、协议反应更为明显，而“收购项目”的冲击作用小于“合作框架协议类”。

除了直接传导检测，我们还做了相关的间接传导检测。在各项目及政策显示出的相关结果中，我们发现复星集团作为中国海外投资的领先者，几乎在所有政策下都受到明显的传导效应。其公司规模之大，涉及领域之广，也让其在全球投资的环境下受到其他行业的波动最大。其次，虽然相关行业的投资更能影响相关行业，能源市场的投资政策则更能影响其他能源板块，但是也出现了能源行业的投资政策对金融行业出现显著的传导效应。这说明，股市的波动及传导效应不仅出现在行业内，更出现在行业间，有着一致及深远的效应。

从前文的结果我们可以看到，从时间线来看，中方对葡方的投资集中在 2012 年至 2021 年，传导效应也出现了逐年递减的趋势。距离"一带一路"政策发布的时间点更近，则受到的传导效应越大，距离"一带一路"政策发布的时间点越远，则传导效应越小。"一带一路"政策由 2013 年首次提出，并在 2015 年正式实施，同年，"亚洲基础设施投资银行"成立；2017 年发布《"一带一路"建设海上合作设想》。"一带一路"在这近些年期间，经历了多次的建设，而至今已经有 5 年未有更新的大型发展政策出现，投资市场在 2017 年之后也出现了疲软现象，投资项目减少，传导效应减少均可窥见。"一带一路"项目有效促进中外发展已经取得了耀眼的成绩，此时更应当加大发展，更上一层楼。

"一带一路"相关的投资政策与发展项目，不仅积极有效地促进了中葡两国之间的外交发展，更极大地促进了两国贸易往来、经济合作等关系，为中葡两国带来双赢的局面。

本章参考文献

[1] 商务部. 对外投资合作国别（地区）指南——葡萄牙（2021 版）[EB/OL]. http://www.mofcom.gov.cn/dl/gbdqzn/upload/putaoya.pdf, 2022.

[2] Corre, P. L. Chinese investments in European Countries: Experiences and lessons for the "Belt and Road" initiative. In Rethinking the silk road [M]. Palgrave Macmillan, Singapore, 2018.

[3] Díaz Romero, R. A. F. China - Portugal economic relations: analysis and prospects in the context of the Belt and Road Initiative [D]. Doctoral dissertation, 2017.

[4] Forbes, K. J., Rigobon, R. No contagion, only interdependence: measuring stock market comovements [J]. The Journal of Finance, 2002, 57 (5): 2223 - 2261.

[5] Fry - McKibbin, R., Hsiao, C. Y. L. Extremal dependence tests for contagion [J]. Econometric Reviews, 2018, 37 (6): 626 - 649.

[6] Fry, R., Martin, V., Tang, C. A new class of tests of contagion with applications [J]. Journal of Business and Economic Statistics, 2010, 28 (3): 423 - 437.

[7] Görg, H., Mao, H. Does the belt and road initiative stimulate Chinese exports? Evidence from micro data [J]. The World Economy. 2022, Forthcoming.

[8] José Leandro, F. B., Henriques, D. L. The Portuguese Republic and the People's Republic of China: Impact and Trends of Economic Diplomacy [J]. China and the World, 2020, 3 (02): 2050003.

[9] Mathews, J. A., Tan, H. Economics: Manufacture renewables to build energy security [J]. Nature, 2014, 513 (7517): 166 - 168.

[10] Pareja - Alcaraz, P. Chinese investments in Southern Europe's energy sectors: Similarities and divergences in China's strategies in Greece, Italy, Portugal and Spain [J]. Energy Policy, 2017, 101: 700 - 710.

[11] Sauvant, K. P., Chen, V. Z. China's regulatory framework for outward foreign direct investment [J]. China Economic Journal, 2014, 7 (1): 141 - 163.

[12] Silva, J. R. Foreign direct investment in the context of the financial crisis and bailout: Portugal [J]. Foreign Investment in Eastern and Southern Europe a er, 2015, 2008, 171.

[13] Wu F, Xiao X, Zhou X, et al. Complex risk contagions among large international energy firms: A multi - layer network analysis [J]. Energy Economics, 2022, 114: 106271.

第五章 中国对巴西企业投资政策传导效应研究

第一节 概 述

一、中国对巴西“一带一路”倡议背景

经济的可持续性发展，一直以来是世界上各经济体最重要的话题。相较于发达经济体，许多新兴经济体虽然拥有丰沛的自然资源，却无奈于缺乏充足的投资、高效率的生产科技，以及高质素的劳动人才，而无法将其资源充分利用。为解决区域间资金、人力资源、知识与科技的不平衡，“一带一路”倡议也因此而诞生。2013年9月7日，中华人民共和国国家主席习近平出访哈萨克斯坦，在纳扎尔巴耶夫大学（Nazarbayev University）发表演讲，倡议希望与中亚国家合作，建立丝绸之路经济带，这也是我国国家领导层第一次在战略层面上，提出“一带一路”倡议。2015年2月15日，“一带一路”倡议正式实施，包括促进跨境贸易和投资的计划与机制。在我国中央政府的直接领导下和“一带一路”工作领导小组的合作之下，各级政府均建立了海外直接投资促进机构与支持体系（Du et al.，2018）。

根据《中华人民共和国2021年国民经济和社会发展统计公报》的数据，我国对“一带一路”沿线国家进出口总额达到115979亿元，比2020年增长23.6%，其中出口65924亿元，增长21.5%，进口50055亿元，增长26.4%。对“一带一路”沿线国家非金融类直接投资额203亿美元，增长14.1%。同时，“一带一路”倡议也不仅局限在基础建设与进出口贸易，值得注意的是，“一带一路”沿线国家拥有世界75%的总能源储量（Wei et al.，2020），而能源合作也是该倡议的重点，旨在为沿线国家搭建能源合作互惠平台。

巴西地处南美洲丰腴之地，是金砖国家之一，同时也是“一带

一路”倡议的重要潜在成员国。其拥有非常丰富的自然资源，尤其是水力资源，以及各类矿产资源。巴西拥有世界上 18% 的淡水，同时铌、锰、钛、铝矾土、铅、锡、铁、铀等矿物储量位居世界前列（宋国明，2011）。巴西政府也多次表达正式加入“一带一路”倡议的愿景，在 2019 年 5 月 14 日，巴西时任副总统的莫朗在接受巴西环球电视台采访时表示，我们对“一带一路”倡议饱含期待，同时，我们也在静候中方关于这方面的一些建议（提议）。[①]

中国与巴西之间战略级的双边合作源远流长。自从 1974 年 8 月 15 日双方建交以来，两国围绕能源、金融、矿产、食品以及航空产业，均进行了非常深度的合作。2012 年 6 月，时任国家总理的温家宝在访问巴西期间，将两国间合作关系提升为全面战略伙伴关系，加强双边经贸关系以及经济技术合作，强化双边科技、文化、教育，以及军事方面的合作与交流，有力深化了两国之间的经济、人文纽带（许嫣然，2019）。

二、中国对巴西政策传导研究目的

考虑到中国与巴西之间合作范围之广、程度之深，本书仅对中国对巴西的五大产业投资进行研究，分别是能源板块、矿产板块、金融板块、食品板块和航空板块。而股票市场作为经济的晴雨表，中国股票行业与其他市场之间的关系也在不断变化（Huang et al.，2019）。在“一带一路”的背景下，倡议合作的政策冲击，影响其他地区各个板块的现象，被称为“政策传导现象”。本节的研究目的在于，在“一带一路”倡议之下，中国五个板块对巴西企业间投资政策的传导效应。

① 新闻报道请参阅如下链接，来源为中国“一带一路”网，https://www.yidaiyilu.gov.cn/ghsl/hwksl/90139.htm.

本书借鉴参考 Forbes and Rigobon（2002）、Fry at al.（2010）以及 Fry－Mckibbin and Hsiao（2018）的传导模型。我们选取中巴两国五个行业中具有代表性企业股票的每日收盘价作为研究对象。在巴西市场中，我们选取以下五家公司作为代表：①巴西电力公司（Centrais Eletricas Brasileiras S. A.，EBR）、杜克能源公司（Duke Energy Co.，DUK）、CPFL 公司（CPFL Energia S. A.，CPFL）以及科佩电力公司（COPEL）作为能源领域代表公司；②淡水河谷公司（Vale S. A.，Vale）作为矿产领域代表公司；③Banco Industrial Ecomercial（BIC）巴西工商银行和 Rio Bravo Investimentos（RIO BRAVO）投资集团作为金融领域代表公司；④JBS S. A.（JBS）股份有限公司作为食品领域代表公司；⑤巴西航空工业公司（EMpresa BRasileira de AERonáutica S. A.，Embraer）。通过翻阅上述各家企业与中国企业的商贸合作历史，如表 5－1 所示，选取其与①国家电网，三峡集团；②中国远洋海运集团，中国五矿集团，中国宝武集团；③中国建设银行，复星集团；④京东集团，阿里巴巴集团；⑤海南航空集团的股票收盘价和对口协议进行深入研究。

本书所涉及的股票时间跨度为：2011 年 1 月 3 日至 2020 年 4 月 14 日。本书借鉴这几位学者（Forbes and Rigobon，2002；Fry et al.，2010；Fry－Mckibbin and Hsiao，2018）的研究方法，通过对中国股票及行业指数与其他市场行业指数收益率在“一带一路”倡议实行前后的相关系数、两种形式的协偏度、两种形式的协峰度、协波动率六个指标，探究中国与巴西五大行业间的政策传导效应。考虑到政策的传导效应存在直接和间接效应两种，所以本书将对实证研究进行进一步的细分，分为直接传导效应，即中巴协议签约双方公司之间的传导效应，以及间接传导效应，即协议签约的中方公司，向其他行业公司的传导效应，探究政策影响的维度是否仅仅局限于协议签约双方公司。

表 5－1　　本书涉及的中国与巴西公司

中国企业	巴西企业
能源行业	
国家电网集团	CPFL 公司
	科佩电力公司
三峡集团	巴西电力公司
	杜克能源公司
矿产行业	
中国远洋海运集团	淡水河谷公司
中国宝武集团	
中国五矿集团	
金融行业	
中国建设银行	BIC 巴西工商银行
复星集团	RIO BRAVO 投资集团
食品行业	
京东集团	JBS 股份有限公司
阿里巴巴集团	
航空行业	
海南航空集团	巴西航空工业公司

注：本书所涉及的公司，均为作者自行整理。

通过实证研究，本书得到以下几个实证结论：

（1）在“一带一路”倡议下，中国与巴西两国之间的相互关联十分紧密，在本书所得到的显著实证结果当中，所有的传导效应检验均可以检测到为数不少的传导现象，同时基于协波动率以及协峰度进行的检验，往往可以发现比基于协偏度以及线性传导模型检验更多的传导效应及证据。

（2）相比于间接传导效应，直接传导效应往往更加强烈。中巴商贸合作协议签署的双方公司之间的传导效应，显著强于签约的中方公司向其他巴西公司的传导效应，同时，本书发现，就直接传导效应而言，能源以及矿产行业的传导效应强于金融、食品以及航空行业，而就间接传导效应而言，能源和金融行业的间接传导效应则强于矿产、食品和航空行业。

（3）相较于选取政策实施后 90 天作为政策后样本的短期政策传导效应模型，180 天的长期政策传导效应模型可以发现更多的显著传导现象，尤其是在金融、食品以及航空行业。

第二节　中国对巴西的文献综述

自从“一带一路”倡议提出以来，越来越多的中国企业愿意走出去，与世界各地的商业伙伴合作，共同创造财富。肖金成和申现杰（2015）认为，只有处在一个和平友好的年代里，才有国与国之间的交流发展，经济往来，才有了之后的进步，这与“一带一路”的初心是相同的。“一带一路”倡议下的各类政策带动了沿线国家的经济发展，促进了经济全球化。丝路基金青年课题组（2022）认为，“一带一路”框架下的各类型中国对外投资，在长期上促进了被投资国经济的增长，尤其是在东南亚地区。马跃（2021）则发现在“一带一路”的框架下，各类型合作协议不仅可以促进外国经济增长，也可以使中国经济再一次腾飞。

巴西，是南美洲最大的经济体，与中国的贸易往来十分密切，同时，也有着巨大的发展空间。张萌（2020）认为，现阶段巴西主要的农业合作伙伴仍然是拉丁美洲国家，中国对巴西农业的投资有较大潜力，王飞（2020）认为，虽然当前，巴西的基础设施建设相对薄弱，但是在“一带一路”政策走进拉美国家的大背景之下，坚实的双边关系，以及多元化的合作将会帮助巴西进一步经济增长，今朝（2019）则认为，中国与巴西加快推进“一带一路”倡议的进程，将会进一步释放中巴合作的潜力。

虽然目前关于“一带一路”倡议相关政策的研究很多，但是它们大多都集中在定性领域，而为数不多的定量研究也大多数基于国内生产总值 GDP，即是一个国家（或地区）所有常住单位在一定时期内生产活动的最终成果，或者外国直接投资 FDI，即一国的投资者将资本用于他国的生产或经营，并掌握一定经营控制权的投资行为等宏观经济指标的面板数据研究，鲜有学者将目光关注在行业指数、企业股票等时间序列数据上，有关巴西的实证研究则屈指可数。本书希望引入一种定量研究，衡量在“一带一路”背景下的相关政策下，对巴西的经济具体产生怎样的影响，从而为政策制定者提供有效的参考。

传导效应，最早发现在金融领域，指的是在金融危机发生之后，两个市场之间的关系显著地提升（Forbes and Rigobon，2002）。Fry - McKibbin and Hsiao（2018）在已有基于相关系数以及协偏度变化的检验方法上，创新性地增加了基于协峰度和协波动性变化的检验方法，用来捕捉金融市场中，更加复杂的传导效应，包括投资者对于风险认知以及风险偏好。本书也将会应用这一系列方法，来检验中国对巴西的传导效应。

学者们也将这一金融领域的检验方法应用到了能源领域，用以检验政策传导效应。Hsiao et al.（2021）发现，在中国，新能源领域的政策可以通过回报率以及波动性的途径，传导给中国的各个经济板块，尤其是新能源相关的补贴政策。而 Hsiao et al.（2021）则更进一步，发现在 2005 年到 2020 年，中国在太阳能领域的政策均可以对中国、德国与美国的各个经济板块产生显著的传导效应。本书希望可以运用传导效应模型，研究中国企业在“一带一路”倡议之下，与巴西企业签订的合作协议或政策，是否可以对巴西企业及行业产生显著的传导效应，弥补这一领域的空白。

第三节　传导效应研究方法

本节将通过传导效应检验来研究在“一带一路”的倡议之下，

中巴两国企业之间签署的合作政策对巴西企业的传导效应。

本节将传导源市场定义为 i，将被传导源市场定义为 j，将政策实行之前的时间段长度记为 T_x，将政策实施之后的时间段记为 T_y，将政策发布之前企业指数间的相关系数记为 ρ_x，将政策发布之后企业指数间的相关系数记为 ρ_y，将协议发布之后企业指数间的修正相关系数记为 $v_{y|x_i}$。

一、相关性检验（FR 检验）

Forbes and Rigobon（2002）把"传导效应"定义为在金融危机时期，一个国家的市场波动的影响扩散到其他市场的现象，换言之，就是说市场之间的关联性在危机发生之后会显著地增加。本节采用 Fry et al.（2010）相关性检验的方法，检验在政策实行前后两个企业之间收益率的相关系数 ρ_x 和 $v_{y|x_i}$ 是否发生显著变化，检验统计值为 FR，计算公式如下所示：

$$FR(i \to j) = \frac{(\hat{v}_{y|x_i} - \hat{\rho}_x)^2}{Var(\hat{v}_{y|x_i} - \hat{\rho}_x)} \tag{5-1}$$

其中 $\hat{\rho}_x$ 表示政策实施之前企业之间收益率的相关系数，同时，Forbes and Rigobon（2002）对政策实施之后的相关系数 $\hat{\rho}_y$ 进行了修正，以消除偏误性，而修正之后的相关系数 $\hat{v}_{y|x_i}$ 的计算公式如下：

$$\hat{v}_{y|x_i} = \frac{\hat{\rho}_y}{\sqrt{1 + \delta(1 - \hat{\rho}_y)}} \tag{5-2}$$

$$\delta = \frac{S_{y,i}^2 - S_{x,i}^2}{S_{x,i}^2} \tag{5-3}$$

其中，$S_{y,i}^2$ 和 $S_{x,i}^2$ 分别表示传导源企业 i 在政策实施前后的方差，δ 表示 i 企业收益率方差在政策实施前后的变化率。

而相关系数 $\hat{\rho}_x$ 与修正后相关系数 $\hat{v}_{y|x_i}$ 的方差 $Var(\hat{v}_{y|x_i} - \hat{\rho}_x)$，计算公式如下：

$$Var(\hat{v}_{y|x_i}-\hat{\rho}_x)=Var(\hat{v}_{y|x_i})+Var(\hat{\rho}_x)-2Cov[Var(\hat{v}_{y|x_i},\hat{\rho}_x] \quad (5-4)$$

$$Var(\hat{v}_{y|x_i})=\frac{(1+\delta)^2}{2[1+\delta(1-\rho^2{}_y)]^3}\times\left[\frac{(2-\rho_y^2)(1-\rho_y^2)^2}{T_y}+\frac{\rho_y^2(1-\rho_y^2)^2}{T_x}\right] \quad (5-5)$$

$$Var(\hat{\rho}_x)=\frac{(1-\rho_x^2)^2}{T_x} \quad (5-6)$$

$$Cov(\hat{v}_{y|x_i},\hat{\rho}_x)=\frac{\rho_y\rho_x(1-\rho_y^2)(1-\rho_x^2)(1+\delta)}{2T_x[1+\delta(1-\rho_y^2)]^{\frac{3}{2}}} \quad (5-7)$$

其中，T_x和T_y分别表示政策实施前后的天数。

二、协偏度检验（CS 检验）

Fry et al.（2010）进一步推算出用于测试非线性传导效应的统计量 CS_{12}与 CS_{21}，协偏度统计量用于测试在危机前后两个市场的收益率与收益波动率相关系数，即协偏度系数是否发生变化。协偏度检验包括两种形式，分别是 $CS_{12}(i\rightarrow j)$ 以及 $CS_{21}(i\rightarrow j)$，前者检测的是在政策实施前后，企业 i 的收益率和企业 j 的收益波动率之间的协偏度 $\hat{\psi}_y(r_i,r_j^2)$ 是否发生显著的变化。其中 $CS_{12}(i\rightarrow j)$ 的计算公式如下：

$$CS_{12}(i\rightarrow j)=\frac{[\hat{\psi}_y(r_i,r_j^2)-\hat{\psi}_x(r_i,r_j^2)]^2}{\frac{(4\hat{v}_{y|x_i}^2+2)}{T_y}+\frac{(4\hat{\rho}_x^2+2)}{T_x}} \quad (5-8)$$

后者 $CS_{21}(i\rightarrow j)$ 检测的是在政策实施前后，企业 i 的收益波动率和企业 j 的收益率之间的协偏度 $\hat{\psi}_x(r_i^2,r_j)$ 是否发生显著的变化。

$$CS_{21}(i\rightarrow j)=\frac{[\hat{\psi}_y(r_i^2,r_j)-\hat{\psi}_x(r_i^2,r_j)]^2}{\frac{(4\hat{v}_{y|x_i}^2+2)}{T_y}+\frac{(4\hat{\rho}_x^2+2)}{T_x}} \quad (5-9)$$

协偏度系数 $\hat{\psi}_y(r_i^2,r_j)$ 和 $\hat{\psi}_x(r_i,r_j^2)$ 具体计算过程如下：

$$\hat{\psi}_y(r_i^a, r_j^b) = \frac{1}{T_y}\sum_{t=1}^{T_y}\left(\frac{y_{i,t} - \hat{\mu}_{yi}}{\hat{\sigma}_{yi}}\right)^a\left(\frac{y_{j,t} - \hat{\mu}_{yj}}{\hat{\sigma}_{yj}}\right)^b \tag{5-10}$$

$$\hat{\psi}_x(r_i^a, r_j^b) = \frac{1}{T_x}\sum_{t=1}^{T_x}\left(\frac{x_{i,t} - \hat{\mu}_{xi}}{\hat{\sigma}_{xi}}\right)^a\left(\frac{x_{j,t} - \hat{\mu}_{xj}}{\hat{\sigma}_{xj}}\right)^b \tag{5-11}$$

其中，$\hat{\mu}$表示企业指数的平均回报率，$\hat{\sigma}$表示企业指数的标准偏差，x，y 分别对应政策实施前与实施后，i，j 分别表示企业 i 和企业 j。通过检验统计量 $CS_{21}(i \to j)$ 和 $CS_{12}(i \to j)$ 可以得知，企业之间的协偏度是否发生显著的变化。

三、协峰度检验（CK 检验）

Fry - McKibbin and Hsiao（2018）两位学者发现，在极端事件发生后，基于极值的测试更容易检验出传导效应的存在，推导出用于测试传导源市场的收益率与被传导源市场的偏度系数的相关系数的统计量 CK_{13}，用于测试传导源市场的偏度系数与被传导对象的收益率的统计量 CK_{31}，这种检测也被称为协峰度检验。

Fry - McKibbin and Hisao（2018）的协峰度检验也与前文的协偏度检验类似，分为两个部分，$CK_{13}(i \to j)$ 以及 $CK_{31}(i \to j)$，前者是在检测政策实施前后，企业 i 的回报率以及企业 j 的收益偏度之间的协峰度 $\hat{\psi}(r_i, r_j^3)$ 是否发生显著的变化，其统计量的计算方法如下：

$$CK_{13}(i \to j) = \frac{[\hat{\psi}_y(r_i, r_j^3) - \hat{\psi}_x(r_i, r_j^3)]^2}{\frac{(18\hat{v}_{y|x_i}^2 + 6)}{T_y} + \frac{(18\hat{\rho}_x^2 + 6)}{T_x}} \tag{5-12}$$

后者 $CK_{31}(i \to j)$ 是在检测政策实施前后，企业 i 的回报偏度以及企业 j 的收益率之间的协峰度 $\hat{\psi}_y(r_i^3, r_j)$ 是否发生显著的变化，其统计量的计算公式如下：

$$CK_{31}(i \to j)=\frac{[\hat{\psi}_y(r_i^3,r_j)-\hat{\psi}_x(r_i^3,r_j)]^2}{\frac{(18\hat{v}_{y|x_i}^2+6)}{T_y}+\frac{(18\hat{\rho}_x^2+6)}{T_x}} \tag{5-13}$$

协峰度系数 $\hat{\psi}_x(r_i^a,r_j^b)$ 和 $\hat{\psi}_y(r_i^a,r_j^b)$ 具体计算公式如下所示：

$$\hat{\psi}_y(r_i^a,r_j^b)=\frac{1}{T_y}\sum_{t=1}^{T_y}\left(\frac{y_{i,t}-\hat{\mu}_{yi}}{\hat{\sigma}_{yi}}\right)^a\left(\frac{y_{j,t}-\hat{\mu}_{yj}}{\hat{\sigma}_{yj}}\right)^b-3\hat{v}_{y|x_i}^2 \tag{5-14}$$

$$\hat{\psi}_x(r_i^a,r_j^b)=\frac{1}{T_x}\sum_{t=1}^{T_x}\left(\frac{y_{i,t}-\hat{\mu}_{xi}}{\hat{\sigma}_{xi}}\right)^a\left(\frac{y_{j,t}-\hat{\mu}_{xj}}{\hat{\sigma}_{xj}}\right)^b-3\hat{\rho}_x^2 \tag{5-15}$$

其中，$\hat{\mu}$表示企业指数的平均回报率，$\hat{\sigma}$表示企业指数的标准偏差，x，y 分别对应政策实施前与实施后，i，j 分别表示企业 i 和企业 j。通过检验统计量 $CK_{13}(i \to j)$ 和 $CK_{31}(i \to j)$ 可以得知，企业之间的协偏度是否发生显著的变化。

四、协波动性检验（CV 检验）

Fry - Mckibbin et al.（2014）随后完善非线性传导效应测试的方法，研究用于测试两个市场间收益波动率，即协波动性在危机前后是否发生变化的统计量 CV。其具体计算公式如下：

$$CV(i \to j)=\frac{[\hat{\psi}_y(r_i^2,r_j^2)-\hat{\psi}_x(r_i^2,r_j^2)]^2}{\frac{(4\hat{v}_{y|x_i}^4+16\hat{v}_{y|x_i}^2+4)}{T_y}+\frac{(4\hat{\rho}_x^4+16\hat{\rho}_x^2+4)}{T_x}} \tag{5-16}$$

其中，$\hat{\psi}_y(r_i^2,r_j^2)$ 和 $\hat{\psi}_x(r_i^2,r_j^2)$ 分别表示政策实施前后，两个企业收益波动率的相关系数，具体计算公式如下：

$$\hat{\psi}_y(r_i^2,r_j^2)=\frac{1}{T_y}\sum_{t=1}^{T_y}\left(\frac{y_{i,t}-\hat{\mu}_{yi}}{\hat{\sigma}_{yi}}\right)^2\left(\frac{y_{j,t}-\hat{\mu}_{yj}}{\hat{\sigma}_{yj}}\right)^2-(1+2\hat{v}_{y|x_i}^2) \tag{5-17}$$

$$\hat{\psi}_x(r_i^2, r_j^2) = \frac{1}{T_x}\sum_{t=1}^{T_x}\left(\frac{y_{i,t} - \hat{\mu}_{xi}}{\hat{\sigma}_{xi}}\right)^2\left(\frac{y_{j,t} - \hat{\mu}_{xj}}{\hat{\sigma}_{xj}}\right)^2 - (1 + 2\hat{\rho}_x^2) \tag{5-18}$$

其中，$\hat{\mu}$表示企业指数的平均回报率，$\hat{\sigma}$表示企业指数的标准偏差，x，y 分别对应政策实施前与实施后，i，j 分别表示企业 i 和企业 j。通过计算统计量 $CV(i \rightarrow j)$，可以得知在政策实施之后，企业之间的收益波动率的相关系数，即协波动性是否发生显著的变化。

五、假设检验

FR 检验的原假设及备择假设分别为：

$$H_0: \rho_x = v_{y|x_i} \tag{5-19}$$

$$H_1: \rho_x \neq v_{y|x_i} \tag{5-20}$$

与之类似，协偏度、协峰度、以及协波动性检验的原假设和备择假设分别为：

$$H_0: \psi_x(r_i^a, r_j^b) = \psi_y(r_i^a, r_j^b) \tag{5-21}$$

$$H_1: \psi_x(r_i^a, r_j^b) \neq \psi_y(r_i^a, r_j^b) \tag{5-22}$$

原假设的前提是不存在传导效应，即各个企业间的关联性并没有随政策的实施发生显著的变化，统计量 FR、CS、CK、CV 均服从自由度为 1 的卡方分布。在 95% 的显著性水平下，如果统计量大于 3.84，则可以拒绝原假设，选择备择假设。

第四节　中国对巴西的投资政策介绍

一、中国与巴西"一带一路"合作企业

本节采用中国与巴西五个行业中的 19 家公司在 2011 年 1 月 3 日

至 2020 年 1 月 14 日期间每日收盘价数据，研究在“一带一路”倡议的框架下，中巴两国企业之间签署的合作协议，是否能产生中国企业对巴西企业的传导效应。检测对象及对应的股票代码，如表 5－2 所示。

表 5－2　　　　检测对象及对应的股票代码

<table>
<tr><th>中国企业</th><th>股票代码</th><th>巴西企业</th><th>股票代码</th></tr>
<tr><td colspan="4">能源行业</td></tr>
<tr><td rowspan="2">国家电网集团</td><td rowspan="2">600795 CH Equity</td><td>CPFL 公司</td><td>CPFE3 BZ Equity</td></tr>
<tr><td>科佩电力公司</td><td>CPLE6 BZ Equity</td></tr>
<tr><td rowspan="2">三峡集团</td><td rowspan="2">600116 CH Equity</td><td>巴西电力公司</td><td>EBR US Equity</td></tr>
<tr><td>杜克能源公司</td><td>DUK US Equity</td></tr>
<tr><td colspan="4">矿产行业</td></tr>
<tr><td>中国远洋海运集团</td><td>1919 HK Equity</td><td rowspan="3">淡水河谷公司</td><td rowspan="3">VALE3 BZ Equity</td></tr>
<tr><td>中国宝武集团</td><td>600019 CH Equity</td></tr>
<tr><td>中国五矿集团</td><td>600058 CH Equity</td></tr>
<tr><td colspan="4">金融行业</td></tr>
<tr><td>中国建设银行</td><td>601939 CH Equity</td><td>BIC 巴西工商银行</td><td>BICB4 BZ Equity</td></tr>
<tr><td>复星集团</td><td>656 HK Equity</td><td>RIO BRAVO 投资集团</td><td>RBVA11 BZ Equity</td></tr>
<tr><td colspan="4">食品行业</td></tr>
<tr><td>京东集团</td><td>JD US Equity</td><td rowspan="2">JBS 股份有限公司</td><td rowspan="2">JBSS3 BZ Equity</td></tr>
<tr><td>阿里巴巴集团</td><td>BABA US Equity</td></tr>
<tr><td colspan="4">航空行业</td></tr>
<tr><td>海南航空集团</td><td>600221 CH Equity</td><td>巴西航空工业公司</td><td>EMBR3 BZ Equity</td></tr>
</table>

注：数据来源为彭博终端，图表为作者自行整理。

需要注意的是，由于中国企业阿里巴巴集团、京东集团以及巴西企业 RIO BRAVO 投资集团在 2011 年 1 月 3 日时并未公开发行股票，故在其尚未公开发行期间，无法进行本书所涉及的实证研究。而 BIC 巴西工商银行和中国宝武集团分别于 2015 年 10 月 16 日和 2016 年 6 月 27 日暂时停止交易，在后续的实证研究中，如涉及该时间段的数据，本书会将这些企业排除出实证检验。

二、中国与巴西“一带一路”倡议政策

本书所选取的企业，均是在各个行业内拥有较高市占率的代表性企业，例如巴西企业 CPFL 公司，是巴西最大的私营电力提供商，也是巴西第三大的电力公司，市场占有率超过 14.3%；而巴西淡水河谷公司则是世界第一大铁矿石生产和出口商，也是美洲大陆最大的采矿业公司。选取这些企业纳入实证研究，可以有效地反映出该行业内的生态，体现消费者、投资者以及政府部门对于不同行业的风险偏好和短期、长期预期，更加完善地衡量在“一带一路”框架之下签署的双边合作协议对行业、市场、区域间产生的传导效应。为了检验巴西各个产业是否受到“一带一路”合作协议的影响，本节设计了 3 个问题并逐一进行研究：

（1）中国与巴西签署“一带一路”合作倡议下的双边合作协议之后，中国签约企业是否能对巴西签约企业产生直接的传导效应。

（2）中国与巴西签署“一带一路”合作倡议下的双边合作协议之后，中国签约企业是否能对除巴西签约企业之外的其他企业产生间接的传导效应。

（3）从长期来看，中国与巴西签署“一带一路”合作倡议下的双边合作协议之后，中国签约企业是否能对巴西签约企业产生比短期更加显著、强烈的直接传导效应。

三、中国与巴西企业数据描述性统计

本节以股票市场的日收益率来衡量各个市场与产业情况，为了平衡股票间的差异，需要首先计算出中巴两国各家企业的对数收益率，用$P_{i,t}$表示 i 公司第 t 日的收盘价，$r_{i,t}$表示 i 公司第 t 日的收益率，计算公式如下：

$$r_{i,t} = 100 \times (\ln P_{i,t} - \ln P_{i,t-1}) \qquad (5-23)$$

表 5－3 所示为中巴企业间合作协议汇总。

表 5－3　　中巴企业间合作协议汇总

时间	中国企业	巴西企业	政策
		能源	
2012 年 3 月 9 日	国家电网集团	科佩电力公司	特里斯皮尔斯项目，首个海外大型绿地输电特许权项目
2014 年 2 月 7 日	国家电网集团	巴西电力公司	中标巴西美丽山水电特高压一期项目，工程设计输送容量 400 万千瓦，分别将电力送往圣保罗和里约热内卢负荷中心，输送距离分别超过 2000 公里
2016 年 10 月 14 日	三峡集团	杜克能源公司	三峡集团完成了杜克能源公司 100% 的股权交割（收购金额 12 亿美元），使其在巴西合资或控股拥有的装机容量达到 827 万千瓦
2016 年 9 月 1 日	国家电网集团	CPFL 公司	完成了巴西 CPFL 公司 54.64% 股权（141.9 亿雷亚尔）的交割。此次收购也成为 2017 年中国电力企业对外投资金额最大的并购项目
2017 年 12 月 21 日	国家电网集团	巴西电力公司	巴西美丽山水电特高压直流输电一期工程正式投运
		矿业	
2016 年 3 月 18 日	中国远洋海运集团	淡水河谷公司	签署运输协议，自 2018 年上半年开始，每年为淡水河谷公司运输约 1600 万吨铁矿石，有效期为 27 年
2018 年 11 月 6 日	中国五矿集团	淡水河谷公司	签署《中国五矿与淡水河谷合作协议》，在曹妃甸的国际矿石交易中心项目建设完成后，供应铁矿石进行混砂
2019 年 10 月 16 日	中国宝武集团	淡水河谷公司	签署了一系列战略项目协议，以深化并扩大双方之间的合作，这些协议涉及钢铁冶炼、物流和基本金属等多个领域

续表

时间	中国企业	巴西企业	政策
			金融
2013 年 11 月 1 日	中国建设银行	BIC 巴西工商银行	与中国建设银行股份有限公司达成协议，向其出售该行 72% 的股权。建行的收购金额约为 16.21 亿雷亚尔（约合 44.3 亿元人民币）
2016 年 7 月 30 日	复星集团	RIO BRAVO 投资集团	复星集团宣布收购 RIO BRAVO 投资集团，借此在巴西这一重要的新兴经济体开展业务，在全球化背景下充分运用各类资金来源对接投资机会，并通过优质的管理举措保持对当地市场的了解
			食品
2018 年 7 月 9 日	京东集团	JBS 股份有限公司	JBS 宣布与京东签署猪肉产品销售独家协议，由京东提供电商平台，JBS 供应牛肉、鸡肉等肉制品，顺应分销渠道的趋势
2018 年 11 月 7 日	阿里巴巴	JBS 股份有限公司	全球最大的肉类加工企业巴西 JBS 与阿里巴巴签署了价值最高 15 亿美元、向中国销售动物蛋白的三年期协议
			航空
2014 年 7 月 17 日	海南航空集团	巴西航空工业公司	签署了购买 60 架飞机的销售协议。这也是巴航工业在我国市场的最大订单。该协议包括 20 架 E190 系列飞机及 20 架 E190 系列二代飞机

数据来源：作者自行整理。

本节的数据样本为 2011 年 1 月 3 日至 2020 年 1 月 14 日期间各企业的每日收盘价，国家节假日的空缺数据由该时间点的上一个交易日数据覆盖。计算股价收益率工作均由 Eviews 完成。

本节将会对 5 个行业 13 个政策进行实证研究，表 5－3 为 13 个政策的具体描述。考虑到本节共涉及 13 个具体政策，故仅选取 1 个政策，2016 年 9 月 1 日，国家电网集团收购 CPFL 公司 54.64% 的股份，并截取该时间点前后时间段，进行描述性统计。图 5－1、图 5－2是通过 Eviews 所绘制成的各家企业股票每日回报率。图中白色部分为收购政策还未签署的阶段，时间段为 2016 年 1 月 1 日至

2016 年 8 月 31 日；阴影部分为政策签署后阶段，时间段为 2016 年 9 月 1 日至 2017 年 2 月 28 日。

通过观察图 5－1、图 5－2 可以发现，随着国家电网集团与 CPFL 公司的收购协议正式签署，中国企业股票回报率与巴西企业股票的回报率移动的同步率提升。CPFL 公司是巴西最大私营电力生产运营商，也是巴西第三大电力企业，市场份额约占 14.3%，而国家电网则是 2021 年《财富》世界 500 强企业中的第二位，双方的收购协议也对市场产生了溢出效应。在收购协议签署之后，各家公司的股票先迎来了小幅度的波动，11 月初均出现了较大幅度的下跌，并且大幅度震荡，持续约一个月。接下来，我们将会选取这一段样本进行描述性统计，进一步得出市场间内在联系的相关结论。

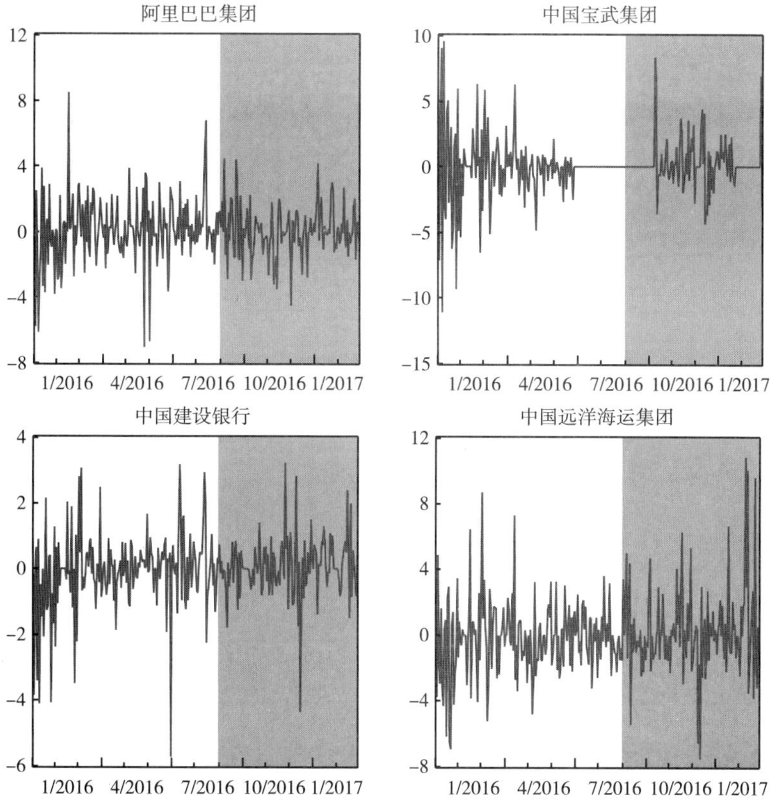

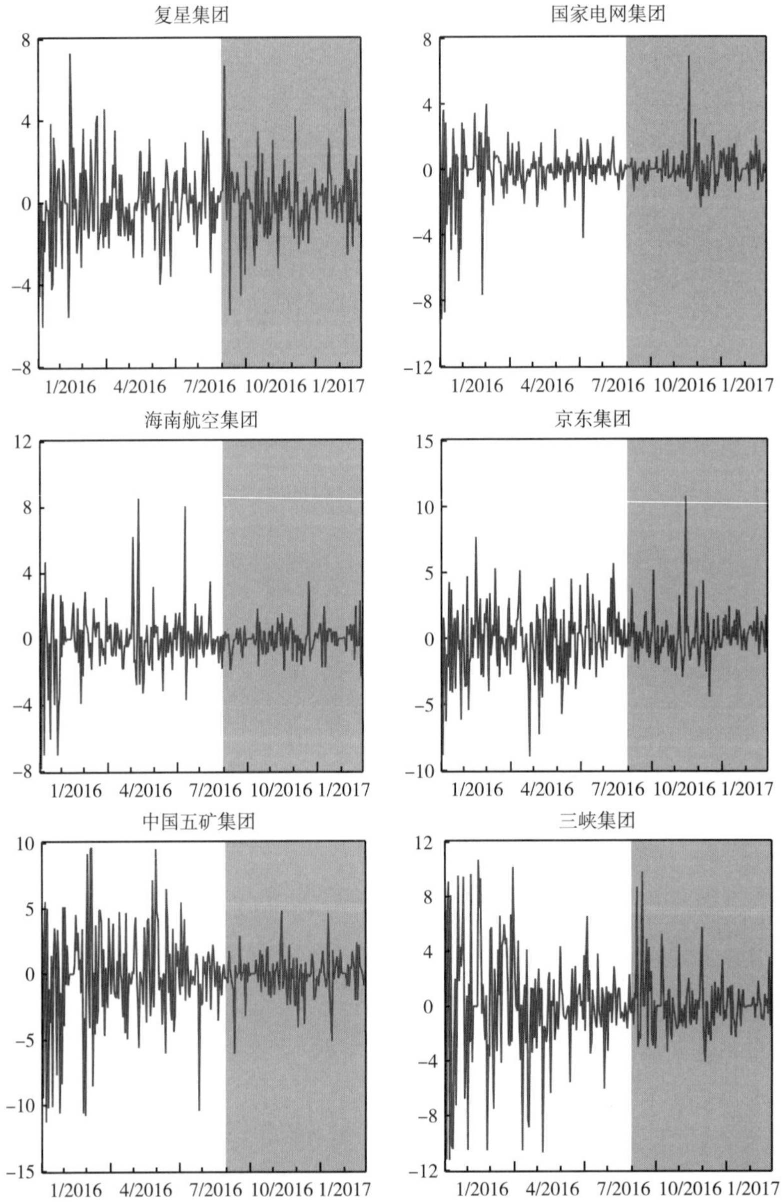
复星集团
8
4
0
-4
-8
1/2016 4/2016 7/2016 10/2016 1/2017
国家电网集团
8
4
0
-4
-8
-12
1/2016 4/2016 7/2016 10/2016 1/2017
海南航空集团
12
8
4
0
-4
-8
1/2016 4/2016 7/2016 10/2016 1/2017
京东集团
15
10
5
0
-5
-10
1/2016 4/2016 7/2016 10/2016 1/2017
中国五矿集团
10
5
0
-5
-10
-15
1/2016 4/2016 7/2016 10/2016 1/2017
三峡集团
12
8
4
0
-4
-8
-12
1/2016 4/2016 7/2016 10/2016 1/2017

图 5－1　中国企业回报率

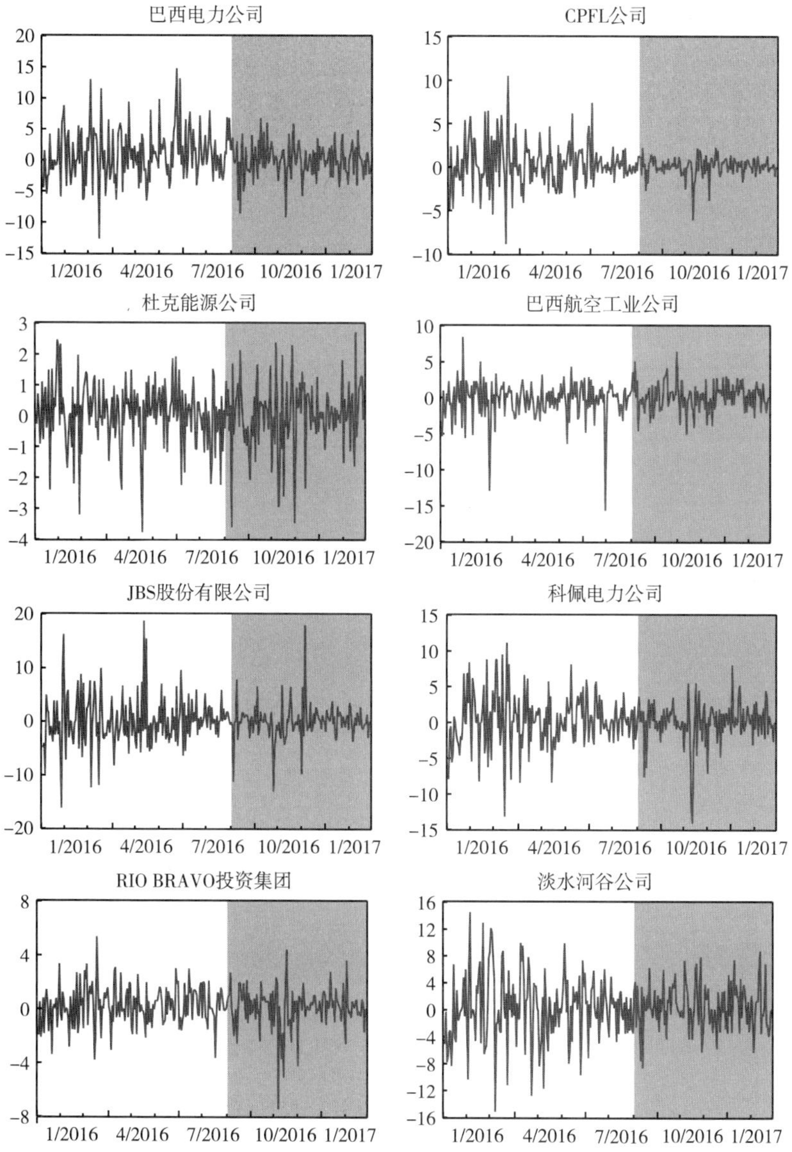
巴西电力公司
20
15
10
5
0
−5
−10
−15
1/2016
4/2016
7/2016
10/2016
1/2017
CPFL公司
杜克能源公司
巴西航空工业公司
JBS股份有限公司
科佩电力公司
RIO BRAVO投资集团
淡水河谷公司

图 5－2　巴西企业回报率

表 5 - 4 所示为国家电网集团收购 CPFL 公司前的样本描述性统计。

表 5 - 4 国家电网集团收购 CPFL 公司前的样本描述性统计

企业名称	平均值	标准差	偏度	峰度	JB 检验
			巴西企业		
巴西电力公司	0.94	4.20	0.44	3.88	11.13***
CPFL 公司	0.38	2.62	0.35	4.71	24.62***
杜克能源公司	0.06	1.03	-0.67	4.18	22.96***
科佩电力公司	0.29	3.74	0.03	4.07	8.24***
淡水河谷公司	0.27	4.99	-0.04	3.49	1.77
JBS 股份有限公司	0.12	4.69	0.52	5.60	56.58***
RIO BRAVO 投资集团	0.23	1.45	0.06	3.57	2.43
巴西航空工业公司	-0.31	2.69	-1.68	10.94	535.70***
			中国企业		
国家电网集团	-0.17	1.82	-2.03	10.77	553.90***
三峡集团	0.03	4.23	-0.25	4.01	9.10***
中国宝武集团	-0.09	2.51	-0.27	8.20	196.81***
中国五矿集团	-0.17	3.87	-0.46	4.18	16.18***
中国远洋航运集团	-0.18	2.27	0.25	4.95	29.08***
中国建设银行	-0.07	1.24	-0.90	6.69	121.73***
复星集团	-0.07	1.97	0.13	4.18	10.59***
阿里巴巴集团	0.10	2.07	-0.07	5.80	56.74***
京东集团	-0.14	2.68	-0.33	3.89	8.81***
海南航空集团	-0.10	2.05	0.03	7.97	178.28***

注：*** 表示在 99% 的显著性水平下显著。JB 检验即 Jarque - Bera 检验。

表 5 - 5 所示为国家电网集团收购 CPFL 公司后的样本描述性统计。

表 5-5 国家电网集团收购 CPFL 公司后的样本描述性统计

企业名称	平均值	标准差	偏度	峰度	JB 检验
巴西企业					
巴西电力公司	-0.03	2.69	-0.33	4.07	8.53***
CPFL 公司	0.10	1.11	-1.79	10.67	385.21***
杜克能源公司	0.03	1.10	-0.65	4.43	19.91***
科佩电力公司	0.05	2.93	-1.55	9.17	256.00***
淡水河谷公司	0.54	3.27	0.02	3.07	0.04***
RIO BRAVO 投资集团	0.09	1.51	-1.27	8.34	187.91***
JBS 股份有限公司	-0.02	3.24	0.61	12.41	484.47***
巴西航空工业公司	0.21	1.95	-0.02	3.56	1.68
中国企业					
国家电网集团	0.05	1.05	2.26	16.26	1054.56***
三峡集团	0.13	2.10	1.55	7.74	172.85***
中国宝武集团	0.26	1.77	1.47	8.62	216.51***
中国五矿集团	-0.11	1.54	-0.49	5.79	47.06***
中国远洋航运集团	0.28	2.67	1.08	6.65	96.89***
中国建设银行	0.07	0.88	-0.37	8.49	164.75***
复星集团	0.10	1.63	0.22	5.80	43.29***
京东集团	0.14	1.72	2.04	13.85	721.86***
阿里巴巴集团	0.04	1.53	0.12	3.99	5.58**
海南航空集团	-0.01	0.86	0.37	4.97	23.91***

注：*** 表示在 99% 的显著性水平下显著。JB 检验即 Jarque - Bera 检验。

根据表 5-4 与表 5-5 的描述性统计可以得知，以下几个初步结论：首先，在 2016 年 9 月 1 日，中国国家电网集团与 CPFL 公司签订收购协议后，大多数中国企业的平均回报率均从负转为正，而巴西企业则继续保持正平均回报；其次，在收购协议签署之后，几乎所有企业回报率的方差均出现了下跌。在偏度上，巴西市场中，除了杜克能源公司、淡水河谷公司与 RIO BRAVO 投资集团外，其他的巴西企业的偏度系数均出现了明显的下跌，这说明投资者面临极端损失的可能性减小，但是，相似的情况并没有出现在中国市场。而就峰度而言，所有企业股票的峰度系数均大于 3，且在签订协议之后经历了显著的上升，存在尖峰肥尾的现象，这说明投资者面临正负极端收益的可能性增大。对 JB 统计量而言，所有研究对象，除了签订协议前的淡水河谷公司与 RIO BRAVO 投资集团，以及签订协议后的巴西航空工业公司，均在 95% 的显著性水平下显著，说明大多数公司股票的收益率均不是正态分布。线性相关系数主要捕捉的是一般联动性，而协峰度与协波动性系数主要捕捉的是极端联动性（Hsiao et al.，2021），所以在市场回报率存在尖峰肥尾的情况下，衡量极端关联性更能体现出市场的真实联系（McKibbin and Hsiao，2018）。综合以上描述性统计，本书有必要通过研究收益率之间更高阶矩相关性的变化情况，深入研究"一带一路"倡议之下，中巴企业之间签署的合作协议对巴西企业的政策传导效应。

第五节 中国与巴西的政策传导测试

本节采用中国 5 个行业 10 家企业为传导源，以巴西 5 个行业 9 家企业为被传导对象，全部样本时间起始日期为 2011 年 1 月 3 日至 2020 年 1 月 14 日。表 5－6 是根据前文方法论，利用 MATLAB 所得出的结果。表 5－6 结果为以"一带一路"倡议框架下签署的各个双边协议为时间节点，以协议颁布或签署后 90 天作为政策后样本的传导效应检验结果。其中，FR、CS_{12}、CS_{21}、CK_{13}、CK_{31}、CV 检验的计算方式分别对应公式（5－1）、（5－8）、（5－9）、（5－12）、（5－13）以及（5－16）。

表 5－6　中巴协议签署双方公司间的短期直接传导效应检验结果

中国企业	巴西企业	*FR*	CS_{12}	CS_{21}	CK_{13}	CK_{31}	*CV*	整体显著率（%）
1）能源								
国家电网集团	巴西科佩公司	0.02	2.75*	1.73	5.02**	4.77**	5.44**	
国家电网集团	巴西电力公司	5.31**	0.03	0.06	15.62***	1.90	10.10***	
三峡集团	杜克能源公司	4.56**	8.37***	8.64***	7.13***	7.90***	1.11	
国家电网集团	CPFL 公司	0.03	0.00	3.78*	5.61**	16.67***	7.12***	
国家电网集团	巴西电力公司	6.77***	0.48	9.75***	19.61***	1.03	1.51	
2）矿业								
中国远洋航运集团	淡水河谷公司	0.90	2.72*	0.00	0.44	11.15***	0.66	
中国五矿集团	淡水河谷公司	2.65*	3.36*	0.11	16.60***	0.94	3.12*	
中国宝武集团	淡水河谷公司	3.57*	0.00	1.42	10.76***	10.46***	13.17***	
3）金融								
中国建设银行	BIC 巴西工商银行	2.34	1.26	3.18*	0.14	34.75***	7.51***	
复星集团	RIO BRAVO 投资集团	0.00	0.05	1.45	7.97***	3.00*	5.96**	
4）食品								
京东集团	JBS 股份有限公司	0.02	0.08	0.78	4.48**	0.99	1.18	
阿里巴巴集团	JBS 股份有限公司	1.81	1.64	0.80	26.77***	0.66	0.50	
5）航空								
海南航空集团	巴西航空工业公司	1.97	5.09**	0.73	26.75***	2.01	0.00	
显著率（%）		38.46	38.46	30.77	84.62	53.85	53.85	50.00

注：其中，* 表示在 90% 的显著性水平下显著，** 表示在 95% 的显著性水平下显著，*** 表示在 99% 的显著性水平下显著。显著率计算公式为（在 90% 的显著性水平下显著的统计量个数/统计量总个数）×100%，整体显著率为六个显著率的算术平均值。

一、直接传导效应检验

由表5-6可知，在“一带一路”框架下的合作协议签署之后，所有缔约中巴企业之间均能检验到显著的传导现象。相比其他四个行业而言，在能源行业中，本节检验到了最多的传导效应证据，在*CK*检验中，所有的五家公司均被检验出了显著的传导效应。在*CV*检验中，国家电网集团对科佩电力公司、巴西电力公司以及CPFL公司均产生了显著的传导效应。而在基于低阶矩的*FR*检验和*CS*检验中，也发现了许多显著的传导现象，尤其是对杜克能源公司和巴西电力公司的检验中，传导现象的证据均出现在两种检验之中。

在其他四个行业中，本书也成功捕捉到了若干传导现象的证据。整体而言，高阶矩检验往往能发现更多市场间传导效应的证据。在矿产行业中，三家中国企业对淡水河谷公司的传导效应都是非常显著的，被发现的传导现象主要集中在基于协峰度和协波动性的*CK*检验和*CV*检验，尤其是中国宝武集团对淡水河谷公司的传导效应，在*CK*与*CV*的三次检验中均发现了十分显著的证据。类似的结果也出现在了金融行业中，中国企业对于巴西企业的传导效应集中在高阶传导检验中，仅在中国建设银行对BIC巴西工商银行收购协议签署后，本书检验出来了微弱的低阶传导效应。而这也与其他学者们就金融危机传导效应检验的结果相一致，Ferreira and De Mattos（2014）与Kenourgios, Samitas and Paltalidis（2011）均发现金融危机发生之后，金砖国家之间，尤其是中国对巴西市场，存在非常显著的传导效应。值得一谈的是，在食品行业与航空工业中，本书并没有检验出很多传导现象，京东集团和阿里巴巴集团只通过协峰度的途径，传导给了JBS股份有限公司；而海南航空集团也仅通过协偏度和协峰度途径，传导给了巴西航空工业公司。

通过计算各种检验方法的显著率，可以发现基于协峰度和协波动性的高阶矩检验往往可以发现比基于相关系数和协偏度的检验方法更多的传导现象，说明投资者的情绪，风险偏好并不仅只是基于简单的回报率所决定的，更多的还需要考虑风险，极端损失的出现概率以及极端损失的幅度，而更高阶的传导效应检验，即本书所涉及的 *CK* 检验与 *CV* 检验，均可以有效地捕捉到更加复杂的投资者情绪及偏好。更有意思的是，在五大行业的对比中，可以发现能源行业检验到了最多的传导现象，其次是矿产行业，这说明与中国企业签署合作协议，巴西的能源和矿产企业可能会受到中国企业更大的影响。一方面是因为电力能源攸关民生，是大多数消费者、投资者、政府都关注的行业，另一方面是因为巴西的产业结构相对特殊，2004 年，巴西第二产业占比为 24.3%，而到了 2018 年，则降到了 18.4%，这一比例偏低；从出口结构来看，初级产品的出口从 1990 年的 27.3% 上升到 50.4%，这说明巴西的经济进一步依赖大宗商品的出口，包括能源领域的石油，以及矿产领域的铁矿石（张增臣等，2018；贺双荣，2021）。矿产和能源行业对于经济、政治，以及社会福利的影响较大，而这也会使得消费者、投资者以及政府更多地把目光集中在能源及矿业领域中。在与中国企业签署合作倡议之后，这些巴西企业也应当获得更多的关注，受到中国企业更大的影响，而这也与本书研究的实证结果相吻合（见表 5 - 6）。

二、间接传导效应检验

由表 5 - 7 ~ 表 5 - 19 可知，在“一带一路”框架下的合作协议签署之后，所有的间接传导效应检验均可以检测到显著的由签约中方企业向其他巴西企业的传导效应。相比其他行业而言，在能源与金融行业中，本实证研究检验到了最多的传导效应证据，这一点与前文的直接传导效应检验不同，同时，需要特别注意的是，根据实证结果，可以发现间接传导效应检验显著的比率普遍没有直接传导效应检验高，这说明中国企业对其他巴西企业的影响可能没有对签约巴西企业的影响强烈。以间接传导效应最显著的项目，即中国国家电网集团收购 CPFL 公司股权为例，在能源行业中，国家电网集团对于三家巴西能源公司的传导效应非常显著，*CV*，*CK* 和 *CS* 检验在三家公司都发现了显著的传导现象，且大多处于 99% 的显著性水平上，说明国家电网集团收购 CPFL 公司这一协议签署之后，深深影响了投资者对能源行业的其他公司的风险预期以及偏好；而 *FR* 检验则仅仅只在对杜克能源公司的检验中检测到了传导现象。在矿产行业中，对淡水河谷公司的每一次 *CK* 与 *CV* 检验中都发现非常显著的传导现象；同时，在金融行业与食品行业中，*CV* 检验也都捕捉到了传导效应的现象，而 *CK* 检验也各在其中一次检验中发现了传导现象；在航空领域，则是 CS_{21} 与 CK_{31} 发现了显著的传导现象，且均处在 99% 的显著性水平上。

再以 2016 年 7 月 30 日，中国复星集团收购 RIO BRAVO 投资集团为例进行分析，在能源行业中，与前文案例一样，*FR* 检验并没有发现显著的传导现象，但是在 *CS* 检验中，成功检测到了复星集团对科佩电力公司、CPFL 公司以及杜克能源公司的显著传导效应，*CV* 检验则仅仅在杜克能源公司的股票数据中检验到了传导现象，最后，*CK* 检验则在对每一家公司的传导效应检验中，都发现了显著的传导现象的证据。在对矿产行业淡水河谷公司的检验中，也出现了类似的现象，*CV* 与 *FR* 检验并没有发现显著的传导效应，但是两次 *CK* 检验和 CS_{12} 检验均发现了十分显著的传导现象。在对食品行业 JBS 股份有限公司的检验中，除 *FR* 检验之外，每一次传导效应检验均发现了十分显著的结果，但是，对航空行业巴西航空工业公司的检验中，仅仅在 CK_{13} 发现了显著的传导效应。

通过分析显著率，可以发现，与前文的直接传导效应相同，基于协峰度与协波动性的 *CV* 与 *CK* 检验往往可以检测到比基于相关系数与协偏度的 *FR* 与 *CS* 检验更多、更显著的传导效应，这也可以说明，中巴企业签署的合作协议，对于市场的影响更多地集中在相对复杂的风险偏好上。同时，通过比较整体显著率，可以发现，中巴两国在能源与金融领域签署的合作协议能够检测到更多的传导效应，这说明，金融与能源行业签署合作协议可能对市场、消费者与投资者造成更大的影响。而这一点也是可以理解的，能源行业是巴西创收的主要行业，电力、石油等均会直接影响消费者的购买力以及政府宏观调控的力度（王鑫等，2020），而金融行业则是直接关系到每一家企业融资，创造利润能力的行业，对于市场、企业、个人均能产生系统性的影响（张宏伟和江丽，2022；谢斐和张赶，2020），所以金融行业的新政策、新协议，往往可以对整个市场内的其他行业产生更强的冲击，这也解释了为什么能源行业与金融行业的新政策可以对其他公司产生更显著、更强烈的传导效应（见表 5 - 7 ~ 表 5 - 19）。

三、政策传导稳健性测试

为了进一步探索“一带一路”倡议框架下的各项合作协议对巴西各家签约企业的直接传导效应的强弱是否会随研究选取的政策后滚动窗口时间长短而改变，本节将会对前文的短期直接传导效应检验加以完善，选取更长期的政策样本量，进行稳健性检验。表 5 - 20 结果为以“一带一路”倡议框架下签署的各个双边协议为时间节点，利用协议签署或实施 180 天作为一个滚动窗口，样本跨度为 2011 年 1 月 3 日到 2020 年 4 月 16 日，利用 MATLAB 做稳健性效应研究。其中，FR、CS_{12}、CS_{21}、CK_{13}、CK_{31}、CV 检验的计算方式分别对应公式（5 - 1）、公式（5 - 8）、公式（5 - 9）、公式（5 - 12）、公式（5 - 13）及公式（5 - 16）。

相较于上节 90 天的滚动窗口周期，在更长的周期下，能够得到更加稳健性的结果。在表 5 - 20 的稳健性检验结果中，CK_{13} 和 CK_{31} 两个传导途径同样呈现出了最显著的传导效应，在所有的行业中，至少

表 5－7　国家电网集团与科佩电力公司特里斯皮尔斯项目的间接传导效应

被传导公司	FR	CS_{12}	CS_{21}	CK_{13}	CK_{31}	CV	整体显著率（%）
1）能源							
巴西电力公司	0.71	0.46	1.61	25.17***	0.27	15.01***	
杜克能源公司	3.34*	0.26	0.01	10.81***	1.42	6.11**	
CPFL 公司	0.43	0.02	4.66**	3.14*	0.32	6.13**	
2）矿业							
淡水河谷公司	0.12	3.22*	2.69*	12.84***	5.43**	8.77***	
3）金融							
BIC 巴西工商银行	8.85***	0.13	0.04	0.77	0.01	4.31**	
4）食品							
JBS 股份有限公司	0.32	0.03	0.45	0.13	3.00*	0.37	
5）航空							
巴西航空工业公司	0.28	8.90***	8.64***	33.43***	5.75**	12.40***	
显著率（%）	28.57	28.57	42.86	71.43	42.86	85.71	50.0

注：* 表示在 90% 的显著性水平下显著，** 表示在 95% 的显著性水平下显著，*** 表示在 99% 的显著性水平下显著，政策签署日期为 2012 年 3 月 9 日，传导源为国家电网公司。显著率计算公式为（在 90% 的显著性水平下显著的统计量个数/统计量总个数）×100%，整体显著率为六个显著率的算术平均值。

表 5－8　　国家电网集团与巴西电力公司美丽山水电一期项目的间接传导效应

被传导公司	FR	CS_{12}	CS_{21}	CK_{13}	CK_{31}	CV	整体显著率（%）
1）能源							
科佩电力公司	10.33***	2.13	0.00	37.42***	0.48	13.72***	
杜克能源公司	0.55	0.42	0.04	0.04	6.81***	0.50	
CPFL 公司	5.91**	1.37	1.03	2.30	0.68	1.49	
2）矿业							
淡水河谷公司	2.24	0.90	0.69	1.72	4.99**	1.35	
3）金融							
BIC 巴西工商银行	0.64	0.82	0.04	2.24	4.34**	0.65	
RIO BRAVO 投资集团	0.03	0.19	0.21	0.53	4.63**	0.02	
4）食品							
JBS 股份有限公司	3.73*	0.08	1.26	0.60	1.22	1.84	
5）航空							
巴西航空工业公司	1.09	2.22	0.02	0.92	6.55**	1.66	
显著率（%）	37.50	0.00	0.00	12.50	62.50	12.50	20.83

注：* 表示在 90% 的显著性水平下显著，** 表示在 95% 的显著性水平下显著，*** 表示在 99% 的显著性水平下显著，政策签署日期为 2014 年 2 月 7 日，传导源为国家电网公司。显著率计算公式为（在 90% 的显著性水平下显著的统计量个数/统计量总个数）×100%，整体显著率为六个显著率的算术平均值。

表 5－9　三峡集团收购杜克能源公司的间接传导效应

被传导公司	FR	CS_{12}	CS_{21}	CK_{13}	CK_{31}	CV	整体显著率（%）
1）能源							
科佩电力公司	3.94**	7.22***	0.14	2.93*	0.14	3.02*	
巴西电力公司	0.18	0.00	0.13	3.53*	0.00	1.31	
CPFL 公司	1.57	3.60*	0.03	4.45**	0.00	3.96**	
2）矿业							
淡水河谷公司	7.76***	1.97	3.26*	0.19	7.43***	6.93***	
3）金融							
RIO BRAVO 投资集团	1.47	0.08	0.27	3.36*	0.09	0.92	
4）食品							
JBS 股份有限公司	0.28	0.02	0.29	0.06	9.29***	12.50***	
5）航空							
巴西航空工业公司	0.26	0.31	0.30	7.39***	3.64*	0.59	
显著率（%）	28.57	28.57	14.29	71.43	42.86	57.14	40.48

注：* 表示在 90% 的显著性水平下显著，** 表示在 95% 的显著性水平下显著，*** 表示在 99% 的显著性水平下显著，政策签署日期为 2016 年 10 月 14 日，传导源为三峡集团。显著率计算公式为（在 90% 的显著性水平下显著的统计量个数/统计量总个数）×100%，整体显著率为六个显著率的算术平均值。

表 5-10 国家电网集团收购 CPFL 公司的间接传导效应

被传导公司	FR	CS_{12}	CS_{21}	CK_{13}	CK_{31}	CV	整体显著率（%）
1）能源							
科佩电力公司	0.01	9.30***	11.66***	12.51***	136.68***	10.77***	
巴西电力公司	2.00	2.84*	23.90***	0.72	141.10***	11.83***	
杜克能源公司	7.48***	0.45	4.63**	16.64***	9.52***	17.05***	
2）矿业							
淡水河谷公司	0.34	1.23	19.51***	8.13***	49.47***	6.78***	
3）金融							
RIO BRAVO 投资集团	0.01	0.11	2.01	0.01	53.71***	4.77**	
4）食品							
JBS 股份有限公司	0.01	0.14	0.46	0.05	26.75***	5.00**	
5）航空							
巴西航空工业公司	0.50	0.00	9.72***	0.83	97.46***	0.73	
显著率（%）	14.29	28.57	71.43	42.86	100.00	85.71	57.14

注：* 表示在 90% 的显著性水平下显著，** 表示在 95% 的显著性水平下显著，*** 表示在 99% 的显著性水平下显著，政策签署日期为 2016 年 9 月 1 日，传导源为国家电网公司。显著率计算公式为（在 90% 的显著性水平下显著的统计量个数/统计量总个数）×100%。

表 5－11　国家电网集团与巴西电力公司美丽山水电一期正式投产的间接传导效应

被传导公司	FR	CS_{12}	CS_{21}	CK_{13}	CK_{31}	CV	整体显著率（%）
1）能源							
科佩电力公司	0.29	1.19	0.52	1.87	7.58***	2.23	
CPFL 公司	0.04	0.55	0.01	7.70***	2.24	6.46**	
杜克能源公司	0.01	0.10	1.97	13.90***	8.99***	5.07**	
2）矿业							
淡水河谷公司	0.02	1.65	0.16	5.80**	44.46***	13.45***	
3）金融							
RIO BRAVO 投资集团	0.23	0.02	1.22	2.76*	15.60***	1.08	
4）食品							
JBS 股份有限公司	1.04	0.11	0.02	0.87	6.90***	1.39	
5）航空							
巴西航空工业公司	0.00	0.27	0.06	4.46**	4.67**	2.29	
显著率（%）	0.00	0.00	0.00	71.43	85.71	42.86	33.33

注：* 表示在 90% 的显著性水平下显著，** 表示在 95% 的显著性水平下显著，*** 表示在 99% 的显著性水平下显著，政策签署日期为 2017 年 12 月 21 日，传导源为国家电网公司。显著率计算公式为（在 90% 的显著性水平下显著的统计量个数/统计量总个数）×100%，整体显著率为六个显著率的算术平均值。

表 5－12　中国远洋海运集团与淡水河谷公司签署运输协议的间接传导效应

被传导公司	FR	CS_{12}	CS_{21}	CK_{13}	CK_{31}	CV	整体显著率（%）
1）能源							
科佩电力公司	3.44*	0.24	16.91***	1.75	50.92***	0.01	
CPFL 公司	0.11	0.32	2.83*	2.91*	0.78	0.22	
杜克能源公司	1.10	0.04	5.84**	7.73***	30.75***	3.52	
巴西电力公司	0.00	0.02	7.53***	1.88	5.16**	0.36	
2）金融							
RIO BRAVO 投资集团	0.06	1.18	2.69*	0.49	119.77***	0.03	
3）食品							
JBS 股份有限公司	0.09	0.47	0.27	5.37**	0.01	1.35	
4）航空							
巴西航空工业公司	1.11	0.67	2.81*	0.15	0.89	2.36	
显著率（%）	14.29	0.00	85.71	42.86	57.14	14.29	35.71

注：* 表示在 90% 的显著性水平下显著，** 表示在 95% 的显著性水平下显著，*** 表示在 99% 的显著性水平下显著，政策签署日期为 2016 年 3 月 18 日，传导源为中国远洋海运集团。显著率计算公式为（在 90% 的显著性水平下显著的统计量个数/统计量总个数）×100%，整体显著率为六个显著率的算术平均值。

表 5－13　中国五矿集团与淡水河谷公司签署合作协议的间接传导效应

被传导公司	FR	CS_{12}	CS_{21}	CK_{13}	CK_{31}	CV	整体显著率（%）
1）能源							
科佩电力公司	0.04	0.36	1.09	0.25	2.50	3.51*	
CPFL 公司	2.56	0.65	1.46	19.61***	0.00	0.11	
杜克能源公司	0.01	0.93	1.93	4.42**	0.77	4.76**	
巴西电力公司	1.01	0.11	0.03	0.27	0.02	1.84	
2）金融							
RIO BRAVO 投资集团	1.21	1.39	0.00	0.98	2.52	0.03	
3）食品							
JBS 股份有限公司	0.02	1.97	0.25	52.75***	0.08	17.14***	
4）航空							
巴西航空工业公司	0.18	2.55	4.17**	9.90***	0.64	6.57**	
显著率（%）	0.00	0.00	14.29	57.14	0.00	57.14	21.43

注：* 表示在 90% 的显著性水平下显著，** 表示在 95% 的显著性水平下显著，*** 表示在 99% 的显著性水平下显著，政策签署日期为 2018 年 11 月 6 日，传导源为五矿集团。显著率计算公式为（在 90% 的显著性水平下显著的统计量个数/统计量总个数）×100%，整体显著率为六个显著率的算术平均值。

表 5－14 中国宝武集团与淡水河谷公司签署合作协议的间接传导效应

被传导公司	*FR*	CS_{12}	CS_{21}	CK_{13}	CK_{31}	*CV*	整体显著率（%）
1）能源							
科佩电力公司	0.00	0.71	0.12	0.04	3.19*	7.28	
CPFL 公司	0.07	0.45	0.05	0.27	13.18***	0.78	
杜克能源公司	0.00	1.25	0.12	5.79**	0.03	0.43	
巴西电力公司	0.20	1.88	2.07	0.62	4.42**	0.36	
2）金融							
RIO BRAVO 投资集团	0.01	0.10	0.48	4.55**	16.42***	3.50*	
3）食品							
JBS 股份有限公司	0.42	8.50***	16.53***	76.68***	25.81***	66.09***	
4）航空							
巴西航空工业公司	0.92	0.14	0.00	3.04*	13.81***	0.80	
显著率（%）	0.00	14.29	14.29	57.14	85.71	28.57	33.33

注：* 表示在 90% 的显著性水平下显著，** 表示在 95% 的显著性水平下显著，*** 表示在 99% 的显著性水平下显著，政策签署日期为 2019 年 10 月 16 日，传导源为中国宝武集团。显著率计算公式为（在 90% 的显著性水平下显著的统计量个数/统计量总个数）×100%，整体显著率为六个显著率的算术平均值。

表 5－15　　中国建设银行收购 BIC 巴西工商银行股权的间接传导效应

被传导公司	FR	CS_{12}	CS_{21}	CK_{13}	CK_{31}	CV	整体显著率（%）
1）能源							
科佩电力公司	1.71	73.56***	52.23***	622.24***	795.46***	1099.77***	
CPFL 公司	0.57	0.45	3.27*	1.62	121.57***	1.21	
杜克能源公司	0.00	0.17	3.32*	0.75	0.24	0.01	
巴西电力公司	2.74*	0.17	1.03	0.63	0.82	4.04**	
2）矿业							
淡水河谷公司	2.10	0.00	0.57	0.00	2.49	0.14	
3）金融							
RIO BRAVO 投资集团	0.88	1.78	12.32***	5.57	39.07***	1.31	
4）食品							
JBS 股份有限公司	1.29	5.65**	7.25***	2.76*	167.92***	2.48	
5）航空							
巴西航空工业公司	1.11	0.59	11.37***	0.57	141.89***	0.20	
显著率（%）	12.50	25.00	75.00	25.00	62.50	25.00	37.50

注：* 表示在 90% 的显著性水平下显著，** 表示在 95% 的显著性水平下显著，*** 表示在 99% 的显著性水平下显著，政策签署日期为 2013 年 11 月 1 日，传导源为中国建设银行。显著率计算公式为（在 90% 的显著性水平下显著的统计量个数/统计量总个数）×100%，整体显著率为六个显著率的算术平均值。

表 5－16　　复星集团收购 RIO BRAVO 投资集团的间接传导效应

被传导公司	FR	CS_{12}	CS_{21}	CK_{13}	CK_{31}	CV	整体显著率（%）
1）能源							
科佩电力公司	0.93	11.98***	0.47	12.25***	3.10*	0.21	
CPFL 公司	0.25	13.71***	0.46	7.25***	14.92***	1.11	
杜克能源公司	2.38	1.49	3.06*	7.04***	0.93	4.43**	
巴西电力公司	0.01	0.59	0.03	4.75**	0.29	2.16	
2）矿业							
淡水河谷公司	0.50	4.04**	0.71	10.53***	12.33***	0.67	
3）食品							
JBS 股份有限公司	0.42	5.56**	10.16***	10.32***	22.21***	48.19***	
4）航空							
巴西航空工业公司	0.39	0.07	0.02	19.42***	0.12	0.14	
显著率（%）	0.00	57.14	28.57	100.00	57.14	28.57	45.24

注：* 表示在 90% 的显著性水平下显著，** 表示在 95% 的显著性水平下显著，*** 表示在 99% 的显著性水平下显著，政策签署日期为 2016 年 7 月 30 日，传导源为复星集团。显著率计算公式为（在 90% 的显著性水平下显著的统计量个数/统计量总个数）×100%，整体显著率为六个显著率的算术平均值。

表 5－17　京东集团与 JBS 股份有限公司签署合作协议的间接传导效应

被传导公司	FR	CS_{12}	CS_{21}	CK_{13}	CK_{31}	CV	整体显著率（%）
1）能源							
科佩电力公司	1.21	0.01	0.96	0.26	0.05	1.51	
CPFL 公司	1.47	0.87	5.27**	5.93**	13.72***	0.92	
杜克能源公司	6.96***	0.14	1.40	5.14**	20.83***	4.27**	
巴西电力公司	0.19	0.06	0.06	0.31	1.20	0.00	
2）矿业							
淡水河谷公司	0.10	0.85	0.46	1.38	0.84	0.79	
3）金融							
RIO BRAVO 投资集团	1.32	0.06	3.58*	6.07**	3.93**	0.06	
4）航空							
巴西航空工业公司	0.23	0.24	1.68	6.64***	2.14	4.78**	
显著率（%）	14.29	0.00	28.57	57.14	42.86	28.57	28.57

注：* 表示在 90% 的显著性水平下显著，** 表示在 95% 的显著性水平下显著，*** 表示在 99% 的显著性水平下显著，政策签署日期为 2018 年 7 月 9 日，传导源为京东集团。显著率计算公式为（在 90% 的显著性水平下显著的统计量个数/统计量总个数）×100%，整体显著率为六个显著率的算术平均值。

表 5-18 阿里巴巴集团与 JBS 股份有限公司签署合作协议的间接传导效应

被传导公司	FR	CS_{12}	CS_{21}	CK_{13}	CK_{31}	CV	整体显著率（%）
1）能源							
科佩电力公司	2.52	1.04	0.50	0.34	0.01	1.75	
CPFL 公司	1.78	2.71*	2.09	7.56***	1.78	0.68	
杜克能源公司	0.93	0.17	1.11	0.78	5.03**	2.86*	
巴西电力公司	1.41	2.11	0.10	26.32***	0.42	1.95	
2）矿业							
淡水河谷公司	0.01	2.29	7.49***	0.19	2.15	0.16	
3）金融							
RIO BRAVO 投资集团	1.41	0.91	2.29	0.20	0.31	1.77	
4）航空							
巴西航空工业公司	2.90*	1.19	0.47	6.05**	6.39**	4.09**	
显著率（%）	14.29	14.29	14.29	42.86	28.57	28.57	23.81

注：* 表示在 90% 的显著性水平下显著，** 表示在 95% 的显著性水平下显著，*** 表示在 99% 的显著性水平下显著，政策签署日期为 2018 年 11 月 7 日，传导源为阿里巴巴集团。显著率计算公式为（在 90% 的显著性水平下显著的统计量个数/统计量总个数）×100%，整体显著率为六个显著率的算术平均值。

表 5－19　海南航空集团与巴西航空工业公司签署采购协议的间接传导效应

被传导公司	FR	CS_{12}	CS_{21}	CK_{13}	CK_{31}	CV	整体显著率（%）
1）能源							
科佩电力公司	0.95	0.29	11.12***	3.56*	21.04***	0.40	
巴西电力公司	1.09	0.19	8.42***	0.29	12.72***	0.03	
杜克能源公司	0.59	0.46	9.50***	2.20	3.47*	0.04	
CPFL 公司	3.79*	0.07	12.79***	2.63	0.02	0.94	
2）矿业							
淡水河谷公司	0.50	4.98**	7.15***	0.42	7.80***	1.71	
3）金融							
BIC 巴西工商银行	1.50	2.09	0.83	2.00	0.14	1.38	
RIO BRAVO 投资集团	1.59	0.50	0.13	4.48*	5.36**	0.04	
4）食品							
JBS 股份有限公司	0.18	0.92	1.94	0.05	2.52	0.24	
显著率（%）	12.50	12.50	62.50	25.00	62.50	0.00	29.17

注：*表示在90%的显著性水平下显著，**表示在95%的显著性水平下显著，***表示在99%的显著性水平下显著，政策签署日期为2014年7月17日，传导源为海南航空集团。显著率计算公式为（在90%的显著性水平下显著的统计量个数/统计量总个数）×100%，整体显著率为六个显著率的算术平均值。

表 5-20　“一带一路”倡议的提出对各行业股指的传导效应稳健性检验结果

中国企业	巴西企业	FR	CS_{12}	CS_{21}	CK_{13}	CK_{31}	CV	整体显著率（%）
1）能源								
国家电网集团	科佩电力公司	0.01	2.22	9.80***	10.12***	3.73*	14.01***	
国家电网集团	巴西电力公司	0.09	0.22	0.65	2.83*	0.09	17.96***	
三峡集团	杜克能源公司	0.89	6.18**	2.23	28.84***	1.41	2.79*	
国家电网集团	CPFL 公司	8.07***	84.75***	0.79	1416.19***	11.56***	111.01***	
国家电网集团	巴西电力公司	0.09	2.77*	7.70***	4.74**	172.49***	0.37	
2）矿业								
中国远洋海运集团	淡水河谷公司	0.38	2.15	0.10	0.70	14.30***	0.16	
中国五矿集团	淡水河谷公司	1.09	0.09	1.22	3.92**	1.54	35.48***	
中国宝武集团	淡水河谷公司	3.38*	0.95	3.15*	1.66	47.23***	12.21***	
3）金融								
中国建设银行	BIC 巴西工商银行	0.67	4.18**	2.84*	3.12**	0.27	16.15***	
复星集团	RIO BRAVO 投资集团	0.04	7.64***	0.28	5.12**	4.25**	7.41***	
4）食品								
京东集团	JBS 股份有限公司	0.49	0.44	4.62**	4.58**	1.35	0.60	
阿里巴巴集团	JBS 股份有限公司	5.13**	3.10*	0.00	17.16***	0.56	0.05	
5）航空								
海南航空集团	巴西航空工业公司	8.53***	7.49***	0.78	40.99***	17.10***	0.11	
显著率（%）		30.77	53.85	38.46	84.62	53.85	61.54	53.85

注：* 表示在 90% 的显著性水平下显著，** 表示在 95% 的显著性水平下显著，*** 表示在 99% 的显著性水平下显著。显著率计算公式为（在 90% 的显著性水平下显著的统计量个数/统计量总个数）×100%，整体显著率为六个显著率的算术平均值。

一次 *CK* 检验发现了显著的传导现象的证据，都在极端市场传导途径下显示了较强的传导效应，说明中巴两国企业间的合作倡议对这五个行业都造成一定的冲击力。而基于相关系数的 *FR* 效应检验方法，相比协议后 90 天作为滚动窗口的检验结果，发现了更少的传导途径，仅仅在国家电网集团对 CPFL 公司收购项目、阿里巴巴集团与 JBS 股份有限公司的合作项目，以及海南航空集团与巴西航空工业公司的采购协议中，发现了非常显著的传导效应。相反，基于协偏度和协波动性的 *CS* 与 *CV* 检验则发现了更多的传导效应，并且相比协议后 90 天为样本的检验结果，稳健性检验的结果更加显著，大多数的结果均在 99% 的显著性水平下显著。

整体而言，通过与短期传导现象的结果比较显著率与整体显著率，长期的传导效应检验能够发现更多的传导效应，这说明自中巴两国企业协议签署之后，可能需要较长的时间产生对巴西公司的冲击，并且对巴西企业的冲击可能是更加持久的（见表 5-20）。

四、政策传导小结

在“一带一路”倡议的框架下，中国经济的活力越来越多地展现在世界的每一个角落。本书选取了自 2011 年到 2020 年的中国与巴西共 19 家企业的每日股票收盘价，探究在“一带一路”倡议的背景下，中巴两国企业间签署的合作协议，是否能够对巴西各家企业产生传导效应。

根据本书的实证结果，可以得出以下三个结论：

（1）中国与巴西签署“一带一路”合作倡议下的双边合作协议之后，中国签约企业能对巴西签约企业产生直接且显著的传导效应，并且在基于协峰度以及协波动性变化的 *CK* 与 *CV* 检验往往可以发现更多的传导现象。

（2）中国与巴西签署“一带一路”合作倡议下的双边合作协议

之后，中国签约企业能对除巴西签约企业之外的其他企业产生显著的间接的传导效应，但是总体来讲，相比直接传导效应而言，间接传导效应可能相对微弱。

(3) 从长期来看，中国与巴西签署"一带一路"合作倡议下的双边合作协议之后，中国签约企业将对巴西签约企业产生比短期更加显著、强烈的直接传导效应，并且与短期传导效应的结果类似，在基于协峰度以及协波动性变化的 *CK* 与 *CV* 检验往往可以发现更多的传导现象。

本书有效地填补了关于"一带一路"领域定量研究的空白，帮助政策制定者更好地评估中国与巴西两国企业之间的合作政策对巴西社会、经济以及民生的影响，从而制定更加完善的政策，促进国家与企业之间进一步的沟通与合作。

本章参考文献

[1] 贺双荣．巴西能源市场化改革启示及中巴能源合作 [J]．中国能源，2021，(07)：63—72.

[2] 今朝．中国与巴西合作转型升级 打造新兴国家合作典范 [J]．中国对外贸易，2019，(09)：76—77.

[3] 马跃．国际政治经济学视角下的"一带一路"贸易发展探索——评《聚焦"一带一路"倡议：以国际政治经济学为视角》[J]．国际贸易，2021，(11)：97.

[4] 丝路基金青年课题组．"一带一路"背景下中国对外投资效率研究——基于"一带一路"沿线国家技术溢出及经济增长的视角 [J]．宏观经济研究，2022，(03)：45—58 +66.

[5] 王飞．中国—巴西基础设施建设合作：进展、挑战与路径选择 [J]．国际问题研究，2020，(01)：54—66.

[6] 王鑫，庞靖宇，彭双武，吴晶．以可再生能源为主的巴西电力市场机

制及对我国的启示［J］. 浙江电力，2020，（12）：72—77.

［7］肖金成，申现杰. 开放、合作、和平、发展是“一带一路”战略的主题［J］. 中国发展观察，2015，（01）：56—58.

［8］谢斐，张赶. 巴西应对疫情冲击、稳定经济金融系统的对策及启示［J］. 当代金融研究，2020，（04）：54—61.

［9］张宏伟，江丽. 拉美之困：当前巴西经济金融形势及溢出效应［J］. 金融市场研究，2022，（04）：119—126.

［10］张萌. 中国与巴西农机经贸合作形势研究［J］. 中国农机化学报，2020，（07）：224—230.

［11］张增臣，赵佳鑫，刘璐. 中国与巴西铁矿石贸易分析［J］. 中国经贸导刊（中），2018，（26）：17—19.

［12］宋国明. 巴西矿产资源开发与管理［J］. 资源与人居环境，2011，（05）：43—46.

［13］许嫣然. 中国与巴西的可再生能源合作——基于全面战略伙伴关系的视角［J］. 当代财经，2019，（04）：15—118.

［14］Du, J., Zhang, Y. Does one belt one road initiative promote Chinese overseas direct investment?［J］. China Economic Review, 2018, 47: 189-205.

［15］Ferreira, D. M., De Mattos, L. B. The contagion effect of the subprime crisis in the Brazilian stock market［J］. Procedia Economics and Finance, 2014, 14: 191-200.

［16］Forbes, K. J., Rigobon, R. No contagion, only interdependence: measuring stock market comovements［J］. The Journal of Finance, 2002, 57 (5): 2223-2261.

［17］Fry, R., Martin, V. L., Tang, C. A new class of tests of contagion with applications［J］. Journal of Business and Economic Statistics, 2010, 28 (3): 423-437.

［18］Fry-McKibbin, R., Hsiao, C. Y. L. Extremal dependence tests for contagion［J］. Econometric Reviews, 2018, 37 (6): 626-649.

［19］Fry-McKibbin, R., Hsiao, C. Y. L., Tang, C. Contagion and global financial crises: Lessons from nine crisis episodes［J］. Open Economics Review, 2014, 25 (3): 521-570.

[20] Fry, R., Martin, V., Tang, C. A new class of tests of contagion with applications [J]. Journal of Business and Economic Statistics, 2010, 28 (3): 423-437.

[21] Hsiao, C. Y. L., Ai, D., Wei, X., Sheng, N. The contagious effect of China's energy policy on stock markets: The case of the solar photovoltaic industry [J]. Renewable Energy, 2021, 164: 74-86.

[22] Hsiao, C. Y. L., Ou, Y., Sheng, N., Wei, X. Measuring contagion effects of nuclear energy policies and events [J]. International Journal of Energy Research, 2021, 45 (8): 1155-11525.

[23] Hsiao, C. Y. L., Wei, X., Sheng, N., Shao, C. A joint test of policy contagion with application to the solar sector [J]. Renewable and Sustainable Energy Reviews, 2021, 141: 110762.

[24] Huang, N., Huang, Z., Wang, W. The Dynamic Extreme Co-Movement between Chinese Stock Market and Global Stock Markets [J]. Emerging Markets Finance and Trade, 2019, 55 (14): 3241-3257.

[25] Kenourgios, D., Samitas, A., Paltalidis, N. Financial crises and stock market contagion in a multivariate time-varying asymmetric framework [J]. Journal of International Financial Markets, Institutions and Money, 2011, 21 (1): 92-106.

[26] Wei, Z., Luo, Y., Huang, Z., Guo, K. Spillover effects of RMB exchange rate among B&R countries: before and during COVID-19 event [J]. Finance research letters, 2020, 37: 101782.

第六章　中国对巴西行业政策传导效应研究

第一节 概 述

一、“一带一路”倡议背景

“一带一路”倡议提出以来，沿线地区经济飞速发展，基建设施水平日益提升，区域经贸合作迈上新台阶。中国作为“一带一路”倡议的核心参与国，秉承着互利、互惠、互赢的伟大信念，积极开展多方力量对话，深化各国合作，发挥核心参与国引领作用，促进各国民心相通，为世界经济大融合添砖加瓦。据报道，2021 年中国与“一带一路”沿线国家货物贸易额达 1.8 万亿美元，屡创新高（肖雨蒙，2022）。

拉丁美洲和加勒比地区作为“一带一路”政策的重要参与方，其进出口贸易量迅速增加，2000—2013 年，中拉（中国和加勒比国家共同体）货物进出口总额从 126 亿美元增至 2614 亿美元，增加 2488 亿美元（谢文泽，2016）。“一带一路”依托于中国与沿线友好国家的关系，通过区域互惠合作平台，借用古丝绸之路和海上丝绸之路的历史象征，并且通过海上重点港口和陆土沿线重点城市，共同建设全球政治互信、经济相融、文化包容、海上合作的“四轮驱动”通道，打通区域综合经济走廊，构建人类利益共同体、命运共同体和责任共同体（清华大学中国与世界经济研究中心金砖国家经济智库，2017）。

为了加快推进“一带一路”区域间合作发展的进程，2015 年 3 月，中国政府发布了《推动共建丝绸之路经济带和 21 世纪海上丝绸之路的愿景与行动》。2017 年 5 月，在北京召开了首届“一带一路”国际合作高峰论坛会议（外交部，2021）。此外，中国先后举办了博鳌亚洲论坛年会、中国国际进口博览会等。2017 年 6 月，《“一带一路”建设海上合作设想》发布，中国首次就“一带一路”海上路线提出策划方案。这些会议的召开为中巴“一带一路”海洋支点提供了有力支持。

2022 年 9 月，中国澳门地区举行了国际基础设施投资与建设高峰论坛会议，本次论坛会议在前几次的基础上，延续“一带一路”国家基础设施发展指数框架，主要评估了 71 个“一带一路”沿线重点国家基础设施发展的环境、需求、热度和成本四方面的要素情况，其中葡语系国家为 8 个。在这一指数中得分越高，证明该国基础设施行业的前景就越好，对企业在这些地区参与投资、建设和经营就越有吸引力。其中，葡语系得分最高的三个国家分别是巴西、安哥拉和葡萄牙。另一方面，巴西在葡语国家中发展热度子指数排名居首（澳门贸易投资促进局，2022）。

在“一带一路”六大经济走廊的基础上，中国与巴西等国的“一带一路”贸易路线逐渐清晰。

二、中国与巴西历史沿革

巴西位于南半球，在美国美洲海岸东南部，东临澳大利亚大西洋湾，海岸线共长 7400 多千米。巴西的水产资源、陆地农产品种类繁多，并且出口量巨大，在巴西境内还有着世界第一之称的亚马孙河。巴西可以说在地理位置、经济贸易往来以及资源配置上有得天独厚的一面（伊莉莎和郭馨怿，2022）。

在经济全球化日益密切的今天，海洋运输和远航货运对区域经济贸易增长有巨大的帮助，因此，巴西的地理位置有效的提升了其与其他国家之间的贸易往来。从全球政治格局看，巴西是金砖五国之一，经济地位、外交地位不容小觑，人口数量在 2021 年已达 2.14 亿人，比 2020 年增长 0.67%（世界银行，2022）。此外，巴西也是非洲地区热带经济作物的重要品种生产国和出口来源国。

中巴之间相距较为遥远，直线距离大约在 18000 公里，在往来人员、物资、交通以及工程设施的运输服务等许多方面不甚方便。但由于全球经济化进程加快，陆运、海运和航运需求迅速增加，由此衍生出中巴贸易量的增加，另外基础网络建设工程市场规模较大和社会需求巨大。具体如下：

第一，针对物流基础设施领域，中巴正在进行深度合作，巴西政府通过重点建设和加快投资步伐，试图和中国共同打造为一个拥有国际化运作标准体系的现代化大型物流网络，这可能是中巴两国之间全面深化合作的经济增长爆发点。公路通行在巴西交通中占据重要地位，就巴西公路体系而言，境内公路的所有权分别隶属于联邦、州和地方三个层级，占比依次约为 4.6%、15.2% 和 80.2%。而全国硬化路面仅占 13% 左右，另外 87% 的路面则为非硬化路面（未铺设沥青水泥），非硬化路面十分狭窄，且会导致车辆通行拥堵（国家开发银行与中国水电建设集团国际工程有限公司联合课题组，2018）。

在罗尔塞夫政府时期，巴西政府曾接连推出两期物流基础设施投资计划，在整个巴西基础设施计划中，投资总额高达 1984 亿雷亚尔，巴西政府在此期间一共公布了 11 个建设项目，总建设长度约为 4371 公里。

在民航领域，巴西政府对巴西南部大西洋岸重要港口阿雷格里港（Porto Alegre）、巴西东北部重要海港福塔莱萨（Fortaleza）、以及巴西的主要港口萨尔瓦多港口（Salvador）等 7 个机场进行特许经营权招标，投资额约为 85 亿雷亚尔；在公路工程建设领域，投资额约为 661 亿雷亚尔；在铁路工程设施领域，投资额约为 864 亿雷亚尔；在港口设施工程领域，投资额约为 374 亿雷亚尔（中华人民共和国商务部，2015）。

“一带一路”的重要方向之一是基础设施物流领域。中国深度赋能物流基建板块，我国在民航、公路工程建设、铁路工程建设、港口建设规划等方面有着相对优势。同时，巴西政府在政策上积极支持，在“一带一路”倡议的指引下，中国企业深耕巴西基建领域，规划开发建设项目及物流产业，多边贸易亟待开展，各国对加强基础设施投资有着十分迫切的愿望。

第二，针对巴西重点区域和优势行业进行定向投资和开发，主要是内陆边疆地区以及海洋领域的基础设施建设。对于巴西疆土的中西部地区而言，在基础设施投入以及建设进度方面远远落后，投资规模较小，甚至低于大多数发展中国家的平均社会投资增长率水平。而东南部这些较发达工业地区则是中国农矿产品资源中的原材料进口渠道与产品来源地（刘明，2019）。中西部和东南部差异明显，所以基础设施板块建设要有取舍，应先以东南部与中国密切相关的领域为主进行投资，在保证中巴合作的基础上，再尽力对中西部地区进行基础设施建设。

第三，中国在国家“万亿大基建”的宏观背景下，不断参与内陆与边疆建设，在此过程中，逐渐积累了一批具有丰富工作经验的工程团队，这些团队对于行业的理解和深度远超巴西本土企业。若此类工程团队可以将自身优势应用于巴西等国家的基础设施工程，包含道路规划、道路网络规划建设、投资项目规划管理实施等，则我国可以在工程领域为巴西等“一带一路”国家提供更加强有力的支持。

在未来，中巴合作双方可拓展军事战略领域合作的范围，或将继续扩展并深入影响到别的国家。此外，两国在深海开发、海洋工程机械、海底石油资源综合开采等工程技术方面也可以进行深度合作，包括参与南极国家考察站项目开发、建设研究计划研究等其他多方面领域中的技术经济合作，这也是目前中巴两国企业一直以来努力并探寻的方向。

第四，就目前来看，中国依然是决定未来巴西国家基础设施领域合作方案的两个最具主要影响国家之一（另一个是美国）。前文提及，巴西和中国的基建合作具有重大的发展前景，长远的基建合作需要大量的资金和大量的人力、物力的支持，这一点就更加决定了当前能够真正切实为巴西提供此类资源（重大基础项目建设支持服务方案、资金、人力、物力）的合作国家屈指可数。美国虽然和巴西地理位置较为接近，但两者在基建方面合作不多，而且双方重点合作研究领域规模也十分的有限，故而，中巴加强在“一带一路”下的合作将成为必然趋势。

三、中国对巴西政策传导研究目的

从“一带一路”的发展路线分析来看，巴西作为目前葡语地区国家中综合实力最强的国家，投资发展前景十分广阔，研究巴西和“一带一路”政策的经济联系和传导，可以管中窥豹，从侧面了解整个葡语系国家的“一带一路”相关情况，因此更具有代表性和研究价值。

巴西作为“一带一路”中的重要枢纽国，研究巴西在“一带一路”中的经济效应至关重要。本书以中国政府的政策影响因素为着力点，通过研究“一带一路”发展时期巴西的相关行业（共计 10 个行业）受到中国“一带一路”政策的影响，进而测度巴西各行业受到“一带一路”政策对经济的传导效应。

10 个行业板块指数分别为非必需消费品行业（FBRZCSE Index）、基础资源行业（FBRZBME Index）、消费必需品行业（FBRZCGE Index）、电信行业（FBRZTOE Index）、公共事业行业（FBRZULE Index）、技术行业（FBRZTYE Index）、金融行业（FBRZFNE Index）、能源行业（FBRZOGE Index）、医疗行业（FBRZHTE Index）、工业行业（FBRZINE Index）。为了检验“一带一路”经济政策对巴西 10 个相关行业表现的影响，本书实证部分通过 FTSE 公司编制的行业指数回报率建立 VAR（Vector autoregressive model）模型来提取残差，采用 VAR 模型的主要目的是因为 10 个行业之间存在某种联系，且残差在一定程度上可以反映系统中未呈现的预期冲击。

Fry et al.（2010），Fry – McKibbin and Hsiao（2018）提出了金融危机下的传导性理论和模型，本书将使用传导测试度量 2016 年 9 月至 2021 年 1 月“一带一路”经济政策对巴西 10 个相关行业表现的影响，这 7 个传导分别是 Forbes and Rigobon（2002）提出的线性相关测试模型（FR 检验）、Fry et al.（2010）改良后的线性相关变化测试（CR 检验）、两种协偏度变化测试（CS 检验），Fry – McKibbin and Hsiao（2018）的两种协峰度变化测试（CK 检验）以及协波动率变化测试（CV 检验）。

其中，线性相关测试模型（FR 检验）为最简单的风险度量测试；改良后的线性相关变化测试（CR 检验）用来检测发生市场是否对被传导源市场存在风险传导效应，两种协偏度检验测试（CS 检验）用于检测发生市场和被传导源市场指数回报率和波动冲击的双向关系；两种协峰度检验测试（CK 检验）用于检测发生市场和被传导源市场的指数回报率和波动冲击立方的双向关系；协波动率检验测试（CV 检验）用于检验发生市场指数回报率波动率冲击和被传导源市场回报率波动性冲击的影响。

纵向对比两个政策会议有关的总体显著率，对“一带一路”特别声明的发表而言，7 个传导测试的总体显著率为 52.86%，对金砖国家领导人第 11 次会晤前后时间传导的总体显著率为 81.43%，说明了对金砖国家领导人第 11 次会晤对“一带一路”经济更具影响力，同时说明“一带一路”经济政策加快了中证股票指数和巴西 10 大行业之间的联系，其中最为明显的行业为能源行业。

第二节　中国经济政策相关文献研究

一、经济政策与沿线地区

赵雅文（2018）对中国与其他四个金砖国家的贸易合作进行深

度研究发现，金砖国家合作组织与“一带一路”在战略理念上存在契合之处，金砖各国对“一带一路”合作倡议十分积极，中国对其他金砖国家贸易互补优势明显，有利于金砖各国之间的贸易合作往来。

罗萨里奥·圣加德亚和贾诗慧（2018）重点研究了“一带一路”在秘鲁的发展情况，秘鲁和中国在“一带一路”倡议各重点领域已经取得重大进展。“一带一路”倡议将显著促进南美基础设施一体化。

张缘（2020）在“一带一路”倡议的背景下，对中拉（中国和拉丁美洲）产能合作模型进行了探究，通过中拉产能合作数据和现状分析，证明中拉产业结构和互补性强，“一带一路”倡议可以在地理上进行自然延伸，为拉丁美洲提供产能发展的机会。

二、经济政策与巴西

谢文泽（2016）从南美铁路合作出发，讨论“一带一路”视角下中国与南美（巴西、秘鲁）开展“四横两纵”（即四条东西向两洋铁路和两条南北向铁路）铁路路网规划与建设合作的情况，结果显示与南美铁路合作能够加快“一带一路”的步伐。

清华大学中国与世界经济研究中心金砖国家经济智库（2017）在 2017 年金砖国别报告“巴西”中提出，巴西的政治和经济需求导致了金砖国家在巴西外贸的重要性开始不断提高，中巴经贸合作在巴西与金砖国家经贸关系中占据主导地位，巴西参与“一带一路”建设的积极性高涨。

谌华侨（2018）从中国—巴西扩大产能合作基金着手，提出了中国的“一带一路”倡议有助于推动我国优势产能走向世界，以便在全球范围内进行产业深度布局，中国—巴西扩大产能合作基金在深化“一带一路”政策和巴西对接过程中发挥着桥梁作用。

国家开发银行与中国水电建设集团国际工程有限公司联合课题组（2018）通过对中拉基础设施合作的研究，发现“一带一路”倡议已从欧亚非向拉美拓展，并且以巴西作为案例，阐述了巴西存在的巨大机遇，基础设施的需求可以有效推动中拉合作战略对接。

江时学和王晨辉（2021）以巴西为例，阐述了金砖国家如何参与“一带一路”经济政策的历程，从五个方面展现了中国在中巴“一带一路”贸易中存在的重要经贸地位。

伊莉莎和郭馨怿（2021）结合国际关系发展走向和“一带一路”的历史地位，以中葡国家间的友好合作为依托，选取巴西作为样本，通过对“一带一路”经济政策分析，得出巴西如能成为“一带一路”成员国，既能加强国家间的交流合作，又能提高国家的经济实力。

梁嘉明，刘小丹和黄海滨（2021）从粤港澳大湾区的角度，以“一带一路”的视角将其与葡萄牙和巴西的科技合作潜力进行研究，结果发现，双方适合开展科技合作的技术领域和政策措施，中国与葡语国家，不仅是在经济贸易上存在发展潜力，并且可以为中葡乃至全球经济社会可持续发展贡献科技力量。

第三节　传导效应研究方法

一、线性相关变化测试（FR 检验）

在研究各国、各地区或者各市场之间的溢出关系时，有多种方法，例如溢出指数和溢出网络等，其中 Forbes and Rigobon（2002）提出线性相关测试，主要用在一阶矩进行测试，可以衡量风险在均值方向上的传导性。本书中，我们将样本时期分为政策发布前时期和政策发布后时期，将中国发布“一带一路”相关利好政策的时刻作为分割点，对系数进行调整和计算，最终得到测试统计量的数值。

根据本书研究，我们设定风险发生源头为中证“一带一路”主题指数，符号为 i，被传导源市场为巴西“一带一路”相关行业市场，符号为 j，以此来测度中国“一带一路”经济政策对巴西“一带一路”相关行业市场造成的影响。ρ_x 代表发生某一事件前，中证“一带一路”主题股票指数和巴西“一带一路”相关行业市场的相关系数，ρ_y 代表发生某一事件后，中证“一带一路”主题股票指数和巴西“一带一路”相关行业市场的相关系数。具体公式如下：

$$\delta = \frac{\sigma_{y,i}^2 - \sigma_{x,i}^2}{\sigma_{x,i}^2} \tag{6-1}$$

在公式（6-1）中，$\sigma_{y,i}^2$ 为中国“一带一路”经济政策发布后的中证“一带一路”主题指数的方差，$\sigma_{x,i}^2$ 为中国“一带一路”经济政策发布前的中证“一带一路”主题指数的方差。

在公式（6-2）中，检验调整系数为 $\hat{V}_y$，公式如下：

$$\hat{V}_y = \frac{\hat{\rho}_y}{\sqrt{1 + \left(\frac{\hat{\sigma}_{y,i}^2 - \hat{\sigma}_{x,i}^2}{\hat{\sigma}_{x,i}^2}\right)(1 - \hat{\rho}_y^2)}} \tag{6-2}$$

在公式（6-3）中，T_x 为中国“一带一路”经济政策发布前选取的样本数，T_y 为中国“一带一路”经济政策发布后选择的样本数，FR 统计量公式如下：

$$FR = \frac{\frac{1}{2}\ln\left(\frac{1 + \hat{V}_y}{1 - \hat{V}_y}\right) - \frac{1}{2}\ln\left(\frac{1 + \hat{\rho}_x}{1 - \hat{\rho}_x}\right)}{\sqrt{\frac{1}{T_y - 3} + \frac{1}{T_x - 3}}} \tag{6-3}$$

二、调整后的线性相关变化测试（CR 检验）

Fry et al.（2010）对 Fobes and Rigobon（2002）提出的 FR 检验指标进一步优化，对“一带一路”经济政策发布时期的相关系数进行了风险调整，提出了调整后的线性相关变化测试。本书把政策发布前的时间段设为 x，政策发布后的时间段设为 y，政策发布前样本量为T_x，政策发布后样本量为T_y，风险传导源为中证“一带一路”主题股票指数，风险被传导地 j 为巴西“一带一路”相关行业市场，检验调整系数为V_y，政策发布后时期的相关系数为ρ_x，用假设检验去进行测度，检验“一带一路”政策发布时期风险发生源中证“一带一路”主题股票指数对被传导源市场巴西“一带一路”相关行业市场否存在风险传导效应。假设检验如下：

$H_0: V_y = \rho_x$

$H_1: V_y \neq \rho_x$

原假设为政策发布前两个市场之间的相关系数和政策发布后时期两个市场之间的相关系数相同，即中国“一带一路”经济政策发布后，两个单一市场之间的相关系数并无改变。备择假设则是中国“一带一路”经济政策发布前中证主题指数和巴西行业间的相关系数和政策发布后时期的相关系数不相同，即存在风险传导。CR 统计量的计算公式如下：

$$CR = \left(\frac{\hat{V}_y - \hat{\rho}_x}{\sqrt{Var(\hat{V}_y - \hat{\rho}_x)}} \right)^2 \tag{6-4}$$

其中：

$$Var(\hat{V}_y - \hat{\rho}_x) = Var(\hat{V}_y) + Var(\hat{\rho}_x) - 2Cov(\hat{V}_y, \hat{\rho}_x)$$

$$Var(\hat{V}_y) = \left[\frac{1}{2} \frac{(1+\hat{\delta})^2}{[1+\hat{\delta}(1-\hat{\rho}_y^2)]^3} \times \left(\frac{(2-\hat{\rho}_y^2)(1-\hat{\rho}_y^2)^2}{T_y} + \frac{\hat{\rho}_y^2(1-\hat{\rho}_y^2)^2}{T_x} \right) \right]$$

$$Var(\hat{\rho}_x) = \frac{(1-\hat{\rho}_x^2)^2}{T_x}$$

$$Cov(\hat{V}_y, \hat{\rho}_x) = \frac{1}{2} \frac{1}{T_x} \frac{\hat{\rho}_x \hat{\rho}_y (1-\hat{\rho}_y^2)(1-\hat{\rho}_x^2)(1+\hat{\delta})}{\sqrt{[1+\hat{\delta}(1-\hat{\rho}_y^2)]^3}} \tag{6-5}$$

CR 统计量服从自由度为 1 的卡方分布：$CR(i \to j) \sim \chi_1^2$。

三、协偏度变化测试（CS 检验）

协偏度变化测试（Co - skewness change tests，简称 CS 检验）是 Fry et al.（2010）提出的。CS 检验是通过比较政策前后两个市场之间的协偏度系数是否发生显著变化来判断市场之间的传导效应。它可以更好地捕捉市场之间期望回报和波动性，假设检验如下：

$H_0: \psi_y(r_i^m, r_j^n) = \psi_x(r_i^m, r_j^n)$

$H_1: \psi_y(r_i^m, r_j^n) \neq \psi_x(r_i^m, r_j^n)$

原假设为中国“一带一路”经济政策发布前两个市场之间的相关系数和中国“一带一路”经济政策发布后时期两个市场之间的协偏度相同，即在中国“一带一路”经济政策发布后，两个单一市场之间的相关系数并无改变。备择假设则是中国“一带一路”经济政策发布前两个市场之间的协偏度和中国“一带一路”经济政策发布后时期两个市场之间的协偏度不相同，即存在风险传导。CS 统计量的计算公式如下：

$$CS_{mn}(i \to j; r_i^m, r_j^n) = \left(\frac{\hat{\psi}_y(r_i^m, r_j^n) - \hat{\psi}_x(r_i^m, r_j^n)}{\left(\frac{4\hat{V}_y + 2}{T_y} + \frac{4\hat{\rho}_x^2 + 2}{T_x} \right)^{1/2}} \right)^2 \quad (6-6)$$

其中：

$$\hat{\psi}_k(r_i^m, r_j^n) = \frac{1}{T_k} \sum_{t=1}^{T_k} \left(\frac{r_{i,t} - \hat{\mu}_{k,i}}{\hat{\sigma}_{k,i}} \right)^m \left(\frac{r_{j,t} - \hat{\mu}_{k,j}}{\hat{\sigma}_{k,j}} \right)^n, k = x, y \quad (6-7)$$

其中，$r_{i,t}$、$r_{j,t}$分别代表中证“一带一路”主题指数和巴西“一带一路”相关行业指数在政策前后回报率的日值；$\hat{\mu}_{k,i}$、$\hat{\mu}_{k,j}$分别代表中证“一带一路”主题指数和巴西“一带一路”相关行业指数在政策前后回报率的平均值；$\hat{\sigma}_{k,i}$、$\hat{\sigma}_{k,j}$分别代表中证“一带一路”主题指数和巴西“一带一路”相关行业指数在政策前后的标准偏差。

m，$n=1$，2 或 m，$n=2$，1，CS_{mn}可以分别计算 CS_{12}和 CS_{21}两个统计量。其中，CS_{12}检验是为了检验当中证“一带一路”主题股票指数 i 的期望回报发生改变时，是否会对被传导巴西“一带一路”相关行业市场 j 的波动造成影响；CS_{21} 检验则是为了检验中证“一带一路”主题股票指数 i 的波动发生改变时，是否会对中证“一带一路”主题股票指数 j 的期望回报造成影响。CS_{12}和 CS_{21} 均服从自由度为 1 的卡方分布：$CS_{12}(i \to j) \to \chi_1^2$，$CS_{21}(i \to j) \to \chi_1^2$。

四、协峰度变化测试（CK 检验）

协峰度变化测试（Co - kurtosis change test，简称 CK 检验）是由 Fry - McKibbin and Hsiao（2018）提出，它经过 FR 检验、CR 检验、CS 检验优化，作者提出用协峰度来检验两个行业市场或者指数之间期望回报和偏度之间的内在联系，CK 检验通过比较政策前后两个市场之间的协峰度系数是否发生显著变化来判断市场之间的传导效应。假设检验如下：

$$H_0: \xi_y(r_i^m, r_j^n) = \xi_x(r_i^m, r_j^n)$$

$$H_1: \xi_y(r_i^m, r_j^n) \neq \xi_x(r_i^m, r_j^n)$$

原假设为在政策发布后时期两个市场之间的协峰度与政策发布前时期两个市场协峰度相等，即中证“一带一路”主题指数和巴西“一带一路”相关行业市场之间不存在传导性。备择假设为政策发布后时期中证“一带一路”主题指数和巴西“一带一路”相关行业指数之间的协峰度不相等，即两者之间存在风险传导。CK 统计量的计算公式如下：

$$CK_{mn}(i \to j; r_i^m, r_j^n) = \left(\frac{\hat{\xi}_y(r_i^m, r_j^n) - \hat{\xi}_x(r_i^m, r_j^n)}{\left(\frac{18\hat{V}_y^2 + 6}{T_y} + \frac{18\hat{\rho}_y^2 + 6}{T_x} \right)^{1/2}} \right)^2 \qquad (6-8)$$

其中：

$$\hat{\xi}_x(r_i^m,r_j^n)=\hat{\psi}_x(r_i^m,r_j^n)-(3\hat{\rho}_x) \tag{6-9}$$

$$\hat{\xi}_y(r_i^m,r_j^n)=\hat{\psi}_y(r_i^m,r_j^n)-(3\hat{V}_y) \tag{6-10}$$

上述公式（6－8）、公式（6－9）以及公式（6－10）中，$m=1$，$n=3$ 或 $m=3$，$n=1$，CK_{mn}可以分别算出 CK_{13}和 CK_{31}两个统计量。$\hat{V}_y$的定义同公式（6－2），$\hat{\psi}_y(r_i^m,r_j^n)$ 和 $\hat{\psi}_x(r_i^m,r_j^n)$ 的定义同公式（6－7）。其中，CK_{13}检验当中证“一带一路”主题指数 i 的期望回报发生改变时，是否会对巴西“一带一路”相关行业指数 j 的偏度造成影响；CK_{31}检验则是为了检验当中证“一带一路”主题指数 i 的偏度发生改变时，是否会对巴西“一带一路”相关行业指数 j 的期望回报造成影响，他们从不同的角度度量了风险传导的方向。其中，CK_{13}和 CK_{31}均服从自由度为 1 的卡方分布：$CK_{13}(i\rightarrow j)\rightarrow\chi_1^2$，$CK_{31}(i\rightarrow j)\rightarrow\chi_1^2$。

五、协波动率变化测试（CV 检验）

除了 CK 传导测试外，协波动率变化测试（Co－volatility change test，简称 CV 检验）同样是 Fry－McKibbin and Hsiao（2018）提出的，该传导测试通过比较政策前后两个市场之间的协波动率系数是否发生显著变化来判断市场之间的传导效应。假设检验如下：

$H_0:\xi_y(r_i^2,r_j^2)=\xi_x(r_i^2,r_j^2)$

$H_1:\xi_y(r_i^2,r_j^2)\neq\xi_x(r_i^2,r_j^2)$

CV 统计量的计算公式如下：

$$CV_{22}(i\rightarrow j)=\left(\frac{\hat{\xi}_y(r_i^2,r_j^2)-\hat{\xi}_x(r_i^2,r_j^2)}{\left(\frac{4\hat{V}_y^4+16\hat{V}_y^2+4}{T_y}+\frac{4\hat{\rho}_x^4+16\hat{\rho}_x^2+4}{T_x}\right)^{1/2}}\right)^2 \tag{6-11}$$

其中：

$$\hat{\xi}_x(r_i^2, r_j^2) = \hat{\psi}_x(r_i^2, r_j^2) - (1 + 2\hat{\rho}_x^2) \quad (6-12)$$

$$\hat{\xi}_y(r_i^2, r_j^2) = \hat{\psi}_y(r_i^2, r_j^2) - (1 + 2\hat{V}_y^2) \quad (6-13)$$

CV_{22}检测是为了检验当中证"一带一路"主题股票指数 i 的波动率发生改变时，是否会对巴西"一带一路"相关行业市场 j 的波动率产生影响。CV_{22}服从自由度为 1 的卡方分布：$CV_{22}(i \to j) \to \chi_1^2$。

（六）矢量自回归模型

Sims（1980）提出了非限制性矢量自回归模型。之后 VAR 模型进行了进一步发展和演化，衍生出了 BVAR（Bayes Vector Auto - regression）、SVAR（Structural Vector Auto - regression）等模型。VAR 模型是 AR 模型的推广，所有的变量均为每个行业的内生性变量，它充分地考虑了行业自身系统之间的联系，因此本书使用 VAR 和传导测试模型来检测"一带一路"经济政策传导性。

VAR 模型的一般公式如下：

$$Y_t = \beta_0 + \beta_1 y_{t-1} + \beta_2 y_{t-2} + \beta_3 y_{t-3} + \cdots + \beta_n y_{n-1} + u_t \quad (6-14)$$

其中，

$$Y_t = [Y_{非必需消费品行业}, Y_{基础资源行业}, Y_{消费必需品行业}, Y_{电信行业}, Y_{公共事业行业}, Y_{技术行业}, Y_{金融行业}, Y_{能源行业}, Y_{医疗行业}, Y_{工业行业}, Y_{中证“一带一路”主题指数}]$$

本书中巴西相关行业共有 10 个，主题股票指数 1 个，所以Y_t的系数矩阵为［11×1］，y_{t-1}的滞后期矩阵为［11×1］，β_0 的系数矩阵为［11×1］，β_1 的系数矩阵为［11×11］。对于软件使用方面，本书主要使用 Eviews10.0 和 Stata17 进行测度。

第四节　中国与巴西相关行业与政策介绍

一、中国与巴西行业概况

本书旨在研究巴西在"一带一路"中的经济效应。本书以中国政府和国际会议召开的政策影响因素为着力点，通过研究“一带一路”巴西行业间市场受到中国“一带一路”经济政策的影响，进而测度巴西受到“一带一路”政策对经济的传导效应，巴西行业间资料均来源于 Bloomberg 数据库。具体行业指数来源于伦敦证交所下属的 FTSE 国际公司编制。本书使用同质数据以避免货币风险的影响。该资料为每日资料，涵盖 2016 年 9 月 30 日—2021 年 1 月 20 日期间，共计 11200 个日数据，庞大的数据量使我们能够检查有关中巴“一带一路”经济政策前后的溢出效应和传导。

对于中国的“一带一路”经济发展情况，本节采用中证“一带一路”主题指数，数据来源于 Choice 数据库。该股票指数综合考虑过去一年成分股日均总市值、现有海外业务占比等四个维度的情况，并且从能源相关的五大产业中选取最具主题代表性的沪深 A 股作为样本股，它有效的反映了“一带一路”经济发展趋势。

表 6 - 1 所示为中证“一带一路”主题指数简介。

表 6 - 1　　中证“一带一路”主题指数简介

名称	中证“一带一路”主题指数	启用日期	2015 年 2 月 16 日
指数代码	399991	指数基期	2012 年 12 月 31 日
成分股数量	83	指数基点	1000

数据来源：作者自行整理。

表 6 - 2 所示为中证“一带一路”主题指数 10 大权重股。

表 6 - 2　　中证“一带一路”主题指数 10 大权重股

股票代码	股票名称	权重	行业
601888	中国中免	3. 54	可选消费
600309	万华化学	3. 26	原材料
601668	中国建筑	3. 13	工业
688599	天合光能	3. 06	工业
600406	国电南瑞	3. 05	工业
600585	海螺水泥	2. 92	原材料
600089	特变电工	2. 91	工业

续表

股票代码	股票名称	权重	行业
600031	三一重工	2.90	工业
601899	紫金矿业	2.90	原材料
000063	中兴通讯	2.86	电信业务

数据来源：Choice 数据库。

为了研究中国“一带一路”经济政策对巴西10个行业市场的传导作用，本书采用指数化计算法进行，每日股指收益率百分比$R_{i,t}$计算公式如下：

$$R_{i,t} = 100\left(\ln(P_{i,t}) - \ln(P_{i,t-1})\right) \quad (6-15)$$

其中，$P_{i,t}$指i行业（共计11个）在t时期的指数。通过上述的调整，观测值会减少1日。

图6-1所示为中证“一带一路”指数和巴西10大相关行业收益率序列，本图通过MATLAB 2022a软件制作。

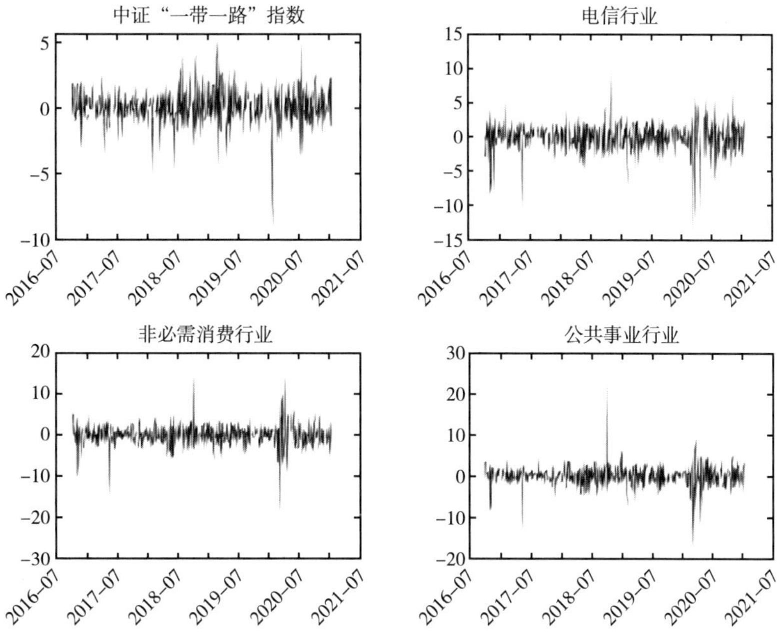

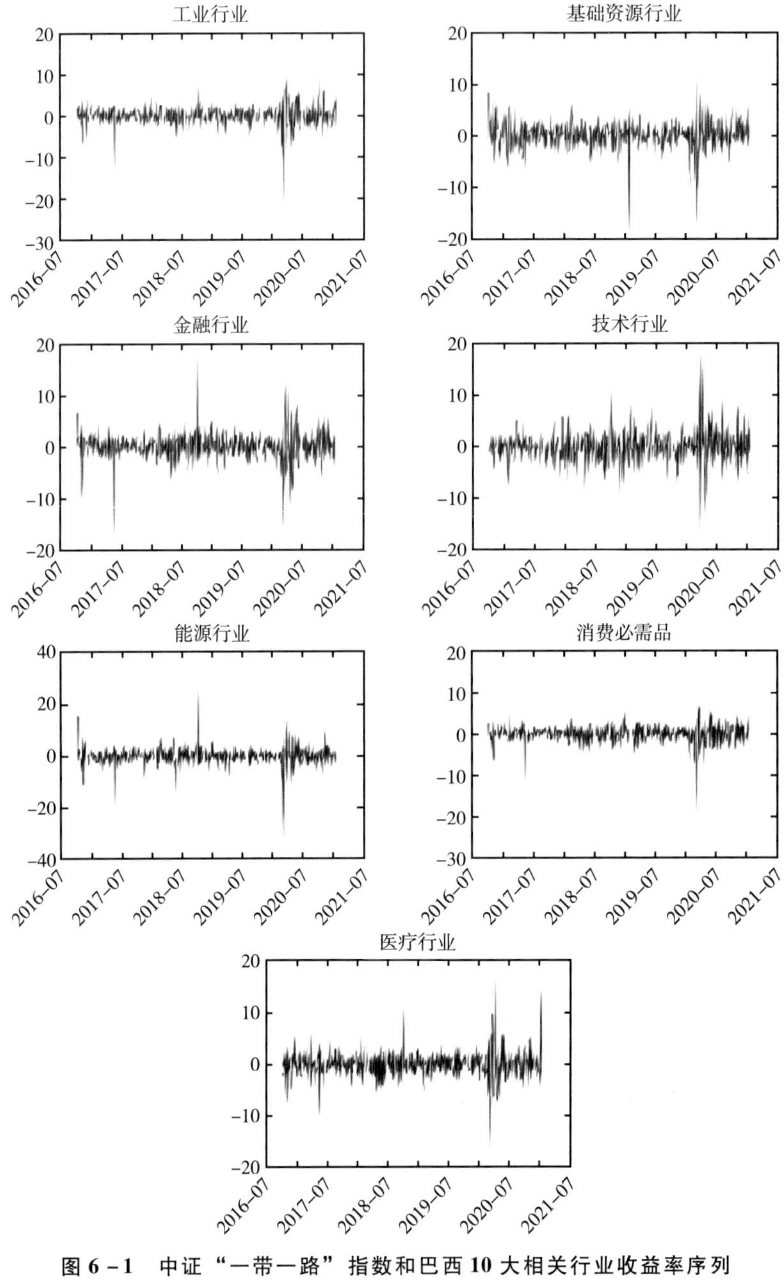

图 6－1 中证“一带一路”指数和巴西 10 大相关行业收益率序列

注：巴西 10 个行业数据来源于 Bloomberg，中证“一带一路”主题指数数据来源于 Choice 数据库。

从图6－1可知，在2020年，由于全球疫情，10个行业股票指数均出现了大幅波动。此外，在2018年左右，出现了明显的峰值波动，后文会通过描述性统计的JB统计量对收益率的波动进行进一步的验证。

二、中国与巴西经济政策

本节主要介绍2015年至2022年中巴“一带一路”经济政策前后时间段和主要内容。表6－3显示了每个中巴“一带一路”经济政策选择的时间段，时间选择节点主要是政策的发布日或者会议的召开日。表6－4描述了2015年至2022年中巴“一带一路”经济政策的主要内容，包括这些“一带一路”经济政策的实际落地情况、出资额、会议纲要以及会议召开后所颁布的一系列文件。

表6－3　　各时间段样本数量统计

主要政策	政策前	政策后
中巴扩大产能合作基金的成立	2013年9月7日—2015年5月30日	2015年5月30日—2018年1月22日
“一带一路”特别声明的发表	2015年5月30日—2018年1月22日	2018年1月22日—2019年11月13日
金砖国家领导人第11次会晤	2018年1月22日—2019年11月13日	2019年11月13日—2022年6月9日
金砖国家领导人第12次会晤	2019年11月13日—2022年6月9日	2022年6月9日—至今

数据来源：作者自行整理。

表6－4　　2015—2021年中巴“一带一路”经济政策

时间	政策	主要内容
2015年5月30日	中国—巴西扩大产能合作基金的成立	“一带一路”倡议的重要内容之一就是道路联通，所以基础设施领域的合作是每次会议和合作协议的焦点内容之一。在中巴高层协调与合作委员会第四

续表

时间	政策	主要内容
2015 年 5 月 30 日	中国—巴西扩大产能合作基金的成立	次会晤期间，为了加大投资力度，加快双边贸易往来频率，中巴双方提出共建产能合作基金。其中中方出资 150 亿美元，巴西出资 50 亿美元，中国担保的 150 亿美元，由中国共同作为主要担保机构出资担保的总计约有 150 亿美元，其中有大约 15% 的资金来自投资于国家开发银行的基金，其余资金仍然将集中于在国际市场资金的筹集。中国—巴西扩大产能合作基金正是针对于“一带一路”的基建民生需求而建立的（谌华侨，2018）。 2017 年 5 月 30 日，中国—巴西扩大产能合作基金启动仪式正式召开，标志着中国—巴西扩大产能合作基金及时形成法律档，通过法制程序，确保了中国—巴西扩大产能合作基金有序运行，有利于双方开展合作的稳定性和持久性。
2018 年 1 月 22 日	“一带一路” 特别声明的发表	2018 年 1 月 19 日—22 日，在智利召开了第二届部长级会议，主要参与国和组织为中国与拉共体（拉美和加勒比国家共同体），此次部长级会议具有历史性里程意义，会上通过并发表了《“一带一路”特别声明》，至此，“一带一路” 发展步伐不断加快，标志着 “一带一路” 正式登陆和抵达拉丁美洲与加勒比海地区，《“一带一路” 特别声明》向该地区提出官方倡议，揭开了 “一带一路” 全球化进程的序幕。巴西作为拉丁美洲的地区国家，在 “一带一路” 特别声明发表后，整体融入 “一带一路” 步伐继续加快（谌华侨，2018）。
2019 年 11 月 13 日	金砖国家领导人第 11 次会晤	2019 年 11 月 13 日，金砖国家领导人第 11 次会晤在巴西首都巴西利亚召开，此次高级别会晤为 “一带一路” 贸易互通进一步提升了覆盖面，金砖五国一致同意加强贸易往来，打造贸易投资金融合作。中国一直在努力加强与巴西间的交流合作，结合巴西提出的外交政策思路及全球多边之间的经济贸易伙伴关系，中巴双方提出合作应对方案，创造中国和巴西合作机遇，双方表示，两国将致力于共同推进构建新型人类命运共同体，共同面对 COVID - 19 问题和边境贸易摩擦带来严峻的挑战（梁嘉明，刘小丹和黄海滨，2021）。

续表

时间	政策	主要内容
2022 年 6 月 9 日	金砖国家领导人第 12 次会晤	金砖国家第 12 次经贸部长会议由俄罗斯总统普京主持。在会议上，各国部长们宣布一致同意将加强对数字经济、贸易及投资自由化、能源领域、供应链、气候变化、多边贸易新体制框架等经贸领域交流合作。此次会晤批准了《金砖国家第十二次经贸部长会议联合公报》《金砖国家领导人第十二次会晤莫斯科宣言》，签署了《金砖国家加强多边贸易体制和世贸组织改革声明》通过《金砖国家能源合作路线图》等多项倡议和声明，会议提到，在促进可持续发展方面，要充分尊重主权和国家利益的基础上进一步深化能源领域国际合作能源（伊莉莎和郭馨怿，2022）。

数据来源：作者自行整理。

三、中国与巴西行业数据描述性统计

表 6－5 是对巴西“一带一路”有关的 10 大行业回报率资料的统计性描述。

表 6－5　　全样本描述性统计表

行业	均值	中位数	最大数	最小数	JB 统计量
电信行业	－0.03	－0.01	10.20	－14.58	9.83 *
工业行业	0.03	0.05	14.08	－24.30	22.67 *
公共事业行业	－0.01	0.10	12.64	－17.42	12.41 *
技术行业	0.01	－0.01	19.06	－17.43	7.72 *
金融行业	－0.01	0.06	12.96	－18.98	12.44 *
能源行业	0.02	0.02	20.10	－33.97	21.67 *
医疗行业	0.02	0.04	14.74	－17.82	12.26 *
非必需消费品行业	0.02	0.09	12.27	－23.84	16.70 *
基础资源行业	0.10	0.10	17.43	－19.27	13.24 *
消费必需品行业	－0.04	0.06	13.43	－21.43	22.32 *

注：Jarque－Bera 检验用于检验数据是否服从标准正态分布，“*”表示在 1% 显著性水平下显著。

数据来源：作者自行整理。

从表6-5可看出，在整个样本期，基础资源指数平均回报率是0.1%，在所有的行业中是最高的，其余大部分行业平均回报率为正值，从侧面说明“一带一路”对巴西基础建设有积极导向作用。对于JB统计量而言，所有的JB统计量在1%的显著性水平下显著，说明巴西“一带一路”有关的10大行业回报率均不是正态分布，且存在一定的波动性。

列示各行业在“一带一路”特别声明的发表前后指数回报率的均值、标准偏差、偏度、峰度、协偏度、协波动率和协峰度系数，分析对比政策前后的影响，具体如表6-6所示。

表6-6 “一带一路”特别声明的发表前后描述性统计表

行业	政策前				政策后			
	均值	标准偏差	偏度	峰度	均值	标准偏差	偏度	峰度
电信行业	0.06	1.64	-1.90	14.79	-0.07	2.08	0.87	6.00
工业行业	0.07	1.76	-1.93	17.01	-0.02	1.81	0.21	4.28
公共事业行业	0.01	1.70	-2.71	22.37	-0.01	2.55	3.07	29.80
技术行业	-0.08	2.18	-0.14	4.06	-0.23	2.98	0.02	4.13
金融行业	0.11	2.03	-2.98	28.85	0.00	2.50	1.44	12.91
能源行业	0.09	2.82	-1.11	16.92	0.09	3.81	0.69	15.29
医疗行业	0.07	2.05	-0.65	6.11	-0.11	2.10	0.56	6.09
非必需消费品行业	0.08	2.02	-2.04	16.56	-0.05	2.40	0.89	8.74
基础资源行业	0.26	2.36	0.00	4.09	0.02	2.00	-0.04	3.38
消费必需品行业	0.01	1.52	-1.95	15.99	-0.14	1.72	0.02	3.34

数据来源：作者自行整理。

列示各行业在金砖国家领导人第11次会晤前后指数回报率的均值、标准偏差、偏度、峰度、协偏度、协波动率和协峰度系数，分析对比政策前后的影响，具体如表6-7所示。

表 6-7 金砖国家领导人第 11 次会晤前后描述性统计表

行业	政策前				政策后			
	均值	标准偏差	偏度	峰度	均值	标准偏差	偏度	峰度
电信行业	-0.07	2.08	0.87	6.00	-0.07	2.40	-1.06	9.01
工业行业	-0.02	1.81	0.21	4.28	0.05	3.05	-1.77	18.04
公共事业行业	-0.01	2.55	3.07	29.80	-0.03	2.81	-1.18	10.45
技术行业	-0.23	2.98	0.02	4.13	0.18	3.11	0.21	9.63
金融行业	0.00	2.50	1.44	12.91	-0.07	3.01	-0.63	9.81
能源行业	0.09	3.81	0.69	15.29	-0.06	3.83	-2.18	23.94
医疗行业	-0.11	2.10	0.56	6.09	0.06	3.01	-0.67	13.15
非必需消费品行业	-0.05	2.40	0.89	8.74	0.02	3.11	-1.52	15.90
基础资源行业	0.02	2.00	-0.04	3.38	0.05	3.06	-1.12	14.08
消费必需品行业	-0.14	1.72	0.02	3.34	-0.03	2.72	-1.79	18.54

数据来源：作者自行整理。

四、行业数据的平稳性检验

平稳性是时间序列资料建模的基础。采用非平稳资料建模，可能会出现伪回归现象。本书对数据进行了预处理，得到对应变量的日收益率数据，对收益率序列进行单位根检验，检验方法主要为 ADF（Augmented Dickey and Fuller）检验和 PP（Philips and Perron）检验两种方法。分别对中证“一带一路”主题指数和巴西行业间回报率序列进行单位根检验。使用对数的形式处理数据，避免由于数据未进行处理波动性过大的情况导致不平稳。表 6-8 即为平稳性检验结果。检验结果表明，ADF 检验和 PP 检验在三种情况下的回报率序列（1%的显著性水平下）都是显著拒绝原假设的，即中证“一带一路”主题指数和巴西行业间回报率序列不存在单位根，是一个平稳的过程。

表 6-8　　平稳性检验结果

行业或指数	Trend and intercept		Intercept		None	
	ADF	PP	ADF	PP	ADF	PP
电信行业	-36.52***	-36.66***	-36.52***	-36.68***	-36.56***	-36.60***
工业行业	-21.57***	-36.30***	-21.56***	-36.29***	-21.57***	-36.40***
公共事业行业	-33.10***	-33.09***	-33.08***	-33.08***	-33.12***	-33.11***
技术行业	-33.42***	-33.65***	-33.46***	-33.80***	-33.44***	-33.66***
金融行业	-33.80***	-33.80***	-33.79***	-33.79***	-33.81***	-33.81***
能源行业	-21.76***	-35.38***	-21.75***	-35.35***	-21.77***	-35.40***
医疗行业	-34.28***	-34.22***	-34.27***	-34.22***	-34.29***	-34.24***
非必需消费品行业	-34.74***	-34.70***	-34.72***	-34.68***	-34.75***	-34.71***
基础资源行业	-35.98***	-36.02***	-35.97***	-36.01***	-35.94***	-35.93***
消费必需品行业	-21.33***	-35.49***	-21.32***	-35.41***	-21.33***	-35.49***
中证“一带一路”主题	-32.15***	-32.16***	-32.15***	-32.16***	-32.16***	-32.17***

注：-3.965、-3.435 和 -2.567 分别是 ADF 检验和 PP 检验在 1% 的显著性水平下的临界值，“*”、“**”、“***”分别代表在 10%、5%、1% 的显著性水平下显著。

数据来源：作者自行整理。

五、矢量自回归模型滞后阶数选择

本书考虑到中证“一带一路”主题指数和巴西 10 个行业收益率序列之间存在的内在联系和系统关系，选择 VAR 模型去构建均值方程，而 VAR 模型通常使用 AIC（Akaike Information Criterion）准则和 SIC（Schwarz Information Criterion）去决定系统的滞后阶数。当 AIC 准则和 SIC 准则越小，整体系统拟合的程度则越好。表 6-9 所示为 VAR 模型滞后项检验。

表 6－9　　　　VAR 模型滞后项检验

LR	FPE	AIC	SC	HQ
N. A.	75. 274 *	2. 699 *	32. 802 *	32. 733 *
138. 990	90. 270	32. 881	34. 246	33. 494
124. 678	112. 118	33. 091	35. 946	34. 112
80. 895	161. 029	33. 452	37. 284	34. 967
130. 756 *	190. 617	33. 614	38. 554	35. 554
75. 789	275. 778	33. 969	40. 406	36. 423
91. 410	372. 835	34. 286	41. 344	37. 274
80. 243	524. 912	34. 557	43. 154	37. 995
105. 472	658. 607	34. 742	44. 552	38. 661
94. 420	862. 085	34. 956	45. 977	39. 368
91. 461	1137. 781	35. 164	47. 395	40. 053

注：LR 是顺序修正的 LR 检验统计量，FPE 是最终预测误差，AIC 是 Akaike 信息准则，SC 是 Schwarz 信息准则，HQ 是 Hannan－Quinn 信息准则。* 表示准则选择的最佳滞后阶数。

数据来源：作者自行整理。

本书通过 EVIEWS11. 0 将 VAR 系统滞后 10 阶，通过比较各级滞后阶数值大小寻找最优滞后阶数。根据表 6－9 资料 VAR 模型滞后项检测，AIC、SIC、HQ 准则显示的滞后阶数均为 0 阶，此为整体的多变量 VAR 模型滞后阶选取，本书最终均选择滞后 1 阶来构建 VAR 模型，即 VAR（1）模型。

六、"一带一路" 政策前后相关系数

为了研究 "一带一路" 政策对巴西 10 个相关行业的传导作用，首先计算出中证 "一带一路" 主题指数和巴西 10 个相关行业每日股票收益率，其次收集这些行业或指数在不同事件政策前和政策后的收益率，并以此获得 "一带一路" 政策和其他行业之间的相关系数。相关系数如表 6－10 所示。

表 6-10　中证“一带一路”主题指数回报率与行业指数回报率冲击的相关系数

行业或指数	“一带一路”特别声明的发表	金砖国家领导人第 11 次会晤	金砖国家领导人第 11 次会晤之后
中证“一带一路”主题	1.000	1.000	1.000
电信行业	-0.012	0.020	0.229
非必需消费行业	0.041	0.002	0.290
公共事业行业	0.042	-0.045	0.222
工业行业	0.063	0.035	0.304
基础资源行业	0.130	0.193	0.373
金融行业	0.047	0.004	0.278
技术行业	0.075	-0.044	0.091
能源行业	0.026	0.056	0.280
消费必需品行业	0.010	0.057	0.296
医疗行业	0.049	-0.044	0.243

数据来源：作者自行整理。

从数据可知，在“一带一路”政策的推动下，“一带一路”特别声明的发表时间节点前中巴行业相关系数比较小，金砖国家领导人第 11 次会晤之后，中国的“一带一路”经济政策和巴西的基础行业之间联系越发密切。

第五节　中国对巴西行业间政策传导测试

本书为了更进一步地测试经济政策传导的影响，通过线性相关变化测试（FR）、线性相关检验（CR）、两种非对称性检验（CS_{12}和CS_{21}）、协波动率检验（CV_{22}）和两种协峰度检验（CK_{13}和CK_{31}）来观测中国“一带一路”经济政策是否对巴西“一带一路”相关行业市场造成显著影响。

一、传导测试效应

对于“一带一路”特别声明的发表前后时间的传导结果，通过表6－11测试结果可以看出，在线性相关测试（FR）中，巴西“一带一路”10大相关行业均不显著，在线性相关检验（CR）中，只有基础资源行业在10%显著性水平下显著。在协偏度检验（CS_{12}）测试下，电信行业、工业行业、基础资源行业和能源行业显著。在协偏度检验（CS_{21}）测试中，电信行业、非必需消费品行业、能源行业在1%显著性水平下显著，说明在协偏度检验（CS_{21}）下，大部分行业指数平均回报率受到“一带一路”特别声明的发表波动的冲击较大，传导性明显。在协峰度传导性检测（CK_{13}）中，只有电信行业不显著，其余行业指数分别在5%和1%显著性水平下显著。在协峰度传导性检测（CK_{31}）下，大部分行业指数平均回报率受到中证“一带一路”主题指数偏度的冲击较大，传导性明显。在协波动率传导性检测（CV_{22}）中，所有行业在不同水平下均显著。总体而言，“一带一路”特别声明的发表对绝大部分行业都有较大传导性影响，其中影响最明显的为能源行业，7个传导测试总体显著率为52.86%。

对于金砖国家领导人第11次会晤前后时间的传导结果，通过表6－12测试结果可以看出，在线性相关测试（FR）中，巴西“一带一路”10大相关行业均显著，在线性相关检验（CR）中，巴西“一带一路”10大相关行业均显著。在协偏度检验测试（CS_{12}）中，工业行业、基础资源行业、能源行业和消费必需品行业显著。在协偏度检验测试（CS_{21}）中，电信行业、非必需消费品行业、能源行业在1%显著性水平下显著。说明在协偏度检验（CS_{21}）下，大部分行业指数平均回报率受到“一带一路”特别声明的发表波动的冲击较大，传导性明显。在协峰度传导性检测（CK_{13}）中，只有公共事业行业不显著，其余行业指数分别在5%和1%显著性水平下显著。在协峰

表 6-11 “一带一路”特别声明的发表前后时间的传导结果—基于 *FR*、*CR*、*CS*、*CK* 以及 *CV* 相关性传导测试

行业	FR	CR	CS_{12}	CS_{21}	CK_{13}	CK_{31}	CV_{22}	总体显著率（%）
电信行业	0.48	0.49	4.94**	25.62***	1.00	2.52	24.00***	
非必需消费品行业	0.31	0.24	0.015	16.99***	32.40***	7.54***	5.33**	
公共事业行业	-0.14	0.01	1.70	0.54	17.85***	10.28***	5.55**	
工业行业	0.23	0.05	12.85***	0.81	17.22***	7.29***	141.21***	
基础资源行业	0.32	1.70	25.42***	6.44**	123.85***	82.60***	258.19***	
金融行业	0.21	0.00	0.45	1.00	5.66**	6.44**	35.75***	
技术行业	-0.78	1.17	0.69	2.19	22.67***	6.72***	15.17***	
能源行业	0.91	0.79	58.42***	96.54***	39.40***	102.61***	130.47***	
消费必需品行业	1.04	0.215	2.52	20.58***	74.18***	62.79***	68.03***	
医疗行业	-0.36	0.539	0.56	3.86*	1.46	31.29***	44.87***	
显著率（%）	0%	0%	40%	60%	80%	90%	100%	52.86

注：*FR* 检验服从 student-T 检验，在 1%、5% 和 10% 的显著性水平下临界值为 2.576、1.960 和 1.645。*CR*、*CS*、*CK* 以及 *CV* 统计量服从自由度为 1 的卡方分布，在 1%、5% 和 10% 的显著性水平下的临界值分别为 6.635、3.841 和 2.706，“*”、“**”、“***”分别代表在 10%、5%、1% 的显著性水平下显著。显著率计算公式为（在 90% 的显著性水平下显著的统计量个数/统计量总个数）×100%，整体显著率为七个传导测试显著率的算术平均值。

数据来源：作者自行整理。

表 6－12　对于金砖国家领导人第 11 次会晤前后时间的传导结果—基于 *FR*、*CR*、*CS*、*CK* 以及 *CV* 相关性传导测试

行业	FR	CR	CS_{12}	CS_{21}	CK_{13}	CK_{31}	CV_{22}	总体显著率（%）
电信行业	2.37*	6.80***	2.63	17.50***	15.42***	4.71**	24.00***	
非必需消费品行业	3.418**	14.04***	0.81	8.54***	38.59***	11.80***	5.33**	
公共事业行业	3.30**	12.88***	0.49	0.45	4.04	14.98***	5.55**	
工业行业	3.09**	11.63***	8.54***	0.57	21.84***	8.58***	141.21***	
基础资源行业	2.43*	7.51***	6.78***	2.52	394.26***	159.52***	258.19***	
金融行业	3.25**	12.74***	0.25	0.63	4.88*	15.21***	35.75***	
技术行业	1.79*	3.73*	0.87	0.98	34.46***	5.78**	15.17***	
能源行业	2.59**	8.18***	9.54***	21.52***	218.49***	283.95***	130.47***	
消费必需品行业	2.80**	9.59***	3.530*	2.92*	82.64***	161.13***	68.03***	
医疗行业	3.40**	13.77***	1.845	0.98	28.6***	38.83***	44.87***	
显著率（%）	100%	100%	40%	40%	90%	100%	100%	81.43

注：*FR* 检验服从 student－T 检验，在 1%、5% 和 10% 的显著性水平下临界值为 2.576、1.960 和 1.645。*CR*、*CS*、*CK* 以及 *CV* 统计量服从自由度为 1 的卡方分布，在 1%、5% 和 10% 的显著性水平下的临界值分别为 6.635、3.841 和 2.706，“*”、“**”、“***”分别代表在 10%、5%、1% 的显著性水平下显著。显著率计算公式为（在 90% 的显著性水平下显著的统计量个数/统计量总个数）×100%，整体显著率为七个传导测试显著率的算术平均。

数据来源：作者自行整理。

度传导性检测（CK_{31}）下，大部分行业指数平均回报率受到中证“一带一路”主题指数偏度的冲击较大，传导性明显。在协波动率传导性检测（CV_{22}）中，所有行业在不同水平下均显著。总体而言，金砖国家领导人第 11 次会晤对绝大部分行业都有较大传导性影响，其中影响最明显的为能源行业，7 个传导测试总体显著率为 81.43%。

纵向对比两个政策会议有关的总体显著率，对于“一带一路”特别声明的发表而言，7 个传导测试的总体显著率为 52.86%，对于金砖国家领导人第 11 次会晤前后时间传导的总体显著率为 81.43%，说明了金砖国家领导人第 11 次会晤对“一带一路”经济更具影响力，同时说明“一带一路”经济政策加快了中证股票指数和巴西 10 大行业之间的联系，其中最为明显的行业为能源行业。

二、未来政策相关建议

通过对中国“一带一路”政策的研究和对巴西“一带一路”相关行业的深入探讨和实证研究，本书得出相应结论，在实施“一带一路”经济政策后，中巴贸易往来明显日益联系密切，且“一带一路”经济政策为巴西带来了巨大的经济效益和提升。对于“一带一路”经济政策和葡语系国家经济、基建的长远考虑，本书提出以下建议。

（一）畅通基础设施管网

第一，依靠中国重点工程类公司的实力，通过“一带一路”海陆体系，进一步完善铁路网络、公路网络、海上航运网络的建设，进一步降低物流货物运输成本，同时应该加强巴西公共服务（市政路面、公共场所等）设施管网畅通的建设。

就目前而言，巴西本土化企业与中国企业对接经常会出现一些语言文字障碍、国际技术标准不符合、本地特殊障碍等一些突出性问题。这些问题既是机遇也是挑战，它降低了中巴双方基础设施管网建设的效率，但一旦处理好这些情况会使得未来双边贸易合作十分顺畅，因此如何加强双方标准内容互认机制将至关重要。

前文研究表明，“一带一路”经济政策对中巴基础设施领域和能源领域等起着至关重要的作用。在此背景下，中巴双方应该大力制定更多有利于双边基建行业和能源行业的协议，为了建设标准化示范，重点建设一批涵盖巴西国内铁路、市政道路、通信建设等诸多领域的项目，为后续工程合作作出先行示范和表率，进而大力推动中巴标准技术在实施“一带一路”倡议工程中卓有成效的实施应用。

第二，在中国“一带一路”倡议的大背景下，我国应聚焦区域经济一体化进程，鼓励内陆省份积极加强与巴西项目的区域基础设施领域合作。区域性的经贸合作和相互依存会逐渐产生溢出效应，降低地区之间的歧视和敌对。就目前来看，中巴基础建设及合作单位主要都集中分布在广东工程等部分省区。施工和建设企业主要为国有及大型外商投资企业。

而在内陆省份和东北三省地区，其工作重点在于当地经济发展，政府、企业和投资机构并未意识到国际贸易的潜力和机会，政府对进一步发展与巴西基础合作建设的支持积极性亟待提高。

这些内陆省份和东北三省地区在基础设施建设等许多方面具备的大量经验优势，并且他们拥有一些巴西投资企业目前所没有具备的强大资金技术优势。这将对于巴西重点投资基建项目大有裨益。

为了中巴合作顺利开展，对于中方政府而言，可以加大内陆省份和东北三省地区对巴投资力度，或可将外贸区域经贸项目合作纳入其施政工作考核标准。

第三，中巴双方均应着力加强各自与太平洋沿岸国家网络互通建设，加快铺设海底电缆，同时以中巴两洋铁路大通道等国家基础建设项目推进为新契机，打通亚洲—巴西通道，加强区域经贸合作，进一步实现将沿岸南美洲及两侧沿海的内陆太平洋和大西洋联通，投资贸易就会变得更畅通无阻。

（二）农业贸易合作

农业是经济的生命线，巴西是世界级农牧业生产大国、出口大国。中巴在农业领域进行合作大有裨益，两者之间具有极强的互补性。对于中巴农畜矿产品产区粮食建设项目的基础设施项目和基地建设，这些农业基础项目可以有效促进中巴粮食贸易经济合作进程的顺利畅通与无阻。通过农业贸易合作，将推动巴西建设南美农业中心。

此外，农业贸易合作有利于我国进口优质巴西大豆、咖啡、菜籽饼等其他大宗农矿产品，通过进口巴西优质农产品，筑牢我国粮食基石，最终将金砖国家和“一带一路”的硕果推向全球。

（三）政治经济互联

中巴两国政府自“一带一路”经济政策实施以来，联系日益密切，中国政府进一步全面加强自己与巴西等各利益团体和利益部门间的密切沟通，进一步消除相互偏见误解与相互顾虑，尽力避免巴西一些对华不利政策的影响。

中巴双方应该继续秉持“共商共建共享”原则共同参与。中国参与巴西基础设施和能源领域发展，为巴西带来新的技术和资金，带动巴西工业化水平不断提升。

尽管巴西政府和其下属部门对中方抱有和善态度，政府认为中巴理应处于合作关系而绝非竞争关系，特别是农业部门，中巴农业贸易互通良多。但是在工业领域，巴西政府和一些工业联盟机构认为中国在巴西的工业投资会对巴西的长远发展构成威胁，故而他们选择和中国进行部分领域的合作，而非全面放开合作。此外，一些国际政治因素也会导致巴西政府对中国政府的态度时而积极、时而冷淡。

因此，中国政府部门在外交政治方面要更加注意“一带一路”

因素的影响，注重加强与巴西的政策协调，减少人为因素障碍，避免双方合作的不友好情况，积极消除巴西方面的不信任与消极情绪。

（四）平台资金融通

第一，通过引入多种政府融资服务方式和建设合作担保平台体系以加速实现公私合作模式的双向资金双向融通。PPP（Public Private Partnership，政府和社会资本合作）项目运作模式仍是我们当今进行巴西的基础设施一体化建设合作的最主要经济合作组织模式，此外，对于中国地区与其他巴西部门之间融资的实质性合作问题还提出应适当研究引入诸如 BOT（Build - Operate - Transfer，建设—经营—移交）项目、DBFO（Design - Build - Finance - Operate，设计—承建—投资—运营）项目等新模式，根据工程项目的不同和特异化需求，选择适用于中巴双方的融资模式。

第二，在平台端，中巴双方要继续重点以“中巴产能合作基金”“中巴基础设施合作基金”等基金进行合理运用，发挥中巴基金平台积极示范作用。另外，中巴双方要积极争取世界银行、各类国际投资基金、援助机构的资金支持，加大资金投入国际占比，拓宽融资渠道，从而更好地实现中巴资金融通。

（五）民心民意相通

加强中巴双方居民的文化认同感、社会责任感，对中巴友好文化进行大规模宣传，打下民意基础，降低巴西民众一直以来的民族主义反抗情绪。同时，在开发土地和进行基础设施建设时，要注意环境保护，避免因环境恶化造成当地居民的排斥，危及当地自然经济的可持续稳定发展，中方在进行贸易往来时理应多关注民众情绪，以此来赢得来自巴西各地民众团体以及政府相关公益团体人士的深切理解认可与广泛支持。

综合上述五个方面的情况所述，中巴双方在畅通基础设施建设、农业贸易合作、政治经济互联、平台资金融通、民意相通方面进行深度合作，积极加强对巴西基础设施市场的重视程度，充分运用中国的资金优势、地理优势、人力物力优势、工程技术优势，将“一带一路”倡议与巴西进行全面对接，有效的将“一带一路”经济政策融入巴西社会经济发展，营造中巴双方互利、互惠、互赢的局面。

本章参考文献

[1] 澳门贸易投资促进局．“一带一路”国家基础设施发展指数报告 2022 [EB/OL]. https://m.ipim.gov.mo/zh-hans/market-information/research/special-report/the-belt-and-road-infrastructure-development-index-report-2017-2018-2019/, 2022.

[2] 谌华侨．“一带一路”倡议下的中巴合作基金对接作用研究 [J]. 徐州工程学院学报（社会科学版），2018，33（3）：24—28.

[3] 国家开发银行与中国水电建设集团国际工程有限公司联合课题组．“一带一路”与中拉基础设施合作的战略对接 [J]. 拉丁美洲研究，2018，40（3）：20—30，154—155.

[4] 江时学，王晨辉．金砖国家如何参与“一带一路”——以巴西为例 [J]. 同济大学学报（社会科学版），2021，32（4）：28—40.

[5] 罗萨里奥·圣加德亚，贾诗慧．“一带一路”在秘鲁：促进南美基础设施一体化 [J]. 拉丁美洲研究，2018，40（04）：33—52+155.

[6] 刘明．“一带一路”倡议下中国与巴西基础设施合作研究 [J]. 国际贸易，2019（03）：65—72.

[7] 梁嘉明，刘小丹，黄海滨．粤港澳大湾区与葡萄牙、巴西科技合作潜力研究 [J]. 科技管理研究，2021，41（11）：42—52.

[8] 清华大学中国与世界经济研究中心金砖国家经济智库．2017 年金砖国别报告——巴西 [C]. 金砖机制发展战略报告（2017），2017.

[9] 世界银行．Brazil 人口总数 [EB/OL]. https://data.worldbank.org.cn/indicator/SP.POP.TOTL?locations=BR, 2022.

［10］外交部．“一带一路”国际合作高峰论坛［EB/OL］．https：//www.mfa.gov.cn/wjb_673085/zzjg_673183/gjjjs_674249/gjzzyhygk_674253/ydylfh_692140/gk_692142/，2021.

［11］肖雨蒙．共建“一带一路”九周年成效几何？——《中国“一带一路”贸易投资发展报告2022》解读［J］．中国外资，2022（21）：14—19.

［12］谢文泽．“一带一路”视角的中国—南美铁路合作［J］．太平洋学报，2016，24（10）：47—57.

［13］伊莉莎，郭馨怿．“一带一路”倡议在葡语地区的经贸合作现状和前景分析——以巴西为例［J］．商展经济，2022，（1）：56—58.

［14］中华人民共和国商务部．“一带一路”倡议下中国与巴西基础设施合作研究［EB/OL］．http：//12335.mofcom.gov.cn/article/ydyl/201906/1925344_1.html，2015.

［15］张缘．“一带一路”倡议下中拉产能合作模式研究［D］．四川外国语大学，2020.

［16］赵雅文．“一带一路”背景下中国与其他金砖国家贸易合作研究［D］．陕西师范大学，2018.

［17］Forbes，K. J.，Rigobon，R. No contagion，only interdependence：measuring stock market comovements［J］．The Journal of Finance，2002，57（5）：2223－2261.

［18］Fry，R.，Martin，V. L.，Tang，C. A new class of tests of contagion with applications［J］．Journal of Business and Economic Statistics，2010，28（3）：423－437.

［19］Fry－McKibbin，R.，Hsiao，C. Y. L. Extremal dependence tests for contagion［J］．Econometric Reviews，2018，37（6）：626－649.

［20］King，M. A.，Wadhwani，S. Transmission of volatility between stock markets［J］．The Review of Financial Studies，1990，3（1）：5－33.

［21］Sims，C. A. Macroeconomics and reality［J］．Econometrica：journal of the Econometric Society，1980.

第七章 中国在葡语国家直接投资对双边贸易分析

第一节　概　　述

一、中国与葡语国家的贸易与投资概况

2013 年，习近平总书记提出“一带一路”倡议，倡导积极发展与沿线国家的经济合作伙伴关系，共同打造政治互信、经济融合、文化包容的利益共同体、命运共同体和责任共同体，“一带一路”战略是中国与世界各国扩大合作范围、实现共同发展的正确选择。澳门作为“一带一路”倡议中海上丝绸之路的重要一环，其一直是中国对外开放的桥梁和窗口（何振苓和何磊，2016；关锋和谢汉光，2016），由于独特的历史文化因素和地理条件，澳门与葡语国家有着天然的联系，因而，以澳门为桥梁，促进中国与葡语国家的经贸合作，是践行“一带一路”倡议的重要考虑。

葡语国家以发展中国家为主体，涵盖多种类型的国家，其自然资源丰富，市场潜力巨大，与中国贸易的互补性较强（丁浩和丁来涛，2017），对中国的投资吸引力大，是中国对外经贸合作的良好伙伴。双方政府很早就认识到双方经贸合作的重要性，2003 年，“中国—葡语国家经贸合作论坛”（以下简称中葡论坛）在澳门成立，这为双方开展互惠友好合作提供了重要平台，“一带一路”战略更是加深了双方合作的深度和力度，为双方的深入合作带来了全新的机遇。

贸易畅通是“一带一路”建设的主要内容，贸易畅通要求解决投资贸易便利化问题，消除投资和贸易壁垒，同时，将投资与贸易结合起来，以投资带动贸易发展。对于中国和葡语国家的交流合作来说，中国的投资能否带动双边的贸易发展引起了人们广泛的兴趣。一些统计数据反映了两者之间可能存在相关性，如图 7－1 和图 7－2 所示，中国对葡语国家的直接投资存量以及双边贸易额均迅速增长，

2003—2019 年，中国对葡语国家直接投资存量年均增速达 41.2%，中国与葡语国家双边贸易总额年均增速达 20.9%，且两者波动节点类似，均在 2015 年数额有所下降，随后继续保持增长。由此可知，中国对葡语国家的双边贸易额与直接投资存量之间存在一定的关系。

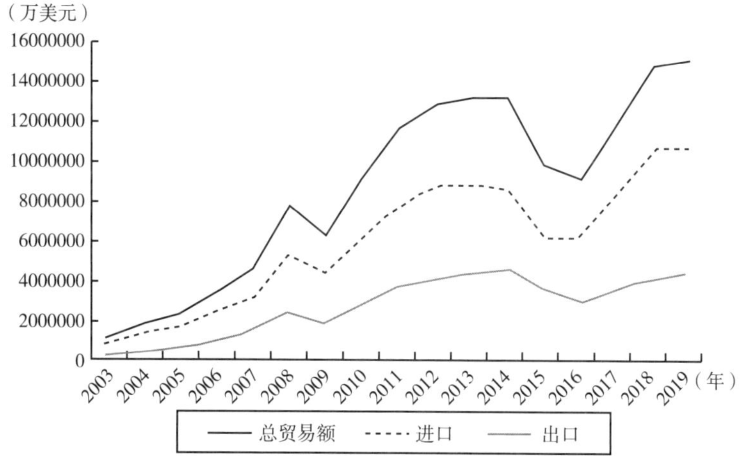

图 7－1　2003—2019 年中国与葡语国家进出口贸易状况

数据来源：中国统计年鉴。

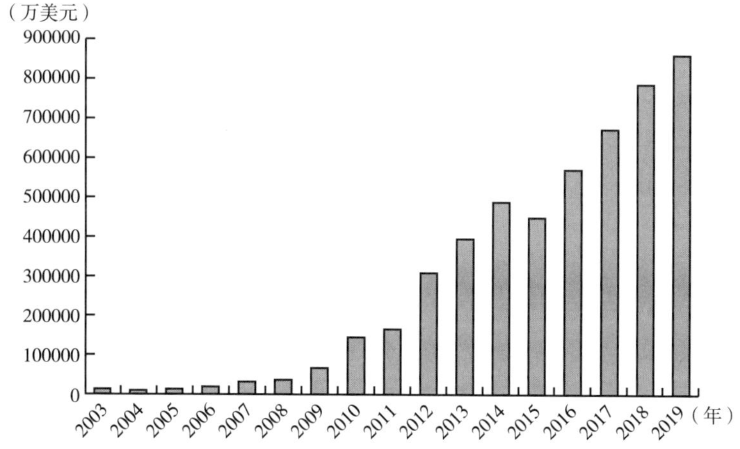

图 7－2　2003—2019 年中国对葡语国家直接投资存量情况

数据来源：中国研究数据服务平台。

二、直接投资对双边贸易贡献

已有理论研究表明，一国的对外直接投资（Outward Foreign Direct Investment，OFDI）对该国的进出口贸易存在两种影响效应，一种是替代效应，即对外直接投资会替代原有的进出口贸易，减少双边贸易额（Mundell，1957；Buckley and Casson，1976 ；Vernon，1992）；另一种是创造效应，即对外直接投资会创造贸易机会，增加进出口贸易额（小岛清，1987），至于是贸易创造效应还是贸易替代效应，则取决于对外直接投资的性质（Markusen and Svensson，1985；Gray，1998）。

为探讨中国对葡语国家直接投资产生的作用为贸易替代效应还是贸易创造效应，本书构建计量模型，实证分析了2003—2020年中国在葡语国家的直接投资对双边贸易所产生的作用，以期为相关部门提供决策参考。实证研究发现，中国对葡语国家的直接投资具有明显的贸易创造效应，即中国对葡语国家的OFDI显著增加了双边的进出口贸易，且进口创造效应略大于出口创造效应。进口创造效应对经济体量小的葡语国家没有显著影响，出口创造效应对经济体量小的国家的影响大于经济体量大的国家。

本书的边际贡献在于：第一，深入研究中国对葡语国家OFDI对双边贸易的影响，填补相关领域的空白，尤其是采用完全修正的最小二乘法（Full Modified Ordinary Least Square，FMOLS），实证检验了OFDI对中国和葡语国家双边贸易的影响，弥补了中国与葡语国家双边贸易研究中定量分析较少的缺口。第二，近几年，葡语国家陆续成为“一带一路”国家，且中葡论坛不断加强中国与葡语国家的交流与合作，在这样的背景下，研究中国与葡语国家的双边贸易具有重要意义，本书为拓展中国与葡语国家的双边贸易，提供一定的建议参考。

第二节　直接投资与双边贸易相关文献研究

关于 OFDI 对双边贸易的影响，已有文献主要有两方面的观点。一方面是贸易替代效应，Mundell（1957）是最早提出该观点的学者，其认为当两国之间存在贸易壁垒时，贸易壁垒会刺激资本进行跨国直接投资，促进东道国生产同一类型的商品，从而替代原有商品的进出口贸易。Vernon（1992）的产品生命周期理论从动态角度分析产品生产过程的各个阶段，其认为发达国家的企业为维持产品的竞争优势，在技术落后国投资建厂，从而替代了母国产品出口，这支持了替代效应的观点。Buckley and Casson（1976）提出的内部化理论同样支持替代效应的观点，内部化理论认为如果商品的出口成本显著大于内部化成本，跨国公司将选择在东道国进行内部化投资，那么两国之间的贸易将会被跨国公司的对外直接投资所替代。另一方面是贸易创造效应，小岛清（1987）认为，一国应大力发展具有比较优势的产业，扩大其出口，同时，应通过对外直接投资的方式，将处于比较劣势的产业转移到别国，在当地生产销售，这样，本国扩大进口拥有比较劣势的产品，扩大出口具有比较优势的产品，此时，对外直接投资就增加了两国的贸易往来。

那么 OFDI 对双边贸易的影响是贸易替代还是贸易创造呢？学者们普遍接受一种观点，即 OFDI 的程度和性质决定了其与双边贸易之间的关系。Markusen and Svensson（1985）认为如果商品贸易与资本要素之间是合作的，那么两者互相促进，否则对外直接投资将替代商品贸易。Gray（1998）认为对外直接投资的类型决定其替代还是创造贸易，市场寻求型投资对双边贸易会产生替代效应，资源寻求型或是成本导向型投资会产生创造效应。Head and Ries（2001）认为对外直接投资的类型决定两者之间的关系，水平型投资替代贸易，垂直型投资创造贸易。

中国OFDI的贸易效应如何？已有文献对此作出研究。张春萍（2012）实证分析了中国OFDI对贸易的影响，研究发现中国对于资源丰裕类国家和发达经济体的直接投资具有较强贸易创造效应，而对于新兴经济体及其他发展中国家贸易创造效应较弱。林创伟等（2019）使用引力模型分析中国OFDI对东盟国家的贸易效应，研究发现，中国对东盟国家直接投资的主要动机是资源寻求型，且存在明显的贸易创造效应。王煌和邵婧儿实证分析中国对“一带一路”沿线国家OFDI的贸易效应，发现中国OFDI存在明显的创造效应，在具体分析各区域贸易效应的差异后，发现资源寻求型OFDI和创新寻求型OFDI所带来的贸易创造效应最大。

关于中国与葡语国家双边贸易的研究，文献主要着眼于中国与葡语国家贸易的特征上。赵玉敏和张剑（2016）认为中国与葡语国家的贸易结构单一，中国多从葡语国家进口原材料等初级产品。但也有研究发现，中国与葡语国家贸易的互补性较大，丁浩和丁来涛（2017）采用显性比较优势指数、出口相似度指数和贸易互补指数研究中国与葡语国家贸易的竞争性和互补性发现，中国与葡语国家贸易不存在很强的竞争性，中国进口资源密集型产品，出口劳动、资本和技术密集型产品，中国与葡语国家贸易的互补性很强。

纵览上述文献可以看出，关于OFDI对双边贸易的研究较早，且学术界基本接受一种观点，即贸易替代效应还是贸易创造效应取决于OFDI的程度与性质，关于中国OFDI的贸易效应，大部分学者们的观点是贸易创造效应，而关于中国与葡语国家双边贸易的研究较少，多是定性研究，而且尚没有关于中国OFDI对中国与葡语国家双边贸易的实证研究。因此，本书的研究可以填补这一领域的空白。

第三节　直接投资与双边贸易之计量模型

一、模型设定

为了实证研究中国在葡语国家 OFDI 对中国与葡语国家进出口贸易的影响，本书构建如下计量模型，为减少异方差，对模型中变量取对数化变换。

$$\ln import_{it} = \alpha_0 + \alpha_1 \ln OFDI_{it} + Z_{it}\gamma_1 + \mu_{it} \tag{7-1}$$

$$\ln export_{it} = \beta_0 + \beta_1 \ln OFDI_{it} + Z_{it}\gamma_2 + \mu_{it} \tag{7-2}$$

其中，公式 7 - 1 表示中国在葡语国家直接投资对中国从葡语国家进口商品的影响，公式 7 - 2 表示中国在葡语国家直接投资对中国向葡语国家出口商品的影响，i 表示各个葡语国家，包含：安哥拉、巴西、佛得角、几内亚比绍、莫桑比克、葡萄牙、圣多美和普林西比、东帝汶，t 表示时间，被解释变量 $import_{it}$ 表示在 t 年中国对 i 国的进口额，$export_{it}$ 表示 t 年中国对 i 国的出口额，关键解释变量 $OFDI_{it}$ 为 t 年中国对 i 国的直接投资存量，Z_{it} 是所有控制变量的向量表示，γ_1、γ_2 是控制变量系数的向量表示，控制变量包含 t 年 i 国的国内生产总值（GDP_{it}）、t 年中国与 i 国的货币汇率（$exchange_{it}$）、t 年 i 国的关税税率（$tari_{it}$），μ_{it} 为随机扰动项。

本书关注的关键系数为 α_1 和 β_1，若 $\alpha_1 > 0$，则表明 OFDI 存在进口创造效应，若 $\alpha_1 < 0$，则表明存在进口替代效应，若 $\beta_1 > 0$，则表明 OFDI 存在出口创造效应，若 $\beta_1 < 0$，则表明存在出口替代效应。

二、研究样本

（一）直接投资、贸易与相关经济数据来源

从 2003 年起，中国开始实施《对外直接投资统计制度》，因此，

中国 OFDI 的数据最早只能追溯到 2003 年，本书选择 2003—2020 年中国与葡语国家的年度数据作为研究样本。其中，中国与葡语国家双边贸易的进出口总额数据来源于《中国统计年鉴》，中国对葡语国家直接投资存量数据来源于中国研究数据服务平台（Chinese Research Data Services Platform，CRDSP），中国与葡语国家国内生产总值（Gross Domestic Product，GDP）数据、葡语国家货币与人民币汇率数据来源于世界银行世界发展指标，葡语国家的关税税率数据来源于世界贸易组织（World Trade Organization，WTO）统计数据库，其中存在部分缺失值，本书根据世界综合贸易解决方案（World Integrated Trade Solution，WITS）数据库将其补全。

（二）直接投资、贸易与相关经济数据描述

本书被解释变量与核心解释变量的选取无须赘述，此处只说明本书控制变量的选取。首先，根据研究双边贸易常用的贸易引力模型，双边贸易量与两国的经济发展水平成正比，也就是说两国的 GDP 越大，双边贸易量越大，故本书选取葡语国家 GDP 作为控制变量。其次，在研究国际贸易时，汇率和关税是经常被考虑的影响因素，汇率波动以及关税变化均会影响双边贸易（张莞洺和张珊珊，2020），本书通过换算美元汇率获得葡语国家货币与人民币交换汇率，以此作为控制变量，同时选取葡语国家的关税税率为控制变量。变量的定义与描述性统计如表 7 - 1 所示。

表 7 - 2 报告了中国在葡语国家的 OFDI 和双边进出口贸易的排名情况。其中，无论是与中国的进出口贸易，还是中国的 OFDI 流入或是 GDP 总量，巴西均在葡语国家中居于首位，其次是葡萄牙、安哥拉等国家。从表中可以看出，中国与葡语国家贸易总量排名与 OF-DI 流入、GDP 排名有很大的相似性，说明它们之间可能存在相关性。另外，双边贸易、OFDI 主要集中在巴西、葡萄牙和安哥拉，在其余国家中所占比例很小，这表明在与中国的双边贸易中，葡语国家之间存在较大差异。

表 7-1 变量的定义与描述性统计

变量	含义
进口（import）	中国从葡语国家进口的贸易额
出口（export）	中国对葡语国家出口的贸易额
对外直接投资（OFDI）	中国对葡语国家的直接投资存量
收入水平（GDP）	葡语国家的国内生产总值（2015 年不变价美元）
汇率（exchange）	中国与葡语国家货币交换汇率，表示每单位人民币兑换外国货币的数量
关税（tari）	葡语国家关税税率的加权平均值

变量	单位	样本量	均值	标准差	最小值	最大值
进口	万美元	144	7.53	5.69	0.00	15.96
出口	万美元	144	9.77	3.06	3.00	15.09
对外直接投资	万美元	128	8.05	2.96	0.00	13.00
收入水平	万美元	144	13.88	2.90	9.75	19.05
汇率	外国货币/人民币	144	0.89	2.26	-2.34	4.55
关税	%	144	2.10	0.52	0.92	2.62

注：描述性统计中各变量为对数化变换的数值。

数据来源：中国统计年鉴、中国研究数据服务平台、世界银行世界发展指标、世界贸易组织统计数据库、世界综合贸易解决方案数据库，以及作者自行整理。

表 7-2 2020 年葡语国家贸易比较

国家	与中国进口贸易排名	在葡语国家中占比	与中国出口贸易排名	在葡语国家中占比	中国OFDI 流入排名	在葡语国家中占比	各国GDP排名	在葡语国家中占比
安哥拉	2	14.24%	4	4.04%	2	36.27%	3	5.01%
巴西	1	82.52%	1	80.87%	1	43.21%	1	84.09%
佛得角	5	0.001%	6	0.18%	7	0.04%	6	0.08%
几内亚比绍	8	0.00001%	7	0.12%	6	0.33%	7	0.06%
莫桑比克	4	0.56%	3	4.63%	3	17.76%	4	0.86%
葡萄牙	3	2.68%	2	9.67%	5	0.62%	2	9.79%
圣多美和普林西比	7	0.00005%	8	0.05%	8	0.03%	8	0.02%
东帝汶	5	0.001%	5	0.44%	4	1.74%	5	0.10%

数据来源：中国研究数据服务平台、中国统计年鉴、世界银行世界发展指标。

第四节　直接投资对双边贸易之实证分析

一、单位根检验

在面板数据中，若存在单位根，则会出现伪回归等严重后果，为避免回归结果出现“伪回归”问题，本节对数据的平稳性进行单位根检验。

面板数据单位根检验存在诸多方法，由于本书节的数据为非平衡面板数据，且基于可靠性的考虑，本书节选取 Fisher - ADF 检验来检验数据是否平稳。表 7 - 3 所示为各变量单位根检验。

表 7 - 3　各变量单位根检验

变量	Inverse χ^2	Inverse Normal	Inverse logitt	Modified inverse χ^2
原始值				
进口	20.58	0.93	0.78	0.81
出口	7.03	1.58	1.52	-1.59
对外直接投资	23.85*	-0.83	-1.01	1.39*
收入水平	12.31	0.89	0.86	-0.65
汇率	9.86	2.95	3.34	-1.09
关税	11.77	0.09	0.10	-0.75
差分值				
进口	57.28***	-5.21***	-5.55***	7.30***
出口	65.56***	-5.95***	-6.43***	8.76***
对外直接投资	54.02***	-4.10***	-4.50***	6.72***
收入水平	48.81***	-4.55***	-4.67***	5.80***
汇率	26.21*	-2.01**	-1.96**	1.81**
关税	54.11***	-5.08***	-5.26***	6.74***

注：各变量为对数化变换的数值。* 表示 $p<0.1$，** 表示 $p<0.05$，*** 表示 $p<0.01$。

数据来源：作者自行整理。

根据表7－3所示的检验结果可知，各变量原序列是非平稳的，对原数据进行普通最小二乘法回归会出现“伪回归”问题，而各变量的一阶差分序列是平稳的，说明各变量之间可能存在长期均衡关系，满足变量进行协整检验的要求，可进行下一步检验。

二、协整检验

为检验各变量之间是否存在长期均衡关系，本节对各变量进行协整检验。本节使用Kao检验（Kao，1999）进行面板协整检验，Kao检验为同质面板协整检验，备择假设为所有个体都存在协整关系，其检验方法是通过建立协整回归，取出回归残差进行单位根检验，若残差平稳，则存在协整关系，该种检验方法在实践运用中具有良好的稳定性和检验功效（王秋霞和朱宗元，2013）。

Kao检验结果如表7－4所示，进口与其解释变量的协整检验中四个检验统计量在1%的显著水平下拒绝原假设，出口与其解释变量的协整检验中五个检验统计量均在1%的显著水平下拒绝原假设，检验结果表明，两组变量均存在长期均衡关系。

表7－4　　　　变量协整检验

统计量 \ 被解释变量	进口	出口
Modified Dickey－Fuller t	－3.81***	－2.57***
Dickey－Fuller t	－3.81***	－4.12***
Augmented Dickey－Fuller t	－1.04	－2.65***
Unadjusted modified Dickey－Fuller t	－9.15***	－4.14***
Unadjusted Dickey－Fuller t	－5.67***	－4.68***

注：* 表示 $p<0.1$，** 表示 $p<0.05$，*** 表示 $p<0.01$。

数据来源：作者自行整理。

三、回归结果分析

当数据通过了协整检验，说明数据之间存在长期均衡关系，此时可以使用完全修正最小二乘法（Full Modified Ordinary Least Square, FMOLS）和动态最小二乘法（Dynamic Ordinary Least Squares, DOLS）进行估计。Pedroni（2000）提出，FMOLS 估计方法能够修正动态模型中的协整关系和估计推断。Kao and Chiang（2000）提出，在面板协整回归模型中，FMOLS 比传统的普通最小二乘法更有效修正模型中存在的序列自相关和内生性，并且在样本容量较小时，FMOLS 的估计结果依旧可靠。因此，本书使用 FMOLS 估计方法，研究中国 OFDI 对中国与葡语国家双边贸易的影响。

表 7-5 给出了 OFDI 对双边贸易影响的 FMOLS 估计结果。其中，列（1）和列（2）研究的是 OFDI 对中国与葡语国家进口贸易的影响，列（3）和列（4）研究的是 OFDI 对中国与葡语国家出口贸易的影响。列（2）的结果表明，控制其他因素不变，中国对葡语国家的直接投资存量每增加 1 个百分点，中国对葡语国家的进口会增加 0.41%。列（4）的结果表明，控制其他因素不变，中国对葡语国家直接投资存量每增加 1%，中国对葡语国家的出口会增加 0.39%。另外，各控制变量的系数也表现出良好显著性，这表明，葡语国家的经济发展水平对中国与葡语国家的双边贸易均有显著的正向作用，且进口促进效应大于出口促进效应；中国与葡语国家货币汇率对双边贸易有显著影响，1 单位人民币换取的葡语国家货币越多，越有利于中国向葡语国家进口商品，越不利于中国向葡语国家出口商品，然而，汇率的进口促进作用远大于出口抑制作用；葡语国家关税税率对双边贸易存在负效应，说明高关税会抑制中国与葡语国家双边贸易的发展，不利于中国与葡语国家之间的贸易往来。

表 7－5　OFDI 对中国与葡语国家进出口贸易的 FMOLS 估计

项目	(1)	(2)	(3)	(4)
	进口	进口	出口	出口
对外直接投资	1.413*** (5.68)	0.414*** (3.25)	0.632*** (4.61)	0.387*** (9.98)
收入水平		1.675*** (9.08)		0.602*** (10.72)
汇率		0.940*** (4.39)		-0.114* (-1.75)
关税		-3.140*** (-3.87)		-0.191 (-0.77)
常数项	-7.410*** (-3.61)	-15.010*** (-8.25)	2.885** (2.55)	-1.399** (-2.53)
N	127	127	127	127
R^2	0.360	0.855	0.407	0.953

注：各变量为对数化变换的数值，括号内为 t 统计量。* 表示 $p<0.1$，** 表示 $p<0.05$，*** 表示 $p<0.01$。

数据来源：作者自行整理。

上述结果表明，中国对葡语国家直接投资具有明显的进出口创造效应，且进口创造效应略大于出口创造效应。随着中国经济发展和对外开放战略的实施，中国对葡语国家的 OFDI 逐年增加，这一方面促进了葡语国家的经济发展，使得葡语国家的金融、港口、物流等设施完善，提高了中国与葡语国家之间的贸易效率，从而促进了中国与葡语国家之间的贸易往来，产生明显的进出口创造效应；另一方面，中国对葡语国家的直接投资会带动当地就业，激发葡语国家的购买力，同时也会增加葡语国家对中国产品的认可与信任，从而增加葡语国家对中国商品的进口需求，创造中国对葡语国家的出口贸易；另外，中国从葡语国家的进口商品种类单一，中国主要从葡语国家进口原材料、燃料、农作物等自然资源类商品，中国对葡语国家的直接投资也多为资源寻求型投资，资源寻求型投资会创造母国对东道国的进口贸易（Gray，1998），因此，中国对葡语国家的直接投资有很强的进口创造效应。

四、稳健性检验

为确保估计结果的可靠性，本节使用 DOLS 估计方法，重新对中国 OFDI 的双边贸易效应进行估计，估计结果如表 7－6 所示，从中可以看出，DOLS 估计结果与 FMOLS 估计结果类似，中国 OFDI 对中国与葡语国家双边贸易的影响均显著为正，且系数不存在较大差异，这表明中国对葡语国家的直接投资具有显著的贸易创造效应，研究结果可靠。

表 7－6　OFDI 对中国与葡语国家进出口贸易的 DOLS 估计

项目	(1)	(2)	(3)	(4)
	进口	进口	出口	出口
对外直接投资	1.115*** (5.02)	0.368** (2.28)	0.584*** (3.10)	0.319*** (5.11)
收入水平		1.643*** (7.42)		0.630*** (7.35)
汇率		0.863*** (3.53)		－0.080 (－0.85)
关税		－2.984*** (－3.31)		－0.240 (－0.69)
常数项	－5.420*** (－3.10)	－14.525*** (－7.62)	3.341** (2.26)	－1.217* (－1.65)
N	125	125	125	125
R^2	0.719	0.897	0.764	0.970

注：各变量为对数化变换的数值，括号内为 t 统计量。* 表示 $p<0.1$，** 表示 $p<0.05$，*** 表示 $p<0.01$。

数据来源：作者自行整理。

五、异质性检验

众所周知，葡语国家内部之间存在较大差异，其中，最为明显的是经济总量上的差异，2020 年，巴西、葡萄牙和安哥拉的 GDP 分别占葡语国家 GDP 总量的 84.1%、9.9% 和 5%，其余 5 个国家的经济体量所占比例很小，5 个国家的 GDP 总和占葡语国家 GDP 总量的 1%。由此，本书根据葡语国家内部经济总量上的差异，将葡语国家分为经济体量大和经济体量小两个样本组，巴西、葡萄牙和安哥拉为经济体量较大的国家，佛得角、几内亚比绍、莫桑比克、圣多美和普林西比、东帝汶为经济体量较小的国家，以此来分析中国对葡语国家 OFDI 对双边贸易影响的异质性，如表 7－7 所示。

表 7－7　OFDI 对中国与葡语国家进出口贸易的异质性估计

项目	经济体量大的国家		经济体量小的国家	
	(1)	(2)	(3)	(4)
	进口	出口	进口	出口
对外直接投资	0.393*** (5.69)	0.341*** (6.90)	－0.320 (－1.40)	0.441*** (5.30)
收入水平	1.441*** (3.77)	0.383 (1.40)	1.812*** (4.83)	0.654*** (4.80)
汇率	0.506** (2.38)	－0.220 (－1.45)	2.360*** (4.75)	－0.346* (－1.92)
关税	－2.764*** (－2.91)	0.041 (0.06)	－11.890*** (－5.52)	0.905 (1.15)
常数项	－7.844* (－1.70)	3.090 (0.94)	－1.889 (－0.48)	－3.912*** (－2.75)
N	52	52	74	74
R^2	0.860	0.832	0.692	0.919

注：各变量为对数化变换的数值，括号内为 t 统计量。* p＜0.1，** p＜0.05，*** p＜0.01。

数据来源：作者自行整理。

从表中可以看出，对于经济体量相对较大的巴西、葡萄牙和安哥拉，中国 OFDI 对双边贸易具有明显的促进作用，且进口创造效应略大于出口创造效应；对于经济体量相对较小的佛得角、几内亚比绍、莫桑比克、圣多美和普林西比、东帝汶，中国 OFDI 能够显著促进中国对葡语国家的出口，而对中国进口葡语国家商品没有显著影响；另外，中国对经济体量小的国家直接投资的出口创造效应大于经济体量大的国家。

对于上述中国 OFDI 贸易效应在不同国家之间的差异，可能的解释在于，经济体量较小的国家，其经济发展水平相对落后，产业链尚不完善，中国对外投资产业所需的生产设备及相关服务在当地尚不能得到满足，这促进了中国对这些国家出口配套设备和服务，因而中国 OFDI 对经济体量较小国家的出口创造效应大于经济体量较大的国家。另外，由于经济体量较小，这些国家出口至中国的商品金额小，所以中国 OFDI 的进口效应并不明显。

第五节　直接投资对双边贸易结论与建议

一、研究结论

本书使用 2003—2020 年中国对葡语国家直接投资数据和中国与葡语国家双边贸易数据，进行实证分析，研究发现：中国对葡语国家的直接投资具有显著的贸易创造效应。当控制其他因素不变时，中国对葡语国家的 OFDI 存量增加 1 个百分点，中国从葡语国家进口额度会增加 0.41%，中国向葡语国家出口额度增加 0.39%，中国对葡语国家直接投资的进口创造效应大于出口创造效应。另外，随着葡语国家之间经济体量的不同，中国 OFDI 的贸易创造效应也存在差异，中国对经济体量小的国家直接投资的出口创造效应大于经济体量大的国家，中国对经济体量小的国家的商品进口受OFDI的影响并不明显。

二、政策相关建议

本书研究不仅为评估中国在葡语国家的直接投资对双边贸易的影响提供了经验证据，而且还为中国与葡语国家贸易往来的深化提供了重要的政策启示。首先，中国对葡语国家直接投资具有显著的贸易创造效应，政府应引导鼓励中国企业对葡语国家直接投资，增进中国与葡语国家的贸易往来。其次，近几年，葡语国家陆续与中国签署“一带一路”合作谅解备忘录，成为“一带一路”国家，中国与葡语国家应抓住机遇，积极开展经贸合作，增强政治互信，使中国对葡语国家直接投资的渠道更加畅通。另外，需继续发挥澳门的平台与桥梁作用，借助于中国—葡语国家经贸合作论坛，增强中国与葡语国家间相互了解，使中国投资者明晰在葡语国家进行投资的可行性，提升中国对葡语国家直接投资的信心，消除壁垒，拓宽直接投资的渠道，增进双边贸易。最后，政府应加强对外直接投资的规划引导，进一步完善中国对葡语国家直接投资的行业和区位结构，要充分利用葡语国家的自然资源优势和劳动力优势，提高中国对外直接投资的效率，使贸易创造效应最大程度发挥作用，实现国家间的共赢。

本章参考文献

[1] 丁浩，丁来涛．中国与葡语国家商品贸易的竞争与互补性研究［J］．国际商务研究，2017，38（04）：30—38+70.

[2] 陈培如，冼国明．中国对外直接投资的出口效应——对“替代”和“互补”效应并存的一种解释［J］．当代财经，2018（09）：102—113.

[3] 林创伟，谭娜，何传添．中国对东盟国家直接投资的贸易效应研究

[J]. 国际经贸探索, 2019, 35 (04): 60—79.

[4] 关锋, 谢汉光. "一带一路" 与澳门的发展机遇 [J]. 港澳研究, 2016 (02): 68—74 +95—96.

[5] 何振苓, 何磊. "一带一路" 建设中澳门发展的机遇、优势与路径 [J]. 国际经济合作, 2016 (10): 83—86.

[6] 毛海欧, 刘海云. 中国对外直接投资对贸易互补关系的影响: "一带一路" 倡议扮演了什么角色 [J]. 财贸经济, 2019, 40 (10): 81—94.

[7] 牛华, 毕汝月, 蒋楚钰. 中国企业对外直接投资与 "一带一路" 沿线国家包容性增长 [J]. 经济学家, 2020 (08): 59—69.

[8] 王煌, 邵婧儿. "一带一路" 建设下中国 OFDI 的贸易效应研究——基于 GTAP 模型的分析 [J]. 国际经贸探索, 2018, 34 (02): 36—52.

[9] 王秋霞, 朱宗元. 截面独立与相关下的面板协整检验的比较 [J]. 统计与决策, 2013 (21): 10—14.

[10] 小岛清. 对外贸易论 [M]. 天津: 南开大学出版社, 1978.

[11] 尹斯斯, 潘文卿, 高云舒, 黄寰. 中国企业对外直接投资与贸易福利: 理论与经验研究 [J]. 世界经济, 2020, 43 (07): 26—48.

[12] 张春萍. 中国对外直接投资的贸易效应研究 [J]. 数量经济技术经济研究, 2012, 29 (06): 74—85.

[13] 张菀洺, 张珊珊. 中国对外贸易的影响因素研究 [J]. 数量经济技术经济研究, 2020, 37 (11): 81—98.

[14] 赵玉敏, 张剑. 抓住深化中国与葡语国家经贸关系的新机遇 [J]. 国际贸易, 2016 (10): 28—32.

[15] Blonigen, B. A. In search of substitution between foreign production and exports [J]. Journal of International Economics, 2001, 53 (1): 81 - 104.

[16] Buckley P. J, CassonM. C. The Future of the Multinational Enterprise [M]. Homes and Meier Publishers, 1976.

[17] Gray, H. P. International trade and foreign direct investment: the interface [J]. Globalization, Trade and Foreign Direct Investment, 1998, 7: 19 - 27.

[18] Head, K. Increasing returns versus national product differentiation as an explanation for the pattern of US - Canada trade [J]. American Economic Review, 2001, 91 (4): 858 - 876.

[19] Kao M C. On the estimation and inference of a Cointegrated Regression in panel data [J]. Chihwa Kao, 2000, 15 (1): 109 - 141.

[20] Kao, C. Spurious regression and residual - based tests for cointegration in panel data [J]. Journal of Econometrics, 1999, 90 (1): 1 - 44.

[21] Krugman, P., Venables, A. J. Globalization and the Inequality of Nations [J]. The Quarterly Journal of Economics, 1995, 110 (4): 857 - 880.

[22] Markusen, J. R. Factor movements and commodity trade as complements [J]. Journal of International Economics, 1983, 14 (3 - 4): 341 - 356.

[23] Markusen, J. R., Svensson, L. E. Trade in goods and factors with international differences in technology [J]. Lars Svensson.

[24] Mundell, R. A. International trade and factor mobility [J]. The American Economic Review, 1957, 47 (3): 321 - 335.

[25] Pedroni, P. Fully modified OLS for heterogeneous cointegrated panels [J]. Advances Econometrics, 2000, 15: 93 - 130.

[26] Vernon, R. International investment and international trade in the product cycle [J]. In International economic policies and their theoretical foundations, 1992: 415 - 435.

第八章　中国与葡语国家科技合作分析

第一节　中国与葡语国家科技合作背景

自2013年“一带一路”倡议提出以来，其以区域经贸合作为发轫，合作领域逐步扩展至科技、环保、能源、人文等多个方面。尤其是在当前世界面临着逆全球化越演越烈，新冠疫情冲击等多种不利因素的共同影响下，“一带一路”通过推进政策沟通、设施联通、贸易畅通、资金融通、民心相通五通政策，反而凸显了中国模式对于全球发展的不可替代的推动力；其不仅提供了丰富的经济和贸易合作范式和典范，同时也为推进全球治理体系在各个领域的变革提供了新的机遇和方案（刘同舫，2020）。在“一带一路”平台上推动全面而多层次的跨国科技合作则成为了实现“高品质共建”，落实“共商、共建、共用”全球治理观的重要抓手，为沿线国家的产业升级、绿色创新提供可持续的中国方案（Wang and Zhong，2021），因而其合作成效也日益成为政学企关注的热点问题。

回顾前期文献，其在“技术合作”这一议题上主要开展了以下两个方面的研究：一是科技合作网络的描绘和探索；二是关于科技合作的影响因素分析。关于前者，其中部分研究认为，从规模上看，“一带一路”参与国与我国之间的科技合作具有不断扩大的总趋势，但从合作程度和领域来看，仍和中国与发达国家间的科技合作存在巨大差距（吴建南和杨若愚，2016）。同时，也有研究认为，中国与“一带一路”沿线国家的科技合作存在空间与行业上的非均衡性，因而其合作网状结构的合作广度强度分布极不均匀（陈欣，2020）。而关于后者，前期研究分别从沿线国家特征、中国与沿线国家距离与差异等视角进行了深入探究。部分研究指出，国际科技合作的推进与合作双方的经济发展水平、开放水平等硬环境息息相关（Che et al.，2022）；同时也有研究认为，语言、文化、宗教等软环境也会对国际科技合作产生重大影响（张明倩和柯莉，2018）。而在具体因素上，地理距离对于国际科技合作起到抑制作用个（顾伟男等，2020）；而技术接近性（方慧和赵甜，2017）、文化接近性和社会接近性则具有积极影响（高珺和余翔，2021）。进一步地，这类影响的动态效应也出现了一定的分化，其中地理和文化邻近性具有减弱的趋势而技术和社会邻近性则趋于增强（Gui et al.，2018）。

综上不难发现，前期研究以“一带一路”沿线国家为样本，对国际科技合作进行了大量有益探索，但其研究方法与样本选择仍存在一定的可拓展之处。一是，现有研究在方法上大量采用的是知识网络构建的方法，试图通过刻画网络节点及节点间各类距离和作用以描绘“一带一路”沿线国家间科技合作的情形和特征，但使用这一方法却无法验证“一带一路”倡议对于国际科技合作的冲击强度和持久度。二是，现有研究大多是以“一带一路”全体国家构成样本，这之中许多国家在加入“一带一路”倡议前与中国的科技合作罕见，因而也无法充分表征“一带一路”倡议对于科技合作的驱动作用。

鉴于此，本书拟从以下三个方面对这一议题进行拓展：一是研究方法上的创新，本书拟采用多期双重差分模型（Difference In Difference；DID）对“一带一路”倡议提出前后国际科技合作的规模和品质提升进行检验。二是样本选择上的创新，本书在过往文献采用“一带一路”全体国家为样本的基础上，特别采用长期以来与中国都有广泛友好合作关系的葡语国家为样本，对此进行考察和验证。三是探索机制路径的创新，本书在基准回归的基础上，拟引入中介变量回归的方法，对“一带一路”倡议通过何种路径影响“国际科技合作”进行探索，从而为优化“一带一路”政策的实施提出更为合意的政策建议。

第二节　现状分析与理论机制

一、中国与葡语国家国际科技合作发展回顾

葡语国家分布在欧洲、非洲和南美洲，大部分国家都处于“一带一路”规划的沿线地区。然而，其相对于其他大部分“一带一路”倡议参与国的关键特征主要在于以巴西、安哥拉和葡萄牙为主体的葡语国家在“一带一路”倡议提出之前就已与中国开展了良好的贸易、经济和科技合作，从而为考察“一带一路”倡议和政策的实施提供了一个良好的准自然实验样本。因此，本节回顾并考察了中国与葡语国家间合作的经济事实。

自冷战结束，全球经济一体化与加深国与国间各层次的合作成为国际经济发展的主要趋势。无论是经贸层面、还是科技层面，不同层级的区域合作在广度和深度上都得到了长足的发展。这之中，1996年成立的葡语国家共同体，由于其丰富的资源禀赋与经济发展类型，与中国在资源和市场上形成互补。此后，中国与葡语国家的经贸和技术合作规模不断加速增长，双方商品进出口总额从2002年的60.56亿美元增长至2021年的2009亿美元，增幅超过33倍[①]，图8－1中呈现了双方近年来进出口总额的增加趋势。

科技合作方面，由于葡语国家共同体包含了以发展中国家为主体的多种类型国家，因此与中国的科技合作模式各不相同。如葡萄牙作为欧洲发达国家的一员，可以与中国在海洋科技、空间科技、智慧化设备等多个前沿领域进行深层次的交流与合作。而巴西作为资源大国与金砖国家，我国则与其在数字经济、智慧农业等领域达成了众多的

① 数据来源：腾讯网。

合作协定。而以安哥拉为首的非洲葡语国家，双方合作则更多地以中国的技术援助和投资为主，具体领域则分布在能源（石油）开采、基础设施建设和农产品种植方面。总体而言，20 多年来中国与葡语国家在科技合作方面的规模不断扩张，品质不断提高，具有较大的提升潜力和深化空间。

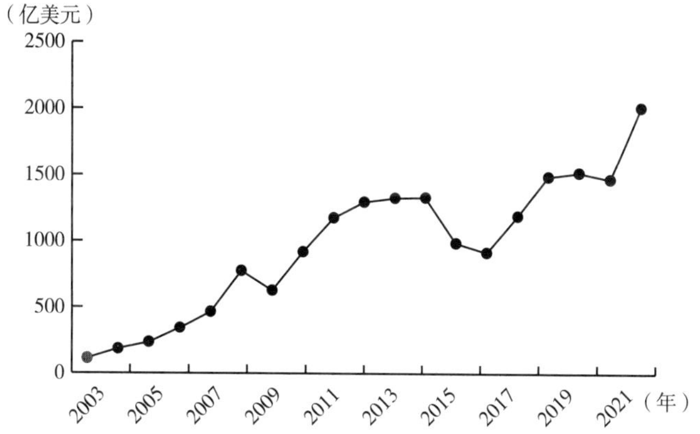

图 8-1　中国与葡语国家贸易总额

数据来源：海关总署查询结果并自行汇总。

通过上述经济现实回顾不难发现，即使忽略“一带一路”倡议，中国与葡语国家间的科技合作也处于一个稳定上升的趋势中，而若将其政策效应考虑在内，又会对中国与葡语国家间的国际科技合作产生何种驱动呢？首先，从政策供给角度看，自 2016 年《推进“一带一路”建设科技创新合作专项规划》发布以来，各相关的部门和企业纷纷制定了各类双边和多边合作的行动方案，构建“一带一路”国际科技合作的顶层设计。其次，从合作模式来看，与过往科技合作模式最大的区别在于“一带一路”国际科技合作针对沿线国家不同的发展水平和科技禀赋因时因地、分国家与专案分别采用不同的合作模式，并以双边或多边协定对合作进行约束，以共建科技园区的形式夯实合作基础。最后，从合作内容上来看，在“一带一路”各类合作协定的促进下，中国与沿线国家的相关企业和科技人员往往通过举办学术会议、共建研究机构、合作研究、技术转让与专利共同申请等模式进行合作，从单项的具体资料来看，双方合作规模不断扩大，但合作品质有待提升（Sun and Grimes，2017），如图 8－2 所示，以合著论文数为代表，双方的科技合作的规模也急剧扩大。

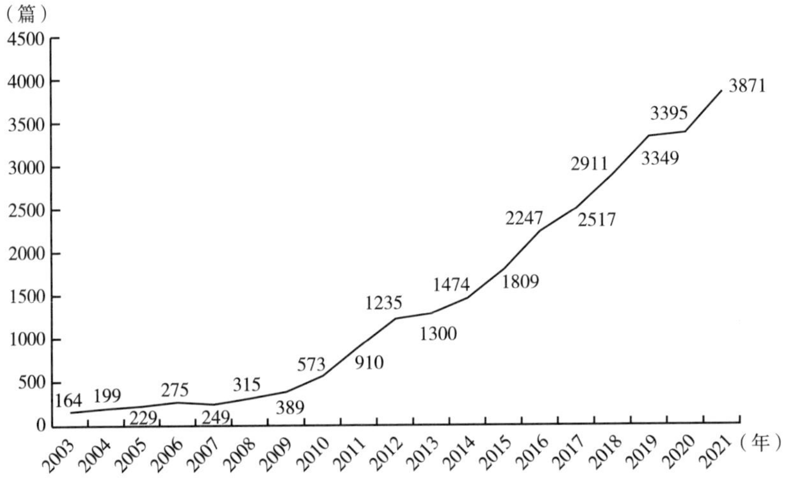

图 8－2　中国与葡语国家合著论文数量

数据来源：WOS 文献平台查询结果并自行整理。

综上所述，中国与葡语国家的科技合作在“一带一路”倡议提出前后都显示出较强的发展趋势，那么究竟是何种因素促进了双方的科技合作，“一带一路”倡议及其合作协定在其中又如何起到正面的促进作用，本书将在以下部分继续进行深入剖析。

二、中国与葡语国家科技合作驱动力分析

本质而言，科技创新往往是政府、企业、大学（研究机构）“三股螺旋”形成合力而共同作用的结果。因而国际科技合作体系的构建与发展，也离不开双边或多边的三股合力的参与。

首先，在政府层面，通过共建科技园区来促进双边科技合作是最为常见的合作模式，其中与葡语国家的共建园区合作包含了两种模

式：一是引导双方现有的自主创新示范区、海洋科技园区与高新园区等主动对接，合作共建，从内涵和外延两方面充分开发双方的合作共建模式。如中国与巴西于2016年签署了《中巴科技园区领域双边合作谅解备忘录》，同时也通过与葡萄牙在海洋等领域的合作，使其成为西欧第一个签署“一带一路”协议的国家。二是出台各类政策鼓励和引导科技型企业到沿线国家的园区中进行投资和研发，通过利用葡语各国具有比较优势的科技禀赋，强化专利合作，提升创新效率，促进双方向价值链高端攀升。此外，我国政府还有意识地通过推动重大工程项目建设来实现科技资源上，尤其是科技设备、科研平台、数据资料等资源的互助互联（刘志迎和单洁含，2013），推动科技资源分享，并以此实现知识共享溢出效应，从而推动实业界的高效合作，充分发挥“工程红利”（时茜茜等，2017）。

其次，企业层面对于“一带一路”科技合作的参与主要是通过与研究机构共建联合研究平台和技术转移平台来实现。其中，联合研究机构的意义在于能够有效发挥中葡双方的技术优势和人才优势，从而推动产学研深化合作，形成重点领域的有效突破（任虎和袁静，2018）；如2021年末中葡在上海共建成立星海“一带一路”实验室，在研究海洋和气候的重大科学问题上迈出了重要一步。而技术转移平台的共建，则更多地满足了非洲葡语国家的个性化需求，可以有效提高相关国家的全要素生产率，同时技术转移虽不能直接提升我国企业的创新能力，但确实起到了吸收扩散技术，融合创新要素的作用（张亚峰等，2022）。如中国企业在安哥拉、莫桑比克等国家的合作和援建项目中，往往通过现场培训、构建教育体系和技术投资等方式，形成对参与国家的技术转移。

最后，大学与研究机构在中国与葡语国家的科技合作中起到了重要的“软件驱动”作用。在“一带一路”倡议下，一方面我国与葡语国家间加强了科技人文交流活动的举办和开展，如互相派遣留学生，扩大合作研修人员规模，深化成果联合著作等，丰富了科技合作的模式与层次。另一方面则以科技人文交流为契机，在科技资源上、合作领域上和合作收益上探索更为契合的交汇点，进而试图攻克更多技术难点。同时在宏观上提升国家间的互助互信，微观上则提升科技人员的创新能力。

综上所述，“一带一路”倡议的提出，为中国与葡语国家间的科技合作提供了良好的政策基础和政治氛围，并通过政府、企业和大学三个层次的合作行动，有效地提升了双方科技合作的规模和效率。基于此，本书将进一步分析其具体的路径机制。

三、中国与葡语国家国际科技合作路径机制分析

一般而言，企业与大学（研究机构）是国际科技合作的微观主体，因此中国与葡语国家的国际科技合作数量与品质的双重提升，离不开微观主体对这一决策和行动在成本和收益上的衡量。换言之，“一带一路”倡议能否显著地提升双方微观主体的科技合作意愿和行动力，主要在于双方政府制定和实施的各类政策，是否更有利于释缓经济差距、技术相似性等不利因素对合作决策的约束，同时加强社会邻近性、技术距离等有利因素对于合作行为的激励，从而发挥知识溢出和反向溢出效应，显著改善微观主体的“投入—产出”函数，使得国际科技合作具有双赢的微观机制。

而从“一带一路”合作的宗旨来看，其坚持共商共用共建内涵，着眼于基础设施互通建设，目的在于提高包括科研资源在内的生产和研发要素的配置效率，从而实现互利共赢的国际市场融合以及和谐包容的区域深度合作。特别是“五通”原则的提出与落实，更为中国与葡语国家间的科技合作活动夯实了政策基础，具体表现如下。

在宏观机制的研究中，大量前期文献指出：技术距离、技术相似性、经济差距以及社会邻近性对国际科技合作具有促进作用（孙玉涛和姚琳，2022）。而“一带一路”倡议提出这些年来，尽管其内涵

不断沉积，框架日益完整，也取得了大量丰硕的合作果实，但其“根据各国各区域自身发展水平自主自愿参加合作”的初衷从未改变。因而，无论葡语国家中其具体经济发展水平和技术比较优势处于何种层次，都能借助“一带一路”倡议，找到双方合作的切入点和适配模式。如对于葡萄牙作为发达国家，“一带一路”倡议可充分发挥其与中国在海洋、空间等领域的技术相似性（韩莹和李宇，2022），从而搭建品质更高的科技合作框架。而对于巴西这样的资源大国，其与中国的合作又可以充分发挥技术距离较远的比较优势，从而更好地推动双方在能源效率、绿色创新等方面的科技合作，从而实现资源分享、设施共通和技术共创。而对于东南亚、非洲等不发达葡语国家，利用与我国较大的经济发展差距的经济特征，选择与我国在基础设施等领域进行合作，承接技术转移则成为了其最优选择。可见，无论中国与葡语国家间选择何种具体的科技合作模式，“一带一路”倡议中所强调的高品质、高标准、高水平的发展理念都对双方的合作具有积极的促进作用。

在微观机制的研究中，大量研究分别从合作论文的领域与分布、企业合作专利的数量和品质以及经济合作区的发展等视角，对中国与世界各国的合作现状与模式进行了研究并肯定了2000年以来在合作规模与效率上的进步（刘艳红，2016）。这都得益于全球一体化趋势能够有效降低生产和科技要素的搜寻成本和匹配成本，从而实现了新的要素组合并以此对参与其中的微观主体形成了正向激励，使其在获得更佳的经济效益同时，也成为进一步推动国际科技合作的力量源泉。如此循环往复，区域经贸往来和国际科技合作的正向循环也为全球一体化提供了源源不断的正向驱动。而近年来国际政治经济形势不确定性陡增，反而凸显了在“一带一路”倡议下中国与葡语国家间相对牢固的科技合作微观基础。参与合作的微观主体，并未显著受到环境不确定性的影响，反而于2018年后强化了双方在各级政府、企业、研究机构等方面的科技合作，实现了资本、技术和劳动力等多种要素的充分啮合，也通过多重要素的融合移动，促进了双方的贸易规模和经济品质的增长。特别是随着中国工业化的逐步完善，葡语国家尤其是欠发达葡语国家企业往往能够更好地接受这一系列的工业化红利，提升自身的产品品质和国际竞争力。

综上所述，“一带一路”倡议对于中国与葡语国家间的科技合作具有积极的正向促进作用已得到前期文献和理论机制分析的认同，但上述结论仍需进一步地采用经验事实予以验证，而这正是本书接下来要重点剖析的内容。

第三节　中国与葡语国家科技合作之研究设计

一、样本构成说明

本书的主旨在于探讨“一带一路”倡议对于沿路国家尤其是葡语国家与中国的促进作用。遵循政策效应因果关系探寻所惯用的计量方法，本书拟采用双重差分法（DID）予以验证，这主要是因为该方法能够较好地释缓非政策因素对回归结果的干扰。特别地，由于葡语国家分布较为广阔，其正式参与“一带一路”合作协定的时间也不完全一致，如采用常规多期 DID 方法，容易产生估计偏误；因此本节拟采用 Callaway and Sant’ Anna（2021）的方法，通过识别异质性以改善传统多期 DID 中可能出现的处理效应符号与真实值相反的问题。

而回归 DID 方法本身，其关键步骤在于选择政策冲击时点以及合意样本构造实验组与对照组。本书中研究样本是参与“一带一路”倡议的葡语国家，而 8 个官方语言是葡萄牙语的国家先后都与中国签署了“一带一路”合作备忘录或协定，因此将其设为实验组，同时选取与特定葡语国家人均 GDP 较为接近但尚未完全参与“一带一路”

合作的5个国家（爱沙尼亚、立陶宛、尼加拉瓜、尼泊尔和马拉维）作为对照组入样。同时，根据特定国家签署“一带一路”合作协定年份为界，之前年份设定为政策未生效期而其后年份设为政策生效期。

二、变量设定与数据来源

（一）被解释变量

对于国际科技合作的度量一般而言具有投入和产出两个视角，与前期文献主要以专利作为创新产出的衡量一致，本书认为，双边的专利合作可以较好地体现国际合作的程度与水平，因此，本书拟采取各国间跨国合作的专利申请数量（CoPat）作为被解释变量。而其中的专利数据提取自 Incopat 专利检索平台。

（二）解释变量

自2014年3月，“一带一路”正式成为我国的重要战略计划，到2022年上半年，共有149个国家与中国签署了共建“一带一路”合作协定。本书拟采用“一带一路”倡议（Treat × Post）作为解释变量。其中变量 Treat 为国家不随时间变化的虚拟变量，如果该国家参与了“一带一路”合作协定则赋值为1，反之赋值为0，Post 为参与合作的冲击时间变量，按照特定国家签署合作协定或备忘录所属年度，签署当年之前赋值为0，从设立当期之后年份则为1。

（三）控制变量

为了尽可能体现“一带一路”政策的影响，释缓回归偏误，本书的实证研究中纳入了多个控制变量。经济差距（DC）：考虑到样本内各个国家经济体量的差异，本书采用世界银行网站公布的以美元计价的人均 GDP 之差来衡量。地理距离（DD）：地理距离往往会通过影响交通和沟通费用，从而影响国际科技合作成本；而在测度上本书采用经纬度坐标的两国首都地表距离作为两国距离的指代指标。制度距离（DS）：国家间制度环境差异也将显著影响到跨国合作。因此本书依循惯例，采用全球治理指标作为各国制度环境的代理指标，这一指标每年都由世界银行发布；并通过两两相减计算我国与样本国家间的制度距离。人力资本差异（DH）：由于人力资本利用率对于一国应用外来科技具有重要影响，故本书将其纳入控制变量，并采用两国间劳动参与率的差值表征其差异，资料同样来自于世界银行。

三、异质性识别多期双重差分模型

本书采用异质性识别多期 DID 模型，试图通过"一带一路"合作协定这一准自然实验事件，探究双边合作协定对于参与国科技合作的影响。模型如下：

$$CoPat_{i,t} = \varphi_0 + \varphi_1 Treat_{i,t} \times Post_{i,t} + \sum \beta CVs_{i,t} + \delta_i + \gamma_t + \varepsilon_{i,t} \tag{8-1}$$

模型中，国际科技合作（CoPat）是被解释变量，Treat × Post 是核心双重差分项，其系数体现了葡语国家参与"一带一路"协议合作前后其与中国的科技合作的变化，是关键变量的待估参数。*CVs* 为前述控制变量。此外，在估计中还使用了个体与时间双重固定效应（δ_i、γ_t），最大限度地降低内生性问题。

第四节　中国对葡语国家科技合作之实证分析

一、基准回归分析

基准回归的具体结果详列于表 8－1。在模型（1）中，仅包含核心解释变量“一带一路”政策指标（Treat × Post），其系数为0.215且通过1%的显著性水平下的显著性检验；在模型（2）中则进一步纳入控制变量集，相关的回归结果依旧保持不变。可以发现，参与“一带一路”合作能够显著地推动双边国际科技合作，即使加入控制变量集，“一带一路”合作协定—国际科技合作正向相关结果依旧稳健（见表8－1）。

表8－1　基准回归：“一带一路”倡议——国际科技合作

变量名称	M（1）	M（2）
	CoPat	*CoPat*
Treat × Post	0.215*** （7.86）	0.212*** （7.83）
DC		－0.037** （－2.48）
DD		0.160*** （11.97）
DS		－0.302*** （－6.30）
DH		－0.202*** （－4.05）
_cons	0.229 （1.55）	－1.855 （－0.00）
N	1532	1532
adj. R^2	0.488	0.502

注：*** 表示 $p<0.01$、** 表示 $p<0.05$、* 表示 $p<0.1$。括号中为 t 值，皆采用稳健标准差调节后的取值。

数据来源：作者自行整理。

通过分析，可以得出如下结论：第一，“一带一路”倡议作为我国推动国际合作的重大战略决策，其拥有的税收优惠政策和特有的制度管理能够降低国际合作成本，分散企业开展合作的风险承担，从而促进了国际科技合作活动。第二，相对于其他地区，葡语国家长期以来与中国具备良好的经贸、文化合作基础，而借助于“一带一路”倡议的实施，这一合作基础也折射到科技合作方面，从而促使双方在这一方面取得了长足的进步。第三，控制了相关变量后，在一定程度上稀释了“一带一路”倡议对于国际科技合作的影响力（系数降低），但无论控制了何种变量，都无法影响模型对于“一带一路”合作协定对双边科技合作促进作用的经验支撑。

二、稳健性检验

针对“一带一路”倡议对中国与葡语国家科技合作驱动效果的因果识别，本书主要依靠于异质性多期双重差分检验实现，因而依循研究惯例需对该方法所依赖的平行趋势假定进行探析，以验证回归结果的客观性和适配性。基于此，本书首先检验了“一带一路”合作协定的制度冲击在时间序列上的绩效表征，通过设置若干政策冲击前置项和后置项的方式进行检验。进一步地，本书还采用反事实检验思路，借鉴了潘越等（2020）的技术手法重新构造一个虚拟随机分配的“一带一路”合作协定变量（Treat × Post - Placebo）进行检验，如若该变量的回归结果是显著的，那么则意味着基于国际科技合作提升显著的原因可能来源于某些随机性因素，从而无法准确判别本书中对“一带一路”与国际合作间的因果关联；如若该变量的回归结果并不显著，则能够排除由其他随机性因素造成的影响。

实证研究结果发现（见表 8-2），在“一带一路”协议的政策冲击前置项中，并不能明显地拒绝原假设，这表明平行趋势检验在此是成功的；而在“一带一路”倡议的政策冲击后置项中，回归系数均为正值且都通过了 1% 的显著性水平下的显著检验，这表明“一带一路”协议的签署和实施能够在较长的时间对中国与葡语国家的科技合作成动态可叠加的驱动效应，这也为前述的实证研究结果提供了重要经验支撑。进一步的安慰剂检验（见表8-2）显示，Treat × Post - Placebo 变量的回归结果均不显著，这表明，国际科技合作水平的提升与葡语国家参与“一带一路”合作有着可置信的因果关联。

表8-2　　　　平行趋势与安慰剂检验

变量名称	M（1）	M（2）	M（3）
	CoPat	*CoPat*	*CoPat*
	平行趋势检验	安慰剂检验	
Treat × Post - Placebo		0.009 (0.43)	0.007 (0.34)
*Treat × before3_*	-0.002 (-1.49)		
Treat × before2	0.001 (0.81)		
Treat × before1	0.001 (0.36)		
Treat × Current	0.006*** (2.91)		
Treat × After1	0.006*** (2.85)		
Treat × After2	0.009*** (3.46)		
*Treat × After3_*	0.009*** (3.37)		
CVs	YES	NO	YES
N	1532	1532	1532
adj. R^2	0.395	0.485	0.500

注：*** 表示 $p<0.01$、** 表示 $p<0.05$、* 表示 $p<0.1$。括号中为 t 值，皆采用稳健标准差调节后的取值。

数据来源：作者自行整理。

三、路径机制检验

在前述实证研究中，本书确证了"'一带一路'倡议—国际科技合作"的因果关联和基本事实，但却无法为详细刻画两者间影响机制提供有力支撑。因此，下节中拟借鉴温忠麟等（2004）提出的中介效应模型［见模型（8－2）至模型（8－4）］，探究其机制路径，为揭开"一带一路"合作促进国际科技合作的内在逻辑提供更深层次的经验证据（表8－3至表8－4）。

$$CoPat_{i,t+1} = \varphi_0 + \varphi_1 Treat_{i,t-1} \times Post_{i,t-1} + \sum \beta CVs_{i,t} + \delta_i + \gamma_t + \varepsilon_{i,t} \tag{8-2}$$

$$Mediator_{i,t} = \varphi_0' + \varphi_1' Treat_{i,t-1} \times Post_{i,t-1} + \sum \beta CVs_{i,t} + \delta_i + \gamma_t + \tau_{i,t} \tag{8-3}$$

$$CoPat_{i,t+1} = \varphi_0'' + \varphi_1'' Mediator_{i,t} + \varphi_2'' Treat_{i,t-1} \times Post_{i,t-1} + \sum \beta CVs_{i,t} + \delta_i + \gamma_t + \upsilon_{i,t} \tag{8-4}$$

上述模型中，*Mediator* 是中介变量，其余变量设定同前述模型（8－1）保持一致。依循中介变量选取规则，其需同时与解释变量和被解释变量都具有一定程度的相关关系；而结合前述理论分析本书拟从"宏观—微观"双视角进行充分的机制路径检验。在宏观层面的机制刻画上，本书选取了基础设施投资（Instrument）和技术相似性（TS）两类分别能从"硬""软"环境影响国际科技合作的宏观变量。其中，基础设施投资水平采用中国累计对外经济基础设施投资，数据来源为中国全球投资跟踪资料库；同时，技术相似性（TS）则参考 Cassi and Plunket（2015）的方法，采用下列式（8－5）进行计算，式中 X 代表某国某年份的某类专利申请占比（资料同样来自于 Incopat 平台），下标 i、j 分别代表两个国家，k 表示专利类别。该值趋向1表明 i、j 两国的相似程度较大。

$$TS_{ijt} = \frac{\sum_{k=1}^{n} X_{ikt} \times X_{jkt}}{\sqrt{\sum_{k=1}^{n} X_{ikt}^2 + \sum_{k=1}^{n} X_{jkt}^2}} \tag{8-5}$$

在微观层面的机制刻画上，本书则选取中国企业对外投资（OFDI）以及合著论文数（CoP）进行机制识别检验。其中，中国企业对外投资数据选取自《中国对外直接投资统计公报》，而合著论文数量则参考赵帆和刘娅（2020）的检索方式，通过对 Web of Science 平台的检索整理汇总得到。

表 8－3　“一带一路”合作协定——国际科技合作机制检验：宏观层面识别

变量名称	M（1）	M（2）	M（3）	M（4）	M（5）
	CoPat	*Instrument*	*CoPat*	*TI*	*LnDLTN*
	基础设施建设			技术相似性	
Treat × Post	0.212*** （9.11）	1.407*** （29.48）	0.306*** （9.61）	－0.003* （－1.74）	0.212*** （9.08）
Instrument			0.019*** （3.49）		
TI					－0.428*** （－5.09）
CVs	YES	YES	YES	YES	YES
N	1532	1532	1532	1532	1532
adj. R^2	0.502	0.303	0.444	0.432	0.503

注：*** 表示 $p<0.01$、** 表示 $p<0.05$、* 表示 $p<0.1$。括号中为 t 值，皆采用稳健标准差调节后的取值。

数据来源：作者自行整理。

在表 8－3 的中介模型检验中，本书以基础设施建设水平和技术相似性作为宏观因素的替代指标进行机制识别检验。研究结果发现，“一带一路”合作协定的签署与实施将显著提高葡语国家的基础设施建设水平。显然，“一带一路”合作协定的签署有力推动了中国对沿线葡语国家在基础建设方面的投入，这对于大部分葡语国家起到了弥补财政资金缺口、建设技术和经验不足的重要作用。而葡语国家在基础设施建设方面水平的提高，则可有效促进其要素市场和产品市场发展，从而为其高水平科技研究提供有效的物质支撑。特别是强化了其通过供求、价格、竞争实现高效资源配置，实现技术、信息、知识、资金共用与交流，能够降低两国企业获取创新资源成本，进而有效推动国际科技合作活动行动的开展。基于此，研究结果可以确证存在"'一带一路'倡议—(提高) 中国对外基础设施投入—(驱动) 双边科技合作"的传导机制路径。进一步地，本书从技术相似性的角度对此验证。研究结果发现，随着"一带一路"倡议的推广，我国与葡语国家间的技术相似性有所提高。这是由于"一带一路"合作抑制秉持共商、共建、共用原则，我国与众多葡语国家间的技术交流和项目合作都是基于双方比较优势而自主选择、协商共建完成的，这必将有利于双方在各自优势的技术领域找到合意的融合模式，从而提升了技术相似性。而随着技术相似性的提高，能够有效强化较为落后的亚非葡语国家的技术吸收能力，从而降低双方国际科技合作的信息成本和交流成本，缓释其可能存在的失败风险，并由此形成了"'一带一路'倡议—(提高) 技术相似性—(驱动) 双边科技合作"的传导机制路径。

在表 8 -4 的实证检验中，本书以中国企业对外投资与学术合作这两个微观因素作为中介变量进行机制识别检验。研究发现，"一带一路"合作协定的签署和落实确实扩大了中国企业对沿线国家的投资规模。本书认为，中国与葡语国家双方通过"一带一路"倡议的落实，一方面通过亚投行和丝路基金等平台为对外投资的企业提供了更为丰富的融资渠道，缓解了其融资约束；另一方面则通过加强政府和市场的多层次交流，促进要素自由流动和信息交换，能够在一定程度上提高葡语国家的市场透明度，降低中国企业的信息不对称水平。在两个方面都得到切实提升下，相关企业对葡语国家的投资行为具有更为广阔的"风险—收益"边界，因此其投资规模得以扩张就不难理解了。而中国企业对外投资规模的扩张，无疑为中国与被投资地区间的正向与逆向知识溢出提供了稳定的物质支撑，也进一步提升了中国与葡语国家间具有比较优势的科技创新要素的交流、沟通与融合，从而在一定程度上克服中国企业的外来者劣势，为其在被投资地区开展科技合作，实现知识整合提供了便利，并由此形成了"'一带一路'倡议—(提高）中国企业对外投资—(驱动）双边科技合作"的传导机制路径。此外，"一带一路"合作协定的参与和实施同样促进了中国与葡语国家间以研究机构（大学）牵头的双边学术合作。这是由于，"一带一路"倡议自提出到发展至今，已从单纯的经贸合作，逐步拓展到社会、文化、学术等多个领域和方面，从而为中国与葡语国家的高校和研究机构开展多层次合作提供了良好的交流沟通平台。而学术合作则为国际科技合作提供了必要的信息支援和交流环境，通过产学研一体化的促进，实现"'一带一路'倡议—(促进）学术合作—(强化）国际科技合作"的传导机制路径。

表 8-4　"一带一路"合作协定——国际科技合作机制检验：微观层面识别

变量名称	M (1)	M (2)	M (3)	M (4)	M (5)
	Copat	*OFDI*	*Copat*	*CoP*	*Copat*
	对外投资			学术合作	
Treat × Post	0.212*** (9.11)	0.025* (1.69)	0.212*** (9.09)	0.059*** (7.53)	0.200*** (8.57)
Ofdi			0.023** (2.04)		
Cop					0.175*** (8.20)
CVs	YES	YES	YES	YES	YES
N	1532	1532	1532	1532	1532
adj. R^2	0.487	0.393	0.493	0.465	0.513

注：*** 表示 $p<0.01$、** 表示 $p<0.05$、* 表示 $p<0.1$。括号中为 t 值，皆采用稳健标准差调节后的取值。

数据来源：作者自行整理。

第五节　中国与葡语国家科技合作结论与建议

一、研究结论

本书以葡语国家为实验组，以选定的经济发展水平相当的其他国家为对照组构建异质性多期双重差分模型，并使用相关样本国家2003—2021年的相关数据，实证检验了“一带一路”倡议作为准自然实验，是否能够有效驱动中国与相关国家的国际科技合作，得到结论如下：第一，“一带一路”倡议确实能提高中国与葡语国家间的科技合作水平，无论在学理分析还是经验证据上都支撑了该观点。第二，本书还就上述结论进行了平行趋势、安慰剂等方法的检验，其结论都与结论保持一致。第三，中介效应模型回归结果说明，“一带一路”倡议的驱动作用主要是通过提升被投资国的基础设施水平和技术相似性等因素以及提高中国企业对外投资和促进学术合作等因素两条路径得以实现。

二、科技合作政策相关建议

结合以上结论，本书的研究启示主要有：第一，进一步强化我国与葡语国家的多层次合作，为我国企业、大学等微观主体拓展科技合作提供更为良好的政策环境和外交环境。具体措施包括：强化合作共识，围绕科技合作制定完善的政策法规；提升金融服务效率，为科技合作设计合理的融资渠道和风险分担机制；完善中葡双方的外交协定，减少企业对外投资的政治文化障碍。第二，进一步细化优化对国际科技合作的政策激励和奖励措施，提升我国与葡语国家科技合作的边界范围。具体措施包括：差异化、动态化国际科技合作激励措施，尤其是葡语国家中，发达国家与发展中国家并存，更需要政策层面针对不同国家的资源禀赋和科技状况采取多元化的激励政策；构建科学有效的事后评价体系，对扶持政策进行有效的事前事后管理；合理配置研发资源，充分发挥我国不同区域间的产业优势差异，为其匹配更为对口的葡语国家。第三，进一步强化国际科技合作中，企业和大学等微观单元的主体作用。具体措施包括：加大对自主创新的政策支持，为正向和逆向知识溢出夯实基础；充分推动政学企融合，助力国际科技合作中的创新模式与高品质发展；充分发挥澳门在我国与葡语国家间的纽带和平台作用，为众多微观主体提供良好的沟通和融资平台。

本章参考文献

[1] 陈欣."一带一路"沿线国家科技合作网络演化研究 [J]. 科学学研究，2020 (10)：1811—1817，1857.

[2] 方慧，赵甜. 中国企业对"一带一路"国家国际化经营方式研究——基于国家距离视角的考察 [J]. 管理世界，2017 (7)：17—23.

[3] 高珺，余翔. 中国与"一带一路"国家专利合作特征与技术态势研究 [J]. 中国科技论坛，2021 (7)：169—178.

[4] 顾伟男，刘慧，王亮."一带一路"沿线国家科研合作网络的多元结构及形成机制 [J]. 地理研究，2020 (5)：1070—1087.

[5] 韩莹，李宇."一带一路"视域下中国文化"走出去"路径探析——在葡语国家的实践 [J]. 时代报告（奔流），2022 (2)：77—79.

[6] 刘同舫. 人类命运共同体对全球治理体系的历史性重构 [J]. 四川大学学报（哲学社会科学版），2020 (5)：5—13.

[7] 刘艳红."一带一路"背景下的大学国际交流与合作 [J]. 黑龙江高教研究，2016 (3)：10—14.

[8] 刘志迎，单洁含．技术距离、地理距离与大学—企业协同创新效应——基于联合专利数据的研究 [J]．科学学研究，2013 (9)：1331—1337.

[9] 潘越，汤旭东，宁博，杨玲玲．连锁股东与企业投资效率：治理协同还是竞争合谋 [J]．中国工业经济，2020 (2)：136—164.

[10] 任虎，袁静．"一带一路"倡议下国际技术转移机制创新研究 [J]．科技与法律，2018 (1)：32—37.

[11] 时茜茜，朱建波，盛昭瀚．重大工程供应链协同合作利益分配研究 [J]．中国管理科学，2017 (5)：42—51.

[12] 孙玉涛，姚琳．技术距离、经济差距与"一带一路"沿线国际技术合作 [J/OL]．软科学，2023.

[13] 温忠麟，张雷，侯杰泰，刘红云．中介效应检验程序及其应用 [J]．心理学报，2004 (5)：614—620.

[14] 吴建南，杨若愚．中国与"一带一路"国家的科技合作态势研究 [J]．科学学与科学技术管理，2016 (1)：14—20.

[15] 张明倩，柯莉．"一带一路"跨国专利合作网络及影响因素研究 [J]．软科学，2018 (6)：21—25，29.

[16] 张亚峰，许可，王永杰，靳宗振．基于多重制度逻辑的国际技术转移新态势探析 [J]．科技进步与对策，2022 (8)：153—160.

[17] 赵帆，刘娅．基于文献计量视角的中国与东盟科技合作状况研究 [J]．世界科技研究与发展，2020 (4)：376—387.

[18] Callaway, B., Sant' Anna, P. H. Difference - in - differences with multiple time periods [J]. Journal of Econometrics, 2021, 225 (2): 200 - 230.

[19] Cassi, L., Plunket, A. Research collaboration in co - inventor networks: combining closure, bridging and proximities [J]. Regional Studies, 2015, 49 (6): 936 - 954.

[20] Che, B., Jin, C., Lu, Y., Zhu, C. Tracking the evolution of cooperative relationship networks among countries located along the Belt and Road: an application of massive cooperation events data [J]. Eurasian Geography and Economics, 2022, 63 (3): 396 - 423.

[21] Gui, Q., Liu, C., Du, D. International knowledge flows and the role of proximity [J]. Growth and Change, 2018, 49 (3): 532 - 547.

[22] Sun, Y., Grimes, S. The actors and relations in evolving networks: The determinants of inter-regional technology transaction in China [J]. Technological Forecasting and Social Change, 2017: 125-136.

[23] Wang, H., Zhong, X. An Empirical Study On The Impact Of China's Ofdi On The Industrial Structure Upgrading Of Countries Along The Belt And Road And The Threshold Effect Of Infrastructure Levels [J]. The Singapore Economic Review, 2021: 1-41.

第九章 中国对“一带一路”沿线国家的政策传导效应

第一节 概 述

一、“一带一路”倡议背景与沿线国家经济概况

2015年2月15日，“一带一路”倡议正式落地实施，包括促进跨境贸易和投资的计划与机制。在中国中央政府的直接领导之下，和“一带一路”工作领导小组的合作之下，各级政府均建立了海外直接投资促进机构与支持体系（Du et al.，2018）。

就在“一带一路”倡议提出的同一年，中华人民共和国国家主席习近平于2013年10月2日，在雅加达与时任印度尼西亚总统的苏西洛举行会谈时，首次谈及倡议成立亚洲基础设施投资银行，简称亚投行（Asian Infrastructure Investment Bank，AIIB），旨在促进区域内的互联互通，提供基础建设的资金，并且加强中国与其他国家或地区的合作。2015年12月25日，《亚洲基础设施投资银行协议》正式开始实施，这也标志着亚投行正式开始运转，有力推动了“一带一路”倡议的发展（莫子昌和金明玉，2018）。

2017年6月20日，为进一步强化与沿线国家的战略对接与共同行动，可持续性地开发与利用海洋资源，繁荣21世纪海上丝绸之路，国家发展和改革委员会，国家海洋局发布了《“一带一路”建设海上合作设想》[①]。这一政策体现出了中央政府加大“一带一路”资金投入，推进内外对接，以及促成项目落地的决心，展现了共同搭建人类命运共同体的伟大宏图（郑凡，2019）。

根据《中华人民共和国2021年国民经济和社会发展统计公报》的数据，我国对“一带一路”沿线国家进出口总额达到115979亿

① 参考报道来自新华社。

元，比上年增长 23.6%，其中出口 65924 亿元，增长 21.5%，进口 50055 亿元，增长 26.4%。对“一带一路”沿线国家非金融类直接投资额 203 亿美元，增长 14.1%。同时，“一带一路”倡议也不仅局限在基础建设与进出口贸易，值得注意的是，“一带一路”沿线国家拥有世界 75% 的总能源储量（Wei et al.，2020），而能源合作也是该倡议的重点，旨在为沿线国家搭建能源合作互惠平台。

二、中国对“一带一路”沿线国家政策传导研究目的

考虑到“一带一路”倡议合作领域的广泛性，本书希望研究中国的各个行业对各个“一带一路”主要合作地区，包括新兴亚洲市场，中东欧新兴市场和拉丁美洲新兴市场的九大产业进行研究。本书将会着眼于其余的八大行业[①]，分别是医疗板块、电子通信板块、金融板块、能源板块、原材料板块、工业板块、公共事业板块，以及消费品板块。而股票市场作为经济的晴雨表，中国股票行业与其他市场之间的关系也在不断变化（Huang，Huang and Wang，2019）。在“一带一路”的框架下，倡议合作的政策冲击，影响其他地区各个板块的现象，被称为“政策传导现象”。本书的研究目的在于，在“一带一路”倡议之下，中国各个板块对新兴亚洲市场、新兴拉丁美洲市场以及新兴中东欧市场的政策传导效应。

本书借鉴参考 Forbes and Rigobon（2002）、Fry et al.（2010）、Fry－Mckibbin and Hsiao（2018）的传导模型。在本书中，我们采用沪深 300 指数代表中国大盘股指，采用 MSCI 新兴亚洲市场股指，MSCI 新兴拉丁美洲股指以及 MSCI 新兴中东欧市场股指来代表三个研究地区的总体股票走势。为了更加细化我们的研究，测试每个行业板块对于同一政策的不同反应，我们也选取了 MSCI 中国，MSCI 拉

---

① 由于信息科技板块在 2016 年后停止更新，故本书中将不考虑信息科技板块的传导效应。

丁美洲新兴市场，MSCI 亚洲新兴市场，MSCI 中东欧新兴市场的八大行业板块分别进行定量研究。所研究的股指及八大板块的时间跨度为：2013 年 1 月 1 日—2017 年 11 月 30 日。

本书借鉴这几位学者（Forbes and Rigobon，2002；Fry et al.，2010；Fry – Mckibbin and Hsiao，2018）的研究方法，通过对中国股票及行业指数与其他市场行业指数收益率在"一带一路"倡议实行前后的相关系数、两种形式的协偏差、两种形式的协峰度、协波动率相关六个指标，探究中国与"一带一路"主要沿线国家股票市场与行业的政策传导效应。考虑到政策的传导效应存在短期及长期，我们也将对实证研究进行进一步的细分，分为短期，即政策实施 90 天后，以及长期，即政策实施 180 天后，进行稳健性检验，探究是否存在不同的因素，影响传导效应的持续时间。

通过实证研究，本书得到以下几个实证结论：

（1）在"一带一路"倡议的框架下，中国股市的影响力不断的向世界每个角落延伸，在本书所得到的显著的实证结果当中，基于协波动率以及协峰度进行的检验，往往可以发现比基于协偏度以及线性传导模型检验更多的传导现象及证据，而这一点也与 Huang et al.（2019）的研究相吻合，其发现中国与"一带一路"沿线国家的股票市场存在极端值的同步性与联动性。

（2）在"一带一路"的倡议之下，中国发布的相关政策对于亚洲新兴市场的影响可能最大，其次是中东欧新兴市场，而对拉丁美洲新兴市场的影响可能最小。同时，研究发现，"一带一路"相关政策对于与基础设施建设相关的行业的影响可能相对更加强烈，包括工业板块、能源板块以及原材料板块。

（3）相较于选取政策实施后 90 天作为政策后样本的短期政策传导效应模型，180 天的长期政策传导效应模型可以发现更多的显著的传导现象，尤其是在亚投行政策实施之后。

第二节　文献综述

“一带一路”是中外交流的友好桥梁，也是国家通往更好地发展道路的踏板。“一带一路”政策带动了沿线一些国家的经济发展，促进了经济全球化。丝绸之路作为促进经济全球化进一步发展的国际区域间经济合作新模式，给大家提出了新的机遇和挑战，它作为全球发展趋势的重大决策，对我国的贸易、邻国外交、大国形象树立等方方面面都有积极的影响。学者在对“一带一路”方面的研究上，已经形成了相对完整的研究内容和研究体系。

一、文献整理

国内外学者对“一带一路”倡议、“一带一路”倡议实施、“一带一路”与亚投行的建立、“海上丝绸之路”等方面都进行了透彻的研究，并且在研究中能够发现，学者重视对“一带一路”背景下国家经济外交和经济发展的分析。

从“一带一路”倡议提出角度研究（申现杰和肖金成，2015）在国际区域经济合作新形势与我国“一带一路”合作战略研究中提到，只有处在一个和平友好的年代里，才有国与国之间的交流发展，经济往来，才有了之后的进步，这与“一带一路”的初心是相同的。只有大家都处在一个和平发展的环境当中，世界各国才能有心力去保证正常的经济交往，否则就会因为利益冲突等原因引起冷战或者热战，导致国内的经济受损、人民受伤，消耗大量人力物力，造成经济瘫痪。在战争中受伤害最大的还是本国居民，所以“一带一路”秉承着和谐发展的初心使命，引导各国构建人类命运共同体，顺从和平发展的道路，以期达到互利共赢的效果。

金碚（2016）分析“一带一路”的互通观念，了解到，在“一带一路”的建设中，需要互相沟通观念，构建“一带一路”的发展历程，找到“一大一路”后续的建设方向和建设目标。周谷平和阚阅（2015）分析“一带一路”战略的人才支撑与教育路径，提到一个行业的发展离不开人才，“一带一路”的建设也是如此，只有完成对人才的培养和完善，才能使“一带一路”的建设更加顺畅，达到“一带一路”的建设要求和建设需要。王姣娥等（2015）分析“一带一路”与中国对外航空运输联系，在探究的过程中表明，想要更好地发展“一带一路”对策，就要从根本情况出发，完成对“一带一路”建设中的具体运输链条的建设，从而达到建设的要求和标准，帮助更多的国家都能够享受到“一带一路”带来的优势。

从“一带一路”倡议实施角度研究，王义桅（2015）研究“一带一路”中的机遇与挑战，了解在“一带一路”中国家所面对的是世界环境和世界的发展要求，所以在世界的发展和进步中需要“一带一路”这样的对策去帮助世界适应时代的发展，带动全球经济的进步和完善。“一带一路”对策的完善带动了周边地区的发展和进步，尽管周边地区大多是发展不平衡的发展中国家，且发展的力度、速度比不上发达国家，但是它发展的潜力巨大，不管是在农业工业和第三产业上，发展的空间都可以有一个很大的提升。曾旭达（2016）在“一带一路”背景下中国自贸区发展模式探讨中提到，“一带一路”背景下，国家更需要完成对中国自贸区建设对策的提高，在整体的发展中，帮助更多的商业机构能够达成发展的整体目标，带动中国经济的进步。中国自贸区的建设发展是一个长远的过程，与“一带一路”是相辅相成的，在这样的情况下，需要从整体的角度出发，完成经济建设的任务，达成经济建设的目标。

从亚投行成立角度研究，高林（2015）、莫子昌和金明玉（2018）、邹云华（2017）从多个角度出发，完成“一带一路”政策下亚投行的建设探讨，在分析中能够发现，亚投行的建设建成是整体角度的建设，同时在整体的角度能够发现，亚投行满足了各个国家和地区在经济建设中所有的相关条件。亚投行的成立是时代需求所达到的整体目标。在这种情况下，亚投行还有更多的发展前景和发展空间。陈姝彤（2019）、陈秀莲（2019）、付庆华（2018）、朱孟楠（2020）主要从中国货币政策对“一带一路”沿线国家溢出效应研究出发、中国货币政策扩张性冲击下出发，通过研究能够发现“一带一路”对策的进步是对经济发展的推动，同时也能够通过经济的进一步发展给中国后续的资本进步带来一定的成长，在整体的分析中，能够发现“一带一路”所形成的效应是广泛的，在整体效应的行程中，能够通过推进经济的发展迎来更好地进步。

从海上丝绸之路角度研究，周方冶（2014）主要研究中泰关系在中东盟合作中的战略支点作用，研究分析21世纪海上丝绸之路如何能够更好地发展中东盟的合作关系。陈万灵和何传添（2014）主要分析海上丝绸之路的各方博弈及其经贸定位，在研究中提到，海上丝绸之路是由丝绸之路不断演变发展而来的，在海上丝绸之路的发展进步中，有着自我的发展潜力和发展因素，能够带动丝绸之路经济的进步和完善，能达到相应的发展目标。谭秀杰和周茂荣（2015）曾经提到，国家发展改革委、外交部、商务部等推动共建丝绸之路经济带和21世纪海上丝绸之路的愿景与行动，在丝绸之路的发展中，需要相应的对策加持，从而完成丝绸之路的发展和进步，达到丝绸之路的发展目标。Dollar（2015）分析丝绸之路的拓展会给社会的发展进步带来的相关影响，通过分析能够看出，丝绸之路的进步能够让经济更加统一，在丝绸之路的进程中，能帮助丝绸之路带动世界经济的一体化，达到发展的整体目标。Lee et al.（2016）通过对丝绸之路后续的发展进行拓展分析，发现“一带一路”倡议在世界上所造成的影响是巨大的，这需要通过不断的改变促进其发展进步。

二、文献评述

在对学者研究的具体内容整合中能够发现现有对“一带一路”

现状和影响的实现的相关策略研究存在一定的缺口，在“一带一路”现状和影响的实现策略的研究中，需要进行更加深入的探讨。

在学者对“一带一路”现状和影响的实现相关策略的研究上，学者主要使用文献研究法、问卷调查法和访谈法进行研究，在研究中访谈法用得较少，在整个研究中所形成的研究结果主要是根据整理相关的文献成果和问卷调查的资料分析得到的，所以研究形成的研究成果比较单一。研究方法的缺少要从根本情况出发，找到适合现有情况的研究方法。在研究方法的丰富中能够帮助更多的学者针对不同的研究结果形成更加完整的研究体系，从而达到最终的研究目的。

在研究内容上，对“一带一路”现状和影响的实现策略的研究主要偏向现有的大环境方面，在研究上所形成的成果也是集中在后续环境的改变后技术应该如何更新，忽略了“一带一路”现状和影响的实现整体的发展因素，这一方面是需要深入探讨的。

总的来说，在新一轮的发展和建设中，有很多因素是需要更加努力完善的。“一带一路”对促进我国对外贸易有着重大的意义，此外，“一带一路”也是新疆周边国家难得的机遇，虽然时代在不断地进步和发展，但是却有的国家止步不前。到目前为止，一些中亚国家的基础设施仍然落后，通过实施“一带一路”倡议，促进周边国家的发展，并且随着时代的不断发展，“一带一路”的倡议也应当发生相应的改变，在改变中，寻求一条更加完整的道路，能够推进“一带一路”真正成为推动时代发展的相关策略，帮助时代中更多的国家因为此政策受到相应的红利。后续仍旧需要学者在这个方面进行详细的研究，提出更符合社会发展的策略。

第三节　传导效应研究方法

本书将通过传导效应检验来研究在“一带一路”倡议之下，倡议合作政策相关的上市公司股价指数对亚洲新兴市场、中东欧新兴市场以及拉丁美洲新兴市场的股票指数及八大行业的传导效应。

本书希望通过本传导检验，测试在“一带一路”的框架下，中国政府相关政策发布之后，中外市场之间是否存在显著的传导效应。本书把政策实行之前的时间段长度记为T_x，将政策实施之后的时间段记作T_y，传导源市场定义为i，将被传导源市场定义为j，将政策发布之前行业指数间的相关系数记为ρ_x，将政策发布之后行业指数间的相关系数记为ρ_y，把政策发布之后行业指数间的修正相关系数记为$v_{y|x_i}$。

一、相关性检验（FR 检验）

本书采用 Fry et al.（2010）相关性检验的方法，检验在政策实行前后两个行业之间收益率的相关系数ρ_x和修正相关系数$v_{y|x_i}$是否显著变化，检验统计量为FR，计算公式如下：

$$FR(i \to j) = \frac{(\hat{v}_{y|x_i} - \hat{\rho}_x)^2}{Var(\hat{v}_{y|x_i} - \hat{\rho}_x)} \tag{9-1}$$

其中，$\hat{\rho}_x$表示“一带一路”倡议相关政策发布或者实施前的行业间收益相关系数，并且 Forbes and Rigobon（2002）对政策实施之后的相关系数$\hat{\rho}_y$进行了修正，以消除潜在的偏误性，修正之后的政策宣布或实施后的收益率相关系数$\hat{v}_{y|x_i}$的计算公式如下：

$$\hat{v}_{y|x_i} = \frac{\hat{\rho}_y}{\sqrt{1 + \delta(1 - \hat{\rho}_y)}} \tag{9-2}$$

$$\delta = \frac{S_{y,i}^2 - S_{x,i}^2}{S_{x,i}^2} \tag{9-3}$$

其中，$S_{y,i}^2$和$S_{x,i}^2$分别表示传导源市场i在政策实施前后的收益率的方差，δ表示i行业收益率方差在政策实施前后的变化率。

相关系数$\hat{\rho}_x$与修正后相关系数$\hat{v}_{y|x_i}$的方差$Var(\hat{v}_{y|x_i} - \hat{\rho}_x)$，计算

公式如下：

$$Var(\hat{v}_{y|x_i}-\hat{\rho}_x)=Var(\hat{v}_{y|x_i})+Var(\hat{\rho}_x)-2Cov(Var(\hat{v}_{y|x_i},\hat{\rho}_x) \quad (9-4)$$

$$Var(\hat{v}_{y|x_i})=\frac{(1+\delta)^2}{2[1+\delta(1-\rho^2{}_y)]^3}\times\left[\frac{(2-\rho_y^2)(1-\rho_y^2)^2}{T_y}+\frac{\rho_y^2(1-\rho_y^2)^2}{T_x}\right] \quad (9-5)$$

$$Var(\hat{\rho}_x)=\frac{(1-\rho_x^2)^2}{T_x} \quad (9-6)$$

$$Cov(\hat{v}_{y|x_i},\hat{\rho}_x)=\frac{\rho_y\rho_x(1-\rho_y^2)(1-\rho_x^2)(1+\delta)}{2T_x[(1+\delta(1-\rho_y^2))]^{\frac{3}{2}}} \quad (9-7)$$

其中，T_x和T_y分别表示政策实施或宣布前后的时间段，此处指具体的天数。

二、协偏度检验（CS 检验）

Fry et al.（2010）进一步推算出用于测试非线性传导效应的检验，即统计量 CS_{12}与 CS_{21}，CS_{12}与 CS_{21}用于测试在危机前后两个市场的收益率与收益波动率相关系数，即协偏度是否发生变化。协偏度检验包括两种形式，分别是 $CS_{12}(i\to j)$ 和 $CS_{21}(i\to j)$，前者检测的是在政策实施前后，板块 i 的收益率和板块 j 的收益波动率之间的协偏度 $\hat{\psi}_y(r_i,r_j^2)$ 是否发生显著的变化。其中 $CS_{12}(i\to j)$ 的计算公式如下：

$$CS_{12}(i\to j)=\frac{[\hat{\psi}_y(r_i,r_j^2)-\hat{\psi}_x(r_i,r_j^2)]^2}{\frac{(4\hat{v}_{y|x_i}^2+2)}{T_y}+\frac{(4\hat{\rho}_x^2+2)}{T_x}} \quad (9-8)$$

后者 $CS_{21}(i\to j)$，检测的是在政策实施前后，板块 i 的收益波动率和板块 j 的收益率之间的协偏度 $\hat{\psi}_y(r_i^2,r_j)$ 是否发生显著的变化。

$$CS_{21}(i\to j)=\frac{[\hat{\psi}_y(r_i^2,r_j)-\hat{\psi}_x(r_i^2,r_j)]^2}{\frac{(4\hat{v}_{y|x_i}^2+2)}{T_y}+\frac{(4\hat{\rho}_x^2+2)}{T_x}} \quad (9-9)$$

协偏度系数 $\hat{\psi}_y(r_i^2,r_j)$ 和 $\hat{\psi}_y(r_i,r_j^2)$ 具体计算公式如下：

$$\hat{\psi}_y(r_i^a,r_j^b) = \frac{1}{T_y}\sum_{t=1}^{T_y}\left(\frac{y_{i,t}-\hat{\mu}_{yi}}{\hat{\sigma}_{yi}}\right)^a\left(\frac{y_{j,t}-\hat{\mu}_{yj}}{\hat{\sigma}_{yj}}\right)^b \tag{9-10}$$

$$\hat{\psi}_x(r_i^a,r_j^b) = \frac{1}{T_x}\sum_{t=1}^{T_x}\left(\frac{x_{i,t}-\hat{\mu}_{xi}}{\hat{\sigma}_{xi}}\right)^a\left(\frac{x_{j,t}-\hat{\mu}_{xj}}{\hat{\sigma}_{xj}}\right)^b \tag{9-11}$$

其中，$\hat{\mu}$表示该行业的平均回报率，$\hat{\sigma}$表示该行业回报率的标准偏差，x，y 分别指“一带一路”倡议相关的政策发布或者实施前后，i，j 分别表示行业 i 和行业 j。通过检验统计量 CS_{21} 和 CS_{12}，能够发现行业之间的协偏度系数是否发生显著的变化。

三、协峰度检验（CK 检验）

Fry – McKibbin and Hsiao（2018）发现，在极端事件，即异常回报率发生后，基于极值的测试更容易检验出传导效应的存在，并以此推导出用于测试传导源行业的收益率与被传导行业的收益率偏度系数的相关系数的统计量 CK_{13}，以及用于测试传导源行业的收益率偏度系数与被传导行业的收益率的统计量 CK_{31}，这种基于行业间协峰度系数是否显著变化的检验被称为协峰度检验。

Fry – McKibbin and Hisao（2018）的协峰度检验也与上文的协偏度检验类似，分为两个部分，CK_{13} 和 CK_{31}，前者是在检验“一带一路”政策发布或实施前后，板块 i 的回报率以及板块 j 的收益率偏度之间的协峰度 $\hat{\psi}_y(r_i,r_j^3)$ 是否发生显著的变化，其计算公式如下：

$$CK_{13} = \frac{[\hat{\psi}_y(r_i,r_j^3) - \hat{\psi}_x(r_i,r_j^3)]^2}{\dfrac{(18\hat{v}_{y|x_i}^2+6)}{T_y}+\dfrac{(18\hat{\rho}_x^2+6)}{T_x}} \tag{9-12}$$

后者 CK_{31}，是在检验“一带一路”政策发布或者实施前后，行业 i 的收益率偏度以及板块 j 的收益率之间的协峰度系数 $\hat{\psi}_y(r_i^3,r_j)$

是否发生显著的变化，其计算公式如下：

$$CK_{31}=\frac{[\hat{\psi}_y(r_i^3,r_j)-\hat{\psi}_x(r_i^3,r_j)]^2}{\frac{(18\hat{v}_{y|x_i}^2+6)}{T_y}+\frac{(18\hat{\rho}_x^2+6)}{T_x}} \tag{9-13}$$

协峰度 $\hat{\psi}_x(r_i^a,r_j^b)$ 和 $\hat{\psi}_y(r_i^a,r_j^b)$ 的计算公式如下：

$$\hat{\psi}_y(r_i^a,r_j^b)=\frac{1}{T_y}\sum_{t=1}^{T_y}\left(\frac{y_{i,t}-\hat{\mu}_{yi}}{\hat{\sigma}_{yi}}\right)^a\left(\frac{y_{j,t}-\hat{\mu}_{yj}}{\hat{\sigma}_{yj}}\right)^b-3\hat{v}_{y|x_i}^2 \tag{9-14}$$

$$\hat{\psi}_x(r_i^a,r_j^b)=\frac{1}{T_x}\sum_{t=1}^{T_x}\left(\frac{y_{i,t}-\hat{\mu}_{xi}}{\hat{\sigma}_{xi}}\right)^a\left(\frac{y_{j,t}-\hat{\mu}_{xj}}{\hat{\sigma}_{xj}}\right)^b-3\hat{\rho}_x^2 \tag{9-15}$$

其中，$\hat{\mu}$表示该行业的平均回报率，$\hat{\sigma}$表示该板块指数的标准偏差，x，y 分别指政策发布或实施前后，i，j 分别表示行业 i 和行业 j。通过检验 CK_{13}和 CK_{31}，可以得知，行业之间的协峰度系数是否发生显著的变化。

四、协波动率检验（CV 检验）

Fry – McKibbin et al.（2010）随后进一步完善非线性传导效应测试的方法论，发现了用于检验两个行业间的收益波动率，即协波动率在金融危机发生前后是否发生显著变化的统计量 CV。其具体计算公式如下：

$$CV=\frac{[\hat{\psi}_y(r_i^2,r_j^2)-\hat{\psi}_x(r_i^2,r_j^2)]^2}{\frac{(4\hat{v}_{y|x_i}^4+16\hat{v}_{y|x_i}^2+4)}{T_y}+\frac{(4\hat{\rho}_x^4+16\hat{\rho}_x^2+4)}{T_x}} \tag{9-16}$$

其中，$\hat{\psi}_y(r_i^2,r_j^2)$ 和 $\hat{\psi}_x(r_i^2,r_j^2)$ 分别表示“一带一路”相关政策发布或实施前后，两个行业的收益波动率的相关系数，其计算公式如下：

$$\hat{\psi}_y(r_i^2, r_j^2) = \frac{1}{T_y}\sum_{t=1}^{T_y}\left(\frac{y_{i,t} - \hat{\mu}_{yi}}{\hat{\sigma}_{yi}}\right)^2\left(\frac{y_{j,t} - \hat{\mu}_{yj}}{\hat{\sigma}_{yj}}\right)^2 - (1 + 2\hat{v}_{y|x_i}^2) \tag{9-17}$$

$$\hat{\psi}_x(r_i^2, r_j^2) = \frac{1}{T_x}\sum_{t=1}^{T_x}\left(\frac{y_{i,t} - \hat{\mu}_{xi}}{\hat{\sigma}_{xi}}\right)^2\left(\frac{y_{j,t} - \hat{\mu}_{xj}}{\hat{\sigma}_{xj}}\right)^2 - (1 + 2\hat{\rho}_x^2) \tag{9-18}$$

其中，$\hat{\mu}$表示该行业的平均回报率，$\hat{\sigma}$指该行业的标准偏差，x，y 分别表示“一带一路“倡议相关政策宣布或实施前后，i，j 分别表示行业 i 和行业 j。通过计算统计量 CV，可以得知在政策实施之后，行业之间的收益波动率的相关系数，即协波动率系数是否发生了显著的变化。

五、假设检验

FR 检验的原假设及备择假设分别是：

$$H_0: \rho_x = v_{y|x_i} \tag{9-19}$$

$$H_1: \rho_x \neq v_{y|x_i} \tag{9-20}$$

而协偏度、协峰度、以及协波动率检验的原假设和备择假设分别是：

$$H_0: \psi_x(r_i^a, r_j^b) = \psi_y(r_i^a, r_j^b) \tag{9-21}$$

$$H_1: \psi_x(r_i^a, r_j^b) \neq \psi_y(r_i^a, r_j^b) \tag{9-22}$$

统计量 FR、CS、CK、CV 均服从自由度为 1 的卡方分布。在 95% 的显著水平下，如果统计量大于 3.84，则可以拒绝原假设。

第四节　传导源市场与被传导源市场概述

一、传导源市场

本书采用沪深 300 指数、亚洲新兴市场指数、拉丁美洲新兴市场

（以下简称拉美新兴市场）指数、中东欧新兴市场指数和四个市场八个行业指数在2013年1月1日—2017年11月30日期间每日收盘价数据，研究在“一带一路”的倡议实施前后，中国相关合作上市公司的发展情况对亚洲新兴市场、拉丁美洲新兴市场、中东欧新兴市场的传导效应。表9－1所示为实验对象数据来源及彭博社（Bloomberg）代码。此外由于信息技术指数缺乏数据，因此在本书中不考虑研究。

表9－1　　实验对象数据来源及彭博社代码

市场	行业/指数	代码
中国市场	沪深300指数	SHSZ300
	中国公共事业指数	MXCN0UT
	中国能源指数	MXCN0EN
	中国原材料指数	MXCN0MT
	中国工业指数	MXCN0IN
	中国消费品指数	MXCN0CD
	中国医疗指数	MXCN0HC
	中国电子通信指数	MXCN0TC
	中国金融指数	MXCN0FI
亚洲新兴市场	亚洲新兴市场指数	MXMS
	亚洲新兴公共事业指数	MXMS0UT
	亚洲新兴能源指数	MXMS0EN
	亚洲新兴原材料指数	MXMS0MT
	亚洲新兴工业指数	MXMS0IN
	亚洲新兴消费品指数	MXMS0CD
	亚洲新兴医疗指数	MXMS0HC
	亚洲新兴电子通信指数	MXMS0TC
	亚洲新兴金融指数	MXMS0FI
拉丁美洲新兴市场	拉丁美洲新兴市场指数	MXLA
	拉丁美洲新兴公共事业指数	MXLA0UT
	拉丁美洲新兴能源指数	MXLA0EN
	拉丁美洲新兴原材料指数	MXLA0MT

续表

市场	行业/指数	代码
拉丁美洲新兴市场	拉丁美洲新兴工业指数	MXLA0IN
	拉丁美洲新兴消费品指数	MXLA0CD
	拉丁美洲新兴医疗指数	MXLA0HC
	拉丁美洲新兴电子通信指数	MXLA0TC
	拉丁美洲新兴金融指数	MXLA0FI
中东欧新兴市场	中东欧新兴市场指数	MXMM
	中东欧新兴公共事业指数	MXMM0UT
	中东欧新兴能源指数	MXMM0EN
	中东欧新兴原材料指数	MXMM0MT
	中东欧新兴工业指数	MXMM0IN
	中东欧新兴金融指数	MXMM0FI
	中东欧新兴消费品指数	MXMM0CD
	中东欧新兴医疗指数	MXMM0HC
	中东欧新兴电子通信指数	MXMM0TC

注：数据来源为彭博终端，图表为作者自行整理。

中国市场采用的大盘指数为沪深300指数结合了上海与深圳证券市场中300只A类股票，是反映沪深两个市场走势的“晴雨表”。深沪300指数成分股包含了中国中铁、中国重工、中国石化、中国中车等大量与“一带一路”倡议出口项目密切相关的企业，选用此指数可以客观地表现出在“一带一路”倡议的框架下，中国相关企业的整体表现。

二、被传导源市场

由于过去学者们在研究核能政策（Hsiao and Chen，2018）的传导效应过程中，采用MSCI的行业指数这类优质且可以代表行业发展状况，因此本书采用同样具有代表性的亚洲新兴市场、拉丁美洲新兴市场与中东欧新兴市场的八个MSCI行业指数以及大盘指数作为被传导对象。根据新华社信息①，截至2021年12月，中国已经与145个国家、32个国际组织签署200多份共建“一带一路”合作文件，而摩根士丹利公司将全球新兴市场分为亚洲、拉丁美洲与中东欧这三个新兴市场，因此研究中国“一带一路”倡议对新兴市场国家的传导效应意义重大，为了检验新兴市场中的各个产业是否受到“一带一路”合作协议的影响，本书设计了4个问题并逐一进行研究：

（1）在中国开展的“一带一路”合作倡议下，中国市场的大盘指数对于亚洲新兴、中东欧新兴以及拉丁美洲新兴大盘指数的影响。

（2）在中国开展的“一带一路”合作倡议下，中国各个行业板块对于亚洲新兴市场的能源、原材料、工业、金融、消费品、医疗、公共事业、电子通信八个行业的传导效应。

（3）在中国开展的“一带一路”合作倡议下，中国各个板块对中东欧新兴市场的能源、原材料、工业、金融、消费品、医疗、公共事业、电子通信八个行业的传导效应。

（4）在中国开展的“一带一路”合作倡议下，中国各个板块对中国市场的能源、原材料、工业、金融、消费品、医疗、公共事业、电子通信八个行业的传导效应。

表9-2中则详细列举了纳入MSCI新兴市场指数的国家及地区名称，这些国家和地区都是新兴市场中与“一带一路”倡议联系紧密的国家，其数据来源于MSCI新兴市场网站。

表9-2　　MSCI新兴市场指数的国家及地区名称

亚洲新兴市场	中东欧新兴市场	拉丁美洲新兴市场
中国	卡塔尔	巴西
菲律宾	匈牙利	智利
印度	俄罗斯	哥伦比亚
泰国	波兰	墨西哥

① 新闻网址：http：//www.gov.cn/xinwen/2021-12/16/content_5661337.htm。

续表

亚洲新兴市场	中东欧新兴市场	拉丁美洲新兴市场
印度尼西亚	希腊	秘鲁
中国台湾	土耳其	
马来西亚	埃及	
韩国	科威特	
巴基斯坦	沙特阿拉伯	
	捷克共和国	
	南非	

三、传导与被传导源市场数据处理

本书以股票市场的日收益率来衡量各个市场与产业情况，为了平衡股票间的差异，需要首先计算出四个市场八大行业的对数收益率，用 $P_{i,t}$ 表示 i 指数第 t 日的收盘价，$r_{i,t}$ 表示 i 指数第 t 日的收益率，计算公式如下：

$$r_{i,t} = 100 \times (\ln P_{i,t} - \ln P_{i,t-1}) \tag{9-23}$$

本书的数据样本为 2013 年 1 月 1 日—2017 年 11 月 30 日期间各指数每日收盘价，国家节假日的空缺数据由该时间点的上一个交易日数据覆盖，时间序列涵盖“一带一路”倡议实施前、“一带一路”倡议实施后、亚投行成立以及《“一带一路”建设海上合作设想》的发布共四个阶段。计算股价收益率工作均由 Eviews 完成。

四、传导计量模型滞后阶数选择

接下来，本书将会采用 Hsiao and Chen（2018）所采用的方法进行实证研究，包括 FR、CS_{12}、CS_{21}、CK_{13}、CK_{31}、CV 六种传导效应检测方法。并且，我们将会选取政策实施后 90 天的数据作为政策后样本，而在稳健性检验部分中，我们将会选取政策后 180 天的样本作为政策后观测值，进一步分析政策的长期影响。而在研究传导效应之前，本书先通过 SIC 来选取最佳滞后阶个数。运用 Eviews 建立向量自回归（VAR）模型来选取最佳滞后阶。VAR 模型的具体形式如下：

$$r_t = \phi(L) r_t + u_t \tag{9-24}$$

$$r_t = (x, y) \tag{9-25}$$

表 9－3 所示为 VAR 模型各个最佳滞后阶判定条件。

表 9－3　　VAR 模型各个最佳滞后阶判定条件

滞后阶数	*LogL*	*LR*	*AIC*	*SC*	*HQ*
0	－55236.77	NA	47.54	47.55	47.54
1	－31862.91	46647.15	27.44	27.49	27.46
2	－31729.13	266.51	27.34	27.43*	27.37*
3	－31699.01	59.90	27.32*	27.45	27.37
4	－31688.65	20.56	27.33	27.50	27.39
5	－31672.90	31.22	27.33	27.54	27.41
6	－31657.01	31.43*	27.33	27.58	27.42

注：* 表示在此判定条件下选取的最佳滞后阶，*LR* 为 *LR* 检验统计量（5%），*AIC* 为赤池系数，*SC* 为贝叶斯系数，*HQ* 为 Hannan－Quinn 信息准则。图表为作者自行整理。

从上述的五种最佳滞后阶的判定方法中，本书选取 *SC* 作为主要判定依据，故选取最佳滞后阶为 2。

五、描述性统计

本书将会对四个政策进行实证研究，表 9－4 为四个政策的具体描述。

考虑到本书共涉及 4 个具体政策，故仅选取一个政策，亚投行的实施，进行描述性统计。图 9－1 是通过 Eviews 描述出来的行业指数以及大盘指数的每日收盘价折线图。图中白色部分为“一带一路”政策还未实施的阶段，时间段为 2015 年 5 月 1 日至 2015 年 12 月 24

日；阴影部分为政策实施后阶段，时间段为 2015 年 12 月 25 日至 2016 年 3 月 25 日。

表 9－4　“一带一路”倡议相关政策的具体描述

政策	政策描述
2013 年“一带一路”倡议提出	2013 年 9 月 7 日，中国国家主席习近平访问哈萨克斯坦，在纳扎尔巴耶夫大学（Nazarbayev University）发表演讲，倡议希望与中亚国家合作，建立丝绸之路经济带，这也是中国国家领导层第一次在战略层面上，提出“一带一路”倡议。
2015 年“一带一路”倡议实施	2015 年 2 月 15 日，“一带一路”倡议正式落地实施，包括促进跨境贸易和投资的计划与机制。在中国中央政府的直接领导之下，和“一带一路”工作领导小组的合作之下，各级政府均建立了海外直接投资促进机构与支持体系。
2015 年“亚投行”实施	2015 年 12 月 25 日，《亚洲基础设施投资银行协议》正式开始实施，旨在促进区域内的互联互通，提供基础建设之资金，并且加强中国与其他国家与地区的合作，这也标志着亚投行正式开始运转，有力推动了“一带一路”倡议的发展。
2017 年《“一带一路”建设海上合作设想》发布	2017 年 6 月 20 日，为进一步强化与沿线国家的战略对接与共同行动，可持续性地开发与利用海洋资源，繁荣 21 世纪海上丝绸之路，国家发展和改革委员会，国家海洋局发布了《“一带一路”建设海上合作设想》。

通过观察图 9－1 至图 9－4，可以发现，随着亚投行的正式实施，中国大盘及行业板块指数与亚洲新兴市场、拉丁美洲新兴市场以及中东欧新兴市场股市移动的同步性在提升。在亚投行正式实施之后，中国各个板块先迎来小幅上涨，接着再剧烈下跌，而相比其他市场，均先出现了小幅度的上涨，紧接着大幅度地下跌。如此的同步性说明，值得对中国“一带一路”倡议与亚洲新兴市场，中东欧新兴市场以及拉丁美洲新兴市场之间的相互影响进行更深一步的研究。接下来，我们将会选取这一段样本进行描述性统计，进一步得出市场内在联系的相关结论。

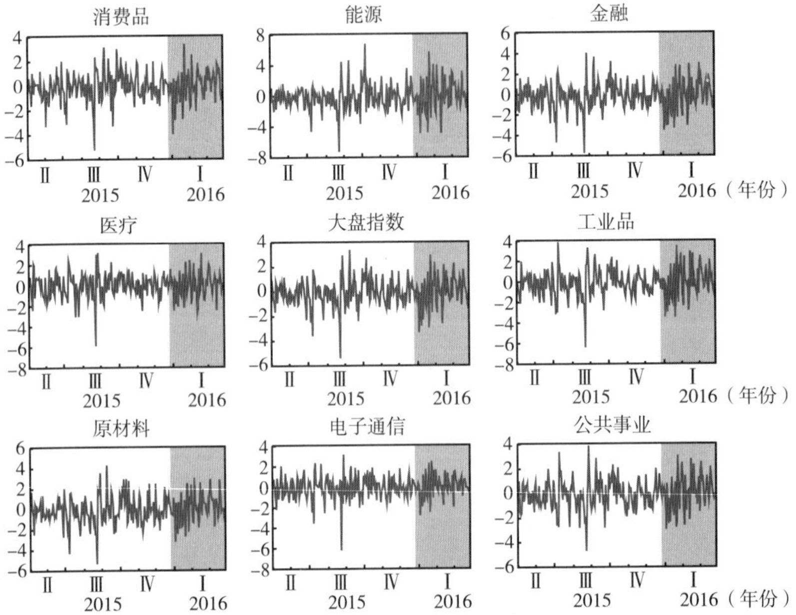

图 9－1　亚洲新兴市场回报率

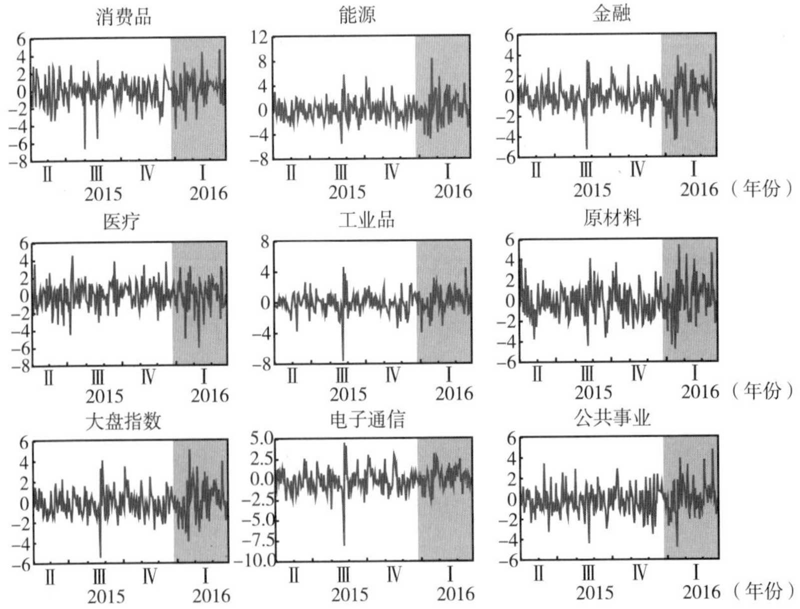

图 9－2　中东欧新兴市场回报率

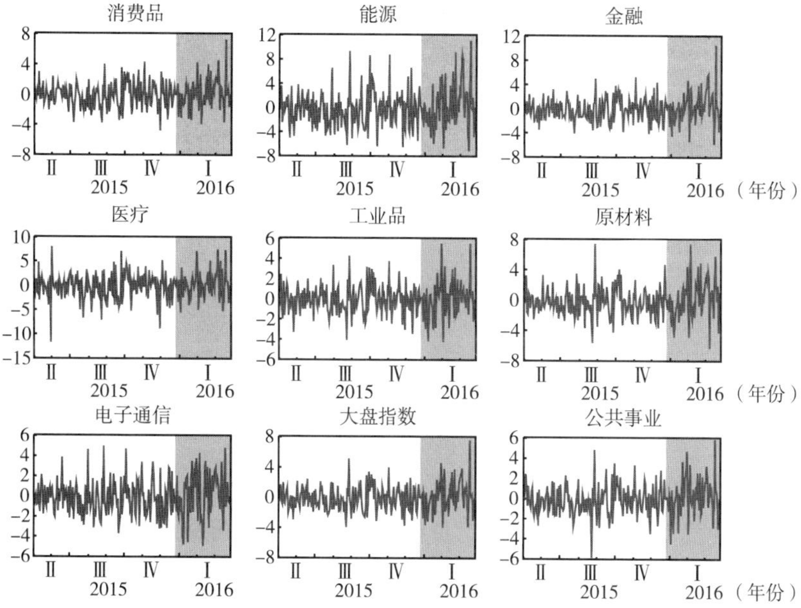

图 9 – 3　拉丁美洲新兴市场回报率

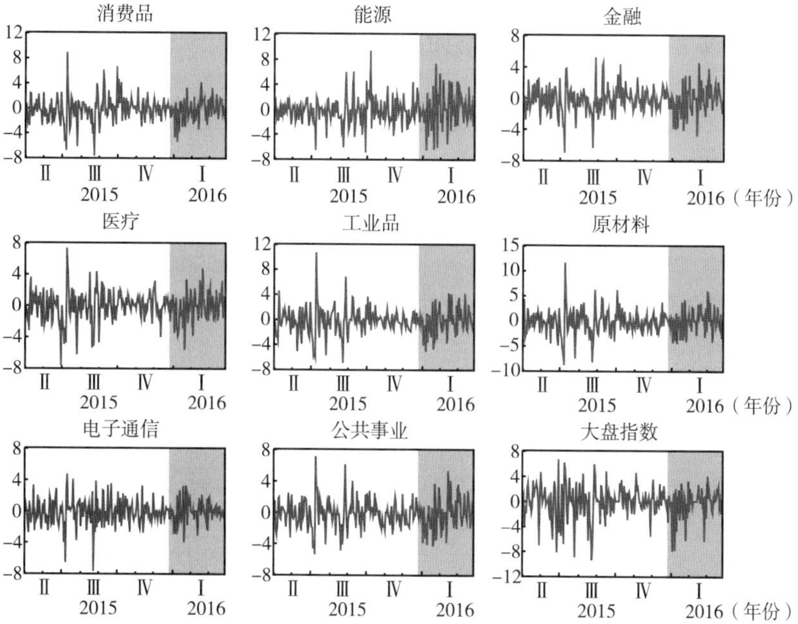

图 9 – 4　中国市场回报率

根据表9-4、表9-5的描述性统计，我们可以得出以下几个初步结论。首先，亚投行实施之后，几乎所有的行业板块及大盘指数的回报均值均出现了不同程度的上升；其次，在亚投行实施之后，几乎所有地区的板块及大盘指数的方差均出现了小幅的上涨。其中，拉丁美洲新兴市场的方差上升的幅度最大，而中国市场各个行业的方差上升幅度则相对较小。在偏度上，中国市场中，除了金融、医疗以及电子通信板块，其他板块及大盘的偏度均在亚投行实施之后，出现了下降，说明投资者面临极端损失的可能性减小，但是，相似的情况虽然也出现在其余三大市场，但是并没有特别普遍，比如中东欧新兴市场的医疗及消费品板块，其他的板块普遍都是出现了上升。就峰度而言，几乎所有行业板块以及大盘指数的峰度均大于3，存在尖峰肥尾的现象，这说明投资者面临正负极端收益的可能性较大。对 *JB* 统计量而言，所有研究对象均在99%的显著性水平下显著，说明每个行业的收益率均不是正态分布。综合以上的描述性统计，本书有必要通过研究收益率之间更高阶矩相关性的变化情况，深入研究“一带一路”倡议之下，国内外市场之间的政策传导效应。

表9-5　“亚投行实施”前，各行业股指的描述性统计

行业/板块	平均值	标准差	偏度	峰度	Jarque-Bera (*JB*)
中国市场					
大盘指数	-0.15	2.77	-0.69	4.37	26.76***
消费品	-0.19	2.15	0.22	6.15	71.70***
能源	-0.29	2.17	0.41	5.76	58.51***
金融	-0.19	1.80	-0.15	4.76	22.55***
医疗	-0.12	2.05	-0.37	4.83	27.69***
工业品	-0.24	2.15	0.48	7.47	148.12***
原材料	-0.29	2.56	0.18	6.38	81.60***
电子通信	-0.16	1.73	-0.36	5.53	49.27***
公共事业	-0.20	1.82	0.30	4.88	27.50***

续表

行业/板块	平均值	标准差	偏度	峰度	Jarque - Bera（*JB*）
亚洲新兴市场					
大盘指数	-0.14	1.14	-0.39	5.72	56.53 ***
消费品	-0.10	1.18	-0.49	5.25	42.59 ***
能源	-0.19	1.65	0.16	6.37	81.28 ***
金融	-0.16	1.33	-0.31	5.37	42.36 ***
医疗	-0.07	1.21	-0.64	5.64	61.13 ***
工业品	-0.19	1.30	-0.41	5.63	53.70 ***
原材料	-0.15	1.39	-0.03	4.31	12.26 ***
电子通信	-0.14	1.15	-0.76	7.18	139.75 ***
公共事业	-0.15	1.22	-0.02	4.23	10.71 ***
中东欧新兴市场					
大盘指数	-0.17	1.27	0.11	4.65	19.56 ***
消费品	-0.13	1.61	-0.57	4.31	21.37 ***
能源	-0.18	1.73	0.47	3.78	10.65 ***
金融	-0.15	1.24	0.01	4.57	17.49 ***
医疗	0.06	1.49	0.00	3.49	1.72 ***
工业品	-0.16	1.36	-0.67	8.62	236.02 ***
原材料	-0.22	1.56	0.18	2.99	0.95 ***
电子通信	-0.19	1.48	-0.51	7.63	159.06 ***
公共事业	-0.26	1.34	-0.02	3.32	0.72 ***
拉丁美洲新兴市场					
大盘指数	-0.22	1.56	0.33	3.16	3.35 ***
消费品	-0.19	1.66	0.06	2.95	0.12 ***
能源	-0.39	2.92	0.53	3.73	11.79 ***
金融	-0.26	1.87	0.34	2.93	3.38 ***
医疗	-0.34	2.77	-0.45	4.77	27.80 ***
工业品	-0.10	1.43	0.19	3.38	2.01 ***
原材料	-0.27	1.85	0.45	4.33	18.35 ***
电子通信	-0.22	1.67	0.46	3.30	6.57 ***
公共事业	-0.22	1.47	0.11	4.19	10.40 ***

注：*** 表示在99%的显著性水平下显著。数据来源为彭博终端。图表为作者自行整理。

表 9-6 “亚投行实施”后 90 天内，各行业股指的描述性统计

行业版块	平均值	标准差	偏度	峰度	Jarque - Bera (*JB*)
中国市场					
大盘	-0.28	2.40	-1.38	5.21	34.27***
消费品	-0.24	1.84	-0.36	3.46	2.06***
能源	0.00	2.94	0.02	2.94	0.01***
金融	-0.23	1.95	-0.09	2.98	0.09***
医疗	-0.14	1.97	-0.19	3.07	0.39***
工业品	-0.19	2.14	-0.01	2.81	0.11***
原材料	0.05	2.40	0.08	2.82	0.16***
电子通信	-0.07	1.44	-0.14	3.50	0.92***
公共事业	-0.12	2.07	0.12	3.05	0.16***
亚洲新兴市场					
大盘	-0.02	1.30	-0.27	3.17	0.89***
消费品	-0.04	1.27	-0.39	3.97	4.27***
能源	0.05	2.12	0.04	3.40	0.46***
金融	-0.11	1.55	-0.18	2.78	0.49***
医疗	-0.03	1.27	-0.11	2.86	0.18***
工业品	-0.05	1.56	0.00	2.80	0.11***
原材料	0.12	1.39	-0.04	2.89	0.04***
电子通信	0.00	1.06	-0.16	3.41	0.76***
公共事业	0.02	1.38	-0.09	2.85	0.14***
中东欧新兴市场					
大盘	0.08	1.75	0.20	3.34	0.76***
消费品	0.15	1.65	-0.09	4.07	3.21***
能源	0.13	2.44	0.52	3.90	5.22***
金融	0.03	1.73	-0.23	3.34	0.89***
医疗	0.01	1.77	-0.88	4.60	15.58***
工业品	0.09	1.51	-0.10	3.71	1.50***
原材料	0.13	2.00	0.16	3.44	0.82***
电子通信	0.16	1.24	-0.08	3.03	0.08***
公共事业	0.00	1.61	0.38	4.38	6.87***

续表

行业版块	平均值	标准差	偏度	峰度	Jarque - Bera (*JB*)
			拉丁美洲新兴市场		
大盘	0.17	2.14	0.56	4.26	7.84 ***
消费品	0.12	1.99	0.62	4.71	12.28 ***
能源	0.24	3.82	0.61	3.32	4.38 ***
金融	0.28	2.68	0.72	5.39	21.38 ***
医疗	0.18	2.79	0.39	3.53	2.41 ***
工业品	0.04	1.85	0.32	4.25	5.39 ***
原材料	0.16	2.61	0.14	3.30	0.46 ***
电子通信	0.13	2.31	-0.20	2.41	1.40 ***
公共事业	0.22	1.90	0.15	3.89	2.41 ***

注：*** 表示在99%的显著性水平下显著。数据来源为彭博终端。图表为作者自行整理。

第五节　中国对沿线国家行业间政策传导测试

本书采用中国市场为传导源，以中国市场沪深300指数以及八大行业为传导源市场 i，以亚洲新兴市场、拉丁美洲新兴市场与中东欧新兴市场的能源、原材料、工业、消费品、医疗、公共事业、电子通信、金融等一共8个市场的行业指数为被传导对象 j，事件节点共为四个，分别为节点一：2013年9月1日，选取2013年1月1日—2013年8月31日作为政策实施前的观测值，选取2013年9月1日—2013年12月1日作为政策实施后的观测值；节点二：2015年2月1日，选取2013年12月2日—2015年1月31日作为政策实施前的观测值，选取2015年2月1日—2015年4月30日作为政策实施后的观测值；节点三：2015年12月25日；节点四：2017年6月1日；截点三、四的政策实施前后观测值的选取方法与节点一、二相同。全部样本时间起始日期为2013年1月1日—2017年8月31日，共计1283个观察值。表9-6至表9-9是根据上文方法论，利用MATLAB所得出的结果。*** 表示在99%的显著性水平下，该统计量显著；即为99%把握认为市场 i 对市场 j 存在某种形式的传导效应；** 表示在95%的显著性水平下，该统计量显著；即为95%把握认为指数 i 对指数 j 存在某种形式的传导效应；* 表示在90%的显著性水平下，该统计值显著；即为90%把握认为指数 i 对指数 j 存在某种形式的传导效应。表9-6至表9-9的结果为以“一带一路”政策的四大重大事件点为节点时间，以政策颁布后90天内为期限。其中，FR、CS_{12}、CS_{21}、CK_{13}、CK_{31}、CV 检验的计算方式分别对应公式（9-1）、公式（9-8）、公式（9-9）、公式（9-12）、公式（9-13）以及公式（9-16）。

一、“一带一路”倡议提出

由表9-7可知，在“一带一路”倡议提出之后，中国市场对三大洲的三个新兴市场均存在传导效应，但在不同行业，传导途径及传导的效应大小有所差别。从各新兴市场的层面来看，沪深300指数对亚洲新兴市场及中东欧新兴市场的传导效应较强。对拉丁美洲新兴市场的传导效应最弱。从地缘来看，拉丁美洲新兴市场离中国市场最远，其地区对于中国市场的了解与兴趣相较中东欧新兴市场与亚洲新兴市场来说较低，其传导效应的不显著性也较为合理。对亚洲新兴市场来说，“一带一路”倡议的提出在 CK_{13}、CK_{31} 以及 CV 检验中，公共事业、消费品、医疗、工业品及原材料市场都有显著的被传导效应。同时，对于拉丁美洲新兴市场和中东欧新兴市场来说，原材料、消费品、公共事业、医疗及工业品也都在极端市场回报下具有显著的传导效应，但不如亚洲新兴市场传导效应强，中东欧新兴市场所受到的传导效应小于拉丁美洲新兴市场。从传导源与被传导对象收益率相关系数检验中，即FR检验角度来说，三大市场除了中东欧新兴市场

表 9－7　“一带一路”倡议发布后对各行业股指的传导效应检验结果

行业板块	FR	CS_{12}	CS_{21}	CK_{13}	CK_{31}	CV	整体显著率（%）
			亚洲新兴市场				
大盘股票	0.45	1.03	3.15*	12.96***	12.35***	9.87***	
能源	1.20	4.63**	5.54**	1.67	6.62**	3.71*	
工业品	0.50	0.46	0.12	8.30***	4.58	6.63**	
原材料	0.50	2.28	1.51	24.98***	10.55***	18.52***	
消费品	1.91	2.88*	5.42**	1.95	14.04***	4.04**	
医疗	0.62	0.07	1.40	1.66	135.41***	45.04***	
金融	1.68	1.14	1.93	0.05	4.05**	0.52	
公共事业	1.83	0.18	0.01	1.66	1.22	0.62	
电子通信	0.05	1.56	2.97*	3.84**	0.59	2.42	
显著率（%）	0.00	22.22	44.44	44.44	67.77	67.77	40.74
			拉丁美洲新兴市场				
大盘股票	0.25	1.91	2.45	4.92**	2.91*	0.54	
能源	1.99	0.04	4.36**	0.00	10.18***	0.01	
工业品	0.04	0.02	0.31	3.80*	0.05	2.43	
原材料	0.58	0.07	1.99	5.49**	6.65***	6.35**	
消费品	0.34	0.27	0.00	10.46***	5.60**	1.47	
医疗	1.19	1.84	5.36**	0.17	38.93***	5.59**	
金融	0.00	0.64	0.04	0.75	0.29	0.02	
公共事业	0.00	0.01	0.01	0.74	0.08	0.71	
电子通信	0.54	0.02	3.43*	0.06	1.34	0.01	
显著率（%）	0.00	0.00	33.33	44.44	56.66	22.22	25.93
			中东欧新兴市场				
大盘股票	0.00	4.63**	0.96***	17.12***	1.97	4.08***	
能源	0.05	2.40	1.03	3.69*	0.24	3.15*	
工业品	0.32	5.50**	0.17	6.88***	0.91	0.19	
原材料	6.06**	4.39**	0.03	0.20	5.76**	2.61	
消费品	0.12	4.30**	0.19	32.70***	3.85**	1.02	
医疗	1.52	30.87***	0.72	611.42***	0.74	0.06	
金融	1.11	12.51***	2.03	6.57**	0.45	5.41**	
公共事业	0.01	2.35	2.44	126.22***	2.57	27.70***	
电子通信	3.32*	0.01	3.91**	0.36	2.38	5.91**	
显著率（%）	22.22	67.77	22.22	78.88	22.22	56.66	44.44

注：* 表示在 90% 的显著性水平上显著，** 表示在 95% 的显著性水平上显著，*** 表示在 99% 的显著性水平上显著，FR、CS_{12}、CS_{21}、CK_{13}、CK_{31}、CV 检验的计算方式分别对应公式（9－1）、公式（9－8）、公式（9－9）、公式（9－12）、公式（9－13）以及公式（9－16）。

的原材料板块以外，均没有检测出显著的证据以推翻原假设。在进行 CS_{12} 和 CS_{21} 检验时，亚洲新兴市场中，只有电子通信、公共事业、能源和消费品板块检验出了传导效应；拉丁美洲新兴市场中，只有能源、医疗检验出显著的传导现象，在电子通信板块检验出微弱的传导效应。整体而言，高阶矩检验往往能发现更多市场传导效应的证据。

二、“一带一路”倡议实施

在第二个时间节点即“一带一路”倡议实施后的 90 天内，危机传导效应并未检测到与第一个时间节点即“一带一路”倡议提出相比更强的传导效应。如表 9-8 所示，总体来看，工业品和原材料依然是受到传导效应最为显著的行业，在三个市场下的 *CS* 和 *CK* 检验中，都展现了非常显著的传导效应。中东欧新兴市场的工业品更是在 6 个传导机制下都呈现了显著的传导效应。受影响相对较小的则是医疗、公共事业、电子通信板块。考虑到“一带一路”沿线国家多以发展中国家为主，中国“一带一路”政策所带去的合作项目又多为基础设施建设项目，与能源、工业、原材料的关系更为密切，因此在“一带一路”政策实施后，这些与基础设施建设有关的行业显示出更为显著的传导效应。具体来看，在亚洲新兴市场之中，低阶矩 *FR* 检验并没有检验到任何传导效应；协偏度系数检验中，在大盘指数、公共事业和原材料板块的数据中，都检测到了显著的传导效应，而工业品只在 CS_{21} 检验出显著的传导效应；而在高阶矩检验 *CK* 和 *CV* 中，公共事业和工业品板块在所有检验中都显著，而原材料及大盘指数仅仅在 CK_{31} 这一检验中显著。相比之下，拉丁美洲新兴市场与中东欧新兴市场并未有显著的不同，在拉丁美洲新兴市场，消费品和电子通信板块的 *FR* 检验捕捉到了传导效应，*CS* 检验仅仅在工业品板块捕捉到显著的传导效应，而在高阶矩 *CK* 检验的两次检验中，并没有任何一个板块能够同时提供显著的证据，而 *CV* 检验也只在大盘指数、

表 9-8　“一带一路”倡议实施后对各行业股指的传导效应检验结果

行业板块	FR	CS_{12}	CS_{21}	CK_{13}	CK_{31}	CV	整体显著率（%）
亚洲新兴市场							
大盘股票	1.07	5.48***	5.41**	2.46	3.42*	0.82	
能源	0.09	0.86	0.97	1.01	1.56	1.34	
工业品	0.32	12.92	24.94***	11.07***	69.68***	35.78***	
原材料	0.13	2.97*	15.97***	0.82	29.85***	1.45	
消费品	0.04	0.10	0.38	1.87	2.17	1.25	
医疗	0.32	0.47	0.20	1.96	2.90	2.82	
金融	0.00	1.36	0.64	1.62	0.36	0.19	
公共事业	0.00	1.07	2.06	1.53	0.14	0.25	
电子通信	0.12	0.33	0.16	1.25	1.89	1.52	
显著率（%）	0.00	22.22	33.33	11.11	33.33	11.11	18.52
拉丁美洲新兴市场							
大盘股票	0.24	0.37	2.73*	1.98	2.14	4.27**	
能源	0.37	0.14	0.40	1.92	0.21	3.77**	
工业品	0.07	0.54	7.45***	0.68	5.59**	1.34	
原材料	0.11	0.00	3.03	0.87	19.99***	0.59	
消费品	17.85***	2.68	1.94	5.75**	2.18	6.43**	
医疗	2.34	0.10	2.90	3.87	0.13	2.22	
金融	1.44	0.39	0.49	4.39***	0.02	0.71	
公共事业	0.00	0.26	0.62	1.66	3.14*	0.36	
电子通信	11.87***	0.73	0.25	1.58	0.18	1.14	
显著率（%）	22.22	0.00	22.22	22.22	33.33	33.33	22.22
中东欧新兴市场							
大盘股票	0.59	1.17	1.47	1.68	0.00	4.92**	
能源	0.20	4.49**	0.93	9.51***	4.57**	1.74	
工业品	4.53**	10.03***	31.92***	4.78**	114.77***	45.24***	
原材料	2.14	0.80	4.41**	0.10	20.77***	1.02	
消费品	0.78	1.64	4.50**	0.20	2.82**	2.74**	
医疗	0.54	0.00	2.59	0.93	0.28	0.08	
金融	5.84**	1.14	0.24	3.14*	0.27	0.12	
公共事业	0.09	1.38	0.00	1.36	0.03	2.03	
电子通信	0.67	0.12	0.35	1.33	0.12	0.81	
显著率（%）	22.22	22.22	33.33	33.33	44.44	33.33	31.48

能源和消费品板块在95%的显著水平下显著。在中东欧新兴市场中，除去原材料板块，能源板块以及工业板块等跟基础设施建设密切相关的产业，消费品板块也分别在 CS_{21}，CK_{31} 和 CV 显著，说明中欧市场之间也存在着内在联系。前两个政策相比之下，我们可以得到初步结论，“一带一路”倡议的宣布，可能在这三个市场之间比“一带一路”倡议的实施的影响更强烈。

三、亚投行倡议实施

第三个时间节点为亚洲基础设施投资银行（以下简称亚投行）的建立。亚投行重点支持基础建设，亚投行的成立是为了促进全亚洲的经济一体化进程。事实上，亚投行的各项政策与会员并不仅局限于亚洲地区，截至2020年，亚投行57个创始会员国已经增加到遍布全球6大洲的102成员国。亚投行创立之初的首批4个项目分别为孟加拉国的“电力配送升级和扩容项目”；印度尼西亚的“国家贫民窟升级项目”；巴基斯坦的“M－4高速公路项目”；塔吉克斯坦的“公路项目”。这四个项目皆为基础设施建设项目，以企图振兴交通、电信等行业的发展。如表9－9所示，在亚投行建立之后，亚洲新兴市场的确受到了显著的传导效应。在 FR 检验下，除能源和电子通信行业以外都呈现了非常显著的传导效应，此结果说明在实证结果下，亚投行政策的实施的确对亚洲市场有着显著的效应。除了 FR 检验以外，CK_{13} 和 CK_{31} 两个基于极端市场回报的传导途径检验下，大多数行业也呈现了显著的效应。相比之下，协偏度检验并没有捕捉到更多的传导效应，只有消费品与电子通信行业在两次协偏度检验中都体现出显著的传导效应，工业品板块和大盘指数则只在 CS_{21} 检验中体现显著的传导现象；协波动率检验则在除了大盘以及消费品、医疗板块中，都捕捉到了显著的传导效应。在中东欧新兴市场中，虽然呈现出较为显著的传导效应，但可能不如对亚洲新兴市场的传导效应强烈，拉丁美洲新兴市场的效应则可能为三个市场中最弱的，在 FR 检验中，

表 9－9　亚投行的实施后对各行业股指的传导效应检验结果

行业板块	FR	CS_{12}	CS_{21}	CK_{13}	CK_{31}	CV	整体显著率（%）
亚洲新兴市场							
大盘股票	4.52**	0.00	3.06*	3.75*	1.01	0.98	
能源	0.46	1.07	1.82	5.65**	5.84	5.28**	
工业品	16.30***	2.09	6.49**	12.11***	39.99***	20.08***	
原材料	10.92***	0.13	0.05	2.02	12.78***	5.23**	
消费品	14.83***	2.89*	5.01**	1.20	6.41**	2.20	
医疗	4.71**	0.02	0.07	4.38**	2.15	2.48	
金融	12.38***	0.12	0.31	4.22**	2.67*	3.22*	
公共事业	28.11***	3.99**	3.23*	0.54	1.25	0.34	
电子通信	0.57	0.14	0.58	10.50***	10.40***	10.32***	
显著率（%）	78.88	22.22	44.44	67.77	56.66	56.66	53.70
拉丁美洲新兴市场							
大盘股票	2.53	0.12	1.10	0.02	0.10	0.05	
能源	0.05	1.18	0.82	2.50	1.50	5.99**	
工业品	6.96***	0.42	0.96	0.00	4.91**	0.18	
原材料	0.11	0.00	0.01	4.54**	4.29**	4.05**	
消费品	5.19**	0.22	1.38	0.74	7.63*	0.68	
医疗	5.60***	1.36	1.39	0.11	0.99	0.92	
金融	1.50	0.01	0.37	3.98**	0.59	0.01	
公共事业	2.15	3.82*	2.41	1.98	1.12	1.40	
电子通信	0.74	0.25	0.01	2.63*	0.93	0.06	
显著率（%）	33.33	11.11	0.00	33.33	33.33	22.22	22.22
中东欧新兴市场							
大盘股票	0.73	1.12	0.08	4.35**	2.86*	11.28***	
能源	3.74*	0.60	0.00	1.97	0.17	2.14	
工业品	0.76	0.02	2.75*	24.02***	14.60***	8.87***	
原材料	12.14***	0.07	0.70	0.85	9.33***	0.36	
消费品	3.33*	0.00	1.91	0.01	0.41	0.08	
医疗	0.86	3.93**	2.34	1.01	1.46	1.70	
金融	4.32**	0.03	0.01	1.98	0.75	1.22	
公共事业	0.78	0.38	0.79	8.04***	27.52***	7.17***	
电子通信	0.80	0.02	2.86*	0.26	43.72***	7.57***	
显著率（%）	22.22	11.11	22.22	33.33	56.66	44.44	31.31

只有工业品、公共事业、消费品以及医疗板块提供了显著的传导证据，协偏度检验没有任何一个板块在一次检验中显著，而协波动率检验只在能源以及原材料板块显著，其传导现象似乎并不如其余两个市场显著。由于本测试选取政策实施后的90天作为期限，拉丁美洲市场由于地理位置、信息等因素，其项目在政策实施的90天内并不开始，可能存在一定的滞后性，造成了传导效应结果并不十分强烈。

四、“一带一路”建设海上合作设想的发布

“一带一路”政策不仅重建了由西汉张骞开辟的陆上丝绸之路的商贸合作，也提出新的构想“海上丝绸之路”。因此，本书选取的最后一个时间节点为《“一带一路”建设海上合作设想》（以下简称《设想》）发布的时间节点作为本书研究的节点。《设想》以中国沿海的经济带为出发点，连接中南半岛的经济走廊，途经中亚南亚各国，连接了以中国—印度洋—非洲—地中海的蓝色经济通道。因此，《设想》不仅注重亚洲新兴市场的发展，并将中东欧新兴市场更多地纳入“一带一路”的版图。由表9-10的实证结果我们可以看出，中东欧新兴市场的大部分检验结果相较于亚投行的实施都更为显著。尤其是*CV*传导途径，除了在亚投行成立背景下显著的公共事业、工业、原材料三个行业，其余都显著，说明了在“一带一路”政策的发展过程当中，不仅基础设施得到发展，其他行业也得到了关注，被纳入“一带一路”发展的宏图之中。而在亚洲新兴市场当中，其实证结果并没有比亚投行的实施更加强烈，在*FR*检验中，只有公共事业和消费品板块检验出显著的传导现象，*CS*检验则只在能源、公共事业以及电子通信板块检验出显著的传导现象，而在四阶矩*CK*检验以及*CV*检验中，大盘指数以及能源、电子通信和公共事业板块在所有检验中均检测到了显著的传导效应。在拉丁美洲新兴市场中，传导效应则并没有十分显著，主要集中在四阶矩检验中，包括大盘指数、

表 9-10　“一带一路”建设海上合作设想的发布对各行业股指的传导效应检验结果

行业板块	FR	CS_{12}	CS_{21}	CK_{13}	CK_{31}	CV	整体显著率（%）
亚洲新兴市场							
大盘股票	0.07	0.20	0.06	18.20***	3.99**	5.07**	
能源	0.85	0.94	0.05***	14.77***	5.34***	9.69***	
工业品	2.41	0.49	0.62	15.07***	0.74	4.83**	
原材料	0.00	0.33	0.86	0.05	0.47	0.49	
消费品	4.42**	0.10	0.44	6.26**	0.76	2.63	
医疗	0.14	1.26	2.66	0.42	3.14*	1.60	
金融	1.29	0.02	0.40	7.12***	2.13	3.90**	
公共事业	0.02	1.30	0.37	1.21	0.60	0.04	
电子通信	0.44	46.59***	52.16***	223.95***	329.99***	287.51***	
显著率（%）	11.11	11.11	22.22	67.77	44.44	56.66	35.19
拉丁美洲新兴市场							
大盘股票	0.36	0.88	2.99*	3.39	1.17	3.13*	
能源	0.39	0.47	1.36	0.40	4.09**	0.00	
工业品	6.76*	1.38	2.48	2.59	0.83	20.48***	
原材料	3.18*	0.01	0.00	0.64	1.97	0.11	
消费品	0.46	0.02	1.32	0.65	0.53	1.22	
医疗	0.05	0.01	0.38	3.54*	0.46	8.11***	
金融	0.47	0.09	2.49	0.20	0.19	4.90**	
公共事业	0.58	0.42	0.88	12.28***	1.49	0.02	
电子通信	2.40	3.12*	0.14	4.50**	6.94**	6.57**	
显著率（%）	22.22	11.11	11.11	33.33	22.22	56.66	26.13
中东欧新兴市场							
大盘股票	0.36	0.13	1.12**	4.67	0.00	13.68***	
能源	3.56*	0.23	0.01**	4.54*	3.70*	6.22**	
工业品	1.36	0.04	0.02	3.53*	0.01	1.61	
原材料	1.19	3.20*	6.79***	0.07	0.06	0.01	
消费品	4.86**	0.26	0.02	272.90***	0.30	27.90***	
医疗	13.83***	0.34	0.08	0.11	0.13	9.24***	
金融	1.94	0.01	0.00	8.35***	1.11	5.74**	
公共事业	0.04	0.60	6.44*	3.54*	2.61*	0.02	
电子通信	0.80	0.02	2.86*	0.26	43.72***	7.57***	
显著率（%）	33.33	11.11	56.66	56.66	33.33	67.77	43.43

注：* 表示在 90% 的置信水平上显著，** 表示在 95% 的置信水平上显著，*** 表示在 99% 的置信水平上显著，FR、CS_{12}、CS_{21}、CK_{13}、CK_{31}、CV 检验的计算方式分别对应公式（9-1）、公式（9-8）、公式（9-9）、公式（9-12）、公式（9-13）以及公式（9-16）。

能源、工业品、消费品、金融、公共事业以及电子通信板块。拉丁美洲新兴市场的实证结果也进一步说明了我们的结论，即由于地理、信息滞后等因素，拉丁美洲新兴市场与“一带一路”倡议的关联性似乎没有亚洲新兴市场以及中东欧新兴市场那么密切。

从传导途径的角度看，“一带一路”倡议下的各合作政策，对各行业、各市场都存在着传导效应；尤其在基于市场极端回报情况下的高阶矩检验中，往往能检验到更显著的传导效应。

五、政策传导测试稳健性检验

为了进一步探索“一带一路”政策下的各项合作对新兴亚洲市场，拉丁美洲新兴市场及中东欧新兴市场的行业传导效应的强弱，本节利用政策宣布或实施 180 天作为一个滚动窗口，以 2013 年 1 月 1 日—2017 年 11 月 30 日为观察时间段，利用 MATLAB 做稳健性效应研究。相较于上节 90 天的滚动窗口周期，在更长的周期下，能够得到更加稳健性的结果。在表 9 - 11 到表 9 - 14 的稳健性检验结果中，CK_{13}和 CK_{31}两个传导途径同样呈现出了最显著的传导效应。在“一带一路”倡议的提出、“一带一路”倡议的实施、亚投行的实施这三个阶段出现较大的传导效应；在亚洲新兴市场、中东欧新兴市场、拉丁美洲新兴市场的多个行业都在极端市场传导途径下显示了较强的传导效应，说明“一带一路”倡议的相关政策对这两个市场都造成一定的冲击力。尤其是在“一带一路”倡议的提出时，中东欧新兴市场医疗行业的极端环境出现了极强的传导效应。基于收益率相关性的传导途径（*FR*）发挥的传导作用应该被重视，虽然测试结果显示，*FR* 途径发挥的传导作用较弱，但只能说明 *FR* 途径的发挥传导作用的频率较小，难以被勘测，通过滚动窗口时间更长的测试方法，由表 9 - 11 到表 9 - 14，可以清晰看到，*FR* 传导途径无论是在亚洲新兴市场、中东欧新兴市场还是拉丁美洲新兴市场，都发挥着不可小觑的传导作用。

表9-11　“一带一路”倡议的提出对各行业股指的传导效应稳健性检验结果

行业板块	FR	CS_{12}	CS_{21}	CK_{13}	CK_{31}	CV	整体显著率（%）
亚洲新兴市场							
大盘股票	0.00	0.31	2.39	20.48***	21.72***	19.52***	
能源	1.84	1.90	2.51	0.04	0.89	0.31	
工业品	1.75	0.17	0.73	4.51**	1.95	3.20*	
原材料	0.69	7.00***	5.05**	19.99***	8.43***	15.43***	
消费品	5.87**	1.27	1.67	3.82*	13.10***	5.67**	
医疗	3.19*	0.00	2.42	1.03	115.65***	35.03***	
金融	5.26**	0.24	0.45	2.07	0.05	0.46	
公共事业	2.18	0.10	0.40	0.70	1.20	0.02	
电子通信	1.05	1.89	2.85*	5.93**	1.79	4.19**	
显著率（%）	33.33	11.11	22.22	56.66	44.44	67.77	38.89
拉丁美洲新兴市场							
大盘股票	0.08	1.82	0.96	7.88***	4.54**	1.67	
能源	1.07	0.02	4.47**	0.08	2.91*	0.38	
工业品	0.45	0.06	2.69	3.94**	0.69	3.44*	
原材料	0.07	0.07	1.11	7.12***	13.30***	12.10***	
消费品	0.01	1.09	1.04	9.69***	6.29**	3.45*	
医疗	1.34	1.28	3.54*	0.04	39.73***	4.71**	
金融	0.72	0.20	0.00	0.29	0.22	0.04	
公共事业	0.00	0.48	0.23	0.49	0.09	2.08	
电子通信	0.17	0.27	1.05	0.20	0.09	0.01	
显著率（%）	0.00	0.00	22.22	44.44	56.66	44.44	27.78
中东欧新兴市场							
大盘股票	0.57	8.05***	0.05	71.00***	3.74**	17.28***	
能源	0.88	0.00	1.11	67.38	1.01	1.02	
工业品	0.68	4.69**	1.00	6.30**	4.01**	0.26	
原材料	1.56	1.49	0.55	0.61	7.96***	6.35**	
消费品	0.06	6.52**	0.57	34.34***	9.53***	0.94	
医疗	1.17	44.32***	1.09	1386.46***	1.24	0.07	
金融	0.45	3.15*	0.27	1.62	0.76	4.69**	
公共事业	1.15	3.48*	2.67	149.00***	16.22***	67.68***	
电子通信	2.29	2.08	0.63	6.33**	0.03	0.00	
显著率（%）	0.00	67.77	0.00	67.77	56.66	44.44	38.89

注：* 表示在90%的置信水平上显著，** 表示在95%的置信水平上显著，*** 表示在99%的置信水平上显著，FR、CS_{12}、CS_{21}、CK_{13}、CK_{31}、CV 检验的计算方式分别对应公式（9-1）、公式（9-8）、公式（9-9）、公式（9-12）、公式（9-13）以及公式（9-16）。

表 9-12　“一带一路”倡议的实施对各行业股指的传导效应稳健性检验结果

行业板块	FR	CS_{12}	CS_{21}	CK_{13}	CK_{31}	CV	整体显著率（%）
亚洲新兴市场							
大盘股票	1.33	2.26	2.30	31.11***	3.57	22.32***	
能源	0.00	0.33	0.68	29.37***	27.79***	30.73***	
工业品	0.25	9.64***	13.60***	54.26***	127.86***	106.95***	
原材料	1.33	2.89*	0.00	60.31***	132.17***	78.09***	
消费品	5.65**	0.38	0.23	6.98***	51.70***	16.07***	
医疗	10.40***	1.03	1.77	0.83	0.45	0.00	
金融	0.43	2.92*	1.35	2.56	1.00	0.23	
公共事业	0.90	3.73	0.31	6.53**	35.53***	16.72***	
电子通信	0.09	0.40	0.48	8.18***	11.65***	10.31***	
显著率（%）	22.22	33.33	11.11	78.88	67.77	78.88	48.15
拉丁美洲新兴市场							
大盘股票	0.20	0.33	1.38	1.49	0.05	2.99*	
能源	0.86	0.29	0.01	1.11	3.08*	1.48	
工业品	0.31	0.12	7.36***	1.04	24.20***	4.12**	
原材料	1.97	1.01	0.42	0.03	24.95***	1.18	
消费品	0.31	0.00	4.68**	10.08***	14.42***	0.09	
医疗	0.00	4.52**	0.00	2.57	3.95**	4.23**	
金融	0.02	0.05	0.42	6.37**	0.04	2.88*	
公共事业	1.76	0.30	6.78***	5.76**	3.32*	4.37**	
电子通信	0.05	0.00	2.34	6.26**	1.66	1.64	
显著率（%）	0.00	11.11	33.33	44.44	67.77	56.66	35.19
中东欧新兴市场							
大盘股票	0.92	0.55	0.02	5.79**	16.33***	6.71***	
能源	0.32	8.90***	1.06	3.78*	2.78*	13.11***	
工业品	0.13	5.50**	10.20***	3.93**	76.29***	13.78***	
原材料	1.55	0.20	0.64	0.09	24.09***	0.69	
消费品	5.06**	1.31	0.80	5.49**	0.00	0.16	
医疗	0.03	1.41	5.87**	0.28	0.77	1.58	
金融	0.01	0.02	0.05	0.50	7.90***	0.00	
公共事业	0.00	0.06	8.80***	6.26**	35.09***	6.78***	
电子通信	0.11	0.36	0.09	0.05	3.22*	0.52	
显著率（%）	11.11	22.22	33.33	56.66	78.88	44.44	40.74

注：* 表示在90%的置信水平上显著，** 表示在95%的置信水平上显著，*** 表示在99%的置信水平上显著，FR、CS_{12}、CS_{21}、CK_{13}、CK_{31}、CV 检验的计算方式分别对应公式（9-1）、公式（9-8）、公式（9-9）、公式（9-12）、公式（9-13）以及公式（9-16）。

表 9－13　“亚投行实施”后各行业股指的传导效应稳健性检验实证结果

行业板块	FR	CS_{12}	CS_{21}	CK_{13}	CK_{31}	CV	整体显著率（%）
亚洲新兴市场							
大盘股票	4.53**	0.11	3.45*	8.64***	3.00*	7.73***	
能源	2.72*	3.82**	5.01**	0.72	1.13	0.80	
工业品	2.41	0.22	0.05	16.69***	16.31***	16.82***	
原材料	4.79**	0.05	0.31	0.45	2.97*	5.27**	
消费品	5.20**	3.12*	4.48**	1.48	12.63***	6.49**	
医疗	1.86	1.79	1.92	17.46***	1.02	5.35**	
金融	5.62**	1.17	1.58	5.22**	4.26**	4.95**	
公共事业	9.34***	5.78**	3.11*	0.44	0.00	0.24	
电子通信	2.08	1.57	1.01	23.41***	12.23***	17.47***	
显著率（%）	67.77	33.33	44.44	56.66	67.77	78.88	57.41
拉丁美洲新兴市场							
大盘股票	0.88	0.01	1.55	0.71	0.01	1.23	
能源	0.01	2.90*	2.82*	3.94**	1.90	5.89**	
工业品	0.20	1.54	1.17	0.08	17.65***	5.72**	
原材料	0.17	2.98*	1.23	13.53***	18.95***	23.72***	
消费品	0.88	1.60	1.94	0.74	16.60***	1.32	
医疗	0.35	0.00	0.02	1.48	4.26**	2.51	
金融	0.37	0.46	2.36	5.82**	2.95*	0.00	
公共事业	0.14	3.89**	2.14	4.29**	2.17	1.08	
电子通信	0.43	3.73*	0.09	0.61	1.60	1.52	
显著率（%）	0.00	44.44	11.11	44.44	56.66	33.33	31.48
中东欧新兴市场							
大盘股票	0.05	4.78**	0.00	9.35***	10.71***	50.73***	
能源	3.48*	0.15	0.31	1.94	0.31	2.58	
工业品	1.19	3.03*	0.09	69.32***	41.86***	75.09***	
原材料	2.51	0.04	0.00	1.03	5.79**	1.33	
消费品	0.54	0.61	0.00	10.58***	15.39***	1.61	
医疗	4.03**	2.67	0.34	0.00	1.22	0.13	
金融	0.30	0.00	0.35	2.40	7.28***	6.93***	
公共事业	3.77*	2.13	0.17	6.72***	8.90***	17.78***	
电子通信	1.82	0.49	3.22*	84.49***	33.05***	72.98***	
显著率（%）	33.33	22.22	11.11	56.66	78.88	56.66	42.59

注：* 表示在 90% 的置信水平上显著，** 表示在 95% 的置信水平上显著，*** 表示在 99% 的置信水平上显著，FR、CS_{12}、CS_{21}、CK_{13}、CK_{31}、CV 检验的计算方式分别对应公式（9－1）、公式（9－8）、公式（9－9）、公式（9－12）、公式（9－13）以及公式（9－16）。

表 9-14 《“一带一路”建设海上合作设想》发布后各行业传导效应稳健性检验实证结果

行业板块	FR	CS_{12}	CS_{21}	CK_{13}	CK_{31}	CV	整体显著率（%）
亚洲新兴市场							
大盘股票	0.71	2.48	2.09	0.07*	0.62	0.21	
能源	9.83***	0.46	0.39	3.05*	1.97	2.80*	
工业品	0.03	1.38	0.44	13.00***	5.66**	9.68***	
原材料	0.99	2.51	0.56	0.10	0.00	0.01	
消费品	2.00	3.47*	2.65	0.56	0.65	0.00	
医疗	4.17**	0.05	1.04	0.19	1.46	0.21	
金融	0.13	4.64**	9.81***	0.01	3.54*	0.96	
公共事业	0.00	0.01	0.14	0.23	0.03	0.03	
电子通信	0.48	43.02***	48.47***	238.57***	402.89***	335.79***	
显著率（%）	22.22	33.33	22.22	44.44	33.33	33.33	31.48
拉丁美洲新兴市场							
大盘股票	0.28	0.44	3.84**	7.95***	2.01	2.28	
能源	0.58	0.04	5.53**	6.62***	4.04**	0.00	
工业品	1.46	4.00**	2.78*	12.49***	8.42***	42.00***	
原材料	3.45*	0.05	1.46	0.12	0.01	0.25	
消费品	0.90	2.27	0.03	0.48	0.86	0.73	
医疗	2.10	4.70**	0.00	7.59***	0.41	14.97***	
金融	0.61	1.11	9.14***	0.48	15.53***	0.45	
公共事业	0.75	3.70*	0.92	10.44***	0.66	0.02	
电子通信	1.37	4.32**	0.71	4.48**	1.79	15.57***	
显著率（%）	11.11	44.44	44.44	67.77	33.33	33.33	38.89
中东欧新兴市场							
大盘股票	0.77	0.03	0.55	1.01	0.08	5.95**	
能源	2.46	0.08	0.74	0.74	0.23	0.00	
工业品	0.52	5.29**	3.86**	1.97	0.04	2.36	
原材料	6.52**	0.15	5.89**	3.10*	3.90**	1.26	
消费品	5.85**	5.73**	0.65	3.96**	5.13**	8.60***	
医疗	6.92***	2.76*	0.01	0.62	0.09	4.79**	
金融	0.30	1.05	0.03	0.25	0.16	0.03	
公共事业	0.01	0.90	4.55**	3.74*	3.43*	3.34*	
电子通信	0.01	1.02	2.29	0.86	25.14***	0.10	
显著率（%）	33.33	33.33	33.33	33.33	44.44	44.44	37.04

注：* 表示在90%的置信水平上显著，** 表示在95%的置信水平上显著，*** 表示在99%的置信水平上显著，FR、CS_{12}、CS_{21}、CK_{13}、CK_{31}、CV 检验的计算方式分别对应公式（9-1）、公式（9-8）、公式（9-9）、公式（9-12）、公式（9-13）以及公式（9-16）。

六、政策传导小结

在本书研究所得到的实证结果当中，基于协波动率与协峰度进行的检验，包括 *CK* 以及 *CV* 检验，往往可以发现比基于线性相关系数以及协偏度的检验更多的传导现象及证据。

在“一带一路”的倡议之下，中国发布的相关政策对于亚洲新兴市场的影响可能最大，其次是中东欧新兴市场，而对拉丁美洲新兴市场的影响可能最小。同时，通过研究发现，“一带一路”相关政策对于与基础设施建设相关的行业的影响可能相对更加强烈，包括工业品板块、能源板块以及原材料板块。

相较于选取政策实施后 90 天作为政策后样本的短期政策传导效应模型，180 天的长期政策传导效应模型可以发现更多的显著的传导现象，尤其是在亚投行政策实施之后。

本章参考文献

［1］陈姝彤．“一带一路”背景下亚投行发展路径探析［J］．知识经济，2019（21）：3.

［2］陈秀莲．“一带一路”下区域经贸合作对海洋战略资源安全的传导模型和传导效应［J］．深圳大学学报：人文社会科学版，2019（3）：12.

［3］陈万灵，何传添．海上丝绸之路的各方博弈及其经贸定位［J］．改革，2014（3）：10.

［4］付庆华．中国货币政策对“一带一路”沿线国家溢出效应研究［J］．生产力研究，2018（12）：8.

［5］高林．从“一带一路”倡议看亚投行建立的意义［J］．中外企业家，2015（22）：1—2.

［6］国家发展改革委，外交部，商务部．推动共建丝绸之路经济带和 21 世

纪海上丝绸之路的愿景与行动：法文［M］. 北京：外文出版社，2015.

［7］金碚. 论经济全球化3.0时代——兼论“一带一路”的互通观念［J］. 中国工业经济，2016（1）：16.

［8］莫子昌，金明玉.“一带一路”背景下的亚投行发展研究［J］. 商场现代化，2018（8）：2.

［9］申现杰，肖金成. 国际区域经济合作新形势与我国“一带一路”合作倡议［J］. 公安研究，2015（5）：93—94.

［10］谭秀杰，周茂荣. 21世纪“海上丝绸之路”贸易潜力及其影响因素——基于随机前沿引力模型的实证研究［J］. 国际贸易问题，2015（2）：10.

［11］王姣娥，王涵，焦敬娟.“一带一路”与中国对外航空运输联系研究［J］. 2015.

［12］王义桅.“一带一路”：机遇与挑战［M］. 人民出版社，2015.

［13］曾旭达.“一带一路”背景下中国自贸区发展模式研究［D］. 浙江大学，2016.

［14］郑凡. 从海洋区域合作论“一带一路”建设海上合作. 太平洋学报，2019（08）：54—66.

［15］周方冶. 中泰关系—东盟合作中的战略支点作用——基于21世纪海上丝绸之路的分析视角［J］. 南洋问题研究，2014（3）：7.

［16］周谷平，阚阅.“一带一路”倡议的人才支撑与教育路径. 教育研究，2015.

［17］邹云华.“一带一路”政策下的亚投行［J］. 中国经贸，2017（21）：1.

［18］朱孟楠，周禹，郑莉. 中国货币政策对“一带一路”沿线国家或地区经济外溢效应研究［J］. 世界经济研究，2020（6）：18.

［19］Dollar, D. China's rise as a regional and global power［J］. Horizons: Journal of International Relations and Sustainable Development, 2015（4）：162－173.

［20］Du, J., Zhang, Y. Does one belt one road initiative promote Chinese overseas direct investment?［J］. SSRN. Electronic Journal, 2017.

［21］Forbes, K. J., Rigobon, R. No contagion, only interdependence: measuring stock market comovements［J］. The Journal of Finance, 2002, 57（5）：2223－2261.

[22] Fry – McKibbin, R., Hsiao, C. Extremal dependence tests for contagion [J]. Econometric Reviews, 2018, 37 (6): 626 – 649.

[23] Fry, R., Martin, V., Tang, C. A new class of tests of contagion with applications [J]. Journal of Business and Economic Statistics, 2010, 28 (3): 423 – 437.

[24] Hsiao, C. Y. L., Chen, H. H. The contagious effects on economic development after resuming construction policy for nuclear power plants in Coastal China [J]. Energy, 2018, 152: 291 – 302.

[25] Huang, N., Huang, Z., Wang, W. The Dynamic Extreme co – Movement between Chinese Stock Market and Global Stock Markets [J]. Emerging Markets Finance and Trade, 2019, 55 (14): 3241 – 3257.

[26] Lee, C. H., Zhao, J. L., Hassna, G. Government – incentivized crowdfunding for one – belt, one – road enterprises: design and research issues [J]. Financial Innovation, 2016, 2 (1): 1 – 14.

[27] Wei, Z., Luo, Y., Huang, Z., Guo, K. Spillover effects of RMB exchange rate among B&R countries: Before and during COVID – 19 event [J]. Finance Research Letters, 2020.

第十章　中国风电能源政策传导效应研究

第一节 概　　述

一、中国风电行业发展概况

20 世纪 70 年代初，世界范围发生石油危机之后，各国对研发替代火力发电的可再生能源投入了大量人力和经费，风能资源凭借良好的环境效益，尤其是帮助减少温室气体排放，因而得到世界各国的高度重视。中国风能资源储量丰富，据中国气象科学研究院评估，可开发利用的风能储量高达4350GW，位于全球前列（Sahu，2018）。1986 年至 1993 年是中国风电产业规模化发展重要的开端时期，其间见证了中国第一个风力发电厂在山东落成投入使用和并网发电（Liu and Wang，2009）。到了 2005 年后，伴随着有关政策的支持、环保观念的唤醒和管理制度的进步，中国各地逐步重视可再生能源的重要性和开发可再生能源的战略意义，陆续加大资金投入，加快引进技术和设备，提高风力发电厂的建设效率，使得全国装机容量从此逐年稳步上升，在 2010 年装机容量首次超越美国位居全球首位（Wang，Qin and Lewis，2012），和美国市场、欧洲市场并列为世界前三大风电市场，标志着中国在探索风力发电产业规模化发展的道路上迈入了新阶段。后至 2018 年末，据全球风能理事会（Global Wind Energy Council，GWEC）报告显示，中国该年新增装机容量高达世界之首，累计装机额逼近 210000 兆瓦，其中陆上新增装机量在全球范围占比 45%，海上占比 40%。

回顾中国风电产业的发展史，风电价格相比于传统的火电不具备竞价优势，电网企业购买意愿低迷，市场份额迟迟无法打开，使得产业发展面临极大阻力。为促进风电产业的健康持续性发展，国家和有关部门须给予强有力的政策支持（Li et al.，2018；Rosales - Asensio，

Borge – Diez, Blanes – Peiró, Pérez – Hoyos, and Comenar – Santos, 2019）。首先，风电技术带来的积极生态效益背后也需要一定的初始成本，倘若这种成本全由投资者承担，并体现在风电产品的售价上，则会加重生产商经济负担，进而打击投资者积极性。因此，有关部门在综合考虑风电产业链上所有参与者的利益基础之后，会通过税收、资金补贴、上网电价调整等政策合理分摊风力发电的运营成本，缩短风电与传统火电的价格端差距。其次，为了宏观把握风电产业规模化发展的进程，中国也出台了规模限定型政策保证风电在电力市场上占据足够的市场份额。此外，中国在国际社会中仍不忘勇于承担环境保护的国际义务，积极履行节能减排的国际承诺。

习近平总书记曾在 2017 年的中央经济工作会议上提出，进入高质量发展阶段是新时代我国经济发展的基本特征。纵观风电行业建设发展至今取得的成绩，可以称得上是符合高质量发展的可再生能源行业之一，如今风力发电是可再生能源中技术最成熟，商业前景最广阔的规模化产业，是中国完成能源结构调整、战略转型的重要拼图之一（Dong and Shi, 2019；Wu, Hu, Lin, Li, and Ke, 2018）。

二、风电行业政策风险传导研究目的

“绿色发展，电力先行”，电力产业作为至关重要的地基产业，一直以来促进国民经济健康持续发展，安全稳定的电力系统对维系整个现代化社会正常运行至关重要，对中国国民经济走向可谓息息相关。风电行业作为电力系统的重要组成，与中国其他行业的关联性逐渐加强，而当跨行业、跨市场、跨区域间的关联性超过宏观经济基本面因素的关联时，发生风险传导的概率无形中会大幅增加。那么，每当针对风电行业的有关政策出台颁布之际其辐射影响是否会触发风电行业与其他行业之间的风险传导效应？如果存在风险溢出波及其他行业，又该如何检测风险传导的存在？

为解答上述核心问题，本书基于现阶段研究背景，利用金融风险传导理论、融入高阶矩参数金融资产定价理论等理论依据，以探究中国风电行业与其他行业的风险传导效应为核心，构建一个全方位考虑不同阶矩属性的风险传导关系的检验框架。该框架不仅从风电市场资产价格的高阶矩维度对风险溢出的情况进行追踪和解释，而且考虑到风电市场价格波动的异质性特点，将市场的信息非对称影响与极端事件冲击影响引起的行业间传导效应也纳入研究范畴，以期实现以下研究目标：

（1）判断和分析中国风电市场与其他行业之间存在的风险传导关系，尤其重视信息非对称影响和极端事件波及影响下发生的风险传导关系。

（2）厘清风电行业与其他行业发生风险传导关系的传导途径，识别当不同政策出台时风电行业风险溢出到其他行业的传导方向和传导渠道。

（3）分析风电市场与其他行业市场不同维度下风险传导关系的投资策略。

三、风电行业政策风险传导研究贡献

本书旨在厘清中国风电行业与其他十大重要行业（消费者非必需品业、消费者常用品业、能源业、金融业、医疗保健业、工业、信息技术业、原材料业、电信服务业及公共事业）在不同政策影响辐射期前后的风险传导关系，尤其是高阶矩维度发生的传导现象，构建中国风电市场传导效应检测的理论和模型框架，此研究意义体现在以下两方面。

（一）理论意义

本书的理论意义主要体现在拓展了针对中国风电行业和可再生能

源领域探究高阶矩属性风险传导关系的理论和方法。

首先，基于拓展高阶矩的资产定价理论和检测模型，对风电行业与十大行业之间的线性传导关系和非线性传导关系一一进行判断与分析，丰富了协高阶矩模型框架的应用方向；其次，对中国风电行业与十大行业之间发生在协偏度、协峰度、协波动率层面的传导关系进行了测度和分析，为众多探究金融市场高阶矩属性传导关系的研究方法提供了新角度；另外，在鉴别风电市场与十大行业市场发生传导关系的类别时利用到新的检测统计量：CR、CS_{12}、CS_{21}、CK_{13}、CK_{31}及CV_{22}，延伸了新检验指标在可再生能源金融市场的应用方向，验证了该类指标的可操作性与可靠性，对其他学者在该领域的研究思路有一定借鉴意义。

（二）实践意义

本书通过探究风电领域与其他领域的风险传导现象能从客观上刻画出风险跨行业扩散的传导特征，有助于监管部门提高风险意识，加强防范跨行业、跨市场、跨领域的金融风险。其次，本书将国内外重点政策的颁布作为探究风险传导关系的启动器，为中国风电行业施政者和执政者评估政策走势及影响的角度提供新视角。最后，本书探究了包括十大行业和风电行业之间的金融风险关系，对投资者在不确定环境下改进投资策略具有参考意义。

第二节　中国风电行业政策风险传导文献研究

一、风电及可再生能源与经济发展的影响研究

在金融风险传导现象的研究领域内，目前尚没有具体的研究是针

对中国风电市场与其他行业之间的关联性进行探究的。但是对于重视能源结构转型，期望引领能源消费的国家而言，有关风力发电产业乃至整个可再生能源领域的研究是必不可少的，已有大量相关文献证明以风电为代表的可再生能源是推动经济增长的引擎之一。

Bulavskaya and Reynès（2018）使用新凯恩斯主义的 CGEM ThreeME 模型（一种用于评估环境和能源政策的多部门宏观经济模型）评估了荷兰向可再生能源结构组合转变过程中的经济影响。研究发现可再生能源结构转型将在 2030 年创造近五万个新就业机会，促进国内生产总值提高近 1%，对经济发展有积极的正向作用。另有一项研究显示，根据摩洛哥可再生能源的需求情况，针对需求情况对可再生能源装机容量需求以及实现这种装机容量供应所需的详细投资计划进行仿真，并着重考虑了集中式太阳能发电站、光伏发电和风力发电厂的使用，结果表明对经济的影响是显著的，并且投资风力发电厂经济效益最高，会促进国内生产总值和就业机会明显上升（De Arce, Mahía, Medina and Escribano, 2012）。发展风电的正向经济性不仅在个别地区得到证实，在更大的组织和联盟内依然成立。Inglesi - Lotz（2016）采用面板数据方法来估计经济合作与发展组织可再生能源消费对经济福利的影响。结果显示，可再生能源消费或其在总能源组合中的份额对经济增长的影响是积极的。Tugcu, Ozturk and Aslan（2012）通过使用经典和增强的生产函数来研究可再生和不可再生的能源消费与经济增长之间的长期和因果关系，并对可再生和不可再生的能源进行比较，以确定在 1980—2009 年哪种能源消费对 G7 国家的经济增长更为重要。长期估计结果表明，可再生能源或不可再生能源的消费对经济增长都有显著影响。Menegaki（2011）进行了 1997—2007 年 27 个欧洲国家在多变量面板框架下经济增长与可再生能源之间因果关系的实证研究，使用随机效应模型并将最终能源消费、温室气体排放和就业作为独立变量纳入模型，实证结果证实可再生能源消费和 GDP 之间存在一定的因果关系。

21世纪以来，中国风电产业凭借良好的经济效益和生态效益取得了高质量跨越式发展，得益于政府创造了稳定的政策环境与高效的投资环境，施政者和执政者有必要了解风电产业对经济发展的影响（Xia and Song，2017）。有学者调查了得克萨斯州县级市风力发电能力迅速增加对当地经济的影响，在通过传统的计量经济学方法来估计就业、个人收入、财产税基础和主要公立学校支出水平方面的地方化影响之后，有足够的证据表明，风力发电产业的发展伴随着人均收入的显著增加（De Silva，McComb and Schiller，2016）。另有研究分析了风电装机容量对美国郡级市经济发展的影响。研究结果显示，风电装机容量每增加1兆瓦，郡级市人均收入和就业机会随之增加11000美元和0.5个就业岗位（Brown，Pender，Wiser，Lantz and Hoen，2012）。中国县级市也有类似的研究结果，Xia and Song（2017）考虑到中国风电发展得到较多的公共财政支持，因此定量评估了风电产业开发对当地经济的潜在影响。研究发现，风电装机容量对地方财政收入有消极影响，但是对GDP产生积极影响：在2005—2011年，额外的1兆瓦风电装机量（人均）将带来2246元的人均GDP增长，平均每年的效益是每人增加321元人民币（约45美元）的GDP。

二、风电及可再生能源传导效应研究

对中国风电市场有关政策传导效应的研究尚未完善，但是已有文献针对可再生能源政策对关联行业或股票市场的传导效应进行了分析。Hsiao，Ai，Wei and Sheng（2021）研究了中国太阳能产业政策对国内其他行业市场造成的风险传导效应。结果表明，中国太阳能产业政策通过资产价格均值与波动率渠道对其他产业造成显著的传导效应。在这些政策中，与上网电价和太阳能发电补贴有关的政策造成的风险传导最明显。此外，Hsiao，Wei，Sheng and Shao（2021）研究了中国2005—2020年太阳能政策对中国、日本、德国和美国九大行业股票表现的影响。通过建立联合传导检验的研究结果发现，中国的八项太阳能政策对中国的九个行业都有重大影响，对德国和美国的影响较弱，对日本的影响最小。而在这八项能源政策中，相比经济手段（即上网电价和补贴），政策支持计划（即2006—2020年的三个国家五年计划）为国际市场传导效应提供了更有力的证据。亦有文献对可再生能源的另一成员——核电，展开了政策性传导现象的研究。Hsiao and Chen（2018）探究了中国核电政策对中国、日本、美国九大行业的影响情况。结果表明，中国的核扩容政策对中国的其他行业市场影响最大，对日本的影响较小，对美国的影响最小。

三、金融风险传导效应相关研究

跨市场、跨行业、跨领域的金融风险传导现象本质上是反映了金融市场之间的资产价格联动变化机制及不稳定性的传递关系。为了准确捕捉风险传导效应的特征，最早期的学者们根据金融危机发生后市场之间的相关性是否发生显著变化来进行判断，若危机冲击后市场间的相关性显著提高，则判断发生了风险传导现象（King and Sushil，1990）。基于这个释义，早期文献通常以相关系数反映市场间相关性来观察传导现象（Calvo，Leiderman and Reinhart，1996；Goldfajn and Baig，1998）。以相关系数为基础的研究方法便于理解和操作，但是在市场波动较大时检测效果不稳定。至2002年，Forbes and Rigobon（2002）提出了经调整的相关系数，以期达到消除异方差性导致的检测偏差的效果，此后也成为了风险传导研究领域经典的研究方法之一。

由于相关系数仅能够反映市场间报酬率一阶矩属性的关联性，在受到偶发性风险及政策性风险的冲击时，金融资产的价格往往表现出波动集聚、尖峰厚尾等特点，这使得无论是基于未调整或是调整后相关系数的研究方法无法完全适用（唐勇、李勇杰和朱鹏飞，2020；王鹏和吴金宴，2018；张波和蒋远营，2017）。为了捕捉这种波动特征，有学者认为 GRACH 簇模型可以考虑到金融价格的异方差性和时变跳跃方差的特点，从而有效拟合能源价格的变化趋势（Byun and Cho，2013）。例如，张晨、杨玉和张涛（2015）根据金融时间序列的特点，采用 ARMA－GARCH 模型来刻画能源价风险和汇率风险的特征，研究了风险因素在 Copula 函数上的非线性关系的处理方法，通过建立 Copula－ARMA－GARCH 模型和蒙特卡罗模拟计算了碳市场风险的综合风险值。研究表明，碳价和汇率的金融时间序列都具有波动性聚类和异方差性，而且如果忽略了碳市场风险因素的相关性，风险将被高估。

由此可以发现，客观世界中冲击事件引发的风险跨市场传导是一个复杂的非线性过程，而相关系数为代表的统计量所测度的仅仅是跨市场间资产收益率的期望值，即收益率分布的一阶矩维度上的关联性，因此无法捕捉在高阶矩维度的关联性。近年来，越来越多的研究表明，风险资产的收益率在高阶矩层面的关联程度比线性层面更紧密且不容忽略。比如，Fry，Martin and Tang（2010）首次构建了协三阶矩统计量——协偏度统计量，测度了 1997 年源于香港的亚洲金融危机和 2007 年源于美国的全球次贷危机引发的风险传导效应，结果证明协偏度可以捕捉到一阶矩维度以外的传导迹象。随后，Yang，Zhou and Wang（2010）研究了美国证券和债券市场的风险传导关系，结果显示股市的收益率与债市的波动率以及债市的收益率与股市的波动率之间都捕捉到了传导现象的迹象。Lin（2012）调查了亚洲新兴市场股价和汇率的关系，发现金融危机期间大部分的冲击是由于风险通过高阶矩渠道溢出造成的。后来，部分学者关注到在协偏度以上的更高阶矩维度仍能检测到传导效应的存在。Hui and Chan（2014）通过协偏度和协峰度等高阶矩统计量检测了全球金融危机期间中国香港、英国和美国股票市场与房地产市场的传导关系，研究结果表明，协峰度检测可以强有效证明股票和房地产市场之间存在双向传导，特别是在美国传导关系最为显著。Fry - McKibbin and Hsiao（2018）考虑到极值相依性的变动，构建了协峰度统计量与协波动率统计量检测了2008年次贷危机造成的风险传导，结果证明，美国银行业通过协四阶矩渠道对全球金融市场和银行业普遍造成显著的传导效应，加强了检测高阶矩属性金融风险传导的重要性。

第三节　中国风电行业风险传导效应理论框架与相关政策介绍

一、高阶矩视角的风险传导效应

透过跨市场、跨行业、跨领域金融风险传导现象可以窥见不同资本市场之间价格变化的规律和机制以及彼此影响的方向和程度，因此对风险传导现象的研究就是关注资本市场之间的联动情况和信息冲击现象，从而揭示资本市场价格的形成机制和过程。该领域已有很多理论和模型对跨市场金融风险现象的发生与传递进行实证检验和分析，并形成了比较完整的研究思路。

前面章节介绍了引起跨市场、跨行业、跨领域金融风险传导现象的直接原因是经济基本面因素，但是由于市场的非完全有效性与投资者的有限理性及非理性行为的存在，一旦发生金融风险的传导现象，这种不确定性带来的冲击对金融资产的价格调整行为和对市场参与者的心理预期造成的影响不容忽视。在风险传导研究领域，早期有学者提出了市场非完全有效性的风险传导效应，也就是金融资产价格的跨市场联动出现非理性行为变化时则视为发生风险传导现象（Karolyi,

2003）。在这个理论下，金融风险的传导现象本质是一种有限理性的协同运动（Co－movement），也就是剔除了经济基本面因素与理性投资人的决策影响后的跨市场的高阶矩属性的风险传导。比如，为了合理对冲风险，投资者在其他金融市场调整投资组合时会伴随发生宏观不确定性的暴露行为（Kodres and Pritsker，2002），从而增大金融风险传导现象发生的可能性。

相比于国内外其他资本市场，中国风电市场作为新兴市场发展起步较晚，投资规模与监管机制尚未成熟，市场效率远未达到完全有效性市场的要求，这些因素决定了中国风电市场具有符合非完全有效性市场和市场参与者有限理性决策的特征。进而可以发现相对比于市场基本面因素（比如供给和需求），由于重要政策的出台，基于有限理性决策导致的风电金融市场的非对称行为对各资产价格造成的冲击与波动更为明显。鉴于此特点，传统的资本资产定价模型（Capital Asset Pricing Model，CAPM）是基于二元框架构造的，已无法准确测度风电市场由于市场的非完全有效性导致的价格波动。不仅如此，Fama－French 三因子模型、四因子模型、五因子模型以及套利定价理论（Arbitrage Pricing Theory，APT）多因子模型对风电市场复杂的价格形成机制也无法进行准确的追踪。本书更需要参考投资组合理论将高阶矩属性风险纳入风电市场定价模型：

$$
\begin{aligned}
E(R_i)-R_f=\;&\theta_1E[(R_1-\mu_1)^2]+\theta_2E[(R_2-\mu_2)^2]\\
&+\theta_3E[(R_1-\mu_1)(R_2-\mu_2)]+\theta_4E[(R_1-\mu_1)^3]\\
&+\theta_5E[(R_2-\mu_2)^3]+\theta_6E[(R_1-\mu_1)^2(R_2-\mu_2)]\\
&+\theta_7E[(R_1-\mu_1)(R_2-\mu_2)^2]+\theta_8E[(R_1-\mu_1)^4]\\
&+\theta_9E[(R_2-\mu_2)^4]+\theta_{10}E[(R_1-\mu_1)^3(R_2-\mu_2)]\\
&+\theta_{11}E[(R_1-\mu_1)(R_2-\mu_2)^3]\\
&+\theta_{12}E[(R_1-\mu_1)^2(R_2-\mu_2)^2]
\end{aligned}
\tag{10-1}
$$

公式（10－1）中，R_f表示无风险收益率，R_i表示金融资产 i 收益率，μ_i 表示资产收益率期望值，θ_i 表示定价因子的风险溢价。该部分风险溢价大小取决于投资组合效用函数对投资组合二阶、三阶和四阶的导数，具体计算公式如下：

$$\theta_1 = \alpha_1^2\left(\frac{\delta E[U(W)]}{\delta\sigma_p^2}\right), \theta_2 = \alpha_2^2\left(\frac{\delta E[U(W)]}{\delta\sigma_p^2}\right)$$

$$\theta_3 = 2\alpha_1\alpha_2\left(\frac{\delta E[U(W)]}{\delta\sigma_p^2}\right), \theta_4 = \alpha_1^3\left(\frac{\delta E[U(W)]}{\delta s_p^3}\right)$$

$$\theta_5 = \alpha_2^3\left(\frac{\delta E[U(W)]}{\delta s_p^3}\right), \theta_6 = 3\alpha_1^2\alpha_2\left(\frac{\delta E[U(W)]}{\delta s_p^3}\right)$$

$$\theta_7 = 3\alpha_1\alpha_2^2\left(\frac{\delta E[U(W)]}{\delta s_p^3}\right), \theta_8 = \alpha_1^4\left(\frac{\delta E[U(W)]}{\delta k_p^4}\right)$$

$$\theta_9 = \alpha_2^4\left(\frac{\delta E[U(W)]}{\delta k_p^4}\right), \theta_{10} = 4\alpha_1^3\alpha_2\left(\frac{\delta E[U(W)]}{\delta k_p^4}\right)$$

$$\theta_{11} = 4\alpha_1\alpha_2^3\left(\frac{\delta E[U(W)]}{\delta k_p^4}\right), \theta_{12} = 6\alpha_1^2\alpha_2^2\left(\frac{\delta E[U(W)]}{\delta k_p^4}\right) \tag{10-2}$$

公式组合（10－2）中，θ_m表示在二阶矩、三阶矩和四阶矩维度下的不同风险的风险价格（$m=1, 2, 3, \cdots, 12$），α_n表示该投资组合中投资者投资资产 n 所占的比重，$E[U(W)]$ 表示该投资组合产生的投资效用的期望值，σ_p^2表示该投资组合收益率的波动率，s_p^3表示的是该投资组合收益率的偏度，k_p^4表示的是该投资组合收益率的峰度。其中，投资组合方差、偏度、峰度的具体表达式为：

$$\begin{aligned}\sigma_p^2 &= E[(R_p-\mu_p)^2] = E\left[\left(\sum_{i=1}^{N=2}\chi_i(R_i-\mu_i)^2\right)\right] \\ &= \alpha_1^2E[(R_1-\mu_1)^2] + \alpha_2^2E[(R_2-\mu_2)^2] \\ &\quad + 2\alpha_1\alpha_2E[(R_1-\mu_1)(R_2-\mu_2)]\end{aligned} \tag{10-3}$$

$$\begin{aligned}s_p^2 &= E[(R_p-\mu_p)^3] = E[(\sum_{i=1}^{N=2}\chi_i(R_i-\mu_i)^3)] \\ &= \alpha_1^3E[(R_1-\mu_1)^3] + \alpha_2^3E[(R_2-\mu_2)^3] \\ &\quad + 3\alpha_1^2\alpha_2E[(R_1-\mu_1)^2(R_2-\mu_2)] \\ &\quad + 3\alpha_2\alpha_2^2E[(R_1-\mu_1)(R_2-\mu_2)^2]\end{aligned} \tag{10-4}$$

$$k_p^4 = E[(R_p - \mu_p)^4] = E\left[\left(\sum_{i=1}^{N=2}\chi_i(R_i - \mu_i)^4\right)\right]$$
$$= \alpha_1^4 E[(R_1 - \mu_1)^4] + \alpha_2^4 E[(R_2 - \mu_2)^4]$$
$$+ 4\alpha_1^3\alpha_2 E[(R_1 - \mu_1)^3(R_2 - \mu_2)]$$
$$+ 4\alpha_1\alpha_2^3 E[(R_1 - \mu_1)(R_2 - \mu_2)^3]$$
$$+ 6\alpha_1^2\alpha_2^2 E[(R_1 - \mu_1)^2(R_2 - \mu_2)^2] \quad (10-5)$$

结合以上公式，因此得出中国风电市场资产价格纳入高阶矩之后的 CAPM 模型可以简述为：

$$E(R_i) - R_f = \alpha\sigma_p^2 + \beta s_p^3 + \gamma k_p^4 \quad (10-6)$$

基于基础 CAPM 模型拓展的高阶矩属性定价模型可以为探究中国风电行业与其他十大行业风险传导效应的情况提供新的实证角度。该模型框架基于有效投资组合理论，不仅将资产收益波动率、偏度、峰度等高阶矩参数纳入风电市场的定价模型中，也考虑到了各高阶矩统计量之间的相互关系。

实际上，基于有限理性和非完全有效性市场的特征已经间接印证了中国风电行业与其他十大行业之间存在一定程度的价格相互影响和风险溢出关系。过去的研究往往只关注低阶矩属性的风险传导现象而忽略了高阶矩维度的传导关系，因此无可避免地偏离了风电资产的价格形成机制，该观点同样适用其他十大行业金融市场。而基于高阶矩属性的中国风电传导效应的理论框架将资产与定价因子间的相关性和协同运动性关系进行了细化分类，能够更准确地观测到风险跨市场流动的方向与途径。

（一）基于调整后相关系数的风险传导检验

风电市场与其他行业间低阶矩属性风险传导反映的是跨市场间资产收益率均值与均值之间的变化关系，即一阶矩维度的相关性。对于一阶矩收益率之间的传导现象的检测方法，本书参考 Forbes and Rigobon（2002）的研究方法，引入 *FR* 检验统计量，该统计量可以判断突发事件发生前后跨市场相关性是否发生显著变化。若该统计量具有统计意义的显著性，则表明中国风电领域与对应其他领域资本市场之间存在低阶矩属性的风险传导现象，即线性相关层面的传导。介绍公式与参数之前，本书假定两个目标市场分别为 i 和 j，为了清楚地区分某一特定冲击事件发生的时间，现将整个样本周期跨度分为两部分，特定事件发生前的时间段以 x 表示，发生后的时间段以 y 表示。其他参数则可以清晰地表示其含义：特定事件发生前的样本容量以 T_x表示，事件发生后的样本容量以 T_y表示，则总的样本容量为 T，$T=T_x+T_y$，两个市场资产收益率的相关系数在冲击事件发生前后分别以 ρ_x和 ρ_y表示。为了体现出风险传导现象的传递方向，进一步假定市场 i 为风险发出的源头，市场 j 为被风险影响对象，即风险是由市场 i 向市场 j 传递。另外，分别以 $\hat{\mu}_{x,i}$和 $\hat{\mu}_{x,j}$表示 x 时期内市场 i 与市场 j 资产收益率的样本均值，以 $\hat{\mu}_{y,i}$和 $\hat{\mu}_{y,j}$分别表示 y 时期两市场收益率的样本均值。并以 $\hat{\sigma}_{x,i}$和 $\hat{\sigma}_{x,j}$表示 x 时期内市场 i 与市场 j 资产收益率的标准偏差，$\hat{\sigma}_{y,i}$和 $\hat{\sigma}_{y,j}$则表示 y 期间内两市场收益率的样本标准偏差。那么，FR 指标的表达公式如下：

$$FR=\frac{\frac{1}{2}\ln\left(\frac{1+\hat{v}_y}{1-\hat{v}_y}\right)-\frac{1}{2}\ln\left(\frac{1+\hat{\rho}_y}{1-\hat{\rho}_y}\right)}{\sqrt{\frac{1}{T_y-3}+\frac{1}{T_y+3}}} \tag{10-7}$$

其中，

$$\hat{v}_y=\frac{\hat{\rho}_y}{\sqrt{1+(s_{y,i}^2-s_{x,i}^2)/s_{x,i}^2(1-\hat{\rho}_y^2)}} \tag{10-8}$$

上述公式中，$\hat{v}_y$表示事件发生前后之间的相关系数，$\hat{\rho}_x$与 $\hat{\rho}_y$分别表示市场 i 与 j 在 x 期间与 y 期间报酬率的无条件相关系数，$s_{x,i}^2$与$s_{y,i}^2$分别表示市场 i 与 j 在 x 期间与 y 期间资产报酬率的方差，FR 表示检验风险从市场 i 传导至市场 j 的检验统计量。为了测度中国风电行业在相关政策出台后是否对其他行业产生线性相关风险传导，假定没有风险传导现象发生的情况为原假设，则对应 *FR* 统计量的研究假设为：

$H_0: v_y \leqslant \rho_x$

$H_1: v_y > \rho_x$

Fry et al.（2010）在 Forbes 和 Rigobon 的基础上对 *FR* 检验统计量进行了改良构建了 *CR* 指针测度低阶矩属性风险传导，其计算公式如下：

$$CR(i \to j) = \left(\frac{\hat{v}_{y|x_i} - \hat{\rho}_x}{\sqrt{Var(\hat{v}_{y|x_i} - \hat{\rho}_x)}} \right)^2 \tag{10-9}$$

$$\hat{v}_{y|x_i} = \frac{\hat{\rho}_y}{1 + \hat{\delta}(1 - \hat{\rho}_y^2)} \tag{10-10}$$

$$\hat{\delta} = (s_{y,i}^2 - s_{x,i}^2)/s_{x,i}^2 \tag{10-11}$$

其中，$Var(\hat{v}_{y|x_i} - \hat{\rho}_x)$ 部分的展开式为：

$$Var(\hat{v}_{y|x_i} - \hat{\rho}_x) = Var(\hat{v}_{y|x_i}) + Var(\hat{\rho}_x) - 2Cov(\hat{v}_{y|x_i}, \hat{\rho}_x) \tag{10-12}$$

$$Var(\hat{v}_{y|x_i}) = \frac{(1+\hat{\delta})^2 \times \left(\frac{(2-\hat{\rho}_y^2)(1-\hat{\rho}_y^2)^2}{T_y} + \frac{\hat{\rho}_y^2(1-\hat{\rho}_y^2)^2}{T_x} \right)}{2[1+\hat{\delta}(1-\hat{\rho}_y)]^3} \tag{10-13}$$

$$Var(\hat{\rho}_x) = \frac{1}{T_x}(1-\hat{\rho}_x^2)^2 \tag{10-14}$$

$$Cov(\hat{v}_{y|x_i}, \hat{\rho}_x) = \frac{1}{2T_x} \times \frac{\hat{\rho}_x \hat{\rho}_y (1-\hat{\rho}_y^2)(1-\hat{\rho}_x^2)(1+\hat{\delta})}{\sqrt{[1+\hat{\delta}(1-\hat{\rho}_y^2)]^3}} \tag{10-15}$$

CR 检验统计量服从卡方分布验证，根据统计量在不同水平下的显著性可以判断中国风电行业与其他行业间的线性风险传导情况。

$$CR(i \to j) \xrightarrow{df} \chi_1^2$$

（二）基于协偏度的风险传导检验

中国风电行业对有关政策的敏感度较高且自身市场效率有效性不足，对风电市场与其他行业间的风险传导测度不能忽略这两个市场特性。本书参考 Fry 等（2010，2018）设计的基于协高阶矩统计量的检测方法，重点对中国风电市场与十大行业间跨市场风险进行观测，其中高阶矩属性的风险传导关系包括由于信息对市场造成非对称性影响的协偏度风险传导途径（Coskewness，CS）、极端事件发生造成波动的协峰度风险传导途径（Cokurtosis，CK）、市场波动性传递造成的协波动率风险传导途径（Covolatility，CV）。

协偏度属性传导关系是反映中国风电金融市场与其他行业资产构成的投资组合预期收益率分布的非对称性是否发生显著变化的参数，关注跨领域协偏度风险传导程度也可以帮助预估投资组合分布偏离正态的程度。进而判断协偏度途径是否发生跨市场风险传导现象的依据是观察信息的非对称冲击下，高阶矩的协偏度参数在有关政策颁布前后是否发生显著增长。根据计算协偏度统计量时选取传导源市场资产收益率的均值或方差的不同，将协偏度检测统计量分为协偏度$_{12}$（Coskewness$_{12}$，CS_{12}）与协偏度$_{21}$（Coskewness$_{21}$，CS_{21}），其中 CS_{12} 指代风电资产收益率均值对其他行业资产收益的方差造成风险溢出的传导途径，CS_{21} 指代风电资产收益率方差对其他行业资产收益的均值造成风险溢出的传导途径，若 CS_{12} 与 CS_{21} 通过显著性水平检验，则表明中国风电行业与其他行业之间存在协偏度属性的风险传导现象。

协偏度风险传导检测统计量包括 CS_{12} 与 CS_{21}，两个指标的计算公式如下：

$$CS_{12}(i \to j) = \left(\frac{\hat{\psi}_y(r_i^1, r_j^2) - \hat{\psi}_x(r_i^1, r_j^2)}{\sqrt{(4\hat{v}_{y|x_i}^2 + 2)/T_y + (4\hat{\rho}_x^2 + 2)/T_x}} \right)^2 \qquad (10-16)$$

$$CS_{21}(i \to j) = \left(\frac{\hat{\psi}_y(r_i^2, r_j^1) - \hat{\psi}_x(r_i^2, r_j^1)}{\sqrt{(4\hat{v}_{y|x_i}^2 + 2)/T_y + (4\hat{\rho}_x^2 + 2)/T_x}} \right)^2 \tag{10-17}$$

其中，部分展开式计算公式如下：

$$\hat{\psi}_y(r_i^1, r_j^2) = \frac{1}{T_y} \sum_{t=1}^{T_y} \left(\frac{y_{i,t} - \hat{\mu}_{y,i}}{\hat{\sigma}_{y,i}} \right)^1 \left(\frac{y_{j,t} - \hat{\mu}_{y,j}}{\hat{\sigma}_{y,i}} \right)^2 \tag{10-18}$$

$$\hat{\psi}_y(r_i^2, r_j^1) = \frac{1}{T_y} \sum_{t=1}^{T_y} \left(\frac{y_{i,t} - \hat{\mu}_{y,i}}{\hat{\sigma}_{y,i}} \right)^2 \left(\frac{y_{j,t} - \hat{\mu}_{y,j}}{\hat{\sigma}_{y,i}} \right)^1 \tag{10-19}$$

$$\hat{\psi}_x(r_i^1, r_j^2) = \frac{1}{T_x} \sum_{t=1}^{T_x} \left(\frac{x_{i,t} - \hat{\mu}_{x,i}}{\hat{\sigma}_{x,i}} \right)^1 \left(\frac{x_{j,t} - \hat{\mu}_{x,j}}{\hat{\sigma}_{x,i}} \right)^2 \tag{10-20}$$

$$\hat{\psi}_x(r_i^2, r_j^1) = \frac{1}{T_x} \sum_{t=1}^{T_x} \left(\frac{x_{i,t} - \hat{\mu}_{x,i}}{\hat{\sigma}_{x,i}} \right)^2 \left(\frac{x_{j,t} - \hat{\mu}_{x,j}}{\hat{\sigma}_{x,i}} \right)^1 \tag{10-21}$$

$$\hat{v}_{y|x_i} = \frac{\hat{\rho}_y}{\sqrt{1 + (s_{y,i}^2 - s_{x,i}^2)/s_{x,i}^2(1 - \hat{\rho}_y^2)}} \tag{10-22}$$

上述公式组合中，$x_{i,t}$、$x_{j,t}$、$y_{i,t}$及$y_{j,t}$分别代表传导源市场 i 和被影响市场 j 在政策颁布前后的收益率，$\hat{v}_{y|x_i}$代表调整后的相关系数，$\hat{\psi}_x(r_i^m, r_j^n)$ 与 $\hat{\psi}_y(r_i^m, r_j^n)$ 表示冲击事件发生后和发生前市场 i 和 j 之间的两种协偏度统计量，其他参数定义与前述内容一致。

为了测度中国风电行业在相关政策出台后是否对其他行业产生协偏度属性风险传导，假定没有风险传导现象发生的情况为原假设，则对应 CS_{12} 与 CS_{21} 统计量的研究假设为：

$H_0(CS_{12}): \psi_y(r_i^1, r_j^2) = \psi_x(r_i^1, r_j^2)$

$H_1(CS_{12}): \psi_y(r_i^1, r_j^2) \neq \psi_x(r_i^1, r_j^2)$

$H_0(CS_{21}): \psi_y(r_i^2, r_j^1) = \psi_x(r_i^2, r_j^1)$

$H_1(CS_{21}): \psi_y(r_i^2, r_j^1) \neq \psi_x(r_i^2, r_j^1)$

CS_{12}和 CS_{21}检测统计量服从卡方分布验证，根据统计量在不同水平下的显著性可以判断中国风电行业与其他行业间的协偏度属性风险传导情况。

$$CS_{12},CS_{21}(i \to j)\xrightarrow{df}\chi_1^2$$

（三）基于协峰度的风险传导检验

协峰度属性风险传导关系是衡量中国风电市场与其他行业金融市场资产构成的投资组合是否受到极端事件冲击的影响以及受影响的程度大小。换言之，协峰度传导关系是依据高阶矩的协峰度检测统计量在发生极端事件冲击前后是否发生显著性变化进行判断的。与协偏度检测指标相类似，根据计算协峰度统计量时选取传导源市场资产收益率的均值或偏度的不同，将协峰度检测统计量分为两类：协峰度$_{13}$（Cokurtosis$_{13}$，CK_{13}）与协峰度$_{31}$（Cokurtosis$_{31}$，CK_{31}），其中CK_{13}代表中国风电市场资产收益率均值对其他行业资产收益的偏度造成风电溢出的传导途径，CK_{31}代表风电资产收益率偏度对其他行业资产收益的均值造成风险溢出的传导途径。若CK_{13}与CK_{31}通过显著性水平检验，则表明中国风电行业与其他行业之间存在协峰度属性的风险传导现象。

协峰度风险传导检测统计量包括CK_{13}与CK_{31}，两个指标的计算公式如下：

$$CK_{13}(i \to j)=\left(\frac{\hat{\xi}_y(r_i^1,r_j^3)-\hat{\xi}_x(r_i^1,r_j^3)}{\sqrt{(18\hat{v}_{y|x_i}^2+6)/T_y+(18\hat{\rho}_x^2+2)/T_x}}\right)^2 \quad (10-23)$$

$$CK_{31}(i \to j)=\left(\frac{\hat{\xi}_y(r_i^3,r_j^1)-\hat{\xi}_x(r_i^3,r_j^1)}{\sqrt{(18\hat{v}_{y|x_i}^2+6)/T_y+(18\hat{\rho}_x^2+2)/T_x}}\right)^2 \quad (10-24)$$

其中，部分展开式计算公式如下：

$$\hat{\xi}_y(r_i^1,r_j^3)=\frac{1}{T_y}\sum_{t=1}^{T_y}\left(\frac{y_{i,t}-\hat{\mu}_{y,i}}{\hat{\sigma}_{y,i}}\right)^1\left(\frac{y_{j,t}-\hat{\mu}_{y,j}}{\hat{\sigma}_{y,i}}\right)^3-(3\hat{v}_{y|x_i}) \quad (10-25)$$

$$\hat{\xi}_y(r_i^3, r_j^1) = \frac{1}{T_y}\sum_{t=1}^{T_y}\left(\frac{y_{i,t}-\hat{\mu}_{y,i}}{\hat{\sigma}_{y,i}}\right)^3\left(\frac{y_{j,t}-\hat{\mu}_{y,j}}{\hat{\sigma}_{y,i}}\right)^1 - (3\hat{v}_{y|x_i}) \tag{10-26}$$

$$\hat{\xi}_x(r_i^1, r_j^3) = \frac{1}{T_x}\sum_{t=1}^{T_x}\left(\frac{x_{i,t}-\hat{\mu}_{x,i}}{\hat{\sigma}_{x,i}}\right)^1\left(\frac{x_{j,t}-\hat{\mu}_{x,j}}{\hat{\sigma}_{x,i}}\right)^3 - (3\hat{\rho}_x) \tag{10-27}$$

$$\hat{\xi}_x(r_i^3, r_j^1) = \frac{1}{T_x}\sum_{t=1}^{T_x}\left(\frac{x_{i,t}-\hat{\mu}_{x,i}}{\hat{\sigma}_{x,i}}\right)^3\left(\frac{x_{j,t}-\hat{\mu}_{x,j}}{\hat{\sigma}_{x,i}}\right)^1 - (3\hat{\rho}_x) \tag{10-28}$$

上述公式组合中，$\hat{\xi}_x(r_i^m, r_j^n)$ 与$\hat{\xi}_y(r_i^m, r_j^n)$ 表示冲击事件发生后和发生前市场 i 和 j 之间的两种协峰度统计量。

为了测度中国风电行业在相关政策出台后是否对其他行业产生协偏度属性风险传导，假定没有风险传导现象发生的情况为原假设，则对应 CK_{13}与 CK_{31}统计量的研究假设为：

$H_0(CK_{13}): \xi_y(r_i^1, r_j^3) = \xi_x(r_i^1, r_j^3)$

$H_1(CK_{13}): \xi_y(r_i^1, r_j^3) \neq \xi_x(r_i^1, r_j^3)$

$H_0(CK_{31}): \xi_y(r_i^3, r_j^1) = \xi_x(r_i^3, r_j^1)$

$H_1(CK_{31}): \xi_y(r_i^3, r_j^1) \neq \xi_x(r_i^3, r_j^1)$

CK_{13}和 CK_{31}检测统计量服从卡方分布验证，根据统计量在不同水平下的显著性可以判断中国风电行业与其他行业间的协峰度属性风险传导情况。

$$CK_{13}, CK_{31}(i \to j) \xrightarrow{df} \chi_1^2$$

（四）基于协波动率的风险传导检验

协波动率属性风险传导关系是衡量中国风电市场风险对其他行业市场风险的影响程度，即发生在中国风电领域和其他领域之间二阶矩方差风险之间的传导情况。与前面所介绍的指标不同的是，协波动率检测统计量的分类只有一种：协波动率$_{22}$（Covilatility$_{22}$，CV_{22}）指标。CV_{22}检测的是风电行业与其他十大行业资产收益率的方差之间的传导途径，若CV_{22}通过显著性水平检验，则表明中国风电行业与其他行业之间存在协波动率属性的风险传导现象。

协波动率风险传导检测统计量，即CV_{22}指标的计算公式如下：

$$CV_{22}(i\rightarrow j)=\left(\frac{\hat{\xi}_y(r_i^2,r_j^2)-\hat{\xi}_x(r_i^2,r_j^2)}{\sqrt{(4\hat{v}_{y|x_i}^4+16\hat{v}_{y|x_i}^2+4)/T_y+(4\hat{\rho}_x^4+16\hat{\rho}_x^2+4)/T_x}}\right)^2 \quad (10-29)$$

其中，部分展开式计算公式如下：

$$\hat{\varphi}_y(r_i^2,r_j^2)=\frac{1}{T_y}\sum_{t=1}^{T_y}\left(\frac{y_{i,t}-\hat{\mu}_{y,i}}{\hat{\sigma}_{y,i}}\right)^2\left(\frac{y_{j,t}-\hat{\mu}_{y,j}}{\hat{\sigma}_{y,i}}\right)^2-(1+2\hat{v}_{y|x_i}^2) \quad (10-30)$$

$$\hat{\varphi}_x(r_i^2,r_j^2)=\frac{1}{T_x}\sum_{t=1}^{T_x}\left(\frac{x_{i,t}-\hat{\mu}_{x,i}}{\hat{\sigma}_{x,i}}\right)^2\left(\frac{x_{j,t}-\hat{\mu}_{x,j}}{\hat{\sigma}_{x,i}}\right)^2-(1+2\hat{\rho}_x^2) \quad (10-31)$$

其中，$\hat{\varphi}_x(r_i^m,r_j^n)$ 与 $\hat{\varphi}_y(r_i^m,r_j^n)$ 表示冲击事件发生后和发生前市场 i 和 j 之间的两种协峰度统计量。

为了测度中国风电行业在相关政策出台后是否对其他行业产生协偏度属性风险传导，假定没有风险传导现象发生的情况为原假设，则CV_{22}统计量的研究假设为：

$H_0(CV_{22}):\xi_y(r_i^2,r_j^2)=\xi_x(r_i^2,r_j^2)$

$H_1(CV_{22}):\xi_y(r_i^2,r_j^2)\neq\xi_x(r_i^2,r_j^2)$

CV_{22}检测统计量服从卡方分布验证，根据统计量在不同水平下的显著性可以判断中国风电行业与其他行业间的协波动率属性风险传导情况。

$$CV_{22}(i\rightarrow j)\xrightarrow{df}\chi_1^2$$

二、相关行业政策概述

1986年中国第一个风力发电厂在山东省蓉城市开始并网发电，从此之后中国风力发电产业的序幕也被逐渐拉开（Lin and Chen，2019）。与西欧国家的风电发展史相比，中国风电行业起步较晚。在发展初期，煤电价格比风电价格更加优惠，销售者一方面受限制于中国风力发电机组的研发技术进步缓慢，另一方面由于并网电价成本普遍偏高，从而导致销售者对风电缺乏购买积极性，这使得风电产业在中国初期的发展受到很大的限制。为了保证风能等可再生能源得到开发利用和产生合理的经济效益，中国在2006年1月1日宣布颁布实施《中华人民共和国可再生能源法》（以下简称《可再生能源法》），《可再生能源法》的出台确立了风能发电在中国可持续发展战略中的重要地位，为中国能源战略转型夯实了稳固的法律基础，给风电的未来创造了优良的发展环境和宽阔的发展空间（Wang，2010）。

围绕《可再生能源法》相关法规，中国相继出台了一系列鼓励性政策。2009年7月，中国国家发展改革委员会颁布了《关于完善风力发电上网电价政策的通知》，通知提出，按照风能资源情况和工程实施条件将全国分为四类风能资源区，分别确定各区域上网电价。之后数年时间里，有关部门根据风能的研究开发成熟度和市场经济效益，相继出台了《国家发改委关于适当调整风电标杆上网电价的通知》《国家发改委关于完善陆上风电光伏发电上网标杆电价政策的通知》及《国家发改委关于调整光伏发电陆上风电标杆上网电价的通知》，一系列法律法规聚焦于适当调整陆上风电四类资源区的标杆上网电价，力求达到风能产业与传统化学燃料在能源市场维持良性的竞争关系。

2012年中国迎来经济发展方式转型的重要节点，为了加快调整中国能源产业结构，推进风电产业持续性健康发展，国家能源局根据《可再生能源法》的要求出台了《风电发展“十二五”规划》（以下简称“‘十二五’规划”），本次《“十二五”规划》对中国风电产业至2015年的发展成果提出了目标，同时指出随着中国风电产业化进程面临着弃风限电严重与市场消纳不足等难题亟待解决。由此可见，相比于发展初期，风电产业发展局面发生了根本性改变，由受到研发能力与制造能力的制约到如今受到电网消纳能力不足的制约，意味着中国距离成为“风电强国”还有许多困难需要克服（Fan et al.，2015；Z. Wang et al.，2012；Xu et al.，2020）。

为了将风电产业布局调整为以提高消纳能力为导向，实现2020年国家减排大计，以及总结“十二五”规划的经验，2016年末国家能源局颁布了《风电发展“十三五”规划》。本次规划点出接下来五年内应既要重视能源需求逐步下降而装机容量逐步过剩的基本情况，也要注重拓宽风电利用新渠道，提高风电就地利用效率，把解决风电消纳能力不足的问题视为核心任务（Xu et al.，2020）。

同一时间放眼国际环境，全球各国为了地球气候的新秩序和环境治理的新格局也在频频洽谈协商达成减排环保的共识（Gi，Sano，Akimoto，Hiwatari and Tobita，2020；Lacal Arantegui and Jäger－Waldau，2018）。2016年初，近200个缔约方在法国巴黎举行的联合国气候变化大会上达成一项举世瞩目的成果——共同签署《联合国气候变化框架公约巴黎协议》（以下简称“巴黎协议”）。《巴黎协议》是一项有法律约束力的国际条约，它为全球应对气候变化提出了综合性长远目标。

上述政策内容细则与制定者有所不同，但是政策执行过程中的影响导向都有助于中国风电产业良好健康发展，推进中国风电产业布局，保护可再生能源领域各方投资者权益（Li et al.，2018；Lin and Chen，2019）。表10－1归纳总结了上述政策的核心内容与出台时间，为后文探究中国风电行业政策性风险传导效应作好铺垫。

表 10－1　　中国风电传导效应检验关联政策概况

时间	政策名称	政策主要内容
2006 年1 月	《中华人民共和国可再生能源法》	本法令旨在协调中国能源发展战略与可再生能源开发利用规划的速度，促进可再生能源科学有序的发展，推进可再生能源并网发电的招标制度，设立由国家统一调动管理的可再生能源发展基金。
2009 年7 月	《国家发展改革委关于完善风力发电上网电价政策的通知》	陆上风电分为四类资源区分别定价，Ⅰ类：0.51 元/kW·h，Ⅱ类：0.54 元/kW·h，Ⅲ类：0.58 元/kW·h，Ⅳ类：0.61 元/kW·h。 风电上网电价分摊，当地省级电网负担燃煤机组上网电价以内部分。高出部分由全国征收的可再生能源电价附加分摊解决。
2014 年7 月	《风电发展“十二五”规划》	国家能源局在规划中总结了中国风电发展现状和发展经验，为风电发展提出了短期目标：到 2015 年投入运行的风电装机容量达到 1 亿千瓦，风力发电量在全国发电总量中占比不应低于 3%。该规划是中国风电行业近五年发展的重要依据。
2014 年12 月	《国家发展改革委关于适当调整陆上风电标杆上网电价的通知》	陆上风电分为四类资源区并调整分区定价，Ⅰ类：0.49 元/kW·h，Ⅱ类：0.52 元/kW·h，Ⅲ类：0.56 元/kW·h，Ⅳ类：0.61 元/kW·h。继续实行风电价格费用分摊制度。
2015 年12 月	《国家发展改革委关于完善陆上风电光伏发电上网标杆电价政策的通知》	实行陆上风电电价随发展规模逐步降低的价格政策。 继续实行风电上网电价分摊。 陆上风电确定 2016 年和 2018 年标杆电价： 2016 年 Ⅰ 类：0.47 元/kW·h，Ⅱ类：0.50 元/kW·h，Ⅲ 类：0.54 元/kW·h，Ⅳ类：0.60 元/kW·h。 2018 年 Ⅰ 类：0.44 元/kW·h，Ⅱ类：0.47 元/kW·h，Ⅲ类：0.51 元/kW·h，Ⅳ类：0.58 元/kW·h。
2016 年11 月	《巴黎协议》	为发达国家与发展中国家应对全球气候变化风险提出了共同目标：本世纪内把全球平均气温比工业化之前水平的升高幅度控制在 2℃之内，并努力将气温升幅限制在 1.5℃之内。继而于本世纪下半叶实现温室气体净零排放。

续表

时间	政策名称	政策主要内容
2016 年 11 月	《风电发展“十三五”计划》	国家能源局为中国风电行业确立了未来五年的短期目标，包括产能任务、战略布局、保障措施等方面，对解决风电产能过剩、弃风限电问题具有重要指导意义。
2016 年 12 月	《国家发展改革委关于调整光伏发电陆上风电标杆上网电价的通知》	降低 2018 年 1 月 1 日之后，新核准建设陆上风电标杆上网电价： 2018 年Ⅰ类：0.40 元/kW·h，Ⅱ类：0.45 元/kW·h，Ⅲ类：0.49 元/kW·h，Ⅳ类：0.57 元/kW·h。 确定海上风电价格，对非招标项目，近海风 0.85 元/kW·h，潮间带风 0.75 元/kW·h。继续风电上网电价分摊。

第四节　中国风电行业风险传导效应实证研究

为了从全方位和多维度捕捉中国风电政策对其他行业造成的风险溢出的特征，本节设计了静态检验和动态检验两种实证模型框架。首先，静态实证模型核心是基于协高阶矩属性风险传导的检测框架，即利用 CR、CS_{12}、CS_{21}、CK_{13}、CK_{31}、CV_{22} 指标判断跨行业风险的影响情况和传导途径。动态实证的研究思路是基于静态检测的方法基础和引入新的“政策敏感度”指标来观察中国十大行业在样本周期内持续受到风电政策带来的风险溢出的综合情况。

一、风电行业数据来源与选取

本节选取了中国风电行业共 30 家上市企业作为研究对象，截取 2001 年 1 月 1 日—2018 年 12 月 31 日期间所有目标企业的日收盘价格作为研究样本，继而用“风电行业指数”作为直观反映中国风电行业资本市场行情波动趋势的指标。风电行业指数是以 30 家风电行业上市企业的企业市值作为权重比例，接着对每家企业在样本期间内的股价进行加权平均并求和计算得出的指标。30 家上市企业涵盖了研究期间中国风能发电领域、风能设备领域和风力发电厂建设领域的所有上市企业，分别是宝新能源（000690 CH Equity）、节能风电（601016 CH Equity）、吉电股份（000875 CH Equity）、银星能源（000862 CH Equity）、恒顺众升（300208 CH Equity）、江苏新能（603693 CH Equity）、湖北能源（000883 CH Equity）、粤水电（002060 CH Equity）、天顺风能（002531 CH Equity）、申华控股（600653 CH Equity）、金科股份（000656 CH Equity）、汇通能源（600605 CH Equity）、广州发展（600098 CH Equity）、滨海能源（000695 CH Equity）、金风科技（002202 CH Equity）、上海电气（601727 CH Equity）、湘电股份（600416 CH Equity）、泰胜风能（300129 CH Equity）、华仪电气（600290 CH Equity）、吉鑫科技（601218 CH Equity）、天能重工（300569 CH Equity）、天奇股份（002009 CH Equity）、禾望电气（603063 CH Equity）、通裕重工（300185 CH Equity）、双一科技（300690 CH Equity）、华锐风电（601558 CH Equity）、朗迪集团（603726 CH Equity）、阳光电源（300274 CH Equity）、明阳智能（601615 CH Equity）、金雷股份（300443 CH Equity）。

同时，基于标准普尔（Standard and Poor's, S and P）与摩根斯坦利公司（Morgan Stanley Capital International, MSCI）联合推出的全球行业分类系统（Global Industry Classification Standard, GICS），选取了中国十大基本行业 2001—2018 年的 MSCI 行业指数作为风险传导效应的研究对象。其中，中国十大行业分别为消费者非必需品业、消费者常用品业、能源业、金融业、医疗保健业、工业、信息技术业、原材料业、电信服务业及公共事业。各行业在观测期共包含 6574 个观测值，包括风电行业在内共计 72314 个时间序列数据。由于中国 MSCI 房地产指数是于 2016 年 9 月开始编制收录，数据量十分有限，故不纳入研究选取范畴。

本节实证检验内容中所涉及数据收集与处理借助的软件包括：Matlab R2018a、Eviews 8.0、Excel，以上样本数据的获取则来源于彭博终端数据库（Bloomberg Terminal）。

二、风电行业数据描述性统计

风电行业资本市场对中国十大行业资本市场造成的金融风险传导效应具有跨市场、跨行业、跨领域交叉传递的特点，然而在不同的政策影响期间，风险在不同行业之间的传导机制各不相同，对每个行业资本市场和投资者群体产生的影响也有区别。为了更清晰地观察中国十大行业在有关风电行业的八条政策颁布之后受到的波及情况和更准确地捕捉十大行业受到风险传导效应影响的统计学信号，本书将所有研究样本数据划分为8组子样本，划分标准是使8组子样本的研究周期组正好吻合八条有关政策的辐射影响时期（有关政策的出台时间与影响时期已在第一章详细说明）。8组子样本的信息详情展示在表10-2（x时期与y时期分别表示有关政策出台前影响时期与出台后影响时期）（见表10-2）。

表10-2　子样本分组情况与对应有关政策影响时期

组别	相关政策名称	政策实施影响前时期（x时期）	政策实施影响后时期（y时期）
第1组子样本	《可再生能源法》	2001年1月1日—2005年12月31日	2006年1月1日—2006年3月31日
第2组子样本	《国家发展改革委关于完善风力发电上网电价政策的通知》	2006年4月1日—2005年7月19日	2009年7月20日—2009年10月17日
第3组子样本	《风电发展“十二五”规划》	2009年10月18日—2014年7月30日	2014年7月31日—2014年12月30日
第4组子样本	《国家发展改革委关于适当调整陆上风电标杆上网电价的通知》	2009年10月18日—2014年7月30日	2014年12月31日—2015年3月30日

续表

组别	相关政策名称	政策实施影响前时期（x 时期）	政策实施影响后时期（y 时期）
第 5 组子样本	《国家发展改革委关于完善陆上风电光伏发电上网标杆电价政策的通知》	2015 年 3 月 31 日—2015 年 12 月 21 日	2015 年 12 月 22 日—2016 年 3 月 20 日
第 6 组子样本	《巴黎协议》	2016 年 3 月 21 日—2016 年 11 月 3 日	2016 年 11 月 4 日—2017 年 2 月 1 日
第 7 组子样本	《风电发展“十三五”规划》	2016 年 3 月 21 日—2016 年 11 月 3 日	2016 年 11 月 29 日—2017 年 2 月 26 日
第 8 组子样本	《国家发展改革委关于调整光伏发电陆上风电标杆上网电价的通知》	2016 年 3 月 21 日—2016 年 11 月 3 日	2016 年 12 月 26 日—2017 年 3 月 23 日

接下来，图 10－1 对 2001—2018 年中国十大行业及风电行业资本市场的价格走势进行了简要展示。如图 10－1 所示，中国十大行业资本市场近 20 年的价格表现具有明显的非线性与非平稳性特征，资产价格走势震荡。其中，中国能源业、金融业、工业和原材料业 MSCI 指数在近 20 年的变化趋势大致相同，而其他行业的 MSCI 指数波动程度则存在明显的差异。

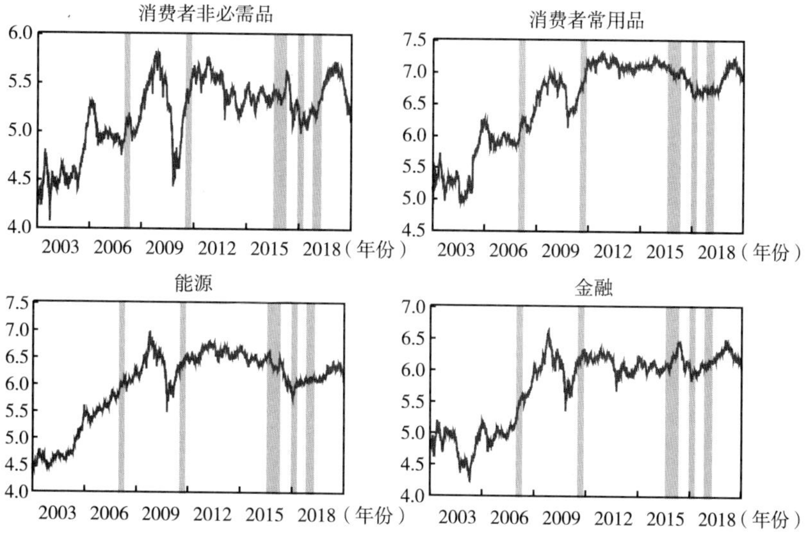

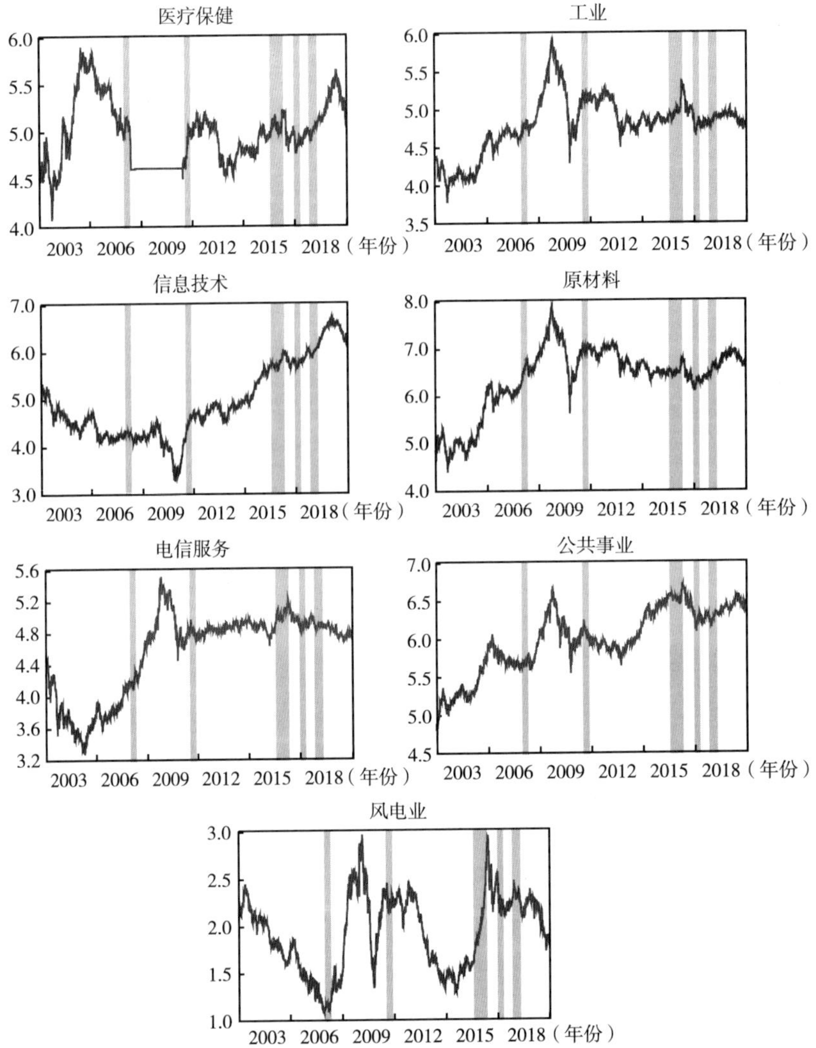

图 10－1　2001—2018 年十大行业与风电行业市场价格走势

注：笔者根据样本数据整理。图中 x 轴灰色阴影区域表示 8 组子样本中对应有关政策的实施影响期（y 时期），从左至右分别涵盖 2006 年颁布的《可再生能源法》，2009 年颁布的《国家发展改革委关于完善风力发电上网电价政策的通知》，2014 年颁布的《风电发展“十二五”规划》《国家发展改革委关于适当调整陆上风电标杆上网电价的通知》，2015 年颁布的《国家发展改革委关于完善陆上风电光伏发电上网标杆电价政策的通知》，2016 年颁布的《巴黎协议》《风电发展“十三五”计划》《国家发展改革委关于调整光伏发电陆上风电标杆上网电价的通知》，下图 10－2 同。

三、中国风电行业传导效应静态实证检验

本节将阐述测度风险传导现象的实证方法。对中国风电市场与十大行业之间的风险传导的检测思路将根据政策影响时间窗口是固定或者滚动而分为两种设计：静态检验与动态检验。静态检验的核心内容为观察和测度中国风电行业与各行业间资本市场发生的各阶矩属性风险传导的情况。其中，本书将利用基于协高阶矩统计量的检验框架对跨行业高阶矩属性风险传导情况（资产价格协偏度、协峰度、协波动率等）着重进行检验和分析。

首先，需要先获取目标数据收益率序列。为克服样本数据本身的异方差并使得数据平滑，本书将中国十大行业 MSCI 指数与风电行业指数在 2001—2018 年每日价格记作 $p_{i,t}$，那么各行业在样本研究期间任一时刻的每日连续复利收益率 $R_{i,t}$ 可以表示为：

$$R_{i,t} = 100 \times [\ln(p_{i,t}) - \ln(p_{i,t-1})] \tag{10-32}$$

图 10 - 2 所示为 2001—2008 年十大行业与风电行业自然对数日收益率。

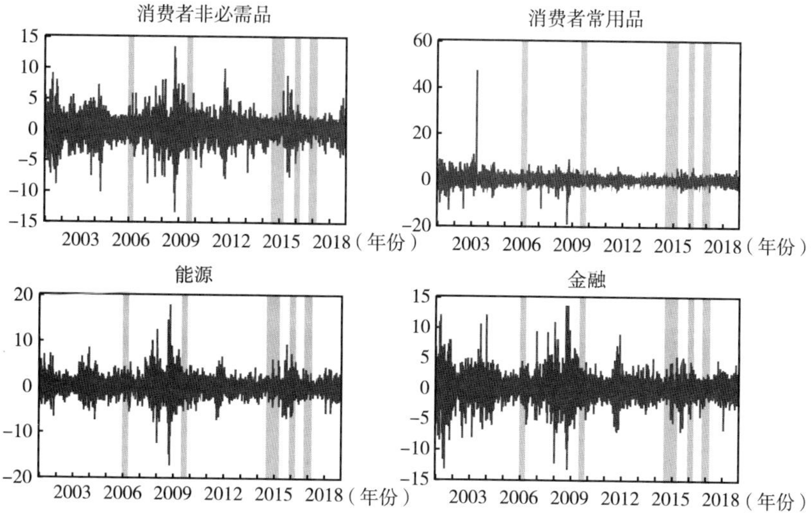

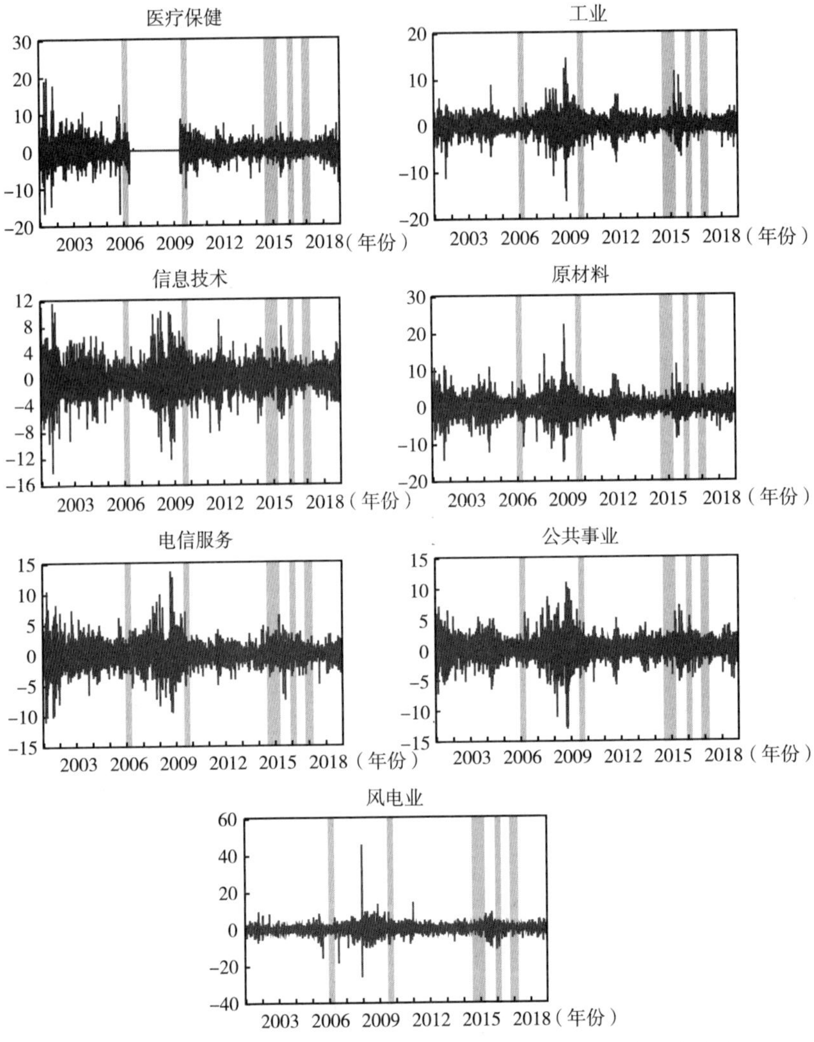

图 10-2　2001—2018 年十大行业与风电行业自然对数日收益率

接下来将仅以中国风电行业和其他十大行业在《可再生能源法》颁布前后期间，也就是第 1 组子样本数据报酬率为例展示描述性统计结果。从表 10-3 中可以得知，在《可再生能源法》政策出台前后十大行业指数收益率与风电指数收益率序列具有金融时间序列的一般特点：政策出台前期间峰度值偏高，分布特征呈尖峰厚尾，同时

表 10－3　　十大行业在第 1 组子样本期内收益率描述性统计结果

行业	均值		标准偏差		偏度		峰度		Jarque－Bera	
	出台前（x）	出台后（y）	出台前（x）	出台后（y）	出台前（x）	出台后（y）	出台前（x）	出台后（y）	出台前（x）	出台后（y）
消费者非必需品	0.04	0.20	1.69	1.17	－0.14	0.53	7.54	4.13	1571.11*	8.91
消费者常用品	0.04	0.39	2.27	1.48	5.04	0.36	107.72	3.76	841613.90*	4.09
能源	0.08	0.22	1.48	1.39	0.33	0.05	7.96	4.41	1902.77*	7.51
金融	0.03	0.39	1.89	1.48	－0.02	0.60	10.57	3.38	4355.03*	5.86
医疗保健	0.02	0.11	2.60	1.88	0.47	0.94	12.54	6.21	6986.67*	51.96*
工业	0.02	0.14	1.31	0.93	－0.44	－0.46	10.42	4.33	4248.36*	9.90*
信息技术	－0.04	0.03	1.99	1.17	0.04	－0.34	8.49	3.95	2289.82*	5.10
原材料	0.08	0.43	2.21	1.77	－0.01	0.32	8.51	3.81	2312.17*	4.00
电信服务	－0.01	0.09	1.81	1.12	－0.30	－0.12	8.81	3.94	2595.83*	3.51
公共事业	0.04	0.07	1.40	0.95	0.01	－0.16	6.76	4.04	1072.42*	4.45
风电行业	－0.06	－0.01	1.46	1.01	－0.54	－0.36	17.30	4.78	15633.18*	13.72*

注：笔者根据样本数据统计结果整理，下表 10－4，表 10－5 同。

Jarque－Bera 检验统计量在 1% 显著水平下显著，表明该组样本序列分布特征明显偏离正态分布。

上文计算出的不同行业收益率序列 R_t 是一个充满噪声且包含了投资非理性心理与行为的变量，其中摒除了基本面因素和宏观经济因素的潜在影响。为了克服这一问题，本书参考了 Forbes and Rigobon（2002）的研究方法，对 R_t 序列进行自回归检验，控制宏观与基本面因素的影响，进而提取残差项序列作为风险传导效应的研究对象。这样的处理方法可以使研究数据既可反映跨行业资本市场之间关联性的变化关系，亦不会对风险传导效应研究的实证结果和结论产生偏误。有关表达式为：

$$R_t = \phi(L)R_t + \varepsilon_t \tag{10-33}$$

其中，$R_t = \{R_{tx}, R_{ty}\}$ 表示传导效应下传导源行业市场与被传导行业市场在有关政策颁布影响前后期间（x 代表影响前时期，y 代表影响后时期）的总收益序列，$\phi(L)$ 表示自回归模型滞后算子向量参数，L 表示滞后阶数，ε_t 表示残差项序列。至于滞后算子向量的滞后阶数，根据 FPE 准则、AIC 准则和 HQ 准则（见表 10－4），选定向量自回归模型滞后阶数为 1（$L=1$）。

表 10－4　　向量自回归模型滞后阶数检测结果

Lag	LogL	LR	FPE	AIC	SC	HQ
0	－117220.50	NA	90.77	35.72	35.74*	35.73
1	－116949.70	540.57	86.72*	35.68*	35.82	35.73*
2	－116844.70	209.21	87.14	35.68	35.95	35.77
3	－116743.00	202.48	87.66	35.69	36.08	35.82
4	－116643.00	198.49	88.22	35.70	36.21	35.87
5	－116555.10	174.45	89.11	35.71	36.34	35.93
6	－116426.70	254.03	88.91	35.70	36.47	35.97
7	－116294.60	261.05	88.62	35.70	36.59	36.01

续表

Lag	LogL	LR	FPE	AIC	SC	HQ
8	-116197.30	191.93*	89.26	35.71	36.72	36.06
9	-116122.70	147.06	90.53	35.72	36.86	36.12
10	-116049.50	143.86	91.86	35.74	37.00	36.17

因篇幅有限，在此仅展示第一组子样本的部分描述性统计结果，即探究在《可再生能源法》颁布前后中国风电行业对其他十大行业风险传导效应的检测统计量。表10-5展示了检测线性相关层面风险传导与协高阶矩属性风险传导的参数值。

观察表10-5发现，无论是调整后相关系数还是协高阶矩统计量，中国风电行业与其他十大行业之间均存在一定的关联，但这种关联性并不只体现在线性相关层面。在《可再生能源法》出台前后，调整后相关系数最大值甚至不足0.5，处于较低关联水平。相比之下，其他协高阶矩风险检验统计量体现出更高的关联程度。协波动率参数反映不同资产收益率波动性之间的关联情况，中国十大行业与风电行业的协波动率数值在《可再生能源法》颁布前后均为正值，政策出台前后协波动率值变化范围分别是1.053（消费者常用品业）—1.794（电信服务业）和1.563（信息技术业）—2.250（公共事业）。并且多数行业在《可再生能源法》政策出台后协波动率值上升，意味着在政策出台后期间对应个行业市场资产收益率的联合分布呈尖峰厚尾状，而协波动率值较高意味着有更大概率发生行业间风险传导现象。另外，协峰度$_{31}$反映了风险沿传导源市场资产收益率偏度对其他市场收益率均值的影响程度，过半数以上行业（金融业、信息技术业、医疗保健业、电信服务业、消费者常用品业及能源业）在政策出台后期间协峰度$_{31}$增大也意味着《可再生能源法》的颁布使得风电行业与对应行业之间发生风险传导的可能性较大。

表 10-5　十大行业在第 1 组子样本期内高阶矩统计量描述性统计结果

被影响行业	调整后相关系数		协偏度$_{12}$		协偏度$_{21}$		协峰度$_{13}$		协峰度$_{31}$		协波动率$_{22}$	
	出台前（x）	出台后（y）	出台前（x）	出台后（y）	出台前（x）	出台后（y）	出台前（x）	出台后（y）	出台前（x）	出台后（y）	出台前（x）	出台后（y）
消费者非必需品	0.108	0.052	0.058	-0.155	0.024	0.407	0.593	-0.259	1.732	0.111	1.553	1.837
消费者常用品	0.066	0.163	-0.021	0.295	0.130	-0.050	0.544	0.336	1.043	1.095	1.053	1.716
能源	0.110	0.246	0.053	0.045	0.248	-0.230	0.703	0.615	1.043	1.563	1.500	2.056
金融	0.086	0.281	0.071	-0.159	0.148	-0.222	0.912	0.580	0.873	1.642	1.768	1.605
医疗保健	0.043	0.423	-0.149	0.129	0.138	0.007	0.038	0.792	1.124	2.087	1.202	1.674
工业	0.105	0.068	0.007	-0.036	0.078	0.108	0.717	0.188	1.361	0.824	1.580	1.618
信息技术	0.068	0.154	-0.046	0.010	0.187	-0.124	0.534	0.448	-0.523	0.515	1.556	1.563
原材料	0.125	0.077	0.049	0.123	0.084	-0.050	1.144	-0.029	1.904	0.786	1.764	1.580
电信服务	0.066	0.026	0.044	0.013	0.236	0.042	0.913	0.326	-1.428	0.538	1.794	1.577
公共事业	0.212	0.415	-0.026	0.082	0.125	-0.092	1.118	1.141	4.439	2.097	1.524	2.250

四、中国风电行业风险传导效应动态实证检验

本书对中国风电行业对其他十大领域造成的风险传导现象的动态检测方法是参考学者 Hsiao and Chen（2018）的研究方法并借助软件 Matlab R2018a 实现。对中国风电行业的高阶矩属性风险传导效应的动态检测思路具体体现为以 30 天为一个周期窗口并在样本周期内滚动检测风电行业的不同风险传导途径的特征值。具体操作方法为，将出台时间最早的政策，即《可再生能源法》的颁布时间之前（2001 年 1 月 1 日至 2005 年 12 月 31 日）重新定义为新的 x 时期，将政策《可再生能源法》《国家发展改革委关于完善风力发电上网电价政策的通知》《风电发展“十二五”规划》《国家发展改革委关于适当调整陆上风电标杆上网电价的通知》《国家发展改革委关于完善陆上风电光伏发电上网标杆电价政策的通知》《巴黎协议》《风电发展“十三五”规划》至《国家发展改革委关于调整光伏发电陆上风电标杆上网电价的通知》的影响跨度时间（2006 年 1 月 1 日至 2017 年 3 月 23 日）重新定义为新的 y 时期，接着以每 30 天为固定时长的窗口在新的 y 时期内从第一天开始向前滚动直至结束，因此共划分出 4071 个动态窗口检测区。在每一个窗口检测中，继续从线性相关层面到协高阶矩层面（FR、CS_{12}、CS_{21}、CK_{13}、CK_{31} 和 CV_{22}）依次检测该窗口期内中国风电行业对其他十大行业的风险传导效应情况，并以新变量“政策敏感度（*Sensitivity*）”来表示在 5% 的显著性水平下每一动态窗口期检测结果中显著性检验结果的比率。政策敏感度的表达式为：

$$Sensitivity = 100 \times (DUM_{FR} + DUM_{CS_1} + DUM_{CS_2} + DUM_{CK_1} + DUM_{CK_3} + DUM_{CV}) \tag{10-34}$$

注：若 FR 检验统计量通过 5% 的显著性水平检验，则 $DUM_{FR}=1$，否则 $DUM_{FR}=0$；若 CS_{12} 检验统计量通过 5% 的显著性水平检验，则 $DUM_{CS1}=1$，否则

$DUM_{CS1}=0$；若 CS_{21} 检验统计量通过5%的显著性水平检验，则 $DUM_{CS2}=1$，否则 $DUM_{CS2}=0$；若 CK_{13} 检验统计量通过5%的显著性水平检验，则 $DUM_{CK1}=1$，否则 $DUM_{CK1}=0$；若 CK_{31} 检验统计量通过5%的显著性水平检验，则 $DUM_{CK3}=1$，否则 $DUM_{CK3}=0$；若 CV_{22} 检验统计量通过5%的显著性水平检验，则 $DUM_{CV}=1$，否则 $DUM_{CV}=0$。

观察上式可知，政策敏感度是取值介于［0，1］之间的参数，取值为0表示当前检测窗口期内6个检验统计量均为不显著，取值为则1表示当前检测窗口期内从 FR 到 CV_{22} 所有检验结果均显著（5%的显著性水平）。那么假设当某一窗口期的检测结果显示共有三个检验统计量是显著性结果，则该周期的政策敏感度值为0.5与静态检测思路有所不同，政策敏感度可以持续追踪有关政策出台之后中国十大行业受到风电行业风险溢出影响的情况，并由数值大小反映出风电行业的不确定性通过较多或少条传导途径传递给其他十大行业，进而可以分析评估某一时期内被影响行业受到风电行业政策性风险传导影响的情况是明显或是轻微。

五、中国风电行业风险传导测试分析

为了了解中国风电行业对国内其他十大行业（消费者非必需品业、消费者常用品业、能源业、金融业、医疗保健业、工业、信息技术业、原材料业、电信服务业及公共事业）的风险传导影响，本书基于协高阶矩检测统计量对样本数据进行了静态与动态的实证检测，并基于实证结果解读风电行业与十大行业之间的传导效应影响与风险传导路径。

（一）静态实证分析

表10－6和表10－7列出了基于八个风电政策的风险传导效应的实证结果。表10－6重点集合了由中国国家发改委颁布的直接定价政策的传导影响结果，表10－7则重点集合了其他四条宏观政策的实证

结果。针对每种政策的风险传导情况都分别从6个不同的传导途径进行了测度，继而本书可以通过经调整后相关系数（FR），协偏度（CS_{12}，CS_{21}）、协峰度（CK_{13}，CK_{31}）和协波动率（CV_{22}）等统计量来判断从风电行业到十大行业的风险传导结果。

表10-6展示了国家发改委分别于2009年、2014年、2015年和2016年出台的四个风电定价政策对十大行业是否造成风险传导的证据。首先，就2009年颁布的《关于完善风力发电上网电价政策的通知》而言，研究结果显示其通过线性渠道和非线性渠道对十大行业均造成了传导效应。具体而言，CK_{31}检验统计量用强有力的证据证实了风险经由资产价格“偏度—均值”途径向十大行业溢出。其次，CS_{21}检验统计量也有足够的证据说明风险通过“方差—均值”途径对8个行业产生传导影响。纵观十大行业，能源、原材料与公共事业是受2009年政策波动最明显的3个行业，均分别在5个传导途径中发现显性结果。

纵观表10-6中四个风电定价政策的研究结果，2009年出台的《关于完善风力发电上网电价政策的通知》对于观察风电行业风险传导现象的研究起到了最明显的作用，在统共60条传导渠道的检测中有40个传导渠道捕捉到了显性结果。2014年和2015年政策出台时的传导影响程度次之，相比之下，2016年发出的《关于调整光伏发电陆上风电标杆上网电价的通知》对十大行业溢出的风险最低，仅有31个传导途径发现显性结果。2009年的强传导影响归因于中国的风电行业正处于迅速上升期，全国总装机量由此逐年大幅提高。此外，政府和能源部门对风电领域提供了优惠的减税和补贴政策，也进一步地将风电行业的红利分享到其他经济行业。2016年的传导现象较2009年明显减弱，这一研究结果亦与事实相符，即随着风电技术逐步累积，全国装机容量跃升，政府和能源部门开始自2014年后逐步缩减补贴直至退出。

表 10 - 6　中国风电行业对十大行业传导效应实证结果（基于中国国家发改委针对风电上网定价的政策）

被影响行业	FR	CS_{12}	CS_{21}	CK_{13}	CK_{31}	CV_{22}	FR	CS_{12}	CS_{21}	CK_{13}	CK_{31}	CV_{22}
	1.《国家发展改革委关于完善风力发电上网电价政策的通知》（2009）						2.《国家发展改革委关于适当调整陆上风电标杆上网电价的通知》（2014）					
消费者非必需品	9.47*	2.69	10.92*	7.49*	2761.69*	7.37*	1.06	9.05*	1.82	0.02	18.21*	5.12*
消费者常用品	14.57*	0.28	16.10*	52.29*	1138.80*	0.04	1.27	0.31	6.94*	3.02	67.91*	9.31*
能源	27.49*	11.14*	38.82*	3.05	5226.26*	5.74*	7.90*	5.49*	0.99	8.69*	80.19*	18.99*
金融	6.90*	2.47	18.14*	24.36*	2851.84*	1.32	0.32	8.36*	20.66*	94.24*	168.18*	64.94*
医疗保健	0.12	1.63	0.58	0.15	191.93*	10.72*	0.51	13.99*	9.06*	6.15*	175.77*	32.51*
工业	22.56*	3.17	31.44*	7.55*	2811.80*	2.303	0.54	2.09	11.84*	40.20*	103.76*	11.18*
信息技术	2.71	0.06	0.07	17.93*	1363.75*	10.86*	0.99	15.39*	15.29*	0.42	160.65*	0.45
原材料	23.06*	5.34*	29.79*	6.15*	1319.51*	1.02	0.75	6.04*	10.48*	15.32*	27.96*	2.28
电信服务	7.25*	3.37	19.45*	0.89	4014.38*	5.24*	2.38	6.37*	7.92*	0.06	115.03*	1.14
公共事业	24.80*	1.06	23.10*	4.78*	2921.66*	0.01	0.07	0.63	0.09	13.64*	30.41*	0.46

续表

被影响行业	FR	CS_{12}	CS_{21}	CK_{13}	CK_{31}	CV_{22}	FR	CS_{12}	CS_{21}	CK_{13}	CK_{31}	CV_{22}
	3.《国家发展改革委关于完善陆上风电光伏发电上网标杆电价政策的通知》（2015）						4.《国家发展改革委关于调整光伏发电陆上风电标杆上网电价的通知》（2016）					
消费者非必需品	7.94*	7.40*	72.21*	0.59	1832.30*	5.91*	0.73	1.37	7.44*	1.46	39.46*	0.01
消费者常用品	5.43*	3.53	47.81*	0.26	1753.68*	8.44*	1.85	2.18	1.31	73.26*	190.52*	105.43*
能源	0.67	0.13	17.35*	0.53	384.38*	1.09	0.01	1.61	7.47*	2.14	23.62*	2.63
金融	0.95	0.27	28.88*	4.13*	1029.77*	1.03	0.03	2.37	1.63	10.13*	57.46*	12.10*
医疗保健	0.08	0.24	44.16*	3.97*	434.97*	1.57	0.16	7.84*	17.70*	25.96*	112.20*	39.13*
工业	0.81	6.71*	63.82*	3.97*	1057.35*	2.78	0.04	0.03	0.45	11.35*	46.94*	7.02*
信息技术	6.58*	1.61	106.94*	0.02	3006.79*	3.71	0.01	0.01	2.50	9.33*	18.94*	1.18
原材料	1.91	1.99	37.11*	7.72*	622.67*	0.15	2.63	0.23	5.88*	3.12	108.57*	18.20*
电信服务	1.52	0.60	20.31*	17.33*	1151.79*	0.44	1.11	6.35*	14.10*	0.08	14.17*	0.52
公共事业	0.13	4.10*	47.90*	4.07*	150.68*	0.03	2.04	12.33*	16.79*	75.66*	235.21*	87.07*

注：笔者根据样本数据实证结果整理，表 10－7 和表 10－8 同。

表 10－7　　中国风电行业对十大行业传导效应实证结果（基于针对风电能源的宏观政策）

被影响行业	FR	CS_{12}	CS_{21}	CK_{13}	CK_{31}	CV_{22}	FR	CS_{12}	CS_{21}	CK_{13}	CK_{31}	CV_{22}
	1.《中华人民共和国可再生能源法》(2006)						2.《风电发展“十二五”规划》(2014)					
消费者非必需品	0. 14	1. 95	6. 26*	6. 61*	29. 86*	1. 93	1. 29	7. 27*	0. 50	5. 18*	57. 36*	0. 01
消费者常用品	0. 43	4. 08*	1. 33	3. 29	0. 75	7. 45*	2. 26	0. 00	14. 38*	4. 48*	3. 32	0. 93
能源	0. 92	0. 00	8. 75*	2. 98	0. 16	3. 67	0. 03	0. 45	0. 02	3. 09	82. 51*	0. 04
金融	2. 01	1. 98	5. 12*	9. 78*	0. 40	1. 53	0. 31	0. 07	1. 41	14. 77*	10. 39*	33. 46*
医疗保健	10. 36*	2. 47	0. 55	1. 42	0. 30	0. 17	0. 03	1. 41	3. 36	12. 35*	11. 42*	1. 80
工业	0. 06	0. 08	0. 04	2. 44	2. 54	0. 05	2. 08	2. 59	1. 87	1. 35	43. 06*	0. 68
信息技术	0. 07	0. 04	1. 60	3. 11	62. 07*	0. 94	0. 03	2. 14	0. 03	0. 55	66. 22*	0. 18
原材料	0. 10	0. 23	0. 76	14. 81*	13. 26*	0. 56	0. 00	4. 42*	0. 44	6. 68*	45. 35*	0. 06
电信服务	0. 33	0. 13	3. 99*	1. 58	8. 15*	0. 02	2. 25	0. 02	2. 64	1. 29	98. 25*	0. 96
公共事业	2. 93	0. 37	1. 51	3. 30	83. 10*	2. 80	0. 01	1. 37	0. 14	3. 10	37. 23*	0. 01

续表

被影响行业	FR	CS_{12}	CS_{21}	CK_{13}	CK_{31}	CV_{22}	FR	CS_{12}	CS_{21}	CK_{13}	CK_{31}	CV_{22}
	3.《巴黎协议》(2016)						4.《风电发展“十三五”计划》(2016)					
消费者非必需品	2.18	1.65	0.00	8.82*	60.38*	21.24*	4.43*	3.94*	0.52	25.39*	82.79*	47.74*
消费者常用品	0.32	0.22	0.87	44.55*	7.79*	47.79*	0.99	0.04	1.10	48.46*	8.57*	49.39*
能源	1.80	1.05	9.81*	1.87	9.80*	11.01*	1.44	0.19	12.17*	1.64	4.32*	4.19*
金融	0.42	1.75	0.61	24.39*	3.20	6.64*	0.25	0.23	0.00	11.87*	4.92*	4.48*
医疗保健	0.07	3.42	1.05	12.95*	3.00	24.96*	0.03	1.74	0.51	11.76*	0.93	16.35*
工业	0.00	1.16	4.32*	0.09	31.77*	3.00	0.01	4.51*	5.84*	0.10	33.85*	4.38*
信息技术	1.28	1.79	0.29	3.81	5.14*	3.86*	0.28	1.89	0.97	9.23*	14.74*	0.10
原材料	1.46	0.51	5.13*	9.30*	3.91*	16.73*	3.54	0.29	4.17*	15.30*	6.23*	21.02*
电信服务	0.02	0.02	0.01	2.30	22.75*	0.27	1.51	0.01	0.00	0.61	32.14*	1.14
公共事业	2.52	7.22*	3.19	45.80*	43.55*	65.56*	0.62	5.83*	1.88	48.04*	21.41*	35.89*

表 10 - 7 列示了《可再生能源法》《风电发展“十二五”规划》《巴黎协定》及《风电发展“十三五”规划》四条宏观政策的传导影响结果。结果显示，就《可再生能源法》而言，风电行业对其他经济行业的政策传导现象并不强烈，具体表现在工业行业没有受到风电政策的风险蔓延影响，但能源、医疗保健、信息技术和公用事业只受到了一个传导渠道的影响。就《风电发展“十二五”规划》而言，结果显示，有明显证据指出风电领域有且经通过高阶矩传导途径对十大行业造成风险传导，这突出表明尾部风险对风电“十二五”规划影响研究的重要性。

表 10 - 7 中的四个政策中，《巴黎协定》和《风电发展“十三五”规划》是产生风险传导现象最突出两个的政策，《巴黎协定》的出台后有 26 个传导路径捕捉到显性结果在，风电“十三五”规划捕捉到 31 个显性传导路径。《巴黎协定》引起的对十大行业的风险传导已有有力证据，但风险传递渠道集中在协高阶矩统计量间（协偏度、协峰度及协波动率），线性传导渠道却未发现痕迹，凸显了尾部风险不容忽视。另外，风电“十三五”规划作为国家对未来部署的重要能源战略方针颁布后，十大行业均通过相关性或高阶矩渠道而受到风电行业的传导影响。其中消费者非必需品业是经由 5 个协高阶矩传导渠道受影响最大的行业，这与国家政策更吸引风电消费者的基本面相一致。

对比表 10 - 6 和表 10 - 7，由国家发改委出台的四个政策对十大行业产生的传导证据比四项宏观能源政策更加明显。首先，这四个由国家发改委所颁出政策的内容更直接地关系到风电制造企业的上网价格、补贴和税收优惠幅度，系微观财政政策，对提高企业的盈利能力和经营效率有直接裨益，并进一步有利于其他关联行业的发展。其次，微观财政政策的公布促进了风电行业与其他行业间的相互依赖关系。当风电相关政策出台时，风电行业总会第一时间接收到信息。传导现象发生的关键取决于风电领域是否能准确地接收到新信息并相应地调整企业行为。例如，通过改变经营方向，调整资源投入与产出结构，使其他相关行业也迅速采取行动来应对这一变化。最后，相比之下宏观的能源政策，瞄准的是风电行业未来数年的中长期发展，这种长期规划可能无法在短期内与其他相关行业发生经济效应。

（二）动态实证分析

本书在探究风电行业与其他十大行业之间的风险传导现象的动态检测过程中引入了新变量“政策敏感度”用以反映在所有政策的实施影响总周期内每个被影响行业所受传导效应影响的综合情况。政策敏感度数值的大小可以看出目标行业在每一时间段内受到中国风电领域带来的各属性风险传导影响的次数多少。

图 10－3 列出了 8 组子样本中所有政策对十大行业的敏感度表现，联合表 4－7 观察所知，由国家发改委发布的四个风电定价政策中，2009 年颁布的通知影响了最多的行业，前三个行业是工业（54.07%）、能源（52.78%）和电信服务业（49.44%）。与 2009 年相比，2014 年的政策影响力稍弱，受到风险波及的前三大行业为工业（58.52%）、金融（48.70%）和公用事业（48.15%）。在此四个政策中，2016 年的电价调整对其他行业的传导影响最小，十大行业受到的影响均不到 50%，该结果与传导效应的静态分析一致，因为能源部门从 2014—2016 年开始逐步降低风电行业上网补贴力度。

在宏观能源政策中 2006 年公布的《可再生能源法》从风电领域向其他行业的风险蔓延程度最小，这一点从大多数行业（除电信服务和公用事业外）政策敏感度低于 30% 可以看出。风电“十二五”规划显露了比 2006 年《可再生能源法》更多的传导影响证据，因为大多数行业（即能源、金融、医疗保健、工业、信息技术、原材料和电信服务）受到的影响几率超过了 30%，而《巴黎协定》和风电“十三五”规划的出台导致几乎所有行业（除了消费者常用品业）都受到风电行业影响的几率超过 33%。

消费者非必需品

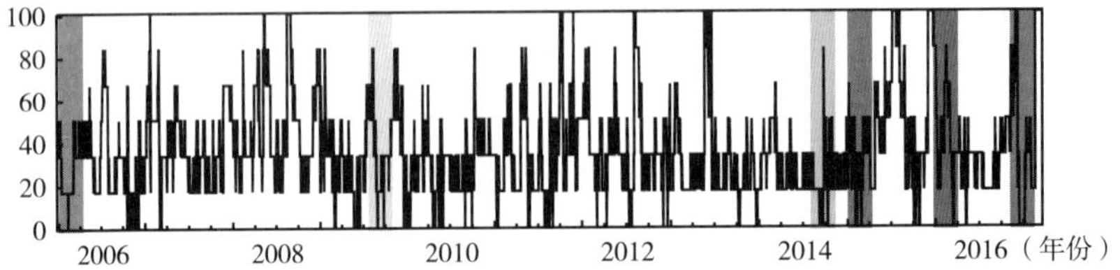

消费者常用品

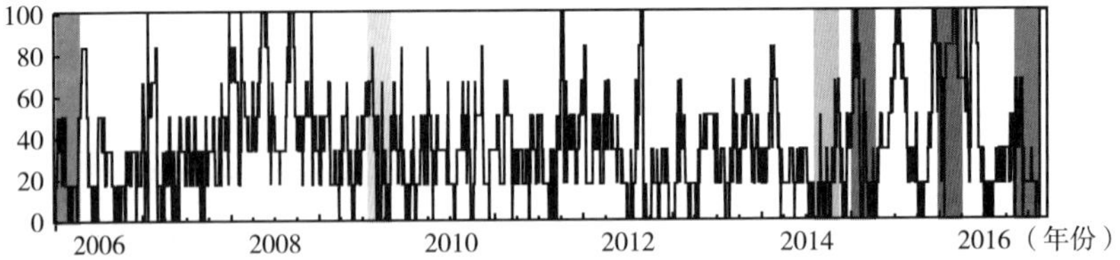

能源

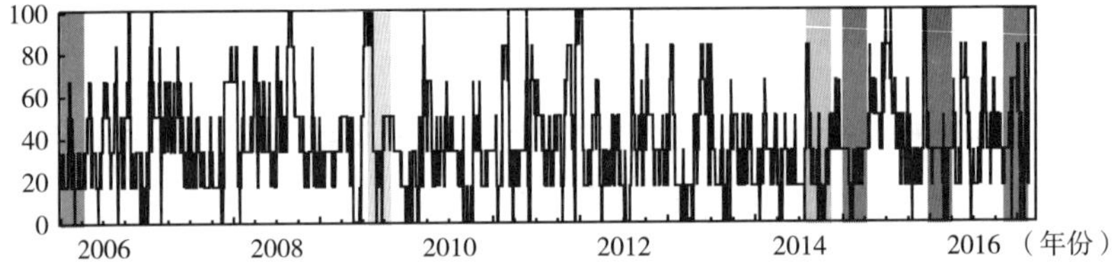

金融

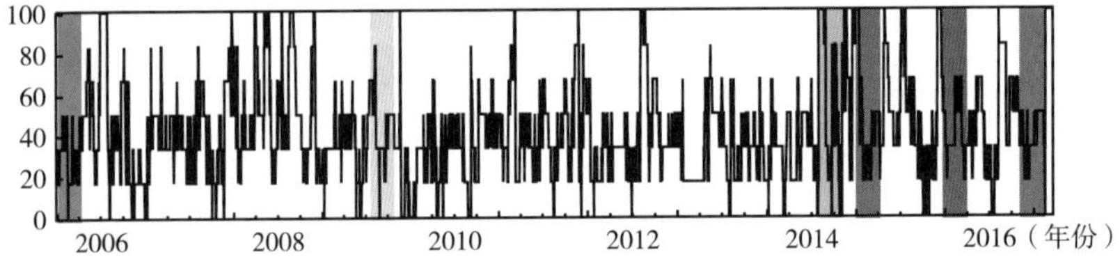

医疗保健

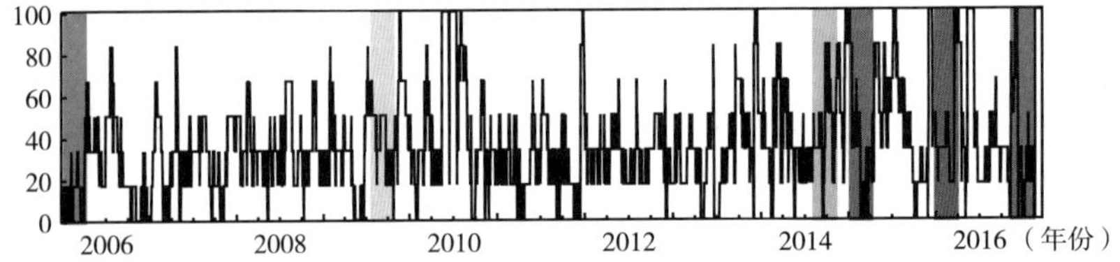

工业

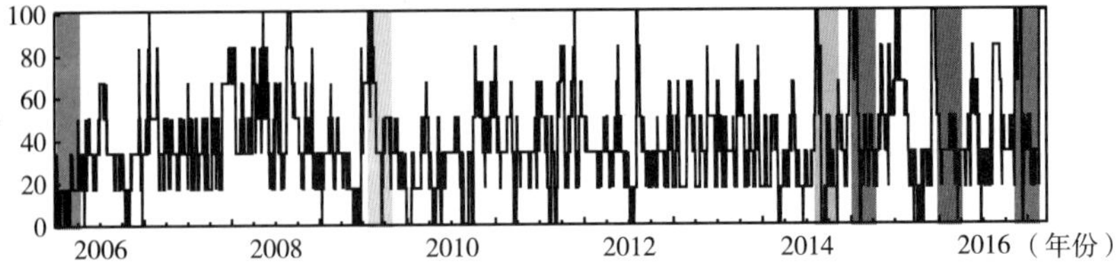

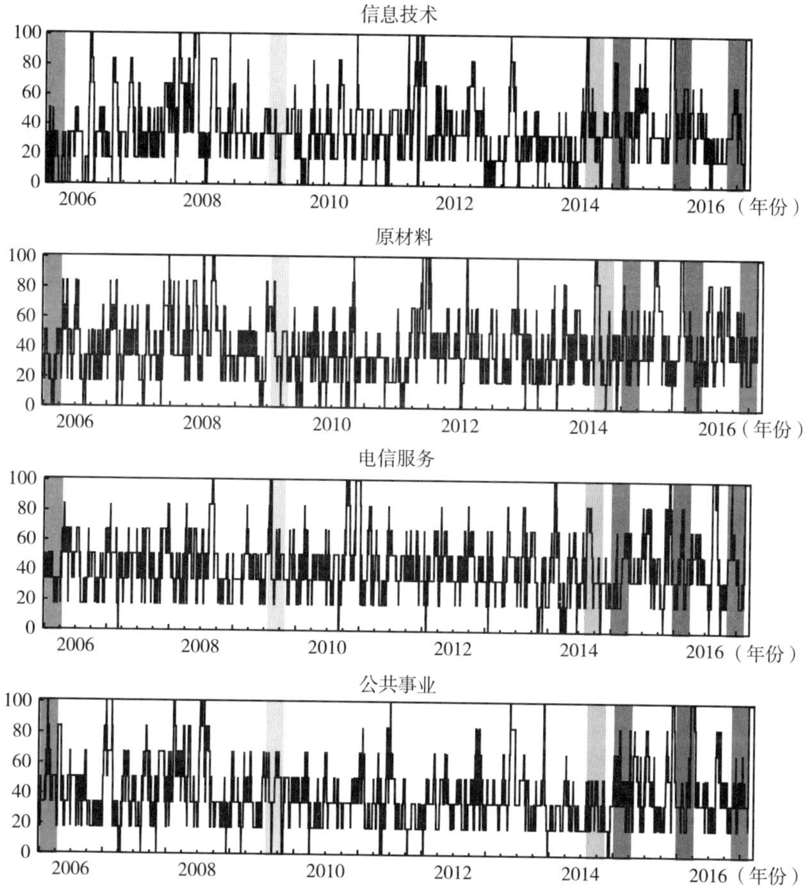

图 10-3　十大行业政策敏感度表现

注：笔者根据样本数据实证结果整理。图中 x 轴灰色阴影区域表示 8 组子样本中对应有关政策的实施影响期（y 时期），从左至右分别指代 2006 年颁布的《可再生能源法》，2009 年颁布的《国家发展改革委关于完善风力发电上网电价政策的通知》，2014 年颁布的《风电发展“十二五”规划》《国家发展改革委关于适当调整陆上风电标杆上网电价的通知》，2015 年颁布的《国家发展改革委关于完善陆上风电光伏发电上网标杆电价政策的通知》，2016 年颁布的《巴黎协定》《风电发展“十三五”计划》《国家发展改革委关于调整光伏发电陆上风电标杆上网电价的通知》。

表 10－8　十大行业政策敏感度均值

影响行业/政策	政策敏感度均值（%）								
	可再生能源法	风电上网电价通知（2009）	风电"十二五"规划	风电上网电价通知（2014）	风电上网电价通知（2015）	巴黎协定	风电"十三五"规划	风电上网电价通知（2017）	均值
消费者非必需品	26.85	37.41	23.75	32.96	51.67	41.67	33.15	21.11	33.57
消费者常用品	21.48	37.59	20.59	42.59	77.96	29.26	25.93	17.50	34.11
能源	26.67	52.78	33.88	23.52	28.70	44.07	48.33	45.00	37.87
金融	27.96	43.89	58.93	48.70	46.67	37.59	39.81	41.67	43.15
医疗保健	10.74	40.56	48.04	41.30	33.89	36.67	33.33	21.39	33.24
工业	13.89	54.07	37.15	58.52	39.63	51.11	44.63	35.00	41.75
信息技术	18.15	28.33	37.91	38.89	53.89	41.48	39.44	32.22	36.29
原材料	26.67	44.63	43.25	40.19	39.26	35.74	37.78	32.78	37.54
电信服务	33.70	49.44	40.41	31.85	37.78	43.89	44.26	33.89	39.40
公共事业	46.30	45.37	29.19	48.15	36.48	36.48	39.63	40.28	40.24
均值	25.24	43.41	37.31	40.67	44.59	39.80	38.63	32.08	—

六、风电政策风险传导小结与建议

（一）本书结论

本书对2001—2018年中国风电行业与其他行业之间的风险关系进行了静态与动态视角的探究。根据风电行业有关政策出台的前后时段，利用相关系数与协高阶矩统计量对6种跨行业线性（均值与均值）与非线性（均值与波动率、均值与偏度、波动率与均值、偏度与均值及波动率与波动率）风险传导关系进行了详细实证研究，同时引入“政策敏感度”参数来刻画并反映跨行业风险传导现象发生的频次与概率。

根据之前的实证检验结果，本书研究发现，无论是微观的财政政策还是宏观的行业政策，均通过线性层面或者协高阶矩层面对十大经济行业造成风险传导效应。具体而言，在造成风险溢出的传导机制中，尾部风险（协高阶矩）往往比正态风险（相关性）更不应该被忽视。此外，研究发现由国家发改委出台的针对风电上网电价的政策往往比其他宏观行业政策更容易对关联行业造成风险波及，这是因为前者政策内容更直接地影响到风电制造业的现金流，而企业的现金流很大程度上决定了企业的生存和发展能力。根据动态实证结果不难发现金融业受到风险行业政策冲击的影响最明显，其次是与风电制造业关联密切的工业与公共事业。

（二）风电政策建议

结合静态与动态实证结果，本书提出以下建议：在拟定能源政策前，政府和政策制定者应意识到政策出台后可能产生的跨行业、跨市场、跨区域风险传导效应和其他潜在影响；中国金融市场的投资者群体，尤其在关注消费类行业和原材料业时，不仅应重视本行业内的市场信息，也应重视在再生能源领域的波动，以避免潜在的投资风险；

中国风能资源的聚集情况和地理位置有密切联系，导致风能资源分布不均，在鼓励风电发展的各项政策和优惠制度下，多数投资者选择风能丰富的地区进行风电开发，转而跨区域外送到需求更大的城市市场中，二者必然造成地区装机容量和并网发电规模的巨大差异。因此，应当加快电网建设的现代化升级，完善风电外送通道的稳定性，让电网的更新速度赶上风电场的建设速度，缓解供需端失衡和产能过剩的问题（Lin and Chen, 2019；Wang et al., 2012）。

本章参考文献

［1］唐勇，李勇杰，朱鹏飞．高阶矩视角下的我国股票市场行业间溢出效应分析［J］．电子科技大学学报社科版，2020，22（5）：77—89.

［2］王鹏，吴金宴．基于协高阶矩视角的沪港股市风险传染分析［J］．管理科学学报，2018，6：29—42.

［3］张波，蒋远营．基于中国股票高频交易数据的随机波动建模与应用［J］．统计研究，2017，34（3）：107—117.

［4］张晨，杨玉，张涛．基于 Copula 模型的商业银行碳金融市场风险整合度量［J］．中国管理科学，2015，23（4）：61—69.

［5］Brown, J. P., Pender, J., Wiser, R., Lantz, E., Hoen, B. Expost analysis of economic impacts from wind power development in US counties［J］. Energy Economics, 2012, 34（6）: 1743 - 1754.

［6］Bulavskaya, T., Reynès, F. Job creation and economic impact of renewable energy in the Netherlands［J］. Renewable Energy, 2018, 119: 528 - 538.

［7］Byun, S. J., Cho, H. Forecasting carbon futures volatility using GARCH models with energy volatilities［J］. Energy Economics, 2013, 40: 207 - 221.

［8］Calvo, G. A., Leiderman, L., Reinhart, C. M. Inflows of capital to developing countries in the 1990s［J］. Journal of Economic Perspectives, 1996, 10（2）: 123 - 139.

［9］De Arce, R., Mahía, R., Medina, E., Escribano, G. A simulation of the economic impact of renewable energy development in Morocco [J]. Energy Policy, 2012, 46: 335-345.

[10] De Silva, D. G., McComb, R. P., Schiller, A. R. What blows in with the wind? [J/OL]. Southern Economic Journal, 2016, 82 (3): 826-858.

[11] Dong, F., Shi, L. Regional differences study of renewable energy performance: A case of wind power in China [J]. Journal of Cleaner Production, 2019, 233: 490-500.

[12] Fan, X.-c., Wang, W.-q., Shi, R.-j., Li, F.-t. Analysis and countermeasures of wind power curtailment in China [J]. Renewable and Sustainable Energy Reviews, 2015, 52: 1429-1436.

[13] Forbes, K. J., Rigobon, R. No Contagion, Only Interdependence: Measuring Stock Market Comovements [J]. The Journal of Finance, 2002, 57 (5): 2223-2261.

[14] Fry-McKibbin, R., Hsiao, C. Y.-L. Extremal dependence tests for contagion [J]. Econometric Reviews, 2018, 37 (6): 626-649.

[15] Fry, R., Martin, V. L., Tang, C. A New Class of Tests of Contagion With Applications [J]. Journal of Business and Economic Statistics, 2010, 28 (3): 423-437.

[16] Gi, K., Sano, F., Akimoto, K., Hiwatari, R., Tobita, K. Potentialcontribution of fusion power generation to low-carbon development under the Paris Agreement and associated uncertainties [J]. Energy Strategy Reviews, 2020.

[17] Goldfajn, I., Baig, T. Financial Market Contagion in the Asian Crisis [J]. IMF Working Papers, 1998 (155): 167-195.

[18] Hsiao, C. Y.-L., Ai, D., Wei, X., Sheng, N. The contagious effect of China's energy policy on stock markets: The case of the solar photovoltaic industry [J]. Renewable Energy, 2021, 164: 74-86.

[19] Hsiao, C. Y.-L., Chen, H. H. The contagious effects on economic development after resuming construction policy for nuclear power plants in Coastal China [J]. Energy, 2018, 152 (JUN. 1): 291-302.

[20] Hsiao, C. Y.-L., Wei, X., Sheng, N., Shao, C. A joint test of policy contagion with application to the solar sector [J]. Renewable and Sustainable Energy

Reviews, 2021.

[21] Hui, E. C. M., Chan, K. K. K. The global financial crisis: Is there any contagion between real estate and equity markets? [J]. Physica a – Statistical Mechanics and Its Applications, 2014, 405: 216 – 225.

[22] Inglesi – Lotz, R. The impact of renewable energy consumption to economic growth: A panel data application [J]. Energy Economics, 2016, 53: 58 – 63.

[23] Karolyi, G. A. Does international financial contagion really exist? [J]. International Finance, 2003, 6 (2): 179 – 199.

[24] King, M. A., Sushil, W. Transmission of Volatility between Stock Markets [J]. Review of Financial Studies, 1990 (1): 1.

[25] Kodres, L. E., Pritsker, M. A rational expectations model of financial contagion [J]. The Journal of Finance, 2002, 57 (2): 769 – 799.

[26] Lacal Arantegui, R., Jäger – Waldau, A. Photovoltaics and wind status in the European Union after the Paris Agreement [J]. Renewable and Sustainable Energy Reviews, 2018, 81: 2460 – 2471.

[27] Lin, B., Chen, Y. Impacts of policies on innovation in wind power technologies in China [J]. Applied Energy, 2019, 247: 682 – 691.

[28] Lin, C. H. The comovement between exchange rates and stock prices in the Asian emerging markets [J]. International Review of Economics and Finance, 2012, 22 (1): 161 – 172.

[29] Liu, L. Q., Wang, Z. X. The development and application practice of wind – solar energy hybrid generation systems in China [J]. Renewable and Sustainable Energy Reviews, 2009, 13 (6 – 7): 1504 – 1512.

[30] Menegaki, A. N. Growth and renewable energy in Europe: A random effect model with evidence for neutrality hypothesis [J]. Energy Economics, 2011, 33 (2): 257 – 263.

[31] Rosales – Asensio, E., Borge – Diez, D., Blanes – Peiró, J. – J., Pérez – Hoyos, A., Comenar – Santos, A. Review of wind energy technology and associated market and economic conditions in Spain [J]. Renewable and Sustainable Energy Reviews, 2019, 101: 415 – 427.

[32] Sahu, B. K. Wind energy developments and policies in China: A short re-

view [J]. Renewable and Sustainable Energy Reviews, 2018, 81: 1393 - 1405.

[33] Tugcu, C. T., Ozturk, I., Aslan, A. Renewable and non - renewable energy consumption and economic growth relationship revisited: evidence from G7 countries [J]. Energy Economics, 2012, 34 (6): 1942 - 1950.

[34] Wang, Q. Effective policies for renewable energy - the example of China's wind power - lessons for China's photovoltaic power [J]. Renewable and Sustainable Energy Reviews, 2010, 14 (2): 702 - 712.

[35] Wang, Z., Qin, H., Lewis, J. I. China's wind power industry: Policy support, technological achievements, and emerging challenges [J]. Energy Policy, 2012, 51: 80 - 88.

[36] Wu, Y., Hu, Y., Lin, X., Li, L., Ke, Y. Identifying and analyzing barriers to offshore wind power development in China using the grey decision - making trial and evaluation laboratory approach [J]. Journal of Cleaner Production, 2018, 189: 853 - 863.

[37] Xia, F., Song, F. Evaluating the economic impact of wind power development on local economies in China [J]. Energy Policy, 2017, 110: 263 - 270.

[38] Xu, X., Niu, D., Xiao, B., Guo, X., Zhang, L., Wang, K. Policy analysis for grid parity of wind power generation in China [J]. Energy Policy, 2020.

[39] Yang, J., Zhou, Y. G., Wang, Z. J. Conditional Co - skewness in Stock and Bond Markets: Time - Series Evidence [J]. Management Science, 2010, 56 (11): 2031 - 2049.

第十一章　中国新能源汽车产业政策传导效应

第一节 概 述

一、中国新能源汽车发展概况

为应对能源危机和减少汽车尾气排放，中国从2001年起推出了新能源汽车发展的激励政策（Chen et al.，2008）。发展新能源汽车是我国从汽车大国迈向汽车强国的必由之路，是应对气候变化、推动绿色发展的战略举措（国务院，2020）；同时新能源汽车可以有效减少碳排放，改善城市空气质量（Tan et al.，2018），被公认为汽车工业未来的发展方向（Li et al.，2020）。近年来，中国政府出台了一系列促进新能源汽车产业发展的政策，包括财政补贴激励、双积分政策、税收政策等，并制定了《新能源汽车产业发展规划（2021—2035年）》。在这些政策的支持下，新能源汽车产销快速增长。据中国汽车工业协会数据，2021年新能源汽车年产销量分别为354.5万辆和352.1万辆，较2016年的51.7万辆和50.7万辆增长将近7倍。在国际新能源汽车市场上，中国自2015年以来产销量、保有量超越美国，连续五年居世界首位（国务院，2020），成为全球最大的新能源汽车制造和消费市场（Li et al.，2020）。同时，新能源汽车出口表现突出，2021年新能源汽车出口31万辆，同比2017年出口10.5万辆增长近3倍（海关总署等，2021）。

中国作为全球最坚定的新能源汽车推动者（Li et al.，2018），自2009年起开展节能与新能源汽车示范推广试点项目（财政部等，2009），采取汽车补贴政策推动新能源汽车的普及（Hao et al.，2014；Li et al.，2020），虽然补贴政策在促进新能源汽车市场拓展方面取得了实质性成效（Hao et al.，2014；Helveston et al.，2015；Ajanovic and Haas，2016；Li et al.，2020），但同时也产生了两个明显的弊端。

首先，大量的新能源汽车补贴政策给政府带来了沉重的财政负担（Li et al.，2020），财政部发布《关于提前下达2022年节能减排补助资金预算的通知》，一共计划了384.79亿元，其中包括2016—2019年度新能源汽车推广应用补助资金清算201.69亿元；以及2019—2020年度新能源汽车推广应用补助资金预拨183.10亿元（财政部，2021）。其次，过多的补贴可能会被新能源汽车制造商直接安排到定价结构中（Diamond，2009），容易引发获取补贴的欺诈行为（Zhang and Bai，2017）。因此，政府决定逐步取消补贴，《关于2016—2020年新能源汽车推广应用财政支持政策的通知》明确，补贴将在2016年的基础上每两年逐步减少20%和40%（中国政府网，2015），于2022年底不再给予补贴（财政部等，2021）。

由于补贴政策在财政和技术方面的弊端（Li et al.，2020），中国在2017年出台从"乘用车企业平均油耗（CAFC）"（Jun et al.，2016；Hao et al.，2016）和"新能源汽车信用监管"演变而来的双积分政策，即《乘用车企业平均燃料消耗量与新能源汽车积分并行管理办法》（简称"双积分政策"）（工信部等，2017）。与新能源汽车财政补贴政策不同，双积分政策将财政负担从国家转移到企业，积分交易机制可以有效地确保政府在技术路线上的中立性，把更多资源投入产品的研发和技术创新上，无法实现新能源汽车产量提升目标的企业，将因购债成本或罚款等沉重的财务负担而被市场淘汰（Li et al.，2018）。

2020年，国务院发布《新能源汽车产业发展规划（2021—2035年）》，以深化供给侧结构性改革为主线，深化"三纵三横"研发布局，以纯电动汽车、插电式混合动力（含增程序）汽车、燃料电池汽车为"三纵"；以动力电池与管理系统、驱动电机与电力电子、网联化与智能化技术为"三横"。引导汽车与相关产业融合发展，新能源汽车融汇新能源、新材料和互联网、大数据、人工智能等多种变革性技术，建立跨行业、跨领域的综合大数据平台，促进各类数据共享互通。

新能源汽车产业链分为：上游关键原材料和核心零部件、中游整车制造、下游充电服务及后市场服务。上游主要是为中游的整车制造提供原材料和核心零部件，原材料包括锂、钴、镍等矿产资源；动力电池、驱动电机、电控三大系统是构成整车的核心部件。中游是新能源汽车的整车制造，主要包括纯电动汽车、插电式混合动力（含增程序）汽车、燃料电池汽车。下游是充电服务及后市场服务，充电服务包括充电设备、换电设备及电池回收，后市场服务包括汽车金融、维修保养等。具体中国新能源汽车产业链全景图如图 11－1 所示。

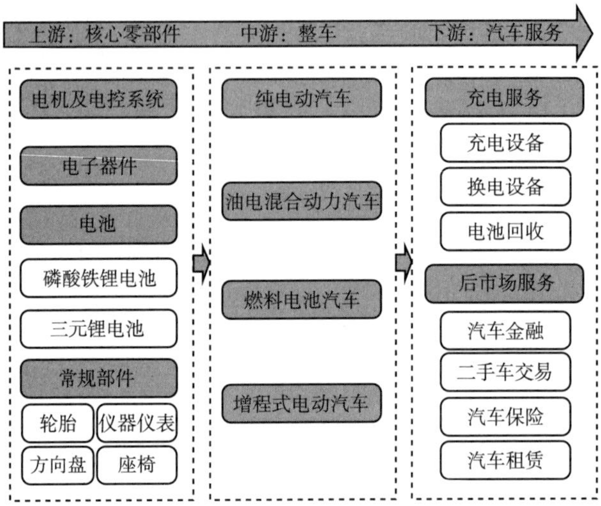

图 11－1　中国新能源汽车产业链全景图

资料来源：中商产业研究院。

中国新能源汽车产业的发展主要受政策驱动（Zhang and Qin，2018）。本书主要研究新能源汽车政策对相关行业的影响，Zhang and Qin（2018）认为政策的展开和分析主要围绕产业和经济发展三个方面，即供给、需求和环境。新能源汽车行业可能对财政补贴政策、双积分政策和税收政策等的变化更加敏感。新能源汽车将带动众多行业发展，首先是锂电池产业，作为新能源汽车上游行业，锂电池工艺制造、材料都将获得前所未有的发展；其次是汽车制造产业的发展，新能源汽车市场需求大，汽车厂商逐步开始进行新能源汽车的生产；最后是充电桩行业的发展。结合新能源汽车产业链分析以及《新能源汽车产业发展规划（2021—2035 年）》，相关的产业主要包括新能源汽车产业链上游行业锂电池和燃料电池、中游行业汽车整车、下游行业充电桩和电力；以及与之相关的跨行业领域的新能源、新材料、人工智能、节能环保与油价相关行业等（国务院，2020）。新能源汽车政策可能会对相关行业市场产生重大经济影响，新能源汽车政策的溢出效应可以用“传导”的概念来捕捉，即政策冲击的传导效应从新能源汽车领域蔓延到邻近的市场和行业（Forbes and Rigobon，2002；Fry et al.，2010；Fry - McKibbin and Hsiao，2018；Hsiao et al.，2021）。

二、研究目的

本书旨在通过调查中国 2016—2021 年新能源汽车政策对十个相关行业板块指数的影响来研究传导效应。这些新能源汽车政策包括财政补贴政策、双积分政策和税收政策等。十个行业板块指数分别为人工智能行业（Artificial Intelligence，AI）、充电桩行业（Charging Pile，Char）、节能环保行业（Energy Conservation and Environment Protection，ECEP）、燃料电池行业（Fuel Cell，FC）、锂电池行业（Lithium Cell，Li）、新材料行业（New Material，NM）、新能源行业（New Energy，NE）、油价相关行业（Oil Price，Oil）、电力行业（Power，Pow）、汽车整车行业（Whole Vehicle，WV）。为了检验这些政策对行业表现的影响，本书通过各行业指数回报率建立 VAR 模型来提取残差，主要是因为残差很好地反映了事件的未预期冲击。

Fry et al.（2010）和 Fry - McKibbin and Hsiao（2018）提出了金融危机下的传导性理论和模型，本书将利用六个检验测试模型检测 2016—2021 年主要新能源汽车政策对中国十个行业板块市场的影响，模型分别是 Fry et al.（2010）的改良后的线性相关变化测试（CR 检验）以及两种协偏度变化测试（CS 检验），Fry - McKibbin and Hsiao

（2018）的两种协峰度变化测试（CK 检验）以及协波动变化测试（CV 检验）。

其中，改良后的线性相关变化测试（CR 检验）用来检测发生市场是否对被传导源市场存在风险传导效应，两种协偏度检验测试（CS 检验）用于检测发生市场和被传导源市场指数回报率和波动冲击的双向关系；两种协峰度检验测试（CK 检验）用于检测发生市场和被传导源市场的指数回报率和波动冲击立方的双向关系；协波动率检验测试（CV 检验）用于检验发生市场指数回报率波动率冲击和被传导源市场回报率波动性冲击的影响。从不同新能源汽车政策的视角下研究行业指数间的传导性问题。

在改良后的线性相关变化检验（CR 检验）中，2017 年财政补贴政策、2019 年财政补贴政策和 2020 年新能源汽车产业发展规划对大部分行业都有传导效应，其余政策的传导效应较低。在协偏度检验测试（CS 检验）中，2017 年财政补贴政策、2019 年财政补贴政策、2020 年财政补贴政策和 2020 年新版双积分政策对大部分行业都有传导效应。在协峰度检验测试（CK 检验）中，2017 年财政补贴政策、2017 年双积分政策、2017 年税收政策、2019 年财政补贴政策和 2020 年新能源汽车产业发展规划对大部分行业都有传导效应。在协波动率检验测试（CV 检验）中，2017 年财政补贴政策、2017 年税收政策、2019 年财政补贴政策和 2020 年新能源汽车产业发展规划对大部分行业都有传导效应。

三、新能源汽车政策传导研究贡献

本书的创新点包括：首先，为中国新能源汽车相关政策的分析提供了一个新的视角，大多数学者就新能源汽车行业政策的介绍以及对企业绩效的影响做了不少的研究，关于中国新能源汽车政策对相关行业表现影响的研究却很少，本书填补了这一空白。

其次，对于实证模型的选择，传统的波动性溢出效应是基于多种变形的多元 GARCH（General Autoregressive Conditional Heteroscedasticity Model）模型，如 DCC - GARCH（Dynamic Conditional Correlation General Autoregressive Conditional Heteroscedasticity Model），即动态条件相关性广义自回归条件异方差模型（Naoui et al.，2010；Bouaziz et al.，2012；Celik，2012；Chittedi，2015；Le and Tran，2021）、CCC - GARCH（Constant Conditional Correlation General Autoregressive Conditional Heteroskedasticity Model），即恒定条件相关性广义自回归条件异方差模型（Nakatani and Teräsvirta，2009；Todsadee et al.，2014）、BEKK - GARCH（Baba，Engle，Kraf，Kroner General Autoregressive Conditional Heteroscedasticity Model）（Liu et al.，2017；Yu et al.，2020）等模型来研究几个市场之间是否存在传导，而本书采用 Fry et al.（2010）提出的调整线性相关变化测试和协偏度变化检验以及 Fry - McKibbin and Hsiao（2018）提出的协峰度变化检验和协波动率变化检验，在矢量自回归模型（VAR）的基础上再利用上述六种传导性检测模型来研究中国新能源汽车政策对十个相关行业板块指数的传导效应。

最后，首次将传导模型引入中国新能源汽车政策评价中，能够更直观地分析政策的运行效果以及对各行业指数回报率造成的影响，模型估计结果对于政策制定者和财政当局制定相关产业政策和发展与新能源产业相关的行业具有很大的实用价值。

第二节　新能源汽车相关文献研究

一、新能源汽车政策

政策激励是新能源汽车产业发展初期的重要推动力（Yang et al.，2016；Wang et al.，2021），越来越多的学者关注新能源汽车政策的研究，这些研究主要包括以下三个方面。

首先是新能源汽车的文本分析。Zhang and Qin（2018）对国家、省、市政府出台的新能源汽车政策进行调查，发现新能源汽车政策的实施经历了“计划—试点—推广—补贴—发展”的过程。Zhang and Bai（2017）提供了一种政策依赖映射方法来分析北京、天津和河北的新能源汽车政策，发现多政府政策对新能源汽车的采用有不同的影响。Xu and Su（2016）设计了一种新的创新政策工具类型，展示了中国新能源汽车产业创新政策组合的变化。这些研究大多是对新能源汽车政策的概念性研究。本书将扩展新能源汽车政策的分类，并实证研究新能源汽车政策对其他行业的影响。

其次是新能源汽车政策对消费者偏好的影响。影响消费者偏好的政策主要包括财政补贴、购置税、免费停车等。一些研究证实了财政激励和其他社会经济政策对新能源汽车采用的积极影响（Lévay et al.，2017；Helveston et al.，2015；Langbroek et al.，2016）。Li et al.（2016）将中国新能源汽车相关政策分为七类，分析了消费者对新能源汽车相关政策的评价。此外，Sierzchula et al.（2014）认为充电站的数量和电动汽车制造工厂的位置对消费者的采用有积极影响。Morton et al.（2017）发现混合动力电动汽车的伦敦拥堵费豁免与这些车辆在伦敦的注册率之间存在正相关关系。然而，Egbue and Long（2012）认为，如果消费者对电动汽车技术缺乏信心，补贴和税收抵免对电动汽车的采用没有显著影响。同时，Zhang et al.（2013）发现补贴对消费者采用的影响并不显著。

最后是新能源汽车政策对企业的影响。Jiang et al.（2018）发现政府补贴对中国企业的研发强度有显著的正向影响。Li et al.（2019）基于数据包络分析模型和随机效应模型，发现政府政策和财政支持都有利于提高大型新能源汽车企业的效率。Yu et al.（2020）研究发现事前政府补贴与新能源汽车公司绩效之间存在正“U”形关系，而事后政府补贴与公司绩效之间存在倒“U”形关系。相反，Dong and

Liu（2020）基于实证分析发现，适当降低新能源汽车的补贴强度，将实现政府资源的优化配置。Xu and Chen（2020）发现政府支持对新能源汽车产业的创新效率的影响不显著。Wang et al.（2021）基于中国153家新能源汽车上市公司，发现政府补贴对新能源汽车公司的财务业绩有显著的负面影响。Kapustin and Grushevenko（2020）研究表明，到2035年，电动汽车可以实现全面竞争力，电动汽车的扩张可能会导致电网严重不稳定。

我们发现，以往的研究主要分析新能源汽车政策的效果，忽略了新能源汽车发展对其他行业的影响。因此，本书通过中国2016—2021年新能源汽车政策对十个相关行业板块指数的影响来研究传导效应，使用新能源车指数作为新能源汽车政策的衡量指标，以评价新能源汽车的推广对其他行业的政策效果。

二、传导效应

传导效应是波动性的冲击从一个国家传递到其他国家。关于传导效应定义，Forbes and Rigobon（2002）将传导定义为一个国家或一组国家受到冲击后跨市场联系的显著增加。Hsiao and Morley（2021）将传导定义为与给定异质性的预期相关的共同时刻的显著变化。

对于传导性的衡量，以往的研究是通过比较危机事件发生前和发生后的相关系数来分析判断的。King and Wadhwani（1990）研究发现1987年美国股票市场崩盘后，日本和英国股票市场的相关性系数显著增加。Lee and Kim（1993）将研究扩展到12个国家股票市场，发现1987年美国股票市场崩盘后，各国股市之间的联动持续时间更长，并且各国股市之间的联动性更强。Calvo and Reinhart（1996）在1994年墨西哥比索危机事件发生后，亚洲和拉丁美洲新兴市场之间跨市场相关性有所增加。Baig and Goldfajn（1999）使用类似的方法发现亚洲金融市场国家间的股票指数和货币价格之间存在传导效应。

Forbes and Rigobon（2002）基于相关系数的传导性异方差性偏差检验，发现在1997年亚洲金融危机、1994年墨西哥比索贬值和1987年美国股票市场崩盘期间，无条件相关系数几乎没有增加，即没有传导。然而，在所有时期都存在高度的市场联动。Fry et al.（2010）在Forbes and Rigobon（2002）的基础上，对相关性传导检验进行了进一步的优化，提出了调整的线性相关变化测试，并提出了一类新的传导性测试方法——协偏度变化测试，通过收益分布的高阶时刻（例如同偏性）的变化来识别金融市场危机的传播管道。Fry - Mckibbin and Hsiao（2018）在已有检测方法的基础上，创建了协峰度变化测试以及协波动率变化测试。以上这些检验方法也将在本书中使用。

近年来，也有学者运用资产回报的制度转换偏态模型来检测金融市场风险的传导性。其优点在于模型区分了线性和非线性传导以及其间的结构性中断。Chan et al.（2019）开发了一种资产收益随时间变化联合分布的多元模型，该模型允许制度转换和联合偏正态分布。结果表明，相关传导在同偏传导中占主导地位，在危机机制中偏度参数中断的重要性也很明显。Matkovskyy and Jalan（2019）使用类似的方法分析了五个股票市场对比特币市场的传导效应，结果表明，金融市场对比特币市场的传导效应在市场回报的相关性和同偏度方面都有显著影响。

第三节　传导效应测度与模型

一、调整的线性相关变化测试（CR检验）

调整的线性相关变化测试（Correlation change test，简称CR检验）是Fry et al.（2010）在Forbes and Rigobon（2002）的FR（Correlation change test，简称FR检验）模型基础上的进一步优化。CR检验是通过比较政策后的调整系数V_y和政策前两个市场之间的相关系数ρ_x，检测新能源汽车市场指数是否对其他行业市场指数存在传导效应。假设：

$H_0: V_y = \rho_x$

$H_1: V_y \neq \rho_x$

假设检验 CR 的公式为：

$$CR = \left(\frac{\hat{V}_y - \hat{\rho}_x}{\sqrt{Var(\hat{V}_y - \hat{\rho}_x)}} \right)^2 \tag{11-1}$$

定义：

$$\hat{\delta} = \frac{\hat{\sigma}_{y,i}^2 - \hat{\sigma}_{x,i}^2}{\hat{\sigma}_{x,i}^2}, \hat{V}_y = \frac{\hat{\rho}_y}{\sqrt{1 + \hat{\delta}(1 - \hat{\rho}_y^2)}} \tag{11-2}$$

$$Var(\hat{V}_y - \hat{\rho}_x) = Var(\hat{V}_y) + Var(\hat{\rho}_x) - 2Cov(\hat{V}_y, \hat{\rho}_x) \tag{11-3}$$

其中：

$$Var(\hat{V}_y) = \left[\frac{1}{2} \frac{(1+\hat{\delta})^2}{[1+\hat{\delta}(1-\hat{\rho}_y^2)]^3} \times \left(\frac{(2-\hat{\rho}_y^2)(1-\hat{\rho}_y^2)^2}{T_y} + \frac{\hat{\rho}_y^2(1-\hat{\rho}_y^2)^2}{T_x} \right) \right] \tag{11-4}$$

$$Var(\hat{\rho}_x) = \frac{(1-\hat{\rho}_x^2)^2}{T_x} \tag{11-5}$$

$$Cov(\hat{V}_y, \hat{\rho}_x) = \frac{1}{2} \frac{1}{T_x} \frac{\hat{\rho}_y \hat{\rho}_x (1-\hat{\rho}_y^2)(1-\hat{\rho}_x^2)(1+\hat{\delta})}{\sqrt{[1+\hat{\delta}(1-\hat{\rho}_y^2)]^3}} \tag{11-6}$$

其中，设定 i 为发生市场（新能源汽车行业），j 为被传导源市场（其他行业）。x 为政策前时间段，y 为政策后时间段。T_x是政策前样本的观察值，T_y是政策后样本的观察值。$\sigma_{x,i}$为新能源汽车行业在政策前的标准偏差，$\sigma_{y,i}$为新能源汽车行业在政策后的标准偏差。ρ_x代表政策前两个市场之间的相关系数，ρ_y代表政策后两个市场之间的相关系数。CR 统计量服从自由度为 1 的卡方分布：$CR(i \rightarrow j) \sim \chi_1^2$。

二、协偏度变化测试（CS 检验）

协偏度变化测试（Co－skewness change tests，简称 CS 检验）是

Fry et al.（2010）提出的。CS 检验是通过比较政策前后两个市场之间的协偏度系数是否发生显著变化来判断市场之间的传导效应。假设：

$H_0:\psi_y(r_i^m,r_j^n)=\psi_x(r_i^m,r_j^n)$

$H_1:\psi_y(r_i^m,r_j^n)\neq\psi_x(r_i^m,r_j^n)$

CS 统计量公式为：

$$CS_{mn}(i\rightarrow j)=\left(\frac{\hat{\psi}_y(r_i^m,r_j^n)-\hat{\psi}_x(r_i^m,r_j^n)}{\sqrt{\frac{4\hat{V}_y+2}{T_y}+\frac{4\hat{\rho}_x^2+2}{T_x}}}\right)^2 \qquad (11-7)$$

$$\hat{\psi}_k(r_i^m,r_j^n)=\frac{1}{T_k}\sum_{t=1}^{T_k}\left(\frac{r_{i,t}-\hat{\mu}_{k,i}}{\hat{\sigma}_{k,i}}\right)^m\left(\frac{r_{j,t}-\hat{\mu}_{k,j}}{\hat{\sigma}_{k,j}}\right)^n,k=x,y \qquad (11-8)$$

其中，$r_{i,t}$、$r_{j,t}$分别代表新能源汽车行业和其他行业在政策前后回报率的日值；$\hat{\mu}_{k,i}$、$\hat{\mu}_{k,j}$分别代表新能源汽车行业和其他行业在政策前后回报率的平均值；$\hat{\sigma}_{k,i}$、$\hat{\sigma}_{k,j}$分别代表新能源汽车行业和其他行业在政策前后的标准偏差。

m，$n=1$，2 或 m，$n=2$，1，CS_{mn}可以分别计算 CS_{12}和 CS_{21}两个统计量。其中，CS_{12}检验是为了检验当新能源汽车市场指数 i 的期望回报发生改变时，是否会对被传导其他市场 j 的波动造成影响；CS_{21}检验则是为了检验当新能源汽车市场指数 i 的波动发生改变时，是否会对其他市场 j 的期望回报造成影响。CS_{12}和 CS_{21}均服从自由度为 1 的卡方分布：$CS_{12}(i\rightarrow j)\rightarrow\chi_1^2$，$CS_{21}(i\rightarrow j)\rightarrow\chi_1^2$。

三、协峰度变化测试（CK 检验）

协峰度变化测试（Co－kurtosis change test，简称 CK 检验）是由 Fry－McKibbin and Hsiao（2018）提出，CK 检验通过比较政策前后两

个市场之间的协峰度系数是否发生显著变化来判断市场之间的传导效应。假设：

$H_0: \xi_y(r_i^m, r_j^n) = \xi_x(r_i^m, r_j^n)$

$H_1: \xi_y(r_i^m, r_j^n) \neq \xi_x(r_i^m, r_j^n)$

CK 统计量的计算公式如下：

$$CK_{mn}(i \to j) = \left(\frac{\hat{\xi}_y(r_i^m, r_j^n) - \hat{\xi}_x(r_i^m, r_j^n)}{\sqrt{\frac{18\hat{V}_y^2 + 6}{T_y} + \frac{18\hat{\rho}_y^2 + 6}{T_x}}} \right)^2 \tag{11-9}$$

其中：

$$\hat{\xi}_x(r_i^m, r_j^n) = \hat{\psi}_x(r_i^m, r_j^n) - (3\hat{\rho}_x) \tag{11-10}$$

$$\hat{\xi}_y(r_i^m, r_j^n) = \hat{\psi}_y(r_i^m, r_j^n) - (3\hat{V}_y) \tag{11-11}$$

m，$n=1$，3 或 m，$n=3$，1，CK_{mn} 可以分别算出 CK_{13} 和 CK_{31} 两个统计量。$\hat{V}_y$ 的定义同公式（11-2），$\hat{\psi}_y(r_i^m, r_j^n)$ 和 $\hat{\psi}_x(r_i^m, r_j^n)$ 的定义同公式（11-8）。其中，CK_{13} 检验为了检验当新能源汽车市场指数 i 的期望回报发生改变时，是否会对其他市场 j 的偏度造成影响；CK_{31} 检验则是为了检验当新能源汽车市场指数 i 的偏度发生改变时，是否会对其他市场 j 的期望回报造成影响。CK_{13} 和 CK_{31} 均服从自由度为 1 的卡方分布：$CK_{13}(i \to j) \to \chi_1^2$，$CK_{31}(i \to j) \to \chi_1^2$。

四、协波动率变化测试（CV 检验）

协波动率变化测试（Co-volatility change test，简称 CV 检验）同样是由 Fry-McKibbin and Hsiao（2018）提出，CV 检验通过比较政策前后两个市场之间的协波动率系数是否发生显著变化来判断市场之间的传导效应。假设：

$H_0: \xi_y(r_i^2, r_j^2) = \xi_x(r_i^2, r_j^2)$

$H_1: \xi_y(r_i^2, r_j^2) \neq \xi_x(r_i^2, r_j^2)$

CV 统计量的计算公式如下：

$$CV_{22}(i \to j) = \left(\frac{\hat{\xi}_y(r_i^2, r_j^2) - \hat{\xi}_x(r_i^2, r_j^2)}{\sqrt{\frac{4\hat{V}_y^4 + 16\hat{V}_y^2 + 4}{T_y} + \frac{4\hat{\rho}_x^4 + 16\hat{\rho}_x^2 + 4}{T_x}}} \right)^2 \quad (11-12)$$

其中：

$$\hat{\xi}_x(r_i^2, r_j^2) = \hat{\psi}_x(r_i^2, r_j^2) - (1 + 2\hat{\rho}_x^2) \quad (11-13)$$

$$\hat{\xi}_y(r_i^2, r_j^2) = \hat{\psi}_y(r_i^2, r_j^2) - (1 + 2\hat{V}_y^2) \quad (11-14)$$

CV_{22} 检验是为了检验当新能源汽车市场指数 i 的波动率发生改变时，是否会对其他市场 j 的波动率产生影响。CV_{22} 服从自由度为 1 的卡方分布：$CV_{22}(i \to j) \to \chi_1^2$。

五、矢量自回归模型

矢量自回归模型（VAR）被 Sims（1980）在计量经济学中广泛推广，VAR 模型是 AR 模型的推广，所有的变量均为每个行业的内生性变量，很好地控制了各行业自身对事件传导性的影响，因此本书使用 VAR 模型来检测各政策传导性的计量模型。

VAR 模型的一般公式为：

$$Y_t = \beta_0 + \beta_1 y_{t-1} + \beta_2 y_{t-2} + \beta_3 y_{t-3} + \cdots + \beta_n y_{n-1} + u_t \quad (11-15)$$

其中，$Y_t = [Y_{NEV}, Y_{AI}, Y_{Char}, Y_{EC}, Y_{FC}, Y_{Li}, Y_{NM}, Y_{NE}, Y_{Oil}, Y_{Pow}, Y_{WV}]$

本书中样本行业共有 11 个，所以 Y_t 的系数矩阵为［11×1］；y_{t-1} 的滞后期矩阵为［11×1］；β_0 的系数矩阵为［11×1］；β_1 的系数矩阵为［11×11］，$E(u_t) = 0$。研究的模型主要是在 EVIEWS 上完成的。其中 NEV 代表新能源车行业，AI 代表人工智能行业，Char 代表充电桩行业，EC 代表节能环保行业，FC 代表燃料电池行业，Li 代表锂电池行业，NE 代表新能源行业，NM 代表新材料行业，Oil 代表油价相关行业，Pow 代表电力行业，WV 代表汽车整车行业。

第四节　中国新能源汽车产业数据与政策概况

一、中国新能源汽车产业数据来源与选取

为了研究中国新能源汽车政策对行业表现的影响，从东方财富（Choice）数据库中获取了中国新能源车指数和其他十个行业板块指数。十个行业板块指数分别为人工智能行业（AI）、充电桩行业（Char）、节能环保行业（EC）、燃料电池行业（FC）、锂电池行业（Li）、新能源行业（NE）、新材料行业（NM）、油价相关行业（Oil）、电力行业（Pow）、汽车整车行业（WV）。

选取的样本期为2016年3月1日至2021年12月31日（1425个观测值）。为了研究中国新能源汽车政策对相关行业的传导作用，选择新能源车行业作为源头市场，并选择了十个相关行业作为接收市场。

新能源车行业和其他十个行业的每日股指变化如图11-2所示，政策公布后十一个板块的股指（阴影部分）较政策实施前（非阴影部分）有所上升。

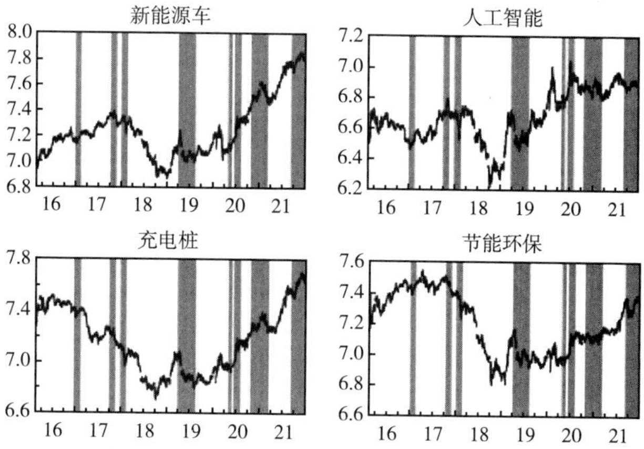

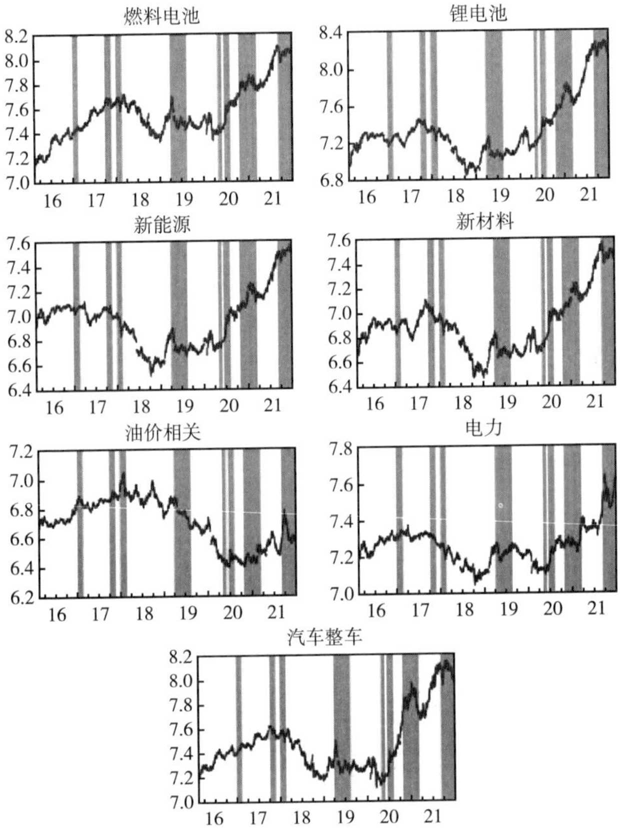

图 11-2　2016 年 3 月 1 日—2021 年 12 月 31 日 11 个行业每日股指

注：阴影部分代表八项中国新能源汽车政策。其中，2017 财政补贴政策前时间段为 2016 年 11 月 17 日至 2016 年 12 月 28 日，政策后时间段为 2016 年 12 月 29 日至 2017 年 2 月 16 日。2017 年双积分政策前时间段为 2017 年 5 月 22 日至 2017 年 9 月 26 日，政策后时间段为 2017 年 9 月 27 日至 2017 年 11 月 14 日。2017 年税收政策前时间段为 2017 年 11 月 14 日至 2017 年 12 月 25 日，政策后时间段为 2017 年 12 月 26 日至 2018 年 2 月 6 日。2019 财政补贴政策前时间段为 2018 年 11 月 9 日至 2019 年 3 月 25 日，政策后时间段为 2019 年 3 月 26 日至 2019 年 8 月 5 日。2020 财政补贴政策前时间段为 2020 年 3 月 11 日至 2020 年 4 月 22 日，政策后时间段为 2020 年 4 月 23 日至 2020 年 5 月 20 日。2020 年新版双积分政策前时间段为 2020 年 5 月 21 日至 2020 年 6 月 14 日，政策后时间段为 2020 年 6 月 15 日至 2020 年 7 月 28 日。2020 年新能源汽车产业发展规划政策前时间段为 2020 年 6 月 4 日至 2020 年 10 月 19 日，政策后时间段为 2020 年 10 月 20 日至 2021 年 3 月 2 日。2021 年蓄电池回收利用政策前时间段为 2021 年 4 月 19 日至 2021 年 8 月 26 日，政策后时间段为 2021 年 8 月 27 日至 2021 年 12 月 31 日。

资料来源：东方财富（Choice）数据库。

为了研究中国新能源汽车政策对十个行业股票市场的传导作用，每日股指收益率百分比$R_{i,t}$计算如下：

$$R_{i,t} = 100[\ln(P_{i,t}) - \ln(P_{i,t-1})] \tag{11-16}$$

其中，$P_{i,t}$指 i 行业在 t 时期的指数。通过上述的调整，观测值会减少 1 日。11 个行业指数的所有回报如图 11－3 所示。图 11－3 显示了从政策实施前到政策实施后，几乎所有行业的波动率都发生了巨大变化，这为中国新能源汽车政策对不同行业股票市场的潜在传导效应提供了初步支持，后面章节将对此进行进一步量化。

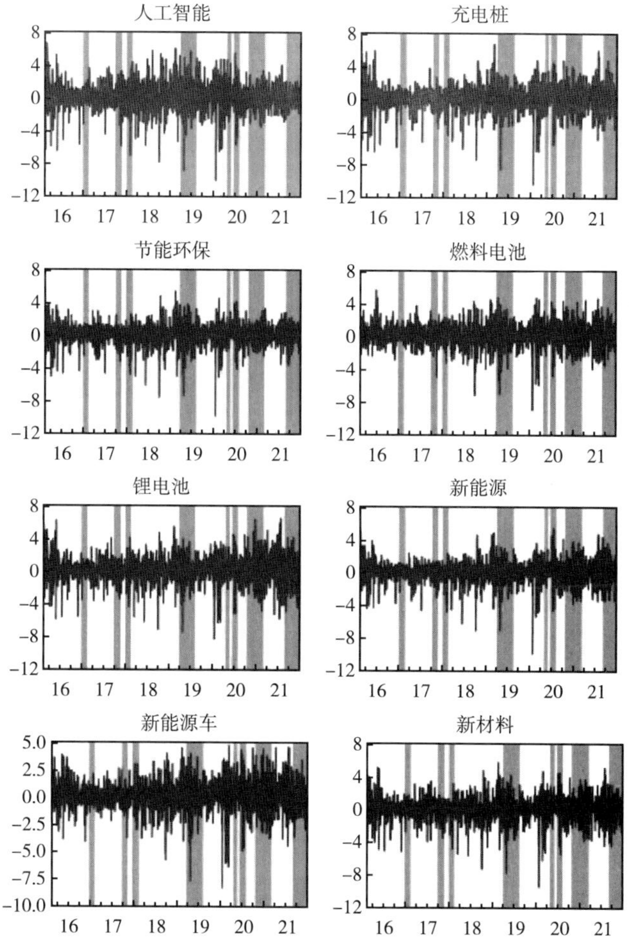

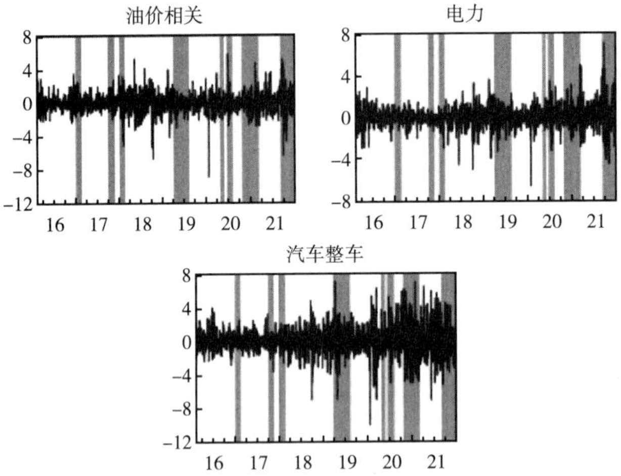

图 11－3　2016 年 3 月 1 日—2021 年 12 月 31 日 11 个行业指数回报率

注：同图 11－2。

二、中国新能源汽车政策概况

本节主要介绍 2016—2021 年中国主要新能源汽车政策前后时间段和主要内容。表 11－1 显示了每个新能源汽车政策选择的时间段，表 11－2 描述了 2016—2021 年中国新能源汽车政策的主要内容。

表 11－1　　　　各时间段样本数量统计

主要政策	政策前	政策后
2017 年财政补贴政策	2016 年 11 月 17 日—2016 年 12 月 28 日	2016 年 12 月 29 日—2017 年 2 月 16 日
2017 年双积分政策	2017 年 5 月 22 日—2017 年 9 月 26 日	2017 年 9 月 27 日—2017 年 11 月 14 日
2017 年税收政策	2017 年 11 月 14 日—2017 年 12 月 25 日	2017 年 12 月 26 日—2018 年 2 月 6 日
2019 年财政补贴政策	2018 年 11 月 9 日—2019 年 3 月 25 日	2019 年 3 月 26 日—2019 年 8 月 5 日

续表

主要政策	政策前	政策后
2020 年财政补贴政策	2020 年 3 月 11 日—2020 年 4 月 22 日	2020 年 4 月 23 日—2020 年 5 月 20 日
2020 年新版双积分政策	2020 年 5 月 21 日—2020 年 6 月 14 日	2020 年 6 月 15 日—2020 年 7 月 28 日
2020 年新能源汽车产业发展规划	2020 年 6 月 4 日—2020 年 10 月 19 日	2020 年 10 月 20 日—2021 年 3 月 2 日
2021 年蓄电池回收利用	2021 年 4 月 19 日—2021 年 8 月 26 日	2021 年 8 月 27 日—2021 年 12 月 31 日

数据来源：作者自行整理。

表 11－2　　2016—2021 年中国主要新能源汽车政策

时间	政策	主要内容
2016 年 12 月 29 日	2017 年财政补贴政策	优化完善补贴政策，提高推荐车型目录门槛，每年补贴退坡 20%，严格明确地方政策落实责任，建立惩罚机制（财政部等，2016）。
2017 年 9 月 27 日	2017 年双积分政策	首次在宏观政策上对车企燃油车和新能源车的生产带来了约束，通过对企业进行正负积分的管理，从而对企业新能源车和小排量燃油车的生产比例提出了要求，大力推动企业向新能源领域转型（工信部等，2017）。Ou et al.（2018）提出双积分政策将促进企业生产更多纯电动汽车，研究表明双重信贷政策比企业平均油耗（CAFC）更能促进插电式电动汽车的销售。
2017 年 12 月 26 日	2017 年税收政策	对给定时间段内购置的符合标准的新能源车采取免征购置税，进一步支持新能源车创新发展（财政部等，2017）。Jiang et al.（2020）认为购置补贴作为拉动中国新能源汽车需求的重要政策工具，引发了新能源汽车产量的大幅增长。
2019 年 3 月 26 日	2019 年财政补贴政策	进一步完善先前的财政补贴政策，提高补贴门槛，继续降低补贴标准，强化监管（财政部，2019）。Zhang et al.（2020）提到 2019 年，中国新能源汽车购置补贴下降 50%，地方政府购置补贴将在汽车市场不复存在。

续表

时间	政策	主要内容
2020年4月23日	2020年财政补贴政策	继续完善补贴政策，优化补贴指标与资金制度，强化监管，完善配套政策措施。原则上2020—2022年补贴标准分别在上一年基础上退坡10%、20%、30%（财政部等，2020）。
2020年6月15日	2020年新版双积分政策	Lv and Li（2021）提出随着第一阶段双贷政策实施的结束，2020年6月，工信部等五部委联合发布了2021—2023年双贷政策修订案。对企业平均油耗（CAFC）和新能源汽车（NEV）信用进行并行管理，同时生成CAFC和NEV两种信用。分别设定CAFC信用和NEV信用比例考核目标，创新提出将两种信用连接起来的“联动”机制，减轻企业负担，通过统一信用平台同时管理两种信用，从而实现乘用车节能降耗和促进新能源汽车发展两大目标。
2020年10月20日	2020年新能源汽车产业发展规划	在宏观战略层面给予了新能源车未来15年的发展理念和方向；降低电耗，全面提高市场占有率，提高技术创新能力，构建完整产业的结构，发挥市场作用，优化产业周边政策（国务院，2020）。王芳等（2022）认为新能源汽车作为汽车产业转型升级的核心推动力，是未来的重点发展方向。
2021年8月27日	2021年蓄电池回收利用	建立了新能源汽车电池回收利用的规则流程，从企业，梯次产品及回收利用要求上建立了动力蓄电池的梯次利用体系（工信部等，2021）。Gu et al.（2018）发现电池回收可以减少原材料的消耗，但重复使用回收的电池不会带来经济效益。

数据来源：作者自行整理。

三、数据的平稳性检验

构建VAR模型的必要前提是数据平稳，所以下面将进行平稳性检验。本书采用Augmented Dickey and Fuller（ADF）检验和Philips and Perron（PP）检验两种方法，分别对新能源汽车行业以及各行业市场的回报率序列进行单位根检验。使用对数的形式处理数据，避免由于数据未进行处理波动性过大的情况导致不平稳。表 11 - 3 即为平稳性检验结果，检验结果表明不论是 ADF 检验还是 PP 检验，不论是否带有时间趋势项，所有的回报率序列在 1% 的显著性水平下都是显著拒绝原假设的，即回报率序列不存在单位根，是一个平稳的过程。

表 11 - 3 平稳性检验结果

	Trend and Intercept		Intercept		None	
	ADF	PP	ADF	PP	ADF	PP
人工智能	-37.714***	-37.714***	-37.726***	-37.726***	-37.732***	-37.732***
充电桩	-38.468***	-38.468***	-38.392***	-38.392***	-38.400***	-38.400***
节能环保	-36.349***	-36.349***	-36.349***	-36.349***	-36.361***	-36.361***
燃料电池	-38.211***	-38.211***	-38.224***	-38.224***	-38.167***	-38.167***
锂电池	-37.402***	-37.402***	-37.368***	-37.368***	-37.296***	-37.296***
新能源	-38.259***	-38.259***	-38.189***	-38.189***	-38.173***	-38.173***
新材料	-36.892***	-36.892***	-36.877***	-36.877***	-36.852***	-36.852***
油价相关	-38.252***	-38.252***	-38.260***	-38.260***	-38.273***	-38.273***
电力	-38.287***	-38.287***	-38.249***	-38.249***	-38.236***	-38.236***
汽车整车	-37.774***	-37.774***	-37.777***	-37.777***	-37.754***	-37.754***
新能源车	-37.727***	-37.727***	-37.722***	-37.722***	-37.674***	-37.674***

注：-3.965、-3.435 和 -2.567 分别是 ADF 检验和 PP 检验在 1% 的显著性水平下的临界值，“*”、“**”、“***”分别代表在 10%、5%、1% 的显著性水平下显著。

数据来源：作者自行整理。

四、矢量自回归模型滞后阶数选择

VAR 模型通常运用 AIC 信息准则（Akaike Information Criterion）或者 SC 施瓦兹准则（Schwarz Criterion）决定滞后阶数。由表 11 - 4 可知，AIC 和 SC 准则下最优滞后阶数为 0 阶。根据 LR 准则以及 Forbes and Rigobon（2002）的研究中滞后 5 阶来控制序列相关性，因此本书通过建立 VAR（5）模型进行实证。

表 11－4　　　　VAR 模型滞后项检验

Lag	LogL	LR	FPE	AIC	SC	HQ
0	－16540.7300	NA	0.0004*	23.3287*	23.3695*	23.3440*
1	－16449.7600	180.3929	0.0004	23.3711	23.8601	23.5538
2	－16361.8800	172.9047	0.0004	23.4177	24.3552	23.7679
3	－16273.9000	171.7575	0.0004	23.4643	24.8500	23.9819
4	－16199.9800	143.1529	0.0005	23.5306	25.3647	24.2158
5	－16101.4700	189.2462*	0.0005	23.5623	25.8447	24.4150

注：*LR* 是顺序修正的 *LR* 检验统计量，*FPE* 是最终预测误差，*AIC* 是 Akaike 信息准则，*SC* 是 Schwarz 信息准则，*HQ* 是 Hannan－Quinn 信息准则。* 表示准则选择的最佳滞后阶数。

数据来源：作者自行整理。

五、中国新能源汽车行业描述性统计

为了研究中国新能源汽车政策对十个行业股票市场的传导作用，首先计算出每个行业每日股票收益率，其次收集不同事件政策前和政策后的收益率并以此获得新能源车和其他行业之间的相关系数。其中 ρ_x 代表政策前的相关系数，ρ_y 代表政策后的相关系数，在 2020 年新能源汽车产业发展规划中新能源车指数回报率与行业指数回报率的相关系数如表 11－5 所示。

表 11－5　　新能源车指数回报率与行业指数回报率冲击的相关系数

政策	行业	政策前 ρ_x	政策后 ρ_y
2020 年新能源汽车产业发展规划	人工智能	0.900	0.678
	充电桩	0.955	0.929
	节能环保	0.897	0.785
	燃料电池	0.945	0.908

续表

政策	行业	政策前ρ_x	政策后ρ_y
2020年新能源汽车产业发展规划	锂电池	0.985	0.948
	新能源	0.929	0.895
	新材料	0.936	0.846
	油价相关	0.591	0.090
	电力	0.646	0.299
	汽车整车	0.804	0.802

注：ρ_x、ρ_y是根据公式$\rho_x = corr(x_{i,t}, x_{j,t})$、$\rho_y = corr(y_{i,t}, y_{j,t})$计算得出。2020年新能源汽车产业发展规划政策前时间段为2020年6月4日至2020年10月19日，政策后时间段为2020年10月20日至2021年3月2日。

数据来源：作者自行整理。

由表11－5可知，在2020年新能源汽车产业发展规划中，所有行业相关系数在政策后均下降，单从相关系数的比较并没有发现传导效应，在后面章节将运用实证分析进行研究。

列示各行业在2020年新能源汽车产业发展规划中指数回报率的均值、标准偏差、偏度、峰度、协偏度、协波动率和协峰度系数，分析对比政策前后的影响。具体如表11－6至表11－8所示。

表11－6　产业发展规划下指数的均值、标准偏差、偏度和峰度

	政策前				政策后			
	均值	标准偏差	偏度	峰度	均值	标准偏差	偏度	峰度
人工智能	0.080	1.821	－0.370	4.297	0.024	1.403	－0.132	2.898
充电桩	0.264	1.788	－0.346	4.180	0.137	1.680	0.052	2.446
节能环保	0.153	1.466	－0.164	4.042	0.029	1.117	－0.004	2.491
燃料电池	0.281	1.580	－0.218	3.999	0.114	1.695	0.137	2.399
锂电池	0.282	1.753	－0.269	4.284	0.271	2.077	0.223	2.816
新能源	0.294	1.671	0.065	4.430	0.183	1.689	－0.038	2.606
新材料	0.238	1.700	－0.270	4.377	0.216	1.694	－0.093	2.366

续表

	政策前				政策后			
	均值	标准偏差	偏度	峰度	均值	标准偏差	偏度	峰度
油价相关	-0.010	1.114	1.612	10.287	0.081	1.212	0.507	5.461
电力	0.128	1.061	-0.022	4.596	0.008	0.918	0.460	4.125
汽车整车	0.393	1.887	0.161	3.650	0.219	2.811	0.100	2.511

注：政策前时间段为2020年6月4日至2020年10月19日，政策后时间段为2020年10月20日至2021年3月2日。

数据来源：作者自行整理。

根据表11-6可知，2020年新能源汽车产业发展规划事件发生后的均值和标准偏差的数值较事件发生前变化不大。大部分回报率的偏度值变化较小。大部分回报率的峰度值在事件后减小，数据分布更扁平。

表11-7　产业发展规划期间协偏度、协波动率系数统计

	政策前			政策后		
	$\psi_x(r_i^1,r_j^2)$	$\psi_x(r_i^2,r_j^1)$	$\xi_x(r_i^2,r_j^2)$	$\psi_y(r_i^1,r_j^2)$	$\psi_y(r_i^2,r_j^1)$	$\xi_y(r_i^2,r_j^2)$
人工智能	-0.378	-0.347	0.987	-0.176	0.005	-0.213
充电桩	-0.322	-0.295	1.022	0.075	0.112	-0.483
节能环保	-0.182	-0.222	0.875	0.038	0.073	-0.561
燃料电池	-0.234	-0.240	1.047	0.056	0.063	-0.604
锂电池	-0.257	-0.251	1.122	0.208	0.190	-0.346
新能源	-0.103	-0.200	1.117	-0.013	0.055	-0.478
新材料	-0.286	-0.277	1.140	-0.082	0.023	-0.548
油价相关	0.618	0.097	1.098	-0.404	-0.071	-0.101
电力	-0.303	-0.176	1.613	-0.274	-0.020	0.068
汽车整车	-0.014	-0.135	0.657	0.007	0.010	-0.361

注：政策前时间段为2020年6月4日至2020年10月19日，政策后时间段为2020年10月20日至2021年3月2日。协偏度，协波动率由公式（11-8）计算得出。

数据来源：作者自行整理。

表 11－8　　产业发展规划期间协峰度系数统计

	政策前		政策后	
	$\xi_x(r_i^1, r_j^3)$	$\xi_x(r_i^3, r_j^1)$	$\xi_y(r_i^1, r_j^3)$	$\xi_y(r_i^3, r_j^1)$
人工智能	1.076	0.965	－0.169	－0.448
充电桩	1.049	1.015	－0.523	－0.466
节能环保	0.874	0.934	－0.588	－0.475
燃料电池	1.000	1.055	－0.619	－0.582
锂电池	1.156	1.080	－0.291	－0.406
新能源	1.189	1.074	－0.473	－0.468
新材料	1.206	1.084	－0.598	－0.499
油价相关	2.918	0.699	0.033	0.036
电力	1.292	1.284	0.132	－0.181
汽车整车	0.538	0.849	－0.357	－0.525

注：政策前时间段为 2020 年 6 月 4 日至 2020 年 10 月 19 日，政策后时间段为 2020 年 10 月 20 日至 2021 年 3 月 2 日。协峰度由公式（11－8）计算得出。

数据来源：作者自行整理。

由表 11－7 至表 11－8 可知，在 2020 年新能源汽车产业发展规划后，部分协偏度系数仍为负值且大部分数值较政策前变化不大。大部分行业的协波动率系数和协峰度系数由正数变为负数，说明政策对大部分行业指数产生了传导效应。综上所述该政策主要通过协波动率和协峰度对大部分行业指数产生影响。

第五节　新能源汽车政策传导效应实证研究

一、财政补贴政策

通过表 11－9 测试结果可以看出，在改良后的线性相关变化检验

（CR）中，燃料电池、油价相关、电力和汽车整车行业指数不显著，其余行业分别在5%和1%显著性水平下显著。在协偏度检验（CS_{12}）测试下，大部分行业在不同水平下显著，只有油价相关和汽车整车行业不显著。在协偏度检验（CS_{21}）测试和协峰度传导性检测（CK_{31}）中，只有油价相关行业不显著，其余行业指数分别在5%和1%显著性水平下显著。说明在协偏度检验（CS_{21}）下，大部分行业指数平均回报率受到新能源车指数回报率波动的冲击较大，传导性明显；在协峰度传导性检测（CK_{31}）下，大部分行业指数平均回报率受到新能源车指数回报率偏度的冲击较大，传导性明显。在协峰度传导性检测（CK_{13}）和协波动率传导性检测（CV_{22}）中，人工智能、充电桩、节能环保、锂电池、新材料、新能源和电力均在1%显著性水平下显著。总体而言，2017年财政补贴政策对绝大部分行业都有较大传导性影响，除了油价相关行业。截至2017年底，全国汽车保有量达2.17亿辆，其中新能源汽车累计保有量达到180万辆（中国政府网，2018）。由于中国的新能源汽车保有量仍然很少（Su et al.，2021），因此补贴政策对油价相关行业的影响相对有限。Kapustin and Grushevenko（2020）提出即使油价下跌，燃料和电动汽车之间的实际竞争力水平要到2035年才能实现。

表11－9　2017年财政补贴政策期间的传导结果——基于CR、CS、CK以及CV相关性传导测试

	CR	CS_{12}	CS_{21}	CK_{13}	CK_{31}	CV_{22}
人工智能	4.662**	9.088***	7.445***	30.993***	13.031***	24.659***
充电桩	8.302***	11.068***	7.037***	58.450***	12.957***	35.937***
节能环保	7.043***	8.995***	7.120***	39.561***	13.242***	28.824***
燃料电池	0.104	2.741*	4.708**	0.429	3.790**	0.940
锂电池	5.963**	7.776***	6.368**	18.939***	8.151***	14.227***
新材料	8.691***	7.216***	6.116**	25.810***	10.192***	21.384***
新能源	8.908***	9.680***	6.739***	37.124***	10.943***	26.581***

续表

	CR	CS_{12}	CS_{21}	CK_{13}	CK_{31}	CV_{22}
油价相关	0.742	2.028	0.300	0.020	0.000	0.080
电力	0.215	3.530*	4.671**	7.624***	9.248***	7.414***
汽车整车	0.539	1.845	4.532**	0.275	4.290**	0.725

注：CR、CS、CK 以及 CV 统计量的计算公式分别见公式（11－1）、公式（11－7）、公式（11－9）以及公式（11－12），该统计量服从自由度为1的卡方分布，在1%、5%和10%的显著性水平下的临界值分别为6.635、3.841和2.706，“*”、“**”、“***”分别代表在10%、5%、1%的显著性水平下显著。

数据来源：作者自行整理。

通过表11－10测试结果可以看出，在改良后的线性相关变化检验（CR）中，人工智能、节能环保、新能源、油价相关和电力行业在不同水平下显著。在协偏度检验（CS_{12}）测试下，除油价相关和汽车整车外，其余行业均在不同水平下显著。在协偏度检验（CS_{21}）测试中，所有行业指数分别在5%和1%显著性水平下显著，说明在协偏度检验（CS_{21}）下，各行业指数平均回报率受到新能源车指数回报率波动的冲击较大，传导性明显。在协峰度传导性检测（CK_{13}）中，人工智能、充电桩、节能环保、锂电池、新材料和新能源在不同水平下显著，其中人工智能和充电桩在1%显著性水平下显著。在协峰度传导性检测（CK_{31}）中，除了充电桩以外，其余行业均在不同水平下显著，其中人工智能和充电桩在1%显著性水平下显著。在协波动率传导性检测（CV_{22}）中，除燃料电池、油价相关和电力行业，其余行业均在不同水平下显著。总体而言，2019年财政补贴政策对每个行业在不同测试方法下均有传导效应，其中对人工智能、充电桩、节能环保、锂电池、新材料和新能源行业有较大传导性影响。袁博（2020）认为新能源汽车产业与新能源、新材料、电子信息、节能环保、人工智能等新兴产业相关性逐渐增强，融合发展趋势明显。

表 11－10　2019 年财政补贴政策期间的传导结果——基于 *CR*、*CS*、*CK* 以及 *CV* 相关性传导测试

	CR	CS_{12}	CS_{21}	CK_{13}	CK_{31}	CV_{22}
人工智能	4.815**	6.921***	9.131***	19.634***	10.983***	17.603***
充电桩	0.170	15.371***	10.084***	25.436***	11.227***	20.703***
节能环保	4.070**	6.241**	7.756***	4.522**	5.181**	5.106**
燃料电池	1.041	4.031**	5.476**	0.845	2.980*	1.986
锂电池	0.180	7.851***	7.649***	2.928*	3.911**	3.562*
新材料	1.067	8.950***	8.495***	3.424*	4.783**	4.598**
新能源	19.806***	6.899***	8.901***	4.197**	5.852**	5.319**
油价相关	7.159***	2.288	6.610**	0.276	2.336	0.167
电力	7.697***	3.704**	6.606**	0.000	3.279*	0.807
汽车整车	0.153	1.342	4.028**	2.355	3.643*	2.955*

注：*CR*、*CS*、*CK* 以及 *CV* 统计量的计算公式分别见公式（11－1）、公式（11－7）、公式（11－9）以及公式（11－12），该统计量服从自由度为 1 的卡方分布，在 1%、5%和 10%的显著性水平下的临界值分别为 6.635、3.841 和 2.706，“*”、“**”、“***”分别代表在 10%、5%、1%的显著性水平下显著。

数据来源：作者自行整理。

通过表 11－11 测试结果可以看出，在改良后的线性相关变化检验（*CR*）中，人工智能、充电桩、锂电池和汽车整车行业显著，其余行业均不显著。在协偏度检验（CS_{12}）和协偏度检验（CS_{21}）测试中，检验结果相似，除人工智能、油价相关、电力和汽车整车外，其他行业均在不同水平下显著。在协峰度传导性检测（CK_{13}）中，汽车整车在 10%显著性水平下显著，其余行业均不显著。在协峰度传导性检测（CK_{31}）中和协波动率传导性检测（CV_{22}）中，所有行业均不显著。说明在协峰度传导性检测（CK_{31}）下，当新能源车指数回报率的偏度发生改变时，不会对这十个行业的期望回报造成影响；在协波动率传导性检测（CV_{22}）下，新能源车市场回报波动率对所有行业的回报波动率冲击也不显著。总体而言，2020 年

财政补贴政策对十个行业的传导效果不太明显，其中油价相关和电力行业无传导性影响。

表 11 - 11　2020 年财政补贴政策期间的传导结果——基于 *CR*、*CS*、*CK* 以及 *CV* 相关性传导测试

	CR	CS_{12}	CS_{21}	CK_{13}	CK_{31}	CV_{22}
人工智能	6.289**	2.149	2.647	0.090	0.580	0.283
充电桩	5.842**	3.302*	3.221*	0.203	0.512	0.319
节能环保	1.771	2.730*	3.244*	0.066	0.611	0.266
燃料电池	0.146	2.744*	2.712*	0.744	0.949	0.867
锂电池	3.257*	3.374*	3.054*	0.369	0.693	0.520
新材料	1.594	4.393**	3.905**	0.005	0.495	0.150
新能源	0.000	3.536*	4.008**	0.194	0.805	0.353
油价相关	0.064	0.128	0.484	1.265	0.144	0.103
电力	0.476	0.001	0.389	0.017	0.148	0.001
汽车整车	4.120**	1.239	2.042	1.947	1.280	1.632

注：*CR*、*CS*、*CK* 以及 *CV* 统计量的计算公式分别见公式（11 - 1）、公式（11 - 7）、公式（11 - 9）以及公式（11 - 12），该统计量服从自由度为 1 的卡方分布，在 1%、5% 和 10% 的显著性水平下的临界值分别为 6.635、3.841 和 2.706，“*”、“**”、“***”分别代表在 10%、5%、1% 的显著性水平下显著。

数据来源：作者自行整理。

2020 年财政补贴政策传导效应较弱，可能是补贴政策逐年递减的原因，2020 年新能源汽车补贴相比 2019 年下调 50%（财政部等，2020）。政府提供的激励措施是考虑购买新能源汽车的基本因素（Wang et al.，2020），随着购车补贴逐步减少，我国汽车行业产销连续两年下滑（Zhang et al.，2020）。2020 年，中央决定将新能源汽车财政补贴实施期限延长至 2022 年底（财政部等，2020）。另外，由于中国的新能源汽车保有量仍然很少（Su et al.，2021），补贴政策对油价相关行业的影响相对有限。同时在中国，电力基础设施的建设和运营仍处于起步阶段（Li et al.，2016）。因此，2020 年财政补贴政策对油价相关和电力行业无传导性影响。

二、双积分政策

通过表 11 – 12 测试结果可以看出，在改良后的线性相关变化检验（CR）中，除油价相关行业在 10% 显著性水平下显著，其余行业均不显著。在协偏度检验（CS_{12}）和协偏度检验（CS_{21}）测试下，所有行业均不显著。在协峰度传导性检测（CK_{13}）中，燃料电池、锂电池、油价相关和汽车整车行业不显著，其余行业均在不同水平下显著，其中新材料、节能环保和充电桩均在 1% 显著性水平下显著。说明在协峰度传导性检测（CK_{13}）下，新材料、节能环保和充电桩行业指数期望回报的偏度受到新能源车指数回报率的冲击较大，传导性明显。在协峰度传导性检测（CK_{31}）下，所有行业均不显著，说明所有行业指数的期望回报不会受到新能源车指数期望回报偏度的影响。在协波动率传导性检测（CV_{22}）中，充电桩、节能环保和新材料行业在 10% 显著性水平下显著，其余行业均不显著。总体而言，2017 年双积分政策对十个行业的传导效果不太明显，其中燃料电池、锂电池和汽车整车行业无传导性影响。由于双积分政策是工信部于 2017 年 9 月新出台的激励措施，并不是直接补贴消费者，而是将转向激励汽车制造商生产更多新能源汽车。在竞争环境中，市场需求由异质消费者的效用决定（Li et al.，2020）。

表 11 – 12　2017 年双积分政策期间的传导结果——基于 *CR*、*CS*、*CK* 以及 *CV* 相关性传导测试

	CR	CS_{12}	CS_{21}	CK_{13}	CK_{31}	CV_{22}
人工智能	0.128	0.262	1.043	5.236**	0.007	2.301
充电桩	0.490	2.530	0.775	11.026***	0.395	3.470*
节能环保	2.128	0.003	0.229	11.900***	0.096	2.977*
燃料电池	0.493	0.093	0.494	0.207	0.763	0.069

续表

	CR	CS_{12}	CS_{21}	CK_{13}	CK_{31}	CV_{22}
锂电池	0.035	0.042	0.051	1.647	0.032	0.597
新材料	0.005	2.207	0.928	13.929 ***	0.200	3.334 *
新能源	0.291	0.029	0.110	2.821 *	0.156	1.592
油价相关	3.038 *	1.651	0.901	0.863	1.378	0.832
电力	0.513	0.459	1.055	2.947 *	0.367	0.136
汽车整车	0.254	0.488	0.963	0.314	0.399	0.514

注：CR、CS、CK 以及 CV 统计量的计算公式分别见公式（11－1）、公式（11－7）、公式（11－9）以及公式（11－12），该统计量服从自由度为 1 的卡方分布，在 1%、5% 和 10% 的显著性水平下的临界值分别为 6.635、3.841 和 2.706，“*”、“**”、“***”分别代表在 10%、5%、1% 的显著性水平下显著。

数据来源：作者自行整理。

通过表 11－13 测试结果可以看出，在改良后的线性相关变化检验（CR）中，仅油价相关行业在 5% 显著性水平下显著，其余行业均不显著。在协偏度检验（CS_{12}）测试中，除油价相关、电力、汽车整车外，其余行业在不同水平下显著。在协偏度检验（CS_{21}）测试下，除油价相关行业外，其余行业均显著。在协峰度传导性检测（CK_{13}）中，除了油价相关行业在 10% 显著性水平下显著，其余行业均不显著。在协峰度传导性检测（CK_{31}）和协波动率传导性检测（CV_{22}）中，所有行业均不显著。总体而言，2020 年新版双积分政策对十个行业均有传导性，但效果不太明显。

表 11－13　2020 年新版双积分政策期间的传导结果——基于 CR、CS、CK 以及 CV 相关性传导测试

	CR	CS_{12}	CS_{21}	CK_{13}	CK_{31}	CV_{22}
人工智能	1.764	5.994 **	5.585 **	0.047	0.127	0.102
充电桩	0.005	5.834 **	5.012 **	0.000	0.036	0.010
节能环保	2.350	4.232 **	4.249 **	0.267	0.007	0.053

续表

	CR	CS_{12}	CS_{21}	CK_{13}	CK_{31}	CV_{22}
燃料电池	0.016	3.335*	3.907**	1.060	0.337	0.809
锂电池	1.497	3.107*	3.502*	0.181	0.106	0.158
新材料	1.899	3.149*	3.820*	0.054	0.084	0.064
新能源	2.494	3.703*	3.939**	0.293	0.153	0.221
油价相关	4.485**	0.005	1.214	3.362*	0.436	0.772
电力	0.089	1.018	3.032*	2.531	0.610	2.201
汽车整车	0.013	2.406	3.572*	1.014	0.607	1.396

注：CR、CS、CK 以及 CV 统计量的计算公式分别见公式（11－1）、公式（11－7）、公式（11－9）以及公式（11－12），该统计量服从自由度为 1 的卡方分布，在 1%、5% 和 10% 的显著性水平下的临界值分别为 6.635、3.841 和 2.706，“*”、“**”分别代表在 10%、5% 的显著性水平下显著。

数据来源：作者自行整理。

三、税收政策

通过表 11－14 测试结果可以看出，在改良后的线性相关变化检验（CR）中，所有行业指数均不显著。在协偏度检验（CS_{12}）测试下，节能环保、新材料和新能源行业显著，其余行业均不显著。在协偏度检验（CS_{21}）测试中，只有节能环保行业显著。在协峰度传导性检测（CK_{13}）中，除电力和汽车整车行业外，其余行业均在不同水平下显著，其中节能环保和油价相关行业在 1% 显著性水平下显著，说明节能环保和油价相关指数期望回报的偏度受到新能源车期望回报的冲击较大，传导性明显。在协峰度传导性检测（CK_{31}）中，只有节能环保行业显著，其余行业均不显著。在协波动率传导性检测（CV_{22}）中，节能环保、锂电池、新材料、新能源和油价相关行业显著，其中节能环保和油价相关在 1% 显著性水平下显著，说明节能环保和油价相关指数期望回报的波动率受到新能源车期望回报的波动率冲击较大，传导性明显。总体而言，2017 年税收政策对大部分行业都有传导性影响，其中节能环保的影响较大。

表 11－14　　2017 年税收政策期间的传导结果——基于 *CR*、*CS*、*CK* 以及 *CV* 相关性传导测试

	CR	CS_{12}	CS_{21}	CK_{13}	CK_{31}	CV_{22}
人工智能	0.016	1.820	0.831	4.518**	1.064	2.509
充电桩	0.611	2.464	1.322	3.368*	1.432	2.575
节能环保	1.012	4.650**	2.731*	7.306***	2.904*	7.879***
燃料电池	0.002	0.577	0.005	4.072**	0.028	1.285
锂电池	2.163	0.933	0.670	3.641*	1.468	2.989*
新材料	0.013	3.132*	1.630	6.451**	1.731	4.382**
新能源	0.005	2.729*	1.989	6.458**	1.878	4.787**
油价相关	0.009	1.399	1.434	15.297***	0.540	10.604***
电力	0.179	0.329	0.211	0.000	0.117	0.001
汽车整车	0.633	0.002	0.141	0.095	0.057	0.021

注：*CR*、*CS*、*CK* 以及 *CV* 统计量的计算公式分别见公式（11－1）、公式（11－7）、公式（11－9）以及公式（11－12），该统计量服从自由度为 1 的卡方分布，在 1%、5% 和 10% 的显著性水平下的临界值分别为 6.635、3.841 和 2.706，“*”、“**”、“***”分别代表在 10%、5%、1% 的显著性水平下显著。

数据来源：作者自行整理。

四、新能源汽车产业发展规划

通过表 11－15 测试结果可以看出，在改良后的线性相关变化检验（*CR*）中，除新材料和汽车整车外，其余行业均在不同水平下显著，其中人工智能、节能环保、锂电池、新能源、油价相关、电力行业均在 1% 显著性水平下显著。在协偏度检验（CS_{12}）测试中，油价相关在 1% 显著性水平下显著，其余行业均不显著。说明在协偏度检验（CS_{12}）测试下，油价相关指数期望收益的波动率受到新能源车指

数期望收益的冲击较大，传导性明显。在协偏度检验（CS_{21}）测试中，所有行业均不显著。在协峰度传导性检测（CK_{13}）中，除节能环保和汽车整车外，其余行业均在不同水平下显著，其中油价相关和电力行业在1%显著性水平下显著，说明油价相关和电力指数期望回报的偏度受到新能源车期望回报的冲击较大，传导性明显。在协峰度传导性检测（CK_{31}）中，除油价相关行业外，其余行业均在不同水平下显著，其中电力行业在1%显著性水平下显著，说明电力指数期望回报受到新能源车期望回报偏度的冲击较大，传导性明显。在协波动率传导性检测（CV_{22}）中，汽车整车不显著，其余行业均在不同水平下显著，其中电力行业在1%显著性水平下显著，说明电力指数期望回报的波动率受到新能源车期望回报的波动率冲击较大，传导性明显。总体而言，2020年新能源汽车产业发展规划对大部分行业都有传导性影响。产业政策与新能源汽车的发展具有长期的动态关系，可以显著促进产业发展（Ma et al.，2017，Hsiao et al.，2017）。新能源汽车与传统产业的相关性不断降低，甚至与石化等传统能源产业完全无关，同时与新能源、新材料、电子信息、节能环保、人工智能等新兴产业相关性逐渐增强，融合发展趋势明显（袁博，2020）。

表11－15　2020年新能源汽车产业发展规划的传导结果——基于 *CR*、*CS*、*CK* 以及 *CV* 相关性传导测试

	CR	CS_{12}	CS_{21}	CK_{13}	CK_{31}	CV_{22}
人工智能	16.892***	0.244	0.639	4.446**	4.912**	2.883*
充电桩	3.749*	0.508	0.485	3.665*	3.236*	3.381*
节能环保	8.200***	0.052	0.116	2.110	3.361*	2.747*
燃料电池	5.424**	0.128	0.116	3.177*	4.099**	3.839*
锂电池	14.102***	0.474	0.427	2.770*	3.135*	2.943*
新材料	1.815	0.007	0.074	4.444**	3.773*	4.153**
新能源	7.896***	0.146	0.190	5.143**	3.869**	4.227**
油价相关	14.719***	18.368***	0.704	57.586***	1.856	5.921**

续表

	CR	CS_{12}	CS_{21}	CK_{13}	CK_{31}	CV_{22}
电力	7.374***	0.152	0.042	7.706***	10.480***	8.924***
汽车整车	0.026	0.089	0.004	0.926	3.550*	1.706

注：CR、CS、CK 以及 CV 统计量的计算公式分别见公式（11－1）、公式（11－7）、公式（11－9）以及公式（11－12），该统计量服从自由度为 1 的卡方分布，在 1%、5% 和 10% 的显著性水平下的临界值分别为 6.635、3.841 和 2.706，"*"、"**"、"***"分别代表在 10%、5%、1% 的显著性水平下显著。

数据来源：作者自行整理。

五、蓄电池回收利用

通过表 11－16 测试结果可以看出，在改良后的线性相关变化检验（CR）中，新材料行业在 10% 显著性水平下显著，其余行业均不显著。在协偏度检验（CS_{12}）测试和协偏度检验（CS_{21}）测试中，所有行业均不显著。在协峰度传导性检测（CK_{13}）中，节能环保、新材料和电力行业显著，其余行业不显著。说明在协峰度传导性检测（CK_{13}）下，节能环保和电力行业在 1% 显著性水平下显著，说明节能环保和电力行业指数期望回报的偏度受到新能源车指数回报率的冲击较大，传导性明显。在协峰度传导性检测（CK_{31}）中，节能环保和新材料行业显著，其余行业均不显著。在协波动率传导性检测（CV_{22}）中，节能环保、新材料、新能源在不同水平下显著，其余行业不显著。总体而言，蓄电池回收利用对相关行业的传导性不明显，仅对少部分行业如节能环保和新材料行业有一定传导性影响。电池回收并不总是能够促进新能源汽车的普及（Li et al.，2020），但是可以减少原材料的消耗以及环境污染（Gu et al.，2018），与本书的研究结论相符。

表 11－16　2021 年蓄电池回收利用期间的传导结果——基于 *CR*、*CS*、*CK* 以及 *CV* 相关性传导测试

	CR	CS_{12}	CS_{21}	CK_{13}	CK_{31}	CV_{22}
人工智能	1.223	0.338	0.211	0.380	0.315	0.062
充电桩	0.146	0.000	0.009	1.197	1.034	1.204
节能环保	0.072	0.006	0.009	7.876***	4.647**	6.114**
燃料电池	0.906	0.023	0.048	0.204	0.761	0.561
锂电池	0.004	0.004	0.021	1.555	0.987	1.266
新材料	3.786*	0.401	0.206	5.370**	3.282*	4.011**
新能源	0.795	0.167	0.052	2.302	2.115	2.905*
油价相关	1.866	1.742	0.171	2.526	0.007	0.761
电力	1.603	0.022	0.398	5.283***	1.260	1.576
汽车整车	1.748	0.002	0.003	0.004	0.259	0.023

注：*CR*、*CS*、*CK* 以及 *CV* 统计量的计算公式分别见公式（11－1）、公式（11－7）、公式（11－9）以及公式（11－12），该统计量服从自由度为 1 的卡方分布，在 1%、5%和 10%的显著性水平下的临界值分别为 6.635、3.841 和 2.706，“*”、“**”、“***”分别代表在 10%、5%、1%的显著性水平下显著。

数据来源：作者自行整理。

六、政策比较分析

新能源汽车产业的发展需要政府的支持（Wang et al.，2021）。作为激励政策，政府财政补贴和税收减免对新能源汽车的推广发挥了重要作用（Dong and Zheng，2021）。在财政补贴中，2017 年财政补贴政策对绝大部分行业都有较大传导性影响。2019 年财政补贴政策对每个行业在不同测试方法下均有传导效应。2020 年财政补贴政策传导效应较弱，可能是补贴政策逐年递减的原因。税收政策对大部分行业都有传导性影响。财政补贴和税收减免对新能源汽车产业链的上游行业（锂电池和燃料电池）和下游行业（充电桩和电力），以及与

新能源汽车产业相关的新兴产业（新能源、新材料、节能环保和人工智能）都有传导效应。购置补贴对新能源汽车企业的研发力度具有正向且显著的影响，且随着购置补贴率的降低，影响增大（Jiang et al.，2020）。总体而言，补贴政策能有效促进新能源汽车的普及（Li et al.，2020）。

这些激励措施虽然可以扩大新能源汽车的市场份额，但对汽车制造商的创新技术影响相对较小（Dong and Zheng，2021）。为进一步完善现行新能源汽车政策，工信部于 2017 年 9 月出台了双积分政策。同样，双积分政策对新能源汽车产业链的上游行业（锂电池和燃料电池）和下游行业（充电桩和电力），以及与新能源汽车产业相关的新兴产业（新能源、新材料、节能环保和人工智能）都有传导效应。双积分政策可以显著增加新能源汽车的保有量（Li et al.，2021）。

在新能源汽车产业发展规划中，新能源汽车产业发展规划对绝大部分行业都有传导性影响。新能源汽车与新能源、新材料、电子信息、节能环保、人工智能等新兴产业相关性逐渐增强，融合发展趋势明显（袁博，2020）。根据我国新能源汽车产业发展规划，预计到 2025 年，新能源汽车销量将力争占汽车总销量的 20%。因此，新能源汽车作为汽车产业转型升级的核心推动力，是未来的重点发展方向（王芳等，2022）。

随着新能源汽车市场规模的不断扩大，新能源汽车废旧电池开始迎来更新换代期。安全环保地回收新能源汽车电池已引起社会关注。蓄电池回收利用政策对少部分行业如节能环保和新材料行业有一定传导性影响。电池回收并不总是能够促进新能源汽车的普及（Li et al.，2020），但是可以减少原材料的消耗以及环境污染（Gu et al.，2018），与本书的研究结论相符。

七、新能源汽车政策传导小结

本书从东方财富（Choice）数据库中选择 2016 年 3 月—2021 年

12月新能源汽车以及十个相关行业板块指数作为研究对象，研究新能源汽车与十个相关行业之间的关系以及2016—2021年主要新能源汽车政策（2017年财政补贴政策、2017年双积分政策、2017年税收政策、2019年财政补贴政策、2020年财政补贴政策、2020年新版双积分政策、2020年新能源汽车产业发展规划和2021年蓄电池回收利用）对十个相关行业的传导性影响。本书先建立VAR模型，根据最优滞后阶数提取每一个行业的残差，以分判出市场联动性是由政策造成的。随后收集不同时间段的政策前和政策后的残差并以此获得相关系数，再采用六种传导检验方法来测试新能源汽车政策对十个相关行业板块指数的传导效应。最终得到以下结论：

中国政府的激励政策主要以财政补贴和免税为主，激励政策弥补了新能源汽车与普通燃油汽车之间的成本差距。实证分析得出：财政补贴政策和税收政策对绝大部分行业都有较大传导性影响，仅对少部分行业例如油价相关行业的传导性较弱，可能是因为目前中国新能源汽车占汽车总量的比例较低，因此对油价的影响相对有限。截至2021年底，全国新能源汽车保有量达784万辆，占汽车总量的2.60%（中国政府网，2022）。相较于2017年和2019年财政补贴政策，2020年财政补贴政策传导效应较弱，可能是补贴政策逐年递减的原因。2022年底新能源汽车也不再给予购置补贴（财政部等，2021），补贴对公司的财务绩效有显著的负面影响（Wang et al.，2022）。

结合新能源汽车产业链分析以及《新能源汽车产业发展规划（2021—2035年）》，相关的产业主要包括新能源汽车产业链上游行业锂电池和燃料电池、中游行业汽车整车、下游行业充电桩和电力；以及与之相关的跨行业领域的新能源、新材料、人工智能、节能环保与油价相关行业等。实证分析得出：新能源汽车产业发展规划对大部分行业都有传导性影响，与实际情况相符。新能源汽车融汇新能源、新材料和互联网、大数据、人工智能等多种变革性技术，推动汽车从单纯交通工具向移动智能终端、储能单元和数字空间转变，带动能源、交通、信息通信基础设施改造升级，促进能源消费结构优化、交通体系和城市运行智能化水平提升，对建设清洁美丽世界、构建人类命运共同体具有重要意义（2020，国务院）。

八、新能源汽车政策建议

新能源汽车作为战略性新兴产业，尽管中国政府提出了一系列政策，但仍然面临诸多挑战。中国的新能源汽车产业及相关技术仍处于起步阶段；同时，普遍缺乏充电站等配套基础设施。中国在新能源汽车技术方面并不具有领先优势，新能源汽车产业政策应进一步加强，尤其是技术创新的核心政策。现阶段，政府应取消新能源汽车购置补贴，形成统一竞争市场。政府可将这部分资金用于充电设施建设，进一步推动新能源汽车发展。

政策是新能源汽车普及的重要组成部分，中国目前正处于政策转型的关键时刻。当前，新能源汽车销量不断增长，呈现出一片繁荣景象。可见，新能源汽车的消费仍是政策驱动。为实现新能源汽车健康发展，需要政府、制造商和消费者的共同努力，降低成本，完善充电设施，再加上适当的优惠政策，树立消费者的环保意识。这是促进新能源汽车购买的更具持续性的战略，从而可以实施新能源汽车产业的进一步发展计划。

本章参考文献

[1] 工信部、财政部、商务部、海关总署、市场监管总局．乘用车企业平均燃料消耗量与新能源汽车积分并行管理办法．第 44 号 [EB/OL]. http://www.gov.cn/xinwen/2017/09/28/content_5228217.htm.，2017.

[2] 工信部、财政部、商务部、海关总署、市场监管总局．关于修改《乘用车企业平均燃料消耗量与新能源汽车积分并行管理办法》的决定．第 53 号

[EB/OL]. http://www.gov.cn/zhengce/zhengceku/2020/06/22/content_5521144.htm.，2020.

[3] 工信部、科技部、生态环境部、商务部、市场监管总局. 关于印发《新能源汽车动力蓄电池梯次利用管理办法》的通知 [EB/OL]. http://www.gov.cn/zhengce/zhengceku/2021/08/28/content_5633897.htm.，2021.

[4] 中国政府网. 我国新能源汽车保有量占全球一半以上 [EB/OL]. http://www.gov.cn/xinwen/2018/01/30/content_5262254.htm.，2018.

[5] 王芳，王峥，林春景，张国振，张贵平，马天翼，刘磊，刘仕强. 新能源汽车动力电池安全失效潜在原因分析 [J]. 储能科学与技术，2022.

[6] 财政部、科技部. 关于启动节能和新能源汽车试点示范项目的通知. 财建〔2009〕6号 [EB/OL]. http://www.gov.cn/zwgk/2009/02/05/content_1222338.htm.，2009.

[7] 财政部、科技部、工信部、发展改革委. 关于2016—2020年新能源汽车推广应用财政支持政策的通知 [EB/OL]. http://www.gov.cn/foot/2015/04/29/content_2855046.htm.，2015.

[8] 财政部、工信部、科技部、发展改革委. 关于调整新能源汽车推广应用财政补贴政策的通知. 财建〔2016〕958号 [EB/OL]. http://www.gov.cn/xinwen/2016/12/30/content_5154971.htm.，2016.

[9] 财政部、税务总局、工信部、科技部. 关于免征新能源汽车车辆购置税的公告. 2017年第172号 [EB/OL]. http://www.gov.cn/xinwen/2017/12/28/content_5251086.htm.，2017.

[10] 财政部、工信部、科技部、发展改革委. 关于进一步完善新能源汽车推广应用财政补贴政策的通知. 财建〔2019〕138号 [EB/OL]. http://www.gov.cn/zhengce/zhengceku/2019/10/14/content_5439544.htm.，2019.

[11] 财政部、工信部、科技部、发展改革委. 关于完善新能源汽车推广应用财政补贴政策的通知. 财建〔2020〕86号 [EB/OL]. http://www.gov.cn/zhengce/zhengceku/2020/04/23/content_5505502.htm.，2020.

[12] 财政部. 财政部关于提前下达2022年节能减排补助资金预算的通知. 财建〔2021〕345号 [EB/OL]. http://jjs.mof.gov.cn/zxzyzf/jnjpbzzj/2021/11/t20211116_3766006.htm.，2021.

[13] 财政部、工信部、科技部、发展改革委. 关于2022年新能源汽车推

广应用财政补贴政策的通知．财建〔2021〕466 号［EB/OL］．http：//www. gov. cn/zhengce/zhengceku/2021/12/31/content_5665857. htm.，2021.

［14］袁博．后补贴时代中国新能源汽车产业发展研究［J］．区域经济评论，2020，3：58—64.

［15］海关总署、中汽协、中商产业研究院整理．2021 年中国新能源汽车出口数量及出口单价情况分析［EB/OL］．https：//baijiahao. baidu. com/s? id = 1721948850938774198&wfr = spider&for = pc.，2022.

［16］国务院．新能源汽车产业发展规划（2021—2035）．国办发〔2020〕39 号［EB/OL］．http：//www. gov. cn/zhengce/zhengceku/2020/11/02/content _ 5556716. htm.，2020.

［17］Ajanovic，A.，Haas，R. Dissemination of electric vehicles in urban areas：Major factors for success［J］．Energy，2016，115：1451 – 1458.

［18］Baig，T.，Goldfajn，I. Financial market contagion in the Asian crisis［J］．IMF staff papers，1999，46（2）：167 – 195.

［19］Bouaziz，M. C.，Selmi，N.，Boujelbene，Y. Contagion effect of the subprime financial crisis：evidence of DCC multivariate GARCH models［J］．European Journal of Economics，Finance and Administrative Sciences，2012，44（1）：66 – 76.

［20］Calvo，S. G.，Reinhart，C. M. Capital flows to Latin America：is there evidence of contagion effects［R］．World Band and IMF，1995：1 – 24.

［21］Celik，S. The more contagion effect on emerging markets：The evidence of DCC – GARCH model［J］．Economic Modelling，2012，29（5）：1946 – 1959.

［22］Chan^，J. C.，Fry – McKibbin，R. A.，Hsiao，C. Y. L. A regime switching skew – normal model of contagion［J］．Studies in Nonlinear Dynamics and Econometrics，2019，23（1）.

［23］Chen，H.，Jin，J.，Chen，J. Catching up in new energy vehicle industry：Review of its development and policies in China［J］．In 2008 4th IEEE International Conference on Management of Innovation and Technology，2008.

［24］Chittedi，K. R. Financial crisis and contagion effects to Indian stock market：“DCC – GARCH” analysis［J］．Global Business Review，2015，16（1）：50 – 60.

［25］Diamond，D. The impact of government incentives for hybrid – electric vehicles：Evidence from US states［J］．Energy policy，2009，37（3）：972 – 983.

[26] Dong, F., Liu, Y. Policy evolution and effect evaluation of new - energy vehicle industry in China [J]. Resources Policy, 2020, 67.

[27] Dong, F., Zheng, L. The impact of market - incentive environmental regulation on the development of the new energy vehicle industry: a quasi - natural experiment based on China's dual - credit policy [J]. Environmental Science and Pollution Research, 2021: 1 - 18.

[28] Egbue, O., Long, S. Barriers to widespread adoption of electric vehicles: An analysis of consumer attitudes and perceptions [J]. Energy policy, 2012, 48: 717 - 729.

[29] Forbes, K. J., Rigobon, R. No contagion, only interdependence: measuring stock market comovements [J]. The Journal of Finance, 2002, 57 (5): 2223 - 2261.

[30] Fry, R., Martin, V. L., Tang, C. A new class of tests of contagion with applications [J]. Journal of Business and Economic Statistics, 2010, 28 (3): 423 - 437.

[31] Fry - McKibbin, R., Hsiao, C. Y. L. Extremal dependence tests for contagion [J]. Econometric Reviews, 2018, 37 (6): 626 - 649.

[32] Gu, X., Ieromonachou, P., Zhou, L., Tseng, M. L. Optimising quantity of manufacturing and remanufacturing in an electric vehicle battery closed - loop supply chain [J]. Industrial Management and Data Systems, 2018.

[33] Hao, H., Ou, X., Du, J., Wang, H., Ouyang, M. China's electric vehicle subsidy scheme: Rationale and impacts [J]. Energy Policy, 2014, 73: 722 - 732.

[34] Hao, H., Wang, S., Liu, Z., Zhao, F. The impact of stepped fuel economy targets on automaker's light - weighting strategy: The China case [J]. Energy, 2016, 94: 755 - 765.

[35] Helveston, J. P., Liu, Y., Feit, E. M., Fuchs, E., Klampfl, E., Michalek, J. J. Will subsidies drive electric vehicle adoption? Measuring consumer preferences in the US and China [J]. Transportation Research Part A: Policy and Practice, 2015, 73: 96 - 112.

[36] Hsiao, C. Y. L., Ai, D., Wei, X., Sheng, N. The contagious effect of

China's energy policy on stock markets: The case of the solar photovoltaic industry [J]. Renewable Energy, 2021, 164: 74 - 86.

[37] Hsiao, C. Y. L., Morley, J. Debt and financial market contagion [J]. Empirical Economics, 2021: 1 - 50.

[38] Hsiao, C. Y. L., Yang, R., Zheng, X., Chiu, Y. B. Evaluations of policy contagion for new energy vehicle industry in China [J]. Energy Policy, 2023, 173.

[39] Jiang, C., Zhang, Y., Bu, M., Liu, W. The effectiveness of government subsidies on manufacturing innovation: Evidence from the new energy vehicle industry in China [J]. Sustainability, 2018, 10 (6): 1692.

[40] Jiang, C., Zhang, Y., Zhao, Q., Wu, C. The impact of purchase subsidy on enterprises' R and D efforts: evidence from China's new energy vehicle industry [J]. Sustainability, 2020, 12 (3): 1105.

[41] Jun, S. P., Yoo, H. S., Kim, J. H. A study on the effects of the CAFE standard on consumers [J]. Energy Policy, 2016, 91: 148 - 160.

[42] Kapustin, N. O., Grushevenko, D. A. Long - term electric vehicles outlook and their potential impact on electric grid [J]. Energy Policy, 2020, 137.

[43] King, M. A., Wadhwani, S. Transmission of volatility between stock markets [J]. The Review of Financial Studies, 1990, 3 (1): 5 - 33.

[44] Langbroek, J. H., Franklin, J. P., Susilo, Y. O. The effect of policy incentives on electric vehicle adoption [J]. Energy Policy, 2016, 94: 94 - 103.

[45] Lee, S. B., Kim, K. J. Does the October 1987 crash strengthen the comovements among national stock markets? [J]. Review of Financial Economics, 1993, 3 (1): 89 - 102.

[46] Le, T. P. T. D., Tran, H. L. M. The contagion effect from US stock market to the Vietnamese and the Philippine stock markets: The evidence of DCC - GARCH model [J]. The Journal of Asian Finance, Economics, and Business, 2021, 8 (2): 759 - 770.

[47] Lévay, P. Z., Drossinos, Y., Thiel, C. The effect of fiscal incentives on market penetration of electric vehicles: A pairwise comparison of total cost of ownership [J]. Energy Policy, 2017, 105: 524 - 533.

[48] Liu, X., An, H., Huang, S., Wen, S. The evolution of spillover effects between oil and stock markets across multi - scales using a wavelet - based GARCH - BEKK model [J]. Physica A: Statistical Mechanics and its Applications, 2017, 465: 374 - 383.

[49] Li, J., Ku, Y., Liu, C., Zhou, Y. Dual credit policy: Promoting new energy vehicles with battery recycling in a competitive environment? [J]. Journal of Cleaner Production, 2020, 243.

[50] Li, W., Long, R., Chen, H. Consumers' evaluation of national new energy vehicle policy in China: An analysis based on a four paradigm model [J]. Energy Policy, 2016, 99: 33 - 41.

[51] Li, Y., Zhang, Q., Liu, B., McLellan, B., Gao, Y., Tang, Y. Substitution effect of new - energy vehicle credit program and corporate average fuel consumption regulation for green - car subsidy [J]. Energy, 2018, 152: 223 - 236.

[52] Li, Y., Zeng, B., Wu, T., Hao, H. Effects of urban environmental policies on improving firm efficiency: Evidence from Chinese new energy vehicle firms [J]. Journal of Cleaner Production, 2019, 215: 600 - 610.

[53] Lv, L., Li, X. Production Forecast of China's New Energy Passenger Vehicles in 2021 - 2023 under the Compliance of Dual - Credit Policy [J]. World Electric Vehicle Journal, 2021, 12 (3): 119.

[54] Ma, S. C., Fan, Y., Feng, L. An evaluation of government incentives for new energy vehicles in China focusing on vehicle purchasing restrictions [J]. Energy Policy, 2017, 110: 609 - 618.

[55] Matkovskyy, R., Jalan, A. From financial markets to Bitcoin markets: A fresh look at the contagion effect [J]. Finance Research Letters, 2019, 31: 93 - 97.

[56] Morton, C., Lovelace, R., Anable, J. Exploring the effect of local transport policies on the adoption of low emission vehicles: Evidence from the London Congestion Charge and Hybrid Electric Vehicles [J]. Transport Policy, 2017, 60: 34 - 46.

[57] Naoui, K., Liouane, N., Brahim, S. A dynamic conditional correlation analysis of financial contagion: the case of the subprime credit crisis [J]. International Journal of Economics and Finance, 2010, 2 (3): 85 - 96.

[58] Nakatani, T., Teräsvirta, T. Testing for volatility interactions in the constant conditional correlation GARCH model [J]. The Econometrics Journal, 2009, 12 (1): 147 - 163.

[59] Ou, S., Lin, Z., Qi, L., Li, J., He, X., Przesmitzki, S. The dual - credit policy: Quantifying the policy impact on plug - in electric vehicle sales and industry profits in China [J]. Energy Policy, 2018, 121: 597 - 610.

[60] Sierzchula, W., Bakker, S., Maat, K., Van Wee, B. The influence of financial incentives and other socio - economic factors on electric vehicle adoption [J]. Energy policy, 2014, 68: 183 - 194.

[61] Sims, C. A. Macroeconomics and reality [J]. Econometrica: journal of the Econometric Society, 1980: 1 - 48.

[62] Su, C. W., Yuan, X., Tao, R., Umar, M. Can new energy vehicles help to achieve carbon neutrality targets? [J]. Journal of Environmental Management, 2021, 297.

[63] Tan, R., Tang, D., Lin, B. Policy impact of new energy vehicles promotion on air quality in Chinese cities [J]. Energy Policy, 2018, 118: 33 - 40.

[64] Todsadee, A., Kameyama, H., Ito, S. Price Volatility of Grains: Relationship with Crude Oil Prices using CCC - GARCH Model [J]. American Journal of Economics and Business Administration, 2014, 6 (4): 138 - 142.

[65] Wang, L., Fu, Z. L., Guo, W., Liang, R. Y., Shao, H. Y. What influences sales market of new energy vehicles in China? Empirical study based on survey of consumers' purchase reasons [J]. Energy Policy, 2020, 142.

[66] Wang, X., Huang, L., Daim, T., Li, X., Li, Z. Evaluation of China's new energy vehicle policy texts with quantitative and qualitative analysis [J]. Technology in Society, 2021, 67.

[67] Wang, X., Li, Z., Shaikh, R., Ranjha, A. R., Batala, L. K. Do government subsidies promote financial performance? Fresh evidence from China's new energy vehicle industry [J]. Sustainable Production and Consumption, 2021, 28: 142 - 153.

[68] Xu, L., Su, J. From government to market and from producer to consumer: Transition of policy mix towards clean mobility in China [J]. Energy Policy, 2016,

96: 328 - 340.

[69] Xu, X. L., Chen, H. H. Exploring the innovation efficiency of new energy vehicle enterprises in China [J]. Clean Technologies and Environmental Policy, 2020, 22 (8): 1671 - 1685.

[70] Yang, Z., Slowik, P., Lutsey, N., Searle, S. Principles for effective electric vehicle incentive design [J]. International Council on Clean Transportation June, 2016.

[71] Yu, F., Wang, L., Li, X. The effects of government subsidies on new energy vehicle enterprises: The moderating role of intelligent transformation [J]. Energy Policy, 2020, 141.

[72] Yu, L., Zha, R., Stafylas, D., He, K., Liu, J. Dependences and volatility spillovers between the oil and stock markets: New evidence from the copula and VAR - BEKK - GARCH models [J]. International Review of Financial Analysis, 2020, 68.

[73] Zhang, X., Bai, X. Incentive policies from 2006 to 2016 and new energy vehicle adoption in 2010 - 2020 in China [J]. Renewable and Sustainable Energy Reviews, 2017, 70: 24 - 43.

[74] Zhang, L., Qin, Q. China's new energy vehicle policies: Evolution, comparison and recommendation [J]. Transportation Research Part A: Policy and Practice, 2018, 110: 57 - 72.

[75] Zhang, X., Wang, K., Hao, Y., Fan, J. L., Wei, Y. M. The impact of government policy on preference for NEVs: The evidence from China [J]. Energy Policy, 2013, 61: 382 - 393.

[76] Zhang, L., Wang, L., Chai, J. Influence of new energy vehicle subsidy policy on emission reduction of atmospheric pollutants: A case study of Beijing, China [J]. Journal of Cleaner Production, 2020, 275.

第十二章　全球核能事件与政策的传导效应研究

第一节 概 述

一、核能事件与核能政策发展概况

随着全球气候治理进程加快，能源价格不确定性增加，越来越多的国家开始重视对清洁能源的发展。核能发电具有几乎不产生温室气体、不产生氮氧化物、硫氧化物等有害气体等特点，同时核能发电成本中核电站的基建费用虽比火力电站高，但是后续燃料费用却远远低于火力发电。核能总体发展成本甚至远低于风能、太阳能等清洁能源，可见核能在构建现代化能源体系，保护生态环境，应对气候变化，促进科技进步，保障各国能源安全等方面发挥着重要作用。国际能源署（IEA）发布的《核能与能源安全转型》报告显示，截至2021年底，全球总计有4.13亿千瓦的核电装机，遍布在32个国家。在全球范围内，核电是仅次于水电的第二大低碳电力来源，装机占比高于风电和光伏（见图12-1）。但受切尔诺贝利核事故、1979年美国三哩岛核电站泄漏事故和福岛核事故等核电事故的影响，国家之间反复思考核能发展的安全问题。近年来福岛核事故的阴霾尚未散去，福岛核电站事故后德国联邦议会在2011年6月30日投票批准了废除核法案，将在2022年之前关闭境内17座核电站（Robert and McCauley，2016），法国于2015年7月颁布的《绿色增长能源转型法案》提出，减少核电在能源结构中的比重，法国将在2025年将核电占比由75%降至50%（Malischek and Trüby，2016）。瑞士政府声称要在2050年关闭所有核电站（Eser et al.，2018）。加拿大核能安全委员会在福岛核电站事故发生后成立项目小组，针对境内核电站安全进行评估（CNSC，2016）。中国、瑞士和意大利政府暂时延缓核能发展项目（Nam，2020）。

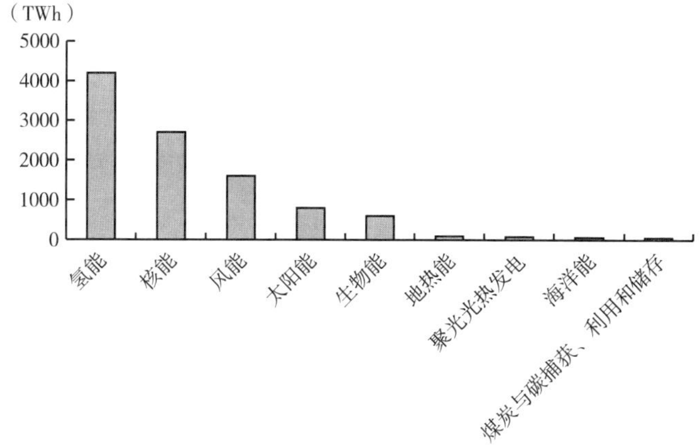

图 12－1　2020 年全球低排放发电

数据来源：国际能源署，核能与能源安全转型（Nuclear Power and Secure Energy Transitions）。

近年来，为迫切应对气候变化，制定净零排放目标的国家数量迅速增加，净零排放的承诺也重振了部分国家对核能发展的兴趣。2022 年《核能与能源安全转型》报告显示美国、加拿大、法国、英国、中国等共 11 个国家制定了积极的核能政策，具体内容如表 12－1 所示。如今，国家间的核能发展合作越加紧密，一个国家的核能政策或事件可能会影响另一个国家或者是一些地区的核能政策和发展（Basse and Bassen，2013），甚至波及部分国家的能源经济发展，进而对其经济市场产生深刻影响。因此，在各国探索安全和长久的能源结构背景下，在维护核能发展长期稳定的需求下，通过研究模型对核能指数的传导性进行分析就显得十分重要。

表 12－1　2020—2022 年鼓励核能发展政策及措施

国家	政策及措施
美国	1.《两党基础设施法》中提出一项 60 亿美元的启动民用核信贷计划，并拨款 80 亿美元用于支持示范清洁氢枢纽，包括至少一个专门用于核能生产氢的枢纽。

续表

国家	政策及措施
美国	2. 美国能源部（DOE）启动了先进堆示范计划（ARDP）其中 2027 年前批准两个运行的全尺寸先进反应堆。DOE 将在 7 年内投资 32 亿美元，用于泰拉能源（Terra Power）/GE－日立钠快堆（带熔盐储能系统）和 X－energy Xe－100 高温气冷堆（HTGR），并从工业界获得相应的投资。
加拿大	1. 2020 年加拿大的小型模块化反应堆（SMR）行动计划列出了部署，其中几个项目获得了联邦和省政府的资助。 2. 加拿大政府宣布 Darlington 基于 GE－Hitachi 技术的 SMR 项目将于 21 世纪 20 年代末投入使用。
法国	1. 法国政府继《法国 2030 年投资计划》之后，宣布在确保安全的前提下延长所有核反应堆的寿命。 2. 法国政府宣布于 2028 年开始建造六座新的大型反应堆的计划，将耗资约 500 亿欧元，并预计在 2050 年之前再建造 8 座。 3. 法国政府投资 10 亿欧元于开发创新型反应堆，其中包括 2030 年建成小型模块化反应堆。
英国	1. 2022 年能源安全战略中显示 8 个新的大型反应堆和小型模块化反应堆在 2050 年预计提供 24 吉瓦的核电发电满足约 25% 的预测电力需求。 2. 2022 年颁布的《核能（融资）法》对实施监管资产基础模型做出了规定。 3. 2021 年，政府承诺为 SMR 提供 2.1 亿英镑的资金，同时提供 2.5 亿英镑的私人投资。
比利时	2022 年 3 月，比利时政府决定采取必要措施，将两座反应堆的使用寿命延长十年至 2035 年。
荷兰	2022 年讨论建设两座新核电站。
波兰	1. 2020 年波兰核电计划建设总容量在 6 吉瓦至 9 吉瓦之间的大型反应堆。 2. 2022 年，政府同意部署基于美国技术的 SMR，以取代现有的燃煤热电联产电厂。
韩国	2022 年当选的新政府计划支持延长现有设施的使用寿命，并重启两个地点的建设，发展和加强 SMR 方面合作，寻求到 2030 年在海外建设 10 座核电站。
日本	2022 年，政府宣布将加强能源安全，以便在安全的情况下重启现有反应堆。

续表

国家	政策及措施
中国	“十四五”规划期间（2021—2025 年），保持稳定的建设步伐，2022 年初核能发电量总容量为 53GW，预计 2025 年将达到约 70GW。
印度	1. 印度将在 2023—2025 年以“快速模式”启动建设 10 座自主开发的重水堆建设，总容量为 9GW。 2. 利用法国技术建设六座大型反应堆。

数据来源：国际能源署，核能与能源安全转型（Nuclear Power and Secure Energy Transitions）。

二、核能事件传导研究目的

核电是一种清洁、高效的新能源，大力发展核电，符合世界能源利用的趋势，具有重要的意义。从世界核电技术发展趋势看，新的核电正朝着更安全、更经济的方向发展，各国也致力于制定符合能源发展的核能政策，当一国政策出台颁布之际其影响是否会触发其他国家和地区之间的风险传导效应？如果存在风险溢出波及其他国家，又该如何检测风险传导的存在？核能事故发生会引起怎样的风险溢出效应？

为解答上述问题，本书利用四大类共六个传导检验测试，从线性相关和非线性相关角度，以探究全球近年来重要的核能政策和事件的风险传导效应为主旨，构建不同阶矩属性的风险传导测度框架，考虑到全球核能市场价格波动的异质性特点，捕捉全球核能市场的信息非对称影响与极端事件冲击影响，以实现以下研究目标：

第一，判断和分析核能政策或事件是否影响全球核能市场。基于风险传导理论框架，探究核能政策颁布期间及核能事故发生期间对全球核能市场在不同维度是否构成风险传导关系。

第二，探究和对比不同核能事件背景对核能市场的影响。选取三大类事件：核事故、核能扩张政策以及核能淘汰政策，探究在此三类中核能事件影响力最大的事件，为各国核能政策的制定提供参考。

第三，对比选取在核能政策或事件发生期间最佳的传导渠道。通过对比实证结果研究六大传导性测试中衡量核能事件的最佳传导路径，为核能市场传导效应分析提供路径参考。

三、核能事件传导研究贡献

核电发展无论是在保障能源供应与安全方面，还是保护环境方面都发挥着积极作用。本书选取了近年来核能市场上影响力较大的五个核能事件，从多个国家的角度研究核能政策及事件的传导效应，为国家核能政策的制定以及学术上对核能政策的研究提供参考。具体意义如下：

（一）理论意义

随着全球对能源需求的增加，各国对能源发展及安全的问题关注程度加深，越来越多的学者研究清洁能源，核能作为清洁能源的一部分也备受关注。本书研究的理论意义主要体现在拓展了全球核能政策与事件的风险传导理论与方法。

首先，基于线性及高阶矩的传导测试，刻画出在核能政策颁布或突发事故影响下，全球核能市场之间的线性传导关系以及非线性传导关系，将协高阶矩模型框架应用于核能领域；其次，利用了六个传导测试对核能事件发生期间在线性相关、协三阶矩和协四阶矩层面的传导关系进行了测度和分析，为探究核能市场高阶矩属性传导关系拓展了新的视野。

（二）实践意义

本书选取近年来核电发展最重要的关键政策及事件，不仅涵盖了最重大核能安全事故——福岛核事故，也涵盖了近年来各国出台的重要核能政策，主要包括韩国核能扩张政策、德国废核政策、韩国减核政策和法国减核政策。因此，本书对回顾全球核电工业发展具有较高的参考意义，为有关部门评估和制定能源政策，维护能源安全和经济发展提供了重要参考。

第二节　核能事件与政策相关文献研究

一、核事故相关文献研究

核电发展历史上经历了三次重大的核事故，分别是 1979 年发生在美国的三哩岛核事故，1986 年发生在乌克兰的切尔诺贝利核事故以及 2011 年发生在日本的福岛核电站事故。核事故发生后对经济的影响也受到了业界关注，学者发现三哩岛核事故对房地产市场具有显著影响（Nelson，1981；Gamble and Downing，1982），Fields and Janjigian（1989）通过研究美国公共电力公司的股价，发现切尔诺贝利核事故发生后 20 天内，公共事业投资者收益率出现了负增长，使用核能的公司比不使用核能的公司损失更大。大量学者关注福岛核电站事故对房地产市场（Boes et al.，2015；Zhu et al.，2016；Bauer et al.，2017），银行部门（Brei et al.，2019），股票市场（Betzer et al.，2013；Ferstl et al.，2012；Basse and Bassen，2013；Lopatta and Kaspereit，2014）和能源部门（Kawashima and Takeda，2012）的影响。Kawashima and Takeda（2012）通过收集 11 家在东京证券交易所上市的电力公司的股价，研究福岛核电站事故发生后对日本电力公司股价的影响，最后得出与 Fields and Janjigian（1989）类似的结果，拥有核电站的电力公司股价下跌的幅度比其他电力公司的股价更大，还发现了事故发生后电力公司的系统风险和总风险有所增加等结论。Basse and Bassen（2013）利用参数模型检测福岛核电站事故对常规电力部门的影响，研究发现事件发生后电力部门的系统性风险急剧上升。Boes et al.（2015）运用双重差分模型研究福岛核事故对瑞士房价的影响，发现事故发生后靠近核电站的房价有所下降。Zhu et al.（2016）运用了同样的方法，发现在福岛核事故发生 1 个月后，中国距离核电站 40 千米内的房价受事故的影响下降了 18%。Bauer et al.（2017）也将该方法运用于研究福岛核事故对德国房价市场，最终发现事故导致核电站附近房价下降了 4.9%。

二、核淘汰政策相关文献研究

在核能事故的阴霾笼罩之下，不少国家开始重视核能安全问题，核淘汰政策也被部分国家提上日程，实证发现核淘汰政策对电力部门造成了显著影响如比利时（de Frutos et al.，2020），法国（Malischek and Trüby，2016；Bianco and Scarpa，2018；Rinne，2019），德国（Hoster，1998；Nestle，2012；Bruninx et al.，2013），日本（Nakata，2002）和瑞士（Andersson and Hådén，1997；Osorio and van Ackere，2016）等国家。核淘汰政策除了波及电力部门，制造业（Rogge and Johnstone，2017）和可持续发展能源（Park et al.，2013；de Frutos Cachorro et al.，2019）等方面也受到影响。Osorio and van Ackere（2016）通过系统动态模型发现核淘汰政策颁布后，瑞士电力价格增加，核能发电部分由光电或者其他能源进口取代。Rinne（2019）利用准实验方法，研究得出法国核淘汰政策颁布后法国电力价格随之上升了 27.1%，德国由于与法国的边境贸易的缘故电力价格也上升了 3.2%。

三、核能扩张政策相关文献研究

随着国家对核能发展的重视，核能扩张政策也随之颁布及实施，在各部门中也引起了强烈的反响。Hsiao and Chen（2018）中研究人员利用传导测试检验了中国核扩张政策对九个部门绩效的影响，发现核能政策颁布后金融部门的反响最大，其次是能源部门和工业部门。学者研究发现核能扩张对能源自给自足（Teräväinen et al.，2011）、电网容量增大（dos Santos et al.，2013）和经济增长（Cho et al.，2020）都具有积极作用。然而，英国却认为核能扩大对环境和生态系统产生了消极影响（McKie，2020）。

四、传导效应相关文献研究

传导性检验最早运用于金融风险研究当中，主要的研究以相关系数判别法为代表，若危机发生后市场间相关系数显著增加则说明传导发生，即市场之间存在传导效应（King and Wadhwani，1990；Goldfajn and Baig，1998）。紧接着学者发现单从相关系数进行传导判别具有较大的局限性，Forbes and Rigobon（2002）提出了基于相关系数的异方差偏差检验法并通过利用调整后的相关系数对市场进行分析。但资产的价格往往呈现出波动集聚、尖峰厚尾的特点，仅从线性相关的角度难以捕捉市场的真实情况，GRACH 簇模型、Copula 模型法便成为刻画传导关系的更好选择，Ghorbel and Boujelbene（2013）运用 GARCH 簇模型对美国石油市场和金融市场的传导性进行研究，Nazlioglu et al.（2013）利用 GARCH 模型研究危机前后能源和农业市场之间的波动性传导。Copula 模型法解决了研究变量服从不同分布时的研究问题，也为揭示变量之间的非线性依存关系提供了路径，Rodriguez（2007）运用 Copula 模型捕捉到股票指数数据尾部依赖性增加和不对称性等特征为传导提供了新的证据。

近期学者也提出使用高阶矩维度对市场传导效应的渠道进行剖析，如 Fry－McKibbin et al.（2014）在 Forbes and Rigobon（2002）的基础上提出的调整后的线性相关变化检验（Correlation Change Test，简称 CR 检验）及协偏度变化检验（Co - skewness Change Tests，简称 CS 检验），Fry - McKibbin and Hsiao（2018）该研究上加入的协波动变化检验（Co - volatility Change Test，简称 CV 检验）和协峰度变化检验（Co - kurtosis Change Test，简称 CK 检验），Fry - McKibbin et al.（2019）在协偏度检验、协波动率检验、协峰度检验的基础上提出联合传导性检验（JOINT）和联合偏度传导性检验（COSK），上述传导测试从协二阶矩、协三阶矩、协四阶矩及高阶矩联合测定等渠道都为捕捉资产收益尖峰态分布，研究市场间的极端相关性、风险溢出的检测提供参考。

第三节　传导测度方法与模型

本节将对 Fry et al. and Fry - McKibbin et al.（Fry et al.，2010；Fry - McKibbin and Hsiao，2018；Fry - McKibbin et al.，2019）的传导测试进行简要介绍。传导测试通过调整后的线性相关系数（协二阶矩），协偏度（协三阶矩），协峰度（协四阶矩），协波动率（协四阶矩）等协高阶矩统计量衡量核能市场之间的关系。同时基于核能指数收益率的联合概率分布为非正态双变量广义指数分布的假定下，推导了市场间的拉格朗日乘子检验统计量。最后运用检验水平及检验功效测试判断传导渠道的效力。

一、调整后的线性相关变化测试

调整的线性相关变化测试（Correlation change test，简称 CR 检验）是源于 Fry et al.（2010），该检测是通过比较核能传导源市场 i 和被传导源市场 j 在事件发生后的调整系数 $\hat{v}_{y \mid x_i}$ 与事件发生前两个市场之间的相关系数 $\hat{\rho}_x$ 的变动，以此来判断是否存在传导效应。CR 的具体公式如下：

$$CR(i \to j) = \left(\frac{\hat{v}_{y|x_i} - \hat{\rho}_x}{\sqrt{var(\hat{v}_{y|x_i} - \hat{\rho}_x)}} \right)^2 \tag{12-1}$$

$$\hat{v}_{y|x_i} = \frac{\hat{\rho}_y}{\sqrt{1 + \delta(1 - \hat{\rho}_y^2)}} \tag{12-2}$$

$$\delta = (\sigma_{i,y}^2 - \sigma_{i,x}^2) / \sigma_{i,x}^2 \tag{12-3}$$

其中，在事件发生前（x）和事件发生后（y）其未调整的相关系数为分别 $\hat{\rho}_x$ 和 $\hat{\rho}_y$，而政策颁布后或事件后的调整相关系数为 $\hat{v}_{y|x_i}$。δ 为政策颁布后或事件后核能传导源市场 i 的波动率相对于事件发生前的变化率，$\sigma_{i,y}^2$ 和 $\sigma_{i,x}^2$ 代表了不同时期收益的方差。CR 的方差公式为：

$$Var(\hat{v}_{y|x_i} - \hat{\rho}_x) = Var(\hat{v}_{y|x_i}) + Var(\hat{\rho}_x) - 2Cov(\hat{v}_{y|x_i}, \hat{\rho}_x) \tag{12-4}$$

$$Var(\hat{v}_{y|x_i}) = \frac{1}{2} \frac{(1+\delta)^2}{[1 + \delta(1 - \hat{\rho}_y^2)]^3} \times \left[\frac{1}{T_y} [(2 - \hat{\rho}_y^2)(1 - \hat{\rho}_y^2)]^2 + \frac{1}{T_x} [\hat{\rho}_y^2 (1 - \hat{\rho}_y^2)]^2 \right] \tag{12-5}$$

$$Var(\hat{\rho}_x) = \frac{1}{T_x}(1 - \hat{\rho}_x^2)^2 \tag{12-6}$$

$$Cov(\hat{V}_y, \hat{\rho}_x) = \frac{1}{2} \frac{1}{T_x} \frac{\hat{\rho}_y \hat{\rho}_x (1 - \hat{\rho}_y^2)(1 - \hat{\rho}_x^2)(1 + \delta)}{\sqrt{[1 + \delta(1 - \hat{\rho}_y^2)]^3}} \tag{12-7}$$

为了测量核能政策出台后或事件发生后市场间是否存在传导效应，假定市场间没有传导现象发生为原假设，则统计量的研究假设为：

$H_0: V_{y|x_i} = \rho_x$

$H_1: V_{y|x_i} \neq \rho_x$

CR 测试在 Forbes and Rigobon（2002）的模型上进行改良，通过拓展测试中的统计方差表达式，捕捉事件后时期的资产回报率与事件前时期的资产回报率之间一定的依存关系。根据假设设定，CR 统计量服从自由度为 1 的卡方分布：$CR \xrightarrow{d} \chi_1^2$。

二、协偏度变化测试

协偏度变化测试（Co - skewness change tests，简称 CS 检验）（Fry et al.，2010）是从相关性变化检验中提取出核能事件发生前和核能事件发生后核能传导源市场 i 和被传导源市场 j 的不对称依赖性的变化，这种不对称源于一个核能市场的预期收益与另一个核能市场的收益波动之间的依赖。协偏度变化测试有两种表达形式分别是 CS_{12} 和 CS_{21}，第一种形式衡量了核能传导源市场 i 的预期收益和被传导源市场 j 的平方收益之间的关系。协偏度系数在核能事件发生前（x）以及核能事件发生后（y）分别为：

$$\hat{\psi}_x(r_i^1, r_j^2) = \frac{1}{T_x}\sum_{t=1}^{T_x}\left(\frac{r_{i,t} - \hat{\mu}_{i,t}}{\hat{\sigma}_{i,x}}\right)\left(\frac{r_{j,t} - \hat{\mu}_{j,x}}{\hat{\sigma}_{j,x}}\right)^2 \tag{12-8}$$

$$\hat{\psi}_y(r_i^1, r_j^2) = \frac{1}{T_y}\sum_{t=1}^{T_y}\left(\frac{r_{i,t} - \hat{\mu}_{i,y}}{\hat{\sigma}_{i,y}}\right)\left(\frac{y_{j,t} - \hat{\mu}_{j,y}}{\hat{\sigma}_{j,y}}\right)^2 \tag{12-9}$$

其中，$r_{i,t}$，$r_{j,t}$分别代表核能传导源市场和被传导源市场在核能事件发生前和核能事件后的日回报率，$\hat{\mu}_{i,t}$，$\hat{\mu}_{j,x}$，$\hat{\mu}_{i,y}$，$\hat{\mu}_{j,y}$代表各期间的样本均值，$\hat{\sigma}_{i,x}$，$\hat{\sigma}_{j,x}$，$\hat{\sigma}_{i,y}$，$\hat{\sigma}_{j,y}$代表相应时期的标准差，T_x，T_y则代表各期间的样本量。

衡量 x 和 y 期间市场偏度的协偏度变化测试第一种表达式为：

$$CS_{12}(i\to j) = \frac{\left[\hat{\psi}_y(r_i^1, r_j^2) - \hat{\psi}_x(r_i^1, r_j^2)\right]^2}{\dfrac{4\hat{v}_{y|x_i}^2 + 2}{T_y} + \dfrac{4\hat{\rho}_x^2 + 2}{T_x}} \tag{12-10}$$

第二种形式的协偏度测试刻画了核能传导源市场 i 波动率和被传导源市场 j 预期收益的不对称依赖，协偏度统计量记为 $\hat{\psi}_x(r_i^2, r_j^1)$ 和 $\hat{\psi}_y(r_i^2, r_j^1)$，其具体表达式为：

$$CS_{21}(i\to j) = \frac{\left[\hat{\psi}_y(r_i^2, r_j^1) - \hat{\psi}_x(r_i^2, r_j^1)\right]^2}{\dfrac{4\hat{v}_{y|x_i}^2 + 2}{T_y} + \dfrac{4\hat{\rho}_x^2 + 2}{T_x}} \tag{12-11}$$

其中：

$$\hat{\psi}_x(r_i^2, r_j^1) = \frac{1}{T_x}\sum_{t=1}^{T_x}\left(\frac{r_{i,t}-\hat{\mu}_{i,x}}{\hat{\sigma}_{i,x}}\right)^2\left(\frac{r_{j,t}-\hat{\mu}_{j,x}}{\hat{\sigma}_{j,x}}\right) \tag{12-12}$$

$$\hat{\psi}_y(r_i^2, r_j^1) = \frac{1}{T_y}\sum_{t=1}^{T_y}\left(\frac{r_{i,t}-\hat{\mu}_{i,y}}{\hat{\sigma}_{i,y}}\right)^2\left(\frac{r_{j,t}-\hat{\mu}_{j,y}}{\hat{\sigma}_{j,y}}\right) \tag{12-13}$$

为了测量核能政策后或事件发生后是否传导源市场对被传导源产生协偏度属性传导，假定没有传导现象发生的情况为原假设，则对应 CS_{12} 与 CS_{21} 统计量的研究假设为：

$H_0: \psi_y(r_i^m, r_j^n) = \psi_x(r_i^m, r_j^n)$

$H_1: \psi_y(r_i^m, r_j^n) \neq \psi_x(r_i^m, r_j^n)$

进行协偏度变化测试 CS_{12} 时，m 取值为 1，n 取值为 2；进行协偏度变化测试 CS_{21} 时，m 取值为 2，n 取值为 1。根据原假设 CS_{12}，CS_{21} 系数服从卡方分布，且自由度为 1，即 CS_{12}，$CS_{21} \xrightarrow{d} \chi_1^2$。

三、协峰度变化测试

协峰度变化测试（Co－kurtosis change test，简称 CK 检验），Fry－McKibbin and Hsiao（2018）捕捉了核能市场 i 和 j 联合分布的协四阶矩相关性变化，该测试通过两种形式衡量相关性，分别是：衡量核能传导源市场 i 的收益均值对被传导源市场 j 收益偏度传导途径的 CK_{13} 测试，以及与之相对应衡量核能传导源市场 i 的收益偏度对被传导源市场 j 收益均值传导途径的 CK_{31} 测试。CK_{13} 测试中核能事件发生前后的协峰度系数分别为：

$$\hat{\psi}_x(r_i, r_j^3) = \frac{1}{T_x}\sum_{t=1}^{T_x}\left(\frac{r_{i,t}-\hat{\mu}_{i,x}}{\hat{\sigma}_{i,x}}\right)\left(\frac{r_{j,t}-\hat{\mu}_{j,x}}{\hat{\sigma}_{j,x}}\right)^3 - 3\hat{\rho}_x \tag{12-14}$$

$$\hat{\psi}_y(r_i, r_j^3) = \frac{1}{T_y}\sum_{t=1}^{T_y}\left(\frac{r_{i,t}-\hat{\mu}_{i,y}}{\hat{\sigma}_{i,y}}\right)^1\left(\frac{r_{j,t}-\hat{\mu}_{j,y}}{\hat{\sigma}_{j,y}}\right)^3 - 3\hat{v}_{y|x_i} \tag{12-15}$$

CK_{13} 测试的具体公式为：

$$CK_{13}(i\to j)=\frac{[\hat{\psi}_y(r_i,r_j^3)-\hat{\psi}_x(r_i,r_j^3)]^2}{\frac{18\hat{v}_{y|x_i}^2+6}{T_y}+\frac{18\hat{\rho}_x^2+6}{T_x}} \tag{12-16}$$

CK_{31}测试中核能事件发生前后的协峰度系数分别为：

$$\hat{\psi}_x(r_i^3,r_j)=\frac{1}{T_x}\sum_{t=1}^{T_x}\left(\frac{r_{i,t}-\hat{\mu}_{i,x}}{\hat{\sigma}_{i,x}}\right)^3\left(\frac{r_{j,t}-\hat{\mu}_{j,x}}{\hat{\sigma}_{j,x}}\right)-3\hat{\rho}_x \tag{12-17}$$

$$\hat{\psi}_y(r_i^3,r_j)=\frac{1}{T_y}\sum_{t=1}^{T_y}\left(\frac{r_{i,t}-\hat{\mu}_{i,y}}{\hat{\sigma}_{i,y}}\right)^3\left(\frac{y_{j,t}-\hat{\mu}_{y,j}}{\hat{\sigma}_{j,y}}\right)-3\hat{v}_{y|x_i} \tag{12-18}$$

CK_{31}测试的具体公式为：

$$CK_{31}(i\to j)=\frac{[\hat{\psi}_y(r_i^3,r_i)-\hat{\psi}_x(r_i^3,r_i)]^2}{\frac{18\hat{v}_{y|x_i}^2+6}{T_y}+\frac{18\hat{\rho}_x^2+6}{T_x}} \tag{12-19}$$

为了核能传导源市场与被传导源产生协峰度属性传导，假定没有传导现象发生的情况为原假设，则对应 CK_{13}与 CK_{31}统计量的研究假设为：

$H_0:\psi_y(r_i^m,r_j^n)=\psi_x(r_i^m,r_j^n)$

$H_1:\psi_y(r_i^m,r_j^n)\neq\psi_x(r_i^m,r_j^n)$

进行协峰度变化测试 CK_{13}时，m 取值为 1，n 取值为 3；进行协峰度变化测试 CK_{31}时，m 取值为 3，n 取值为 1。根据原假设 CK_{13}，CK_{31}系数服从卡方分布，且自由度为 1，即 CK_{13}，$CK_{31}\xrightarrow{d}\chi_1^2$。

四、协波动率变化测试

协波动率变化测试（Co - volatility change test，简称 CV 检验），Fry - McKibbin and Hsiao（2018），同样也是捕捉了核能市场 i 和 j 联合分布的协四阶矩的依存关系，CV 测试通过比较核能政策前后（事件前后）市场间的协波动率系数是否发生显著变化来判断市场之间的传导效应，其检验核能传导源市场 i 的回报波动率对被传导源市场

j 的回报波动率冲击，具体公式为：

$$CV_{22}(i \to j) = \frac{[\hat{\psi}_y(r_i^2, r_j^2) - \hat{\psi}_x(r_i^2, r_j^2)]^2}{\frac{4\hat{v}_{y|x_i}^4 + 16\hat{v}_{y|x_i}^2 + 4}{T_y} + \frac{4\hat{\rho}_x^4 + 16\hat{\rho}_x^2 + 4}{T_x}} \tag{12-20}$$

其中：

$$\hat{\psi}_x(r_i^2, r_j^2) = \frac{1}{T_x}\sum_{t=1}^{T_X}\left(\frac{r_{i,t} - \hat{\mu}_{i,x}}{\hat{\sigma}_{i,x}}\right)^2\left(\frac{r_{j,t} - \hat{\mu}_{j,x}}{\hat{\sigma}_{j,x}}\right)^2 - (1 + 2\hat{\rho}_x^2) \tag{12-21}$$

$$\hat{\psi}_y(r_i^2, r_j^2) = \frac{1}{T_y}\sum_{t=1}^{T_y}\left(\frac{r_{i,t} - \hat{\mu}_{i,y}}{\hat{\sigma}_{i,y}}\right)^2\left(\frac{r_{j,t} - \hat{\mu}_{j,y}}{\hat{\sigma}_{j,y}}\right)^2 - (1 + 2\hat{v}_{y|x_i}^2) \tag{12-22}$$

在 CV_{22} 检验下，原假设为核能传导源市场与被传导源市场不存在传导性，即：

$H_0: \hat{\psi}_y(r_i^2, r_j^2) = \hat{\psi}_x(r_i^2, r_j^2)$，

$H_1: \hat{\psi}_y(r_i^2, r_j^2) \neq \hat{\psi}_x(r_i^2, r_j^2)$

根据原假设，CV_{22} 测试服从自由度为 1 的卡方分布：$CV_{22} \xrightarrow{d} \chi_1^2$。

第四节　核能事件与相关数据分析

本节介绍了样本的具体时间、核能政策或事件简介，以及实证分析中使用的数据及数据的初步处理。

一、核能事件与政策时间表

根据核能政策及核能事件梳理（表 12－2）可知，以 2008 年 8 月 27 日的韩国“第一期国家能源基本计划”颁布（Il Ko and Kwon，2009）确定韩国核能扩张政策的政策期间和非政策期间；2011 年 3

月 12 日的日本发生福岛核电站事故（Hogberg，2013），但由于数据缺失，危机后起始时期确认为 2011 年 3 月 14 日；2011 年 6 月 30 日的德国逐步关闭现有核电站政策（Robert and McCauley，2016）以此确定德国废核的政策期间和非政策期间；根据 2014 年 1 月 14 日韩国“第二个国家能源基本计划”（Shim and Hong，2016）划分韩国减核政策的政策期间和非政策期间；根据 2015 年 8 月 17 日的法国“迈向绿色成长之能源转型法”（Mauger，2018）确定法国减核的政策期间和非政策期间。具体样本事件如表 12－3 所示。

表 12－2　　主要核能政策及事件

时间	具体内容
2008 年 8 月	2008 年 8 月 27 韩国政府颁布“第一期国家能源基本计划”扩张核能发展，该计划指出 2030 年，核电厂发电量占总发电量的比例将从 2008 年的 35.5% 提高到 59%（Il Ko and Kwon，2009）。
2011 年 3 月	Hogberg（2013）可知，2011 年 3 月 11 日，日本东北部海域发生里氏九级地震，导致福岛第一核电站发生气爆，放射性物质外泄。2011 年 3 月 14 日，日本政府宣布该为 4 级核事故，最终在发生事故后的 25 天，日本政府将原来的 4 级核电事故改为 7 级核电事故，引起了人们对核电发展的担忧（Hogberg，2013）。
2011 年 6 月	日本福岛核电站事故发生后，德国反核成为主流，可知德国政府于 2011 年 6 月 30 日宣布确定在 2022 年之前关闭所有境内的核电站（Robert and McCauley，2016）。
2014 年 1 月	2013 年 10 月韩国“第六次长期电力供需基本计划”草案提出原核能装置容量不变，但是核能占比要降至 23.1%，至 2027 年核电容量仍维持不变，但占比下降至 22.7%。2014 年 1 月 14 日韩国“第二个国家能源基本计划”提出了 2035 年国家核能装置容量占比由现今的 41% 下调为 29%（Shim and Hong，2016）。
2015 年 8 月	法国政府为了响应节能减排号召，于 2015 年 8 月通过了“迈向绿色成长之能源转型法”，目的是实现法国发电结构多样化，提出到 2050 年将核能发电占比从原来的 75% 降到 50%（Mauger，2018）。

资料来源：作者自行整理。

表 12－3　　　　　　　　各时间段样本数量统计

事件	事件发生前时间段	事件前样本量（个）	事件发生后时间段	事件后样本量（个）	传导源国家
韩国核能扩张政策	2007 年 4 月 4 日—2008 年 8 月 26 日	363	2008 年 8 月 27 日—2010 年 1 月 19 日	365	韩国
日本福岛事件	2010 年 1 月 20 日—2011 年 3 月 11 日	298	2011 年 3 月 14 日—2012 年 8 月 3 日	365	日本
德国废核政策	2010 年 1 月 20 日—2011 年 3 月 11 日	298	2011 年 6 月 30 日—2012 年 11 月 21 日	365	德国
韩国减核政策	2010 年 1 月 20 日—2011 年 3 月 11 日	298	2014 年 1 月 14 日—2015 年 6 月 8 日	365	韩国
法国减核政策	2010 年 1 月 20 日—2011 年 3 月 11 日	298	2015 年 8 月 17 日—2017 年 1 月 6 日	365	法国

资料来源：作者自行整理。

二、核能指数来源与选取

本书中的样本国数据来自 S－Network 公司收录的 World Nuclear Associate（WNA）核能指数，WNA 核能指数分类为主要建筑、反应堆、核能发电、技术、设备与服务提供商和燃料，所有样本数据在 Bloomberg 数据库中筛选下载，根据 WNA 核能整理出各国的核能指数。

美国核能指数（US），由 22 个美国公司的股票价格再按照所占权重组成指数，分别是艾默生电器（EMR US Equity）、新纪元能源公司（NEE US Equity）、联邦信号公司（FSS US Equity）、Entergy 公司（ETR US Equity）、第一能源（FE US Equity）、帕克汉尼汾（PH US Equity）、杜克能源（DUK US Equity）、MKS Instruments 股份有限公司（MKSI US Equity）、CIRCOR 国际公司（CIR US Equity）、Team 公司（TISI US Equity）、百通公司（BDC US Equity）、SPX 公司（SPXC US Equity）、MSA Safety 有限公司（MSA US Equity）、Kirby 公司（KEX US Equity）、阿美特克股份有限公司（AME US Equity）、通

用电器（GE US Equity）、福斯公司（FLS US Equity）、Curtiss - Wright 公司（CW US Equity）、Leidos 控股公司（LDOS US Equity）、Exelon 公司（EXC US Equity）、福陆（FLR US Equity）和 McDermott 国际股份有限公司（MDR US Equity）。

日本核能指数（JPN），由 17 个日本公司的股票价格再按照所占权重组成指数，分别是东洋工程公司、东芝机器系统与服务公司、太平电业株式会社、东芝、日挥株式会社、石川岛播磨重工、北陆电力有限公司、日本制钢、三菱重工、住友电气工业有限公司、九州岛电力公司、日立、横河电机、Shikoku Electric Power Co Inc、北海道电力株式会社、东京电力控股株式会社和关西电力。

韩国核能指数（KR），由 3 个韩国公司的股票价格再按照所占权重组成指数，分别是 KEPCO 工程及建设公司、斗山重工公司、韩国电力公司。

德国核能指数（GER），由 3 个德国公司的股票价格再按照所占权重组成指数，分别是莱茵集团、意昂集团、西格里碳素股份公司。

加拿大核能指数（CAN），由 2 个加拿大公司的股票价格再按照所占权重组成指数，分别是 NexGen 能源有限公司和 Cameco 公司。

印度核能指数（IN），由 Larsen and Toubro 有限公司的股票价格再按照所占权重组成代表印度核能指数。

法国核能指数（FR），由法国电力公司（EDF）的股票价格再按照所占权重组成代表法国核能指数。

为了观察与五大核能事件前后核能国家指数的走势，图 12 - 2 中阴影区域表示五次核能事件发生的情况，2008—2010 年核电指数总体呈现上升趋势，这可能与 2008 年韩国核电扩张政策的颁布有关。从图中也可以看到 2011 年的福岛核事故严重影响了核能发展的国家，特别是加拿大、法国、德国和韩国，这也导致了核能指数急剧下降。随后，大多数国家的核能指数从 2012—2016 年持续下降，这主要源于部分国家选择逐步淘汰核能并鼓励可再生能源的发展。

加拿大

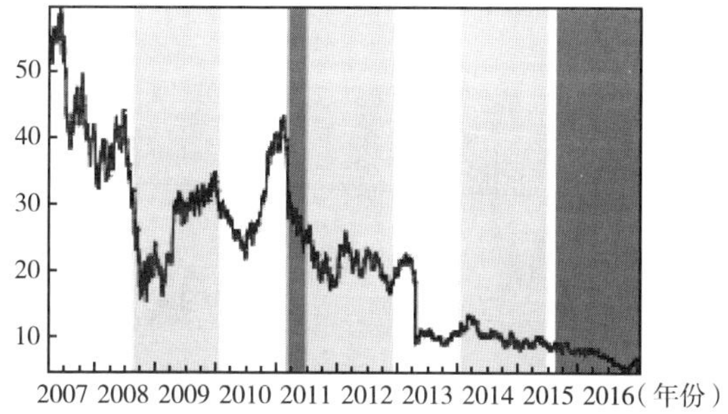
10
20
30
40
50
2007 2008 2009 2010 2011 2012 2013 2014 2015 2016（年份）

法国

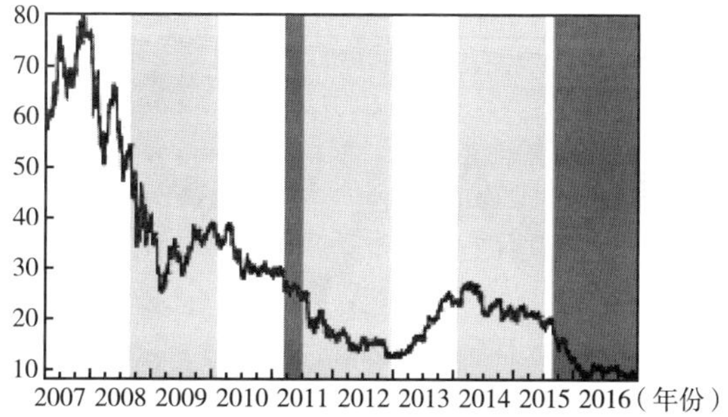
10
20
30
40
50
60
70
80
2007 2008 2009 2010 2011 2012 2013 2014 2015 2016（年份）

德国

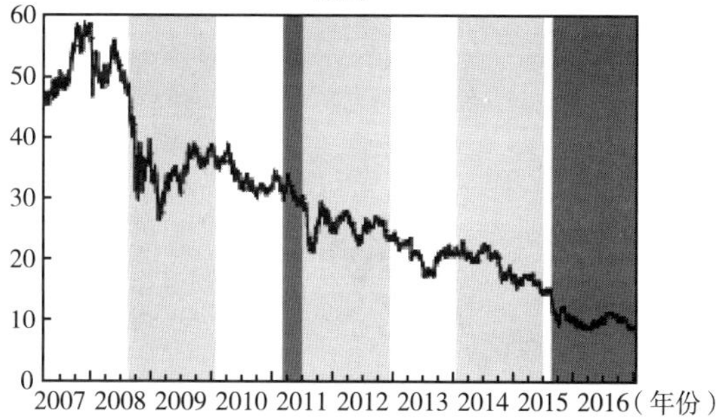
0
10
20
30
40
50
60
2007 2008 2009 2010 2011 2012 2013 2014 2015 2016（年份）

日本

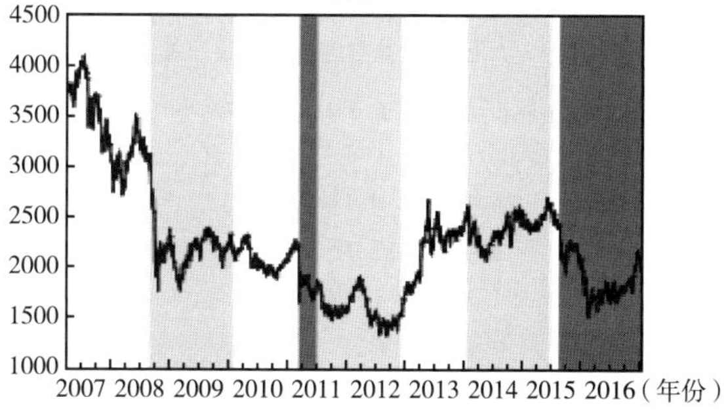
1000
1500
2000
2500
3000
3500
4000
4500
2007 2008 2009 2010 2011 2012 2013 2014 2015 2016（年份）

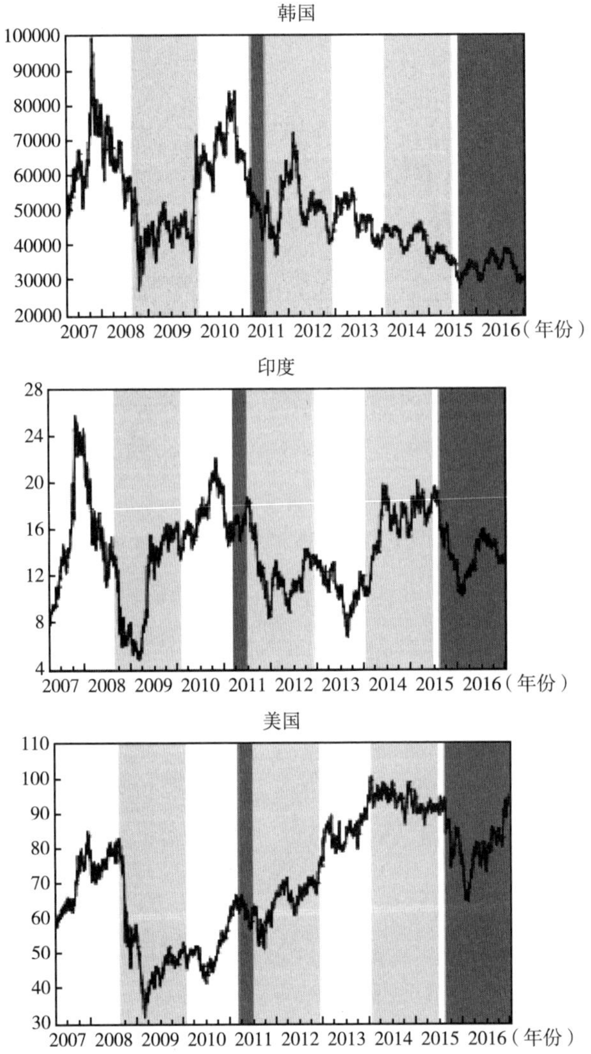

图 12－2　七个国家的核能指数日度数据

注：数据区间为 2007 年 4 月 4 日至 2017 年 1 月 6 日，阴影部分面积分别代表五大核能事件：（1）韩国核能扩张政策（2008 年 8 月 27 日至 2010 年 1 月 19 日；（2）日本福岛核事故（2011 年 3 月 14 日至 2012 年 8 月 3 日）；（3）德国废核政策（2011 年 6 月 30 日至 2012 年 11 月 21 日）；（4）韩国减核政策（2014 年 1 月 14 日至 2015 年 6 月 8 日）；（5）法国减核政策（2015 年 8 月 17 日至 2017 年 1 月 6 日）。

资料来源：作者自行整理。

三、核能指数的平稳性检验

模型在构建的首要前提是数据平稳，股票序列通常服从对数正态分布，本书将对样本进行的数据处理使得序列平稳（Hsiao and Chen，2018），因此核能指数的回报率$r_{i,t}$的公式如下：

$$r_{i,t} = 100 \times [\ln(P_{i,t}) - \ln(P_{i,t-1})] \quad (12-23)$$

其中，$P_{i,t}$代表某国核能指数 i 在 t 时间的日收盘价。七个国家的核能指数日回报率如图 12－3 所示。构建模型的必要前提是数据平稳，本书将采用 ADF 检验法进行平稳性检验，ADF 检验原假设为序列不平稳，若 t 值在拒绝域内，则表示序列平稳，反之表示不稳定。由表 12－3 可知所有样本的残差均为零阶单整序列。

表 12－4　　　平稳性检验结果

变数	统计值（t－statistic）	置信概率
加拿大r_{can}	－17.497	0.0000***
法国r_{fr}	－17.400	0.0000***
德国r_{ger}	－18.116	0.0000***
印度r_{in}	－17.334	0.0000***
日本r_{jp}	－17.057	0.0000***
韩国r_{kr}	－16.157	0.0000***
美国r_{us}	－14.069	0.0000***

Test critical values：

1% level	－3.448062
5% level	－2.869241
10% level	－2.570940

注：*** 为在 1% 的显著性水平下序列平稳，** 为在 5% 的显著性水平下序列平稳，* 为在 10% 的显著性水平下序列平稳。

资料来源：作者自行整理。

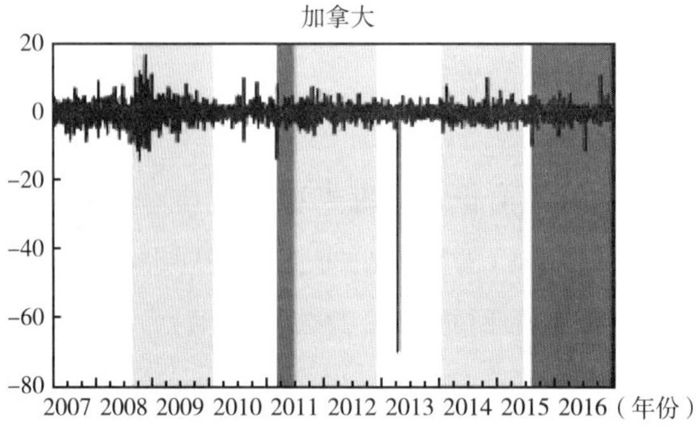
加拿大
20
0
−20
−40
−60
−80
2007 2008 2009 2010 2011 2012 2013 2014 2015 2016（年份）

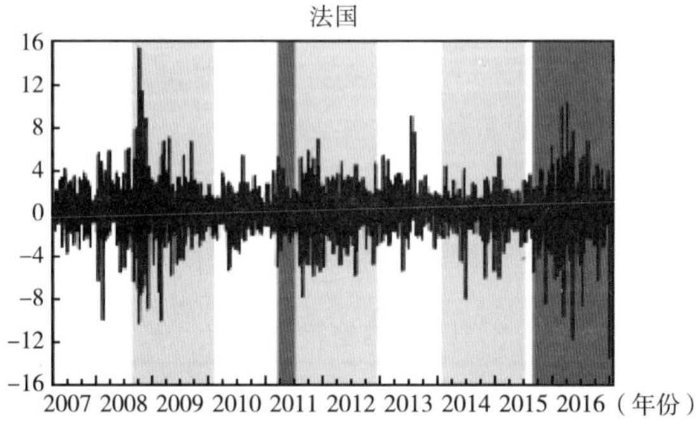
法国
16
12
8
4
0
−4
−8
−12
−16
2007 2008 2009 2010 2011 2012 2013 2014 2015 2016（年份）

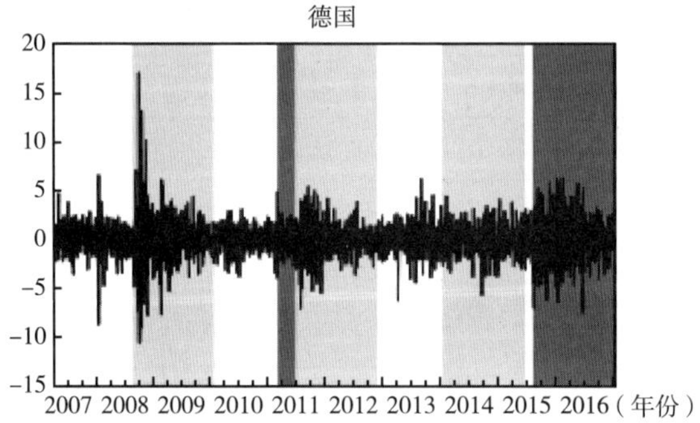
德国
20
15
10
5
0
−5
−10
−15
2007 2008 2009 2010 2011 2012 2013 2014 2015 2016（年份）

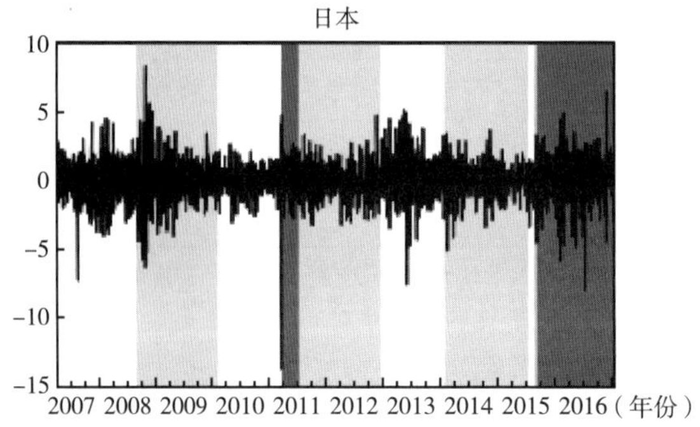
日本
10
5
0
−5
−10
−15
2007 2008 2009 2010 2011 2012 2013 2014 2015 2016（年份）

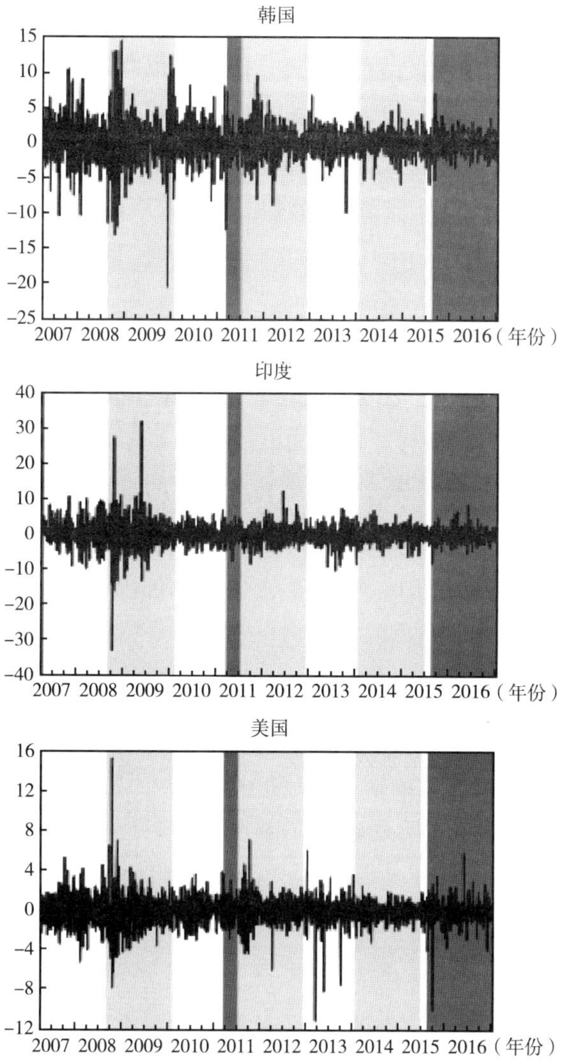

图 12－3　七个国家的核能指数回报率日度数据

注：数据区间为 2007 年 4 月 4 日至 2017 年 1 月 6 日，阴影部分面积分别代表五大核能事件：（1）韩国核能扩张政策（2008 年 8 月 27 日至 2010 年 1 月 19 日；（2）日本福岛核事故（2011 年 3 月 14 日至 2012 年 8 月 3 日）；（3）德国废核政策（2011 年 6 月 30 日至 2012 年 11 月 21 日）；（4）韩国减核政策（2014 年 1 月 14 日至 2015 年 6 月 8 日）；（5）法国减核政策（2015 年 8 月 17 日至 2017 年 1 月 6 日）。

资料来源：作者自行整理。

接下来，本书参考了 Forbes and Rigobon（2002）及 Fry - McKibbin et al.（2018）的研究方法，将各国核能指数收益率构成的样本数据首先进行自回归检验，即对R_t序列进行向量自回归（Vector Autoregression，简称 VAR 模型）模型拟合，控制宏观与基本面因素的影响，进而提取模型的残差项序列作为风险传导效应的研究对象。其表达式为：

$$R_t = \phi(L)R_t + u_t \tag{12-24}$$

其中，$R_t = \{x_t, y_t\}'$表示核能事件发生前（x）和核能事件发生后（y）的向量的转置，$\phi(L)$ 表示自回归模型滞后算子向量参数，L 表示滞后阶数，u_t表示残差项序列也代表了未预期的冲击，所以本书采用残差项作为计算传导模型各检验统计量的目标参数。模型阶数选择根据表 12 - 5 中显示，AIC 信息准则显示滞后阶数为 2 阶，SC 信息准则显示滞后阶数为 1，综合考虑本书将使用滞后 1 阶来构建 VAR 模型，并提取残差。

表 12 - 5　　　　VAR 模型的滞后阶数选择

Lag	VAR lag order selection criteria				
	LR	FPE	AIC	SC	HQ
0	NA	17759.390	29.650	29.725	29.680
1	3089.660	4.050	21.264	21.862*	21.502*
2	106.960	3.903*	21.227*	22.349	21.673
3	58.109	4.313	21.326	22.971	21.980
4	50.149	4.866	21.445	23.614	22.307
5	51.508	5.454	21.557	24.249	22.627
6	35.979	6.400	21.714	24.930	22.992
7	68.489*	6.765	21.765	25.504	23.251
8	45.545	7.677	21.885	26.149	23.580

注：LR 统计量为序贯统计方法，FPE 准则为最终预测误差准则，AIC 准则为 is Akaike 准则，SC 为 Schwarz 准则，HQ 为 Hannan - Quinn 准则。* 表示在该标准下选取的最佳滞后阶数。

资料来源：作者自行整理。

四、核能指数描述性统计

传导源于国家间不确定性因素的蔓延，指数回报率的波动反映了不确定性因素的影响，表 12－6 至表 12－10 收集了各国指数残差的均值、标准偏差、偏度和峰度对不确定性因素造成的冲击做出初步判断。

根据表 12－6 可知，各国在韩国核能扩张政策颁布后的标准差都高于颁布前，说明政策的颁布导致各国指数风险性增加。政策颁布前，大部分国家指数残差偏度值小于 0，说明数据具有左偏趋势，政策颁布后大部分国家指数回报率偏度值大于 0，说明数据具有右偏趋势。总体来说，趋势的转变较大，残差的峰度值在政策颁布后大幅度上升，峰度在两个时期都大于 3，说明收益都偏离正态分布。

表 12－6　各国在韩国核能扩张政策中核能指数残差的均值、标准差、偏度和峰度

国家	事件前				事件后			
	均值	标准差	偏度	峰度	均值	标准差	偏度	峰度
加拿大	-0.09	2.67	-0.19	3.70	0.11	3.81	0.00	5.00
法国	0.05	1.84	-0.37	5.98	-0.01	2.73	0.19	7.72
德国	0.06	1.40	-0.73	9.02	0.01	2.60	0.65	10.99
印度	0.10	3.30	0.22	4.03	0.06	5.07	0.13	13.33
日本	-0.06	1.50	-0.18	4.38	-0.04	1.74	0.12	5.91
韩国	0.04	2.71	0.16	5.08	0.09	3.77	-0.25	7.18
美国	0.05	1.40	0.19	3.97	-0.13	1.99	1.13	13.70

注：事件前时间段为 2007 年 4 月 4 日至 2008 年 8 月 26 日，事件后时间段为 2008 年 8 月 27 日至 2010 年 1 月 19 日。

资料来源：作者自行整理。

根据表 12－7 可知，福岛核事故发生后各国指数残差的标准差都高于事故前，说明事故导致不确定性因素增加。政策颁布后部分国家指数残差左倾程度加深，而部分国家残差右倾程度加深，说明事故出现国家间反映呈现分化现象。残差峰度在事故发生前后均大于3，日本受该事故影响峰度值成倍上升，说明国家收益风险加大。

表 12－7　各国在日本福岛事件中核能指数残差的均值、标准差、偏度和峰度

国家	事件前				事件后			
	均值	标准差	偏度	峰度	均值	标准差	偏度	峰度
加拿大	0.13	1.91	0.54	7.18	－0.08	2.40	－0.39	5.86
法国	－0.03	1.35	－0.16	4.79	－0.09	2.12	－0.24	3.56
德国	0.00	1.11	－0.29	3.70	0.00	1.83	－0.06	3.69
印度	－0.05	2.10	0.20	3.61	－0.12	2.42	0.27	4.83
日本	－0.01	0.93	－0.12	3.25	－0.09	1.55	－2.75	25.97
韩国	－0.05	2.24	0.00	4.84	－0.02	2.35	－0.20	6.44
美国	0.04	1.12	0.12	3.67	0.00	1.37	0.20	6.17

注：事件前时间段为2010年1月20日至2011年3月11日，事件后时间段为2011年3月14日至2012年8月3日。

资料来源：作者自行整理。

根据表12－8可知，从均值的角度可见，受废核政策的影响残差变动较少，大部分残差标准差受政策影响有所上升，说明收益波动增加，残差峰度均大于3，但是部分国家指数残差峰度在政策颁布后有所下降，后面章节将用具体实验验证是否存在风险传导。

表 12－8　各国在德国废核政策中核能指数残差的均值、标准差、偏度和峰度

国家	事件前				事件后			
	均值	标准差	偏度	峰度	均值	标准差	偏度	峰度
加拿大	0.13	1.91	0.54	7.18	－0.03	2.15	0.11	3.56
法国	－0.03	1.35	－0.16	4.79	－0.10	2.08	－0.27	3.70
德国	0.00	1.11	－0.29	3.70	0.00	1.76	－0.11	4.04
印度	－0.05	2.10	0.20	3.61	－0.13	2.45	0.48	4.93

续表

国家	事件前				事件后			
	均值	标准差	偏度	峰度	均值	标准差	偏度	峰度
日本	-0.01	0.93	-0.12	3.25	-0.02	1.22	0.17	3.52
韩国	-0.05	2.24	0.00	4.84	-0.01	2.15	0.24	5.33
美国	0.04	1.12	0.12	3.67	0.02	1.33	0.14	6.57

注：事件前时间段为 2010 年 1 月 20 日至 2011 年 3 月 11 日，事件后时间段为 2011 年 6 月 30 日至 2012 年 11 月 21 日。

资料来源：作者自行整理。

如表 12-9 所示，韩国减核政策发生后绝大部分国家指数残差的标准差的数值较政策颁布前有所上升，部分偏度数值呈反向变动。残差峰度在政策颁布后均有所上升，特别是加拿大和美国指数残差峰值变动剧烈，说明韩国减核政策对加拿大和美国核能发展产生重要影响。

表 12-9　各国在韩国减核政策中核能指数残差的均值、标准差、偏度和峰度

国家	事件前				事件后			
	均值	标准差	偏度	峰度	均值	标准差	偏度	峰度
加拿大	0.13	1.91	0.54	7.18	-0.12	3.99	-14.5	256.00
法国	-0.03	1.35	-0.16	4.79	0.20	1.47	0.13	9.95
德国	0.00	1.11	-0.29	3.70	0.07	1.43	-0.04	5.34
印度	-0.05	2.10	0.20	3.61	0.11	2.44	-0.35	4.83
日本	-0.01	0.93	-0.12	3.25	0.08	1.57	-0.29	5.18
韩国	-0.05	2.24	0.00	4.84	-0.04	1.50	-0.94	8.00
美国	0.04	1.12	0.12	3.67	0.00	1.25	-2.97	25.60

注：事件前时间段为 2010 年 1 月 20 日至 2011 年 3 月 11 日，事件后时间段为 2014 年 1 月 14 日至 2015 年 6 月 8 日。

资料来源：作者自行整理。

根据表 12-10 可知，事件发生后标准偏差变化较小，部分国家的偏度呈现反向变动，而小部分国家左偏的程度加深，残差峰度数值普遍增加，特别是美国指数残差峰度变化程度最大。

表 12 - 10　各国在法国减核政策中核能指数残差的均值、标准差、偏度和峰度

国家	事件前				事件后			
	均值	标准差	偏度	峰度	均值	标准差	偏度	峰度
加拿大	0.13	1.91	0.54	7.18	0.01	2.06	-0.24	8.21
法国	-0.03	1.35	-0.16	4.79	-0.14	2.68	-0.48	6.60
德国	0.00	1.11	-0.29	3.70	-0.11	1.91	0.38	5.31
印度	-0.05	2.10	0.20	3.61	-0.11	1.91	0.38	5.31
日本	-0.01	0.93	-0.12	3.25	0.00	1.70	-0.47	4.99
韩国	-0.05	2.24	0.00	4.84	0.03	1.41	0.37	4.85
美国	0.04	1.12	0.12	3.67	0.00	1.17	-1.41	18.63

注：事件前时间段为 2010 年 1 月 20 日至 2011 年 3 月 11 日，事件后时间段为 2015 年 8 月 17 日至 2017 年 1 月 6 日。

资料来源：作者自行整理。

早期学者通过比较事件发生前后相关系数衡量传导迹象的存在，表 12 - 11 收集了核能事件发生前后相关系数的变化，从相关系数的角度判断传导效应。由表 12 - 11 可知，事件后国家间绝大部分相关系数高于事件前的相关系数。其中在韩国核能扩张政策中，日本指数与韩国指数相关系数最高，说明韩国在事件发生前与日本的核能发展有密切联系，这主要是由于韩国与日本的地理位置原因。美国与韩国指数的相关系数最低。在日本福岛核电站事故中，只有加拿大、德国和韩国与日本指数的相关系数明显较事故前上升，其他国家并没有显示出日本福岛核电站事件的传导效应，这也体现出单从线性相关的角度难以判断极端事件发生后国家是否存在传导迹象，随后下文将运用高阶系数进行描述性统计分析。在德国废核政策中，法国由于受区域影响与德国关系密切，两者指数的相关系数最高，日本和韩国指数的相关系数最低。在韩国减核政策中，单从相关系数的比较并没有发现传导效应，将在下文进行研究。在法国减核政策中，部分国家指数的相关系数小幅度上升，其他国家的相关系数小幅度下降。

表 12－11　　核能事件发生前后的相关系数汇总

政策	国家	事件前（ρ_x）	事件后（ρ_y）	政策	国家	事件前（ρ_x）	事件后（ρ_y）
韩国核能扩张政策	加拿大	0.077	0.171	日本福岛事件	加拿大	0.080	0.213
	法国	0.206	0.214		法国	0.179	0.156
	德国	0.113	0.224		德国	0.189	0.208
	印度	0.273	0.279		印度	0.187	0.068
	日本	0.358	0.377		韩国	0.190	0.374
	美国	0.027	0.301		美国	0.284	0.096
德国废核政策	加拿大	0.263	0.423	韩国减核政策	加拿大	0.034	0.039
	法国	0.616	0.686		法国	0.126	0.034
	印度	0.326	0.311		德国	0.106	0.103
	日本	0.189	0.120		印度	0.083	0.062
	韩国	0.190	0.120		日本	0.190	0.170
	美国	0.284	0.457		美国	0.118	0.026
法国减核政策	加拿大	0.233	0.236				
	德国	0.616	0.582				
	印度	0.261	0.340				
	日本	0.179	0.220				
	韩国	0.126	0.134				
	美国	0.349	0.228				

注：韩国核能扩张政策事件前时间段为 2007 年 4 月 4 日至 2008 年 8 月 26 日，事件后时间段为 2008 年 8 月 27 日至 2010 年 1 月 19 日。日本福岛事故事件前时间段为 2010 年 1 月 20 日至 2011 年 3 月 11 日，事件后时间段为 2011 年 3 月 14 日至 2012 年 8 月 3 日。德国废核政策事件前时间段为 2010 年 1 月 20 日至 2011 年 3 月 11 日，事件后时间段为 2011 年 6 月 30 日至 2012 年 11 月 21 日。韩国减核政策事件前时间段为 2010 年 1 月 20 日至 2011 年 3 月 11 日，事件后时间段为 2014 年 1 月 14 日至 2015 年 6 月 8 日。法国减核政策事件前时间段为 2010 年 1 月 20 日至 2011 年 3 月 11 日，事件后时间段为 2015 年 8 月 17 日至 2017 年 1 月 6 日。

资料来源：作者自行整理。

协高阶矩系数从非对称性依存及极端依赖的角度能更好地捕捉市场中的关系，因为联合收益序列往往呈现非对称性及尖峰肥尾的现象。表 12－12 至表 12－14 总结了在五大核能事件发生期间协偏度系数、协峰度系数和协波动率系数等指标的变动情况。根据表 12－9 可知，协偏度系数经过事件后由负数变为正数，协峰度系数变动范围由原来的（－0.07，2.09）变动到（0.06，5.28），协峰度系数在政策颁布后全为正数，协波动率系数变动范围由原来的（0.95，1.66）变动到（1.88，3.30），协高阶矩系数反映了在韩国核能扩张政策颁布后核能市场资产联合概率分布呈现尖峰肥尾的形态，极端现象出现概率上升。日本福岛核事故中的协偏度系数负值均高于事故发生前，说明在事故发生后核能市场资产收益率的联合分布形态呈现左尾比右尾长，即事故期间核能市场的负收益率比正收益率普遍，各国投资者损失较大。协峰度系数的区间由原来的 0.54（法国、德国）至 1.24（加拿大）扩大到－0.27（美国）至 12.59（韩国），协波动率系数也明显上升，特别是韩国的协波动率系数增加幅度最大，说明韩国核能市场受到了日本核事故的强烈冲击。德国废核政策中协偏度系数负值变小，协峰度系数、协波动率系数小幅度上升。韩国减核政策中协偏度系数正负交替，反映出市场情绪波动较大，不确定性因素增加，协峰度系数及协波动率系数变动较少。法国减核政策中协偏度系数负值加大，协峰度系数范围小幅度扩大，但协波动率系数却幅度变小。总而言之，五大核能事件在协高阶矩都能显现出传导源国家对被传导源国家的传导效应。

第五节　核能事件的传导效应实证研究

一、韩国核能扩张政策

韩国由 20 世纪 50 年代开始发展核能，2007 年韩国成为世界上

表 12－12　韩国核能扩张政策和日本福岛核事故各期间协偏度系数、协峰度系数和协波动率系数统计

国家	$\hat{\psi}_x(r_i^1,r_j^2)$	$\hat{\psi}_x(r_i^2,r_j^1)$	$\hat{\psi}_x(r_i^1,r_j^3)$	$\hat{\psi}_x(r_i^3,r_j^1)$	$\hat{\psi}_x(r_i^2,r_j^2)$	国家	$\hat{\psi}_y(r_i^1,r_j^2)$	$\hat{\psi}_y(r_i^2,r_j^1)$	$\hat{\psi}_y(r_i^1,r_j^3)$	$\hat{\psi}_y(r_i^3,r_j^1)$	$\hat{\psi}_y(r_i^2,r_j^2)$
韩国核能扩张政策颁布前						韩国核能扩张政策颁布后					
加拿大	-0.08	-0.06	-0.07	0.23	1.66	加拿大	-0.08	0.32	0.73	0.60	1.88
法国	-0.14	-0.08	1.15	0.62	1.36	法国	0.11	0.30	1.84	1.08	2.41
德国	-0.18	-0.21	2.09	0.75	1.38	德国	0.02	0.35	2.13	1.25	3.17
日本	-0.05	-0.14	1.19	1.45	1.47	日本	0.18	0.35	2.81	1.65	3.21
印度	-0.07	0.10	0.97	1.43	1.57	印度	-0.04	0.07	3.25	1.68	2.15
美国	0.11	-0.04	0.12	0.17	0.95	美国	0.36	0.29	5.28	1.52	3.30
国家	$\hat{\psi}_x(r_i^1,r_j^2)$	$\hat{\psi}_x(r_i^2,r_j^1)$	$\hat{\psi}_x(r_i^1,r_j^3)$	$\hat{\psi}_x(r_i^3,r_j^1)$	$\hat{\psi}_x(r_i^2,r_j^2)$	国家	$\hat{\psi}_y(r_i^1,r_j^2)$	$\hat{\psi}_y(r_i^2,r_j^1)$	$\hat{\psi}_y(r_i^1,r_j^3)$	$\hat{\psi}_y(r_i^3,r_j^1)$	$\hat{\psi}_y(r_i^2,r_j^2)$
日本福岛核事故发生前						日本福岛核事故发生后					
加拿大	0.07	0.05	1.24	0.22	0.99	加拿大	-0.44	-0.80	3.40	6.04	5.38
法国	-0.10	-0.04	0.59	0.54	1.15	法国	-0.06	-0.38	0.73	2.67	1.59
德国	-0.15	-0.10	0.90	0.54	1.18	德国	-0.05	-0.68	0.55	5.70	2.28
韩国	-0.12	-0.09	0.65	0.68	1.36	韩国	-0.71	-1.48	4.29	12.59	7.37
印度	0.09	-0.03	0.85	0.63	1.16	印度	0.05	-0.11	0.51	1.33	0.93
美国	-0.03	0.00	1.14	0.69	1.18	美国	-0.10	-0.21	-0.27	1.67	0.84

注：韩国核能扩张政策颁布前时间段为 2007 年 4 月 4 日至 2008 年 8 月 26 日，韩国核能扩张政策颁布后时间段为 2008 年 8 月 27 日至 2010 年 1 月 19 日；日本福岛核事故发生前时间段为 2010 年 1 月 20 日至 2011 年 3 月 11 日，日本福岛核事故发生后时间段为 2011 年 3 月 14 日至 2012 年 8 月 3 日。协偏度系数是由公式（12－8）、公式（12－9）、公式（12－12）和公式（12－13）计算得出，协峰度系数是由公式（12－14）、公式（12－15）、公式（12－17）和公式（12－18）计算得出，协波动率系数是由公式（12－21）和公式（12－22）计算得出。

资料来源：作者自行整理。

表 12－13　德国废核政策和韩国减核政策各期间协偏度系数、协峰度系数和协波动率系数统计

国家	$\hat{\psi}_x(r_i^1,r_j^2)$	$\hat{\psi}_x(r_i^2,r_j^1)$	$\hat{\psi}_x(r_i^1,r_j^3)$	$\hat{\psi}_x(r_i^3,r_j^1)$	$\hat{\psi}_x(r_i^2,r_j^2)$	国家	$\hat{\psi}_y(r_i^1,r_j^2)$	$\hat{\psi}_y(r_i^2,r_j^1)$	$\hat{\psi}_y(r_i^1,r_j^3)$	$\hat{\psi}_y(r_i^3,r_j^1)$	$\hat{\psi}_y(r_i^2,r_j^2)$
德国废核政策颁布前						德国废核政策颁布前					
加拿大	0.18	－0.08	1.51	0.91	1.19	加拿大	0.05	0.02	1.37	1.38	1.42
法国	－0.32	－0.24	2.64	2.29	2.49	法国	－0.08	－0.03	2.53	2.72	2.45
日本	－0.10	－0.15	0.54	0.90	1.46	日本	0.00	0.04	0.14	0.16	1.18
韩国	－0.02	0.14	0.02	0.32	1.37	韩国	－0.09	0.00	0.37	0.55	1.30
印度	－0.02	－0.10	1.22	1.17	1.64	印度	0.07	－0.14	0.69	1.07	1.33
美国	－0.27	－0.29	1.04	1.69	1.63	美国	0.00	0.10	2.44	1.58	1.97
国家	$\hat{\psi}_x(r_i^1,r_j^2)$	$\hat{\psi}_x(r_i^2,r_j^1)$	$\hat{\psi}_x(r_i^1,r_j^3)$	$\hat{\psi}_x(r_i^3,r_j^1)$	$\hat{\psi}_x(r_i^2,r_j^2)$	国家	$\hat{\psi}_y(r_i^1,r_j^2)$	$\hat{\psi}_y(r_i^2,r_j^1)$	$\hat{\psi}_y(r_i^1,r_j^3)$	$\hat{\psi}_y(r_i^3,r_j^1)$	$\hat{\psi}_y(r_i^2,r_j^2)$
韩国减核政策颁布前						韩国减核政策颁布后					
加拿大	0.09	－0.05	0.35	0.05	1.00	加拿大	0.00	－0.06	0.06	0.06	0.82
法国	－0.14	0.08	0.09	0.35	0.98	法国	－0.13	0.14	－0.20	0.02	1.07
德国	0.14	－0.02	0.32	0.02	1.37	德国	－0.02	0.18	0.39	0.66	1.32
日本	－0.09	－0.12	0.68	0.65	1.36	日本	－0.09	－0.08	0.70	0.76	1.05
印度	0.21	0.04	0.42	0.07	1.25	印度	0.02	－0.05	－0.08	0.77	0.91
美国	0.05	－0.08	0.55	0.46	1.18	美国	0.06	－0.09	0.09	0.16	0.68

注：德国废核政策颁布前时间段为 2010 年 1 月 20 日至 2011 年 3 月 11 日，德国废核政策颁布后时间段为 2011 年 6 月 30 日至 2012 年 11 月 21 日；韩国减核政策颁布前时间段为 2010 年 1 月 20 日至 2011 年 3 月 11 日，韩国减核政策颁布后时间段为 2014 年 1 月 14 日至 2015 年 6 月 8 日。协偏度系数是由公式（12－8）、公式（12－9）、公式（12－12）和公式（12－13）计算得出，协峰度系数是由公式（12－14）、公式（12－15）、公式（12－17）和公式（12－18）计算得出，协波动率系数是由公式（12－21）和公式（12－22）计算得出。

资料来源：作者自行整理。

表 12－14　　法国减核政策各期间协偏度系数、协峰度系数和协波动率系数统计

国家	$\hat{\psi}_x(r_i^1,r_j^2)$	$\hat{\psi}_x(r_i^2,r_j^1)$	$\hat{\psi}_x(r_i^1,r_j^3)$	$\hat{\psi}_x(r_i^3,r_j^1)$	$\hat{\psi}_x(r_i^2,r_j^2)$	国家	$\hat{\psi}_y(r_i^1,r_j^2)$	$\hat{\psi}_y(r_i^2,r_j^1)$	$\hat{\psi}_y(r_i^1,r_j^3)$	$\hat{\psi}_y(r_i^3,r_j^1)$	$\hat{\psi}_y(r_i^2,r_j^2)$
法国减核政策颁布前						法国减核政策颁布后					
加拿大	0.16	0.08	1.45	0.86	1.13	加拿大	-0.31	0.04	0.91	0.54	1.30
德国	-0.24	-0.32	0.44	2.64	2.45	德国	-0.15	-0.21	1.92	2.09	1.77
日本	-0.04	-0.10	0.54	0.59	1.15	日本	-0.36	-0.19	1.44	0.83	1.54
韩国	0.08	-0.14	0.35	0.09	0.98	韩国	-0.17	0.00	0.12	0.38	0.91
印度	0.15	-0.03	0.87	1.41	1.46	印度	-0.03	-0.02	1.48	1.02	1.33
美国	-0.24	-0.29	1.12	1.59	1.56	美国	-0.04	-0.14	-0.75	1.23	1.13

注：法国减核政策颁布前时间段为 2010 年 1 月 20 日至 2011 年 3 月 11 日，法国减核政策颁布后时间段为 2015 年 8 月 17 日至 2017 年 1 月 6 日。协偏度系数是由公式（12－8）、公式（12－9）、公式（12－12）和公式（12－13）计算得出，协峰度系数是由公式（12－14）、公式（12－15）、公式（12－17）和公式（12－18）计算得出，协波动率系数是由公式（12－21）和公式（12－22）计算得出。

资料来源：作者自行整理。

第三个具备自行研发能力的第三代核电技术国家。根据前节韩国核能指数描述统计分析，也能反映出韩国核能指数自身受到了扩张政策的影响，从韩国核电发展成效中也侧面反映了扩张政策影响力，例如2008年韩国电力公司赢得了向美国西屋公司提供“AP10000”核岛和辅助设施的设计服务合同。在2009年底，韩国核技术出口更上一个台阶，成功揽下价值200亿美元的4座轻水核反应堆核电建设合同。

在韩国核能发展速度加快的情况下，我们通过调整后的线性相关变化测试（*CR*）、协偏度变化测试（*CS*）、协峰度变化测试（*CK*）和协波动率变化测试（*CV*）等测试判别韩国核能扩张政策是否对各国核能指数造成传导性影响。通过表12－15结果可见，从线性相关的角度分析，在调整后的线性相关变化测试（*CR*）中，只有美国指数显著，其他国家均不显著。从非对称性相关的角度来看，在协偏度检验测试（CS_{12}）发现韩国扩张政策对加拿大、法国、德国、日本及美国核能市场具有传导性影响，其中对法国和日本核能市场尤为突出。从极端依存角度进行分析，在协峰度变化测试（*CK*）中，扩张政策所有国家均存在传导效应，但对美国核能市场传导效应最为强烈，对德国的影响较弱。在协波动率变化测试（*CV*）中，政策的颁布对法国、德国、日本、印度和美国核能市场均产生显著影响。总体而言，韩国核能扩张政策对各国核能指数有一定的传导性效应，尤其对日本和美国核能指数传导性较大，但对印度和德国的传导效应较弱。韩国扩张政策对其他国家的影响可以归因于拥有相同核发展道路的国家出现了广泛的羊群效应行为（Thomas，2017），如日本在2008年实施了核能创新技术计划，这与韩国扩大核电计划是同一年（WNA，2020）。

表12－15　韩国核能扩张政策期间调整后的线性相关变化测试、协偏度变化测试、协峰度变化测试和协波动率变化测试检验结果

国家	*CR*	CS_{12}	CS_{21}	CK_{13}	CK_{31}	CV_{22}
加拿大	0.52	0.00	12.75***	12.50***	1.71	1.72

续表

国家	CR	CS_{12}	CS_{21}	CK_{13}	CK_{31}	CV_{22}
法国	0.68	5.44**	12.53***	19.69***	0.86	45.77***
德国	0.62	3.36*	27.40***	0.35	3.48*	130.86***
日本	1.89	4.00**	17.86***	79.11***	4.40**	108.41***
印度	1.13	0.05	0.05	159.35***	5.32**	15.57***
美国	9.29***	5.26**	9.49***	590.17***	16.74***	210.11***

注：CR、CS_{12}、CS_{21}、CK_{13}、CK_{31} 和 CV 统计量的计算公式分别根据公式（12－1）、公式（12－10）、公式（12－11）、公式（12－16）、公式（12－19）以及公式（12－20），所有统计量均服从自由度为 1 的卡方分布，在 1%、5% 和 10% 的显著性水平下的临界值分别为 6.635、3.841 和 2.706，“*”、“**”、“***”分别代表在 10%、5%、1% 的显著性水平下显著。

资料来源：作者自行整理。

二、日本福岛核事故

日本福岛核事故也是近年来核能发展中影响最大的事故，事故发生后各国开始评估是否应该继续发展核电，从线性及非线性的角度捕捉核事故对各国的反响，通过表 12－16 测试结果可见，在调整后的线性相关变化传导性测试检验（CR）中，日本核事故只对印度和美国市场有冲击。在协偏度变化测试检验（CS）下，日本核事故对加拿法国、德国、韩国和美国均有影响，但对印度核能市场影响不显著。从协峰度变化测试检验（CK）下，日本核事故对所有国家核能市场均有显著影响，其中加拿大、德国和美国的传导效应最为明显。从协波动率变化测试（CV）下，日本核事故对加拿大、法国、德国和韩国核能市场有显著影响，对印度和美国市场传导性不显著。由此可见，通过协高阶矩传导测试捕捉了日本核事故对各国的冲击，同时也发现日本核事故对加拿大、德国、韩国及美国的影响较大。从这几个国家在核事故发生后出台的政策也可以进一步验证，如韩国于 2011 年 10 月 26 日成立了核安全与安保委员会，主要负责核安全、安保和保障工作；事故发生后德国政府下令对17个正在运行的核电站进行安全排查，并且于2011年6月30日，宣布2022年以前关闭境内核电站政策，永久关闭8座老旧反应堆。同时德国公众仍然强烈反对核能发展，反对建造新的核电站。正是由于德国限制了核能的发展，导致了德国的零售电价在欧洲地区中最高，电价中也包含了大量的税收和附加费；加拿大核电站评估报告（2014）中总结了2013年加拿大核安全委员会（CNSC）对加拿大核电安全的评估情况，其中包括福岛核电站事故发生后，CNSC马上对核电站安全进行检查，进而成立了工作组，审查核电站应对诸如地震、龙卷风和飓风等自然灾害的能力。在CNSC公布的加拿大对核电事故的反应（2016）一文中也反映出核电厂负责人需按照CNSC在2011年7月7日公布的安全审查标准提交报告，委员会重点对外部危害和非设计基础事故进行评估；美国核管理委员会和核工业对运行和计划增加的机组采取相应措施。（王吉波和谢玉菡，2018；加拿大核电站评估报告，2014；加拿大对核电事故的反应，2016。）

表12-16　日本福岛事件期间调整后的线性相关变化测试、协偏度变化测试、协峰度变化测试和协波动率变化测试检验结果

国家	CR	CS_{12}	CS_{21}	CK_{13}	CK_{31}	CV_{22}
加拿大	0.58	20.99***	57.46***	106.79***	850.09***	751.61***
法国	1.73	0.13	9.39***	4.09**	145.29***	8.69***
德国	0.93	25.90***	144.48***	295.52***	3340.23***	1237.78***
韩国	0.53	25.90***	144.47***	79.11***	4.40**	108.41***
印度	5.17**	0.14	0.54	0.26	32.84***	1.00
美国	13.50***	0.34	3.18*	12.86***	66.24***	1.18

注：CR、CS_{12}、CS_{21}、CK_{13}、CK_{31}和CV统计量的计算公式分别根据公式(12-1)、公式(12-10)、公式(12-11)、公式(12-16)、公式(12-19)以及公式(12-20)，所有统计量均服从自由度为1的卡方分布，在1%、5%和10%的显著性水平下的临界值分别为6.635、3.841和2.706，“*”、“**”、“***”分别代表在10%、5%、1%的显著性水平下显著。

资料来源：作者自行整理。

三、德国废核政策

日本福岛核电站泄漏事件发生后德国颁布废核政策，根据表 12－17 测试结果可见，在德国废核政策下，德国核能指数对各国核能指数在不同方面的冲击表现不同。在调整后的线性相关变化检验（*CR*）中，只有法国和印度显著。在协偏度变化测试（*CS*）下，美国在高显著度水平要求下显著，法国和日本在低显著度水平要求下显著。在协峰度变化测试（*CK*）中，德国核能市场对所有国家均有传导效应，其中对法国、韩国和美国的影响程度较深。在协波动率变化测试（*CV*）中，发现了德国核能市场对日本和美国核能市场的传导效应。总体而言，福岛核事故发生后被传导国颁布政策也会对其他国家造成影响，其中对美国的传导性最为明显其主要原因可能是美国政府在 2012 年宣布了一项新能源部署计划，以应对德国的核淘汰，由于小型模块化反应堆在安全、建造和包装方面具有较大优势，所以美国将核能发展预算从大型反应堆转移到小型模块化反应堆（WNA，2020）。

表 12－17　德国废核政策期间调整后的线性相关变化测试、协偏度变化测试、协峰度变化测试和协波动率变化测试检验结果

国家	CR	CS_{12}	CS_{21}	CK_{13}	CK_{31}	CV_{22}
加拿大	0.13	1.17	0.68	0.97	3.76*	1.29
法国	6.43**	2.81*	2.25	0.56	7.62***	1.29
日本	3.02*	0.81	2.87*	0.09	4.18**	4.32**
韩国	0.26	0.41	1.48	5.57**	2.89*	0.16
印度	4.22**	0.51	0.09	4.34**	1.49	1.05
美国	1.86	4.88**	9.53***	53.25***	0.27	5.41**

注：CR、CS_{12}、CS_{21}、CK_{13}、CK_{31} 和 CV 统计量的计算公式分别根据公式（12－1）、公式（12－10）、公式（12－11）、公式（12－16）、公式（12－19）以及公式（12－20），所有统计量均服从自由度为 1 的卡方分布，在 1%、5% 和 10% 的显著性水平下的临界值分别为 6.635、3.841 和 2.706，“*”、“**”、“***”分别代表在 10%、5%、1% 的显著性水平下显著。

资料来源：作者自行整理。

四、韩国减核政策

继德国废核政策颁布后，韩国在“第六次长期电力供需基本计划”中提出了减核政策，根据表 12－18 测试结果可知，在调整后的线性相关变化检验（CR）中，所有国家均不显著，说明通过线性相关渠道无法捕捉到该政策的传导效应。通过协高阶矩再次验证该政策的传导迹象，从协三阶矩—协偏度变化测试（CS）来看，只检测出韩国核能市场在 10% 置信水平下对德国和印度核能市场具有传导性影响，其他国家均不显著。在协四阶矩测试—协峰度变化检测（CK）中和协波动率变化检测（CV）中，韩国核能市场对德国、日本、印度及美国核能市场存在传导迹象。总体而言，韩国减核政策对印度核能指数有较大传导性影响，印度发展核能的决心未受日本核能事故的影响，但由于印度先前与韩国签署了民用核能合作协议，核能发展关系密切所以更容易受韩国核能政策影响。

表 12－18　韩国减核政策期间调整后的线性相关变化测试、协偏度变化测试、协峰度变化测试和协波动率变化测试检验结果

国家	CR	CS_{12}	CS_{21}	CK_{13}	CK_{31}	CV_{22}
加拿大	0.01	0.78	0.01	2.59	0.28	1.21
法国	0.49	0.00	0.29	0.15	0.35	0.49
德国	0.36	1.91	3.18*	0.34	5.65**	0.25
日本	0.72	0.00	0.17	1.10	0.44	4.91**
印度	0.03	2.82*	0.71	8.31***	10.90***	4.91**
美国	0.54	0.00	0.01	1.50	0.17	8.75***

注：CR、CS_{12}、CS_{21}、CK_{13}、CK_{31} 和 CV 统计量的计算公式分别根据公式（12－1）、公式（12－10）、公式（12－11）、公式（12－16）、公式（12－19）以及公式（12－20），所有统计量均服从自由度为 1 的卡方分布，在 1%、5% 和 10% 的显著性水平下的临界值分别为 6.635、3.841 和 2.706，“*”、“**”、“***”分别代表在 10%、5%、1% 的显著性水平下显著。

资料来源：作者自行整理。

五、法国减核政策

继韩国减核政策以后，法国于 2015 年 8 月 17 日提出了减核政策，表 12－19 测试结果显示，在调整后的线性相关变化检验（CR）中，德国和美国在 1% 显著性水平下显著。在协偏度变化测试（CS_{12}）下，法国核能政策对加拿大和日本核能市场在 1% 显著性水平下显著，韩国核能市场在 5% 显著性水平下显著，美国核能市场在 10% 显著性水平下显著。在协偏度变化测试（CS_{21}）中，未能检测出法国减核政策的传导效应。在协峰度变化检测（CK_{13}）中，法国减核政策在 1% 显著性水平上对日本、印度和美国核能市场具有传导迹象，同时也在 10% 显著性水平上对德国核能市场产生影响。在协波动率变化测试（CV）中，只发现政策对日本核能市场形成冲击。综上所述，在法国逐步淘汰核武器之后，法国核能市场波动性向其他核能发展国家蔓延，但蔓延效应相对较弱，部分国家只在一个传导渠道中显著，而其中日本和美国受法国减核政策影响较大，主要是源于日本在 2018 年发布了《战略能源计划》，显示核电供应的能源从 2010 年的 11% 降至 2016 年的 0%。这表明，受法国减核政策的影响，日本的核电发展仍然为零（NUMO，2018）。其次，根据世界核能组织 2019 年 3 月公布的第四代核反应堆计划和国际热核实验反应堆计划文章中显示，法国作为核研究的先驱国家之一与美国的核能发展计划关系密切，所以较为受到其政策的影响。

表 12－19　法国减核政策期间调整后的线性相关变化测试、协偏度变化测试、协峰度变化测试和协波动率变化测试检验结果

国家	CR	CS_{12}	CS_{21}	CK_{13}	CK_{31}	CV_{22}
加拿大	3.48	17.19***	0.10	1.05	0.01	2.32
德国	46.48***	0.41	0.62	3.32*	1.23	0.43

续表

国家	CR	CS_{12}	CS_{21}	CK_{13}	CK_{31}	CV_{22}
日本	1.17	8.19***	0.61	30.91***	5.08**	6.99***
韩国	0.87	5.11**	1.43	0.08	5.65**	0.08
印度	1.96	2.35	2.19	17.52***	0.48	0.13
美国	17.02***	2.85*	1.78	30.88***	2.47	1.32

注：CR、CS_{12}、CS_{21}、CK_{13}、CK_{31} 和 CV 统计量的计算公式分别根据公式（12－1）、公式（12－10）、公式（12－11）、公式（12－16）、公式（12－19）以及公式（12－20），所有统计量均服从自由度为 1 的卡方分布，在 1%、5% 和 10% 的显著性水平下的临界值分别为 6.635、3.841 和 2.706，“*”、“**”、“***”分别代表在 10%、5%、1% 的显著性水平下显著。

资料来源：作者自行整理。

六、核能事件传导效应小结

尽管已有学者研究政策对各国市场和行业绩效的影响，但少有研究用于了解核能事件对各国核能市场的影响。本书选取了在 2007—2017 年全球核能市场上影响较大的五大核能事件：韩国核能扩张政策、日本福岛事件、德国废核政策、韩国减核政策及法国减核政策对 WNA 核能指数国家的传导性影响填补这一空白。为了检验传导性，通过 Bloomberg 数据库中的 WNA 核能指数选取了德国、法国、德国、日本、韩国、印度和美国共七个国家进行分析，建立 VAR 模型，再提取残差，通过四大类六种传导渠道进行检验及分析，其中第一类为通过线性相关角度进行分析的调整后的线性相关变化测试（CR）；第二类为通过协三阶矩测试角度，研究传导源国家核能市场与被传导源市场的平均回报率与回报波动率之间的双向冲击（CS_{12}、CS_{21}）；第三类为通过协四阶矩测试角度，研究传导源国家核能市场与被传导源核能市场的平均回报率与回报偏度之间的双向冲击（CK_{13}、CK_{31}）及研究传导源国家核能市场与被传导源核能市场的波动率之间的冲击（CV）。通过实证分析本书将从四个角度得出结论。

事件对比角度：从多种传导渠道的测试可知，事件传导效应最大是日本福岛核事故（25 条测试显著信息），紧跟其后韩国核能扩张政策（24 条测试显著信息），接着是德国废核政策（15 条测试显著信息），法国减核政策（9 条测试显著信息），韩国减核政策（8 条测试显著信息），其中日本福岛核事故在高置信水平要求下检测出更多传导效应。可见全球核能指数呈现不对称形态，即核能市场对核事故（负面消息）的反应比核能扩张政策（正面消息）剧烈，同时福岛核事故的影响也随着时间的流逝，各国核能政策颁布更加注重国内能源的基本情况而非受到其他国家负面消极的核能发展理念影响。

渠道效率角度：通过比较五大核能事件下四种传导渠道的检测效率，首先发现协峰度变化测试检测出更多传导效应，其次是协波动率变化测试，再次是协偏度变化测试，最后是调整后的线性相关变化测试。这也验证了协高阶矩在捕捉市场非对称性现象及极端依存关系具有较大的优势，单运用线性相关测试无法捕捉市场由于突发情况而导致的极端行为。

区域差异角度：从多个事件显示，加拿大核能市场在福岛核事故发生后的大部分事件检测都出现不显著的现象，这可能由于加拿大在核事故应急立法方面比较积极，加拿大根据《应急管理与民防法》，编制公众安全与应急预案，积极对公众的健康、安全以及环境、生态安全负责。另外从相关性系数可以看出韩国和日本的核能指数关系密切，相关程度高。德国和法国的核能指数相关系数较高。

政策变化角度：福岛事件近期最严重的核电事故，不少国家因此而改变核能政策。韩国由福岛事故前积极发展国内外核电产业转变为因舆论压力修改装置容量占比减少核电发展机会，所以才有前后两个不同态度的政策。日本由事故前的主张发展核电政策转变为 2012 年主张零核电政策，直至 2014 年才开始主张恢复核电。受事故影响，法国也计划把核电占比下降至 50%。政策转变也会增加传导性的可能。

七、核能政策建议与未来展望

本书通过分析 2007—2017 年核能发展的重要事件，可知核能国家容易受到事件传导源国家核能市场的波动传导，为维护全球核能的稳定发展，需要从以下方面作出应对方案：

更新核能安全法规。我们可以从加拿大的案例中明确安全法规的完善能够降低传导性的可能，提升国民对核能发展信心。法规是核能发展的基本保障，安全系数上升才能避免福岛事件的再度发生，保证核能发电在公众的形象。

争取加强统一核电建设的标准化，规范化和监管要求，控制系统和设备的质量。这样不仅可以精简监管流程，还可以降低管理成本，进而改进新建核电厂的性能和规划。

完善核能安全文化。从供应链、供货商、公用事业、监督机构和核能规划等方面入手完善核能安全文化。

各国间加强对核能发展的合作。核电具有安全、清洁和低碳等优点，是一个利于环保、生态和能源供应的选择。只有全球发展核电国家共同合作减少国际上核电发展的壁垒，才能探索出一条全球携手利用安全核电减少碳排放的长久之路。

虽然本书提出了运用传导测试对核能指数进行研究，但是由于 WNA 指数收录的国家只有美国、日本、德国、印度、法国、加拿大、韩国、瑞士和中国数据，由于数据缺失，瑞士和中国的数据未能纳入研究。目前共有 31 个国家持有核电机组，日后可以分地区对核能指数的传导性进行分析，持续关注国家间核能政策对各国核能指数的影响。

本章参考文献

[1] 王吉波，谢玉菡．福岛第一核电站事故对核能开发政策的影响（Ⅱ）[J]．科学观察，2018（13）：1—41.

[2] Andersson B，Hådén E. Power production and the price of electricity：an analysis of a phase - out of Swedish nuclear power [J]. Energy Policy，1997，25（13）：1051 - 1064.

[3] Basse Mama H，Bassen A. Contagion effects in the electric utility industry following the Fukushima nuclear accident [J]. Applied Economic，2013，45（24）：3421 - 3430.

[4] Bauer，T. K.，Braun，S. T.，Kvasnicka，M. Nuclear power plant closures and local housing values：evidence from Fukushima and the German housing market [J]. Journal of Urban Economics，2017，99：94 - 106.

[5] Betzer A，Doumet M，Rinne U. How policy changes affect shareholder wealth：the case of the Fukushima Daiichi nuclear disaster [J]. Applied Economic Letter，2013，20（8）：799 - 803.

[6] Bianco V，Scarpa F. Impact of the phase out of French nuclear reactors on the Italian power sector [J]. Energy，2018，150：722 - 734.

[7] Boes S，Nüesch S，Wüthrich K. Hedonic valuation of the perceived risks of nuclear power plants [J]. Economic Letter，2015，133：109 - 111.

[8] Brei M，Mohan P，Strobl E. The impact of natural disasters on the banking sector：evidence from hurricane strikes in the Caribbean [J]. The Quarterly Review of Economics and Finance，2019，72：232 - 239.

[9] Bruninx K，Madzharov D，Delarue E，D'haeseleer W. Impact of the German nuclear phase - out on Europe's electricity generation—a comprehensive study [J]. Energy Policy，2013，60：251 - 261.

[10] Canadia Nuclear Safety Commission. Staff Integrated Safety Assessment of Canadian Nuclear Power Plants for 2013.

[11] Canadia Nuclear Safety Commission. Canada' s Response to Fukushima, 2016.

[12] Cho I, Oh S, Kim S, Ardin F, Heo E. Determinants of nuclear power expansion in Indonesia [J]. Nuclear Engineering and Technology, 2020, 53 (1): 314 - 321.

[13] De Frutos Cachorro J, Willeghems G, Buysse J. Strategic investment decisions under the nuclear power debate in Belgium [J]. Resour Energy Economic, 2019, 57: 156 - 184.

[14] Dos Santos R. L. P., Rosa L. P., Arouca M. C., Ribeiro A. E. D. The importance of nuclear energy for the expansion of Brazil's electricity grid [J]. Energy Policy, 2013, 60: 284 - 289.

[15] Eser P, Chokani N, Abhari R. Trade - offs between integration and isolation in Switzerland's energy policy [J]. Energy, 2018, 150: 19 - 27.

[16] Ferstl R, Utz S, Wimmer M. The effect of the Japan 2011 disaster on nuclear and alternative energy stocks worldwide: an event study [J]. Business Research, 2012, 5 (1): 25 - 41.

[17] Fields, M. A., Janjigian, V. The Effect of Chernobyl on Electric - Utility Stock Prices [J]. Journal of Business Research, 1989, 18 (1): 81 - 87.

[18] Forbes, K. J., Rigobon, R. No contagion, only interdependence: Measuring stock market comovements [J]. The Journal of Finance, 2002, 57 (5): 2223 - 2261.

[19] Fry, R., Martin, V. L., Tang, C. M. A New Class of Tests of Contagion With Applications [J]. Journal of Business and Economic Statistics, 2010, 28 (3): 423 - 437.

[20] Fry - McKibbin, R., Hsiao, C. Y. L. Extremal dependence and contagion [J]. Economic Reviews, 2018, 37 (6): 626 - 649.

[21] Fry - Mckibbin, R., Hsiao, C. Y. L., Martin, V. L. Joint tests of contagion with applications [J]. Quantitative Finance, 2017, 19 (3): 473 - 490.

[22] Fry - Mckibbin, R., Hsiao, C. Y. L., Tang, C. Contagion and Global Financial Crises: Lessons from Nine Crisis Episodes [J]. Open Economies Review, 2014, 25 (3): 521 - 570.

[23] Gamble H. B., Downing R. H. Effects of nuclear power plants on residential property values [J]. Journal of Regional Science, 1982, 22 (4): 457 – 478.

[24] Ghorbel, A., Boujelbene, M. A., Boujelbene, Y. Behavioral explanation of contagion between oil and stock markets [J]. International Journal of Energy Sector Management, 2014, 8 (1): 121 – 144.

[25] Goldfajn, I., Baig, T. Financial Market Contagion in the Asian Crisis [J]. IMF Working Papers, 1998, 98 (155): 167 – 195.

[26] Hogberg, L. Root Causes and Impacts of Severe Accidents at Large Nuclear Power Plants [J]. Ambio, 2013, 42 (3): 267 – 284.

[27] Hoster F. Impact of a nuclear phase – out in Germany: results from a simulation model of the European power systems [J]. Energy Policy, 1998, 26 (6): 507 – 518.

[28] Hsiao, C. Y. L., Chen, H. H. The contagious effects on economic development after resuming construction policy for nuclear power plants in Coastal China [J]. Energy, 2018, 152: 291 – 302.

[29] Il Ko, W., Kwon, E. H. Implications of the new National Energy Basic Plan for nuclear waste management in Korea [J]. Energy Policy, 2009, 37 (9): 3484 – 3488.

[30] Kawashima, S., Takeda, F. The effect of the Fukushima nuclear accident on stock prices of electric power utilities in Japan [J]. Energy Economics, 2012, 34 (6): 2029 – 2038.

[31] King, M. A., Wadhwani, S. Transmission of volatility between stock markets [J]. Review of Financial Studies, 1990, 3 (1): 5 – 33.

[32] Lopatta K, Kaspereit T. The cross – section of returns, benchmark model parameters, and idiosyncratic volatility of nuclear energy firms after Fukushima Daiichi [J]. Energy Economic, 2014, 41: 125 – 136.

[33] Malischek R, Trüby J. The future of nuclear power in France: an analysis of the costs of phasing – out [J]. Energy, 2016, 116: 908 – 921.

[34] Matkovskyy, R., Jalan, A. From financial markets to Bitcoin markets: A fresh look at the contagion effect [J]. Finance Research Letters, 2019, 31: 93 – 97.

[35] Mauger, R. Forced nuclear energy reactors shutdown in France: The Energy

Transition Act's mechanisms [J]. Journal of World Energy Law and Business, 2018, 11 (3): 270 – 281.

[36] McKie RE. An environmental harm perspective to examine our understanding of UK nuclear energy expansion [J]. The Extractive Industries and Society, 2020, 7 (2): 556 – 564.

[37] Nakata T. Analysis of the impacts of nuclear phase – out on energy systems in Japan [J]. Energy, 2002, 7 (4): 363 – 377.

[38] Nam H. Impact of nuclear phase – out policy and energy balance in 2029 based on the 8th basic plan for long – term electricity supply and demand in the Republic of Korea [J]. Renew Sustain Energy Review, 2009, 122.

[39] Nazlioglu, S., Erdem, C., Soytas, U. Volatility Spillover between Oil and Agricultural Commodity Markets [J]. Energy Economics, 2013, 36: 658 – 665.

[40] Nelson J. P. Three Mile Island and residential property values: empirical analysis and policy implications [J]. Land Economic, 1981, 57 (3): 363 – 372.

[41] Nestle U. Does the use of nuclear power lead to lower electricity prices? An analysis of the debate in Germany with an international perspective [J]. Energy Policy, 2012, 41: 152 – 160.

[42] NUMO. Japan's Strategic Energy Plan. Nuclear Waste Management Organization of Japan (NUMO), Japan [EB/OL]. https: //www. numo. or. jp/topics/1 – 1Nakanishi. pdf. Accessed July 21, 2020.

[43] Osorio S, van Ackere A. From nuclear phase – out to renewable energies in the Swiss electricity market [J]. Energy Policy, 2016, 93: 8 – 22.

[44] Park N. B., Yun S. J., Jeon E. C. An analysis of long – term scenarios for the transition to renewable energy in the Korean electricity sector [J]. Energy Policy, 2013, 52: 288 – 296.

[45] Rinne S. Radioinactive: do nuclear power plant outages in France affect the German electricity prices? [J]. Energy Economic, 2019, 84.

[46] Robert, R., McCauley, D. Security, justice and the energy crossroads: Assessing the implications of the nuclear phase – out in Germany [J]. Energy Policy, 2016, 88: 289 – 298.

[47] Rodriguez, J. C. Measuring Financial Contagion: A Copula Approach [J].

Journal of Empirical Finance, 2007, 14: 401 -423.

[48] Rogge K. S. , Johnstone P. Exploring the role of phase - out policies for low - carbon energy transitions: the case of the German Energiewende [J]. Energy Research and Social Science, 2017, 33: 128 - 137.

[49] Shim, C. , Hong, J. Impact of a national plan for future electricity supply on ambient air quality in South Korea [J]. Energy Policy, 2016, 88: 278 -288.

[50] Teräväinen T, Lehtonen M, Martiskainen M. Climate change, energy security, and risk—debating nuclear new build in Finland, France and the UK [J]. Energy Policy, 2011, 39 (6): 3434 -3442.

[51] Thomas H. F. Modeling contagion in policy systems [J]. Cognitive Systems Research, 2017, 44: 74 -88.

[52] WNA. US nuclear power policy. World Nuclear Association (WNA) [EB/OL]. https: //www. world - nuclear. org/information/library/country - profiles/countries - t - z/usa - nuclear - power - policy. aspx, 2020.

[53] Zhu H, Deng Y, Zhu R, He X. Fear of nuclear power? Evidence from Fukushima nuclear accident and land markets in China [J]. Regional Science and Urban Economics, 2016, 60: 139 -154.